SPSS, SAS를 활용한

실험계획법

박 동 권 지음

자유아카데미

머리말

실험계획법과 분석은 연구자나 실험자들에게 필수 불가결한 도구이자 통계학 교과의 핵심 분야라고 할 수 있다. 이 책은 저자가 이전에 출판하였던 『실험계획법(1995)』과 『분산분석과 반복측정자료(2002)』 두 권을 합쳐서 새롭게 내용을 구성하였다. 두 책의 난이도를 맞추어 가급적 간결하게 분석 이론을 정리하고, 쉬운 예제를 'SPSS Ver.24'와 'SAS 9.4'로 분석하여 실험계획법의 이론과 적용을 같이 습득할 수 있도록 하였다.

이 책은 총 8장으로 구성되어 있다. 구성을 보면 1장 서론 후에, 2 ~3장 일・이원배치법, 4장 블록계획법, 5장 공분산분석, 6장 요인실험법, 7장 반복측정자료의 분석, 8장 반응표면분석을 각각 다루고 있다. 통계학개론과 선형대수의 기초 이론을 따로 독립된 장에서 다루고 있지는 않지만, 내용 전개 과정 중에 이해하기 쉽게 소개하고 있다. 따라서 통계학입문, 선형대수, 회귀분석 등을 수강한 3, 4학년 학생들이 쓰는 교재로 적합하다고 할 수 있다. 하지만 예제를 중심으로 가급적 간결하고 쉽게 전개되어 실제로 실험 결과 분석을 원하는 연구자들에게도 좋은 참고문헌이 될 것이라고 생각한다.

출간 후에라도 수정사항이 있을 경우에는 자유아카데미 홈페이지(www.freeaca.com) 자료실에 제공할 예정이다.

이 책이 나오기까지 도와준 김윤건, 김해인, 박성종, 임진영, 최세환 학우에게 감사드린다. 또한 출판을 맡아준 출판사 자유아카데미에도 감사의 뜻을 전한다.

"진리를 알지니 진리가 너희를 자유케 하리라."

(요한복음 8장 32절)

2018년 8월 박 동 권

Contents 차례

1장 서론

1.1 실험계획법의 이해

물리, 화학, 공학 등 사회 전 분야에서 사용되는 중요한 용어인 '실험(experiment)'이란, 일정한 연구대상에 대해 여러 조건하에서 변화를 일으켜 그 현상을 관찰 및 관측하는 행위이다. 이러한 실험을 통해, 사용된 입력 변수의 변화된 조건이 결과에 어떻게 영향을 주는지 규명할 수 있다. 즉, 실험의 목적은 입력 변수와 출력 변수 사이의 관계를 규명하는 것이다. 현실적으로는 어떤 원인에 대해 설명 가능한 변수는 많이 존재하지만 비용, 시간 등 여러 가지 제약조건들이 원인 규명을 더욱 어렵게 만든다. 그러므로 실제 실험은 경험적 혹은 사전 정보에 의해 많은 변수들 중 몇 가지를 최적으로 선택하게 되며, 이와 같이 실험에 사용된 입력 변수를 요인(factor)이라고 한다. 이처럼, '실험계획법'이란 실험의 결과를 통하여 나타나는 요인들의 속성을 여러 각도에서 조명하여 원하는 목적에 이르도록 계획하는 일이다. 이해를 돕기 위해 다음의 예를 살펴보도록 하자.

▶예 1.1-1 하나의 반도체는 웨이퍼(wafer)에 여러 물질을 도핑(doping)한 후 100여 공정을 거쳐 만들어진다. 반도체의 전기적 성능을 재는 기준 중 하나인 컨덕턴스(conductances)는 클수록 저항이 적어서 전류가 잘 흐름을 의미한다. 반도체를 만드는 S회사는 열처리 공정에서 온도에 따라 컨덕턴스가 달라지는지를 실험을 통해 확인하려고 한다. 일반적인 공정은 600℃에서 900℃ 사이에서 이루어지기 때문에 실제 실험은 600℃, 750℃, 900℃에서 행하였다.

위의 예에서 요인은 온도이고, 세 개의 수준(level)을 갖는다. 같은 수준을 가지면 동일 집단으로 이해된다. 각 수준에서 이루어지는 공정을 처리(treatment)라고 하며, 예를 들어 주사를 놓는 행위가 있다. 각 처리 후 관찰된 값인 컨덕턴스는 반응값(response) 또는 특성치(characteristic)라고 한다. 이는 실험 평가의 기준을 제공한다.

실험자는 실험을 통하여 여러 가지 답을 얻으려 한다. 관심 문제는 다음과 같다.

① 처리 비교 : 요인 수준간(집단간)에 컨덕턴스의 차이가 있을까?

② 최적화 : 컨덕턴스에 영향을 미치는 다른 요인들은 없을까? 있다면 어떠한 요인들과 수준들의 조합하에서 컨덕턴스를 가장 극대화할 수 있을까?

③ 축차 실험 : 시간이나 비용의 측면을 고려하되 결과의 정확도를 극대화할 수 있는 실험의 수와 진행 과정은 어떻게 구성되어야 할까?

실험계획법은 위대한 통계학자인 영국의 Rothamsted Agricultural Experimental Station에서 일한 R. A. Fisher가 1920년대와 1930년대에 걸쳐서 진행한 기념비적인 연구로부터 시작되었다. 그의 연구는 주로 농업에 집중되어 있었다. 농업 분야는 성격상 큰 규모로 오랜 시간에 걸쳐 실험이 행해지기 때문에 농지에서의 변동 문제에 대처가 필요하다. 따라서 이러한 문제의 해결을 위해 블록화, 랜덤화, 반복수, 직교화, 분산분석, 요인실험 등의 연구가 발전하였다.

제2차 세계대전 이후에는 급속도로 빠른 발전이 이루어지면서 화학 공정 등의 새로운 영역에 대한 문제해결이 필요해졌다. 따라서 기존 농업 분야에서 주로 이루어졌던 단순 처리 비교를 넘어 과정 모형화(process modelling)와 최적화(optimization) 문제에 집중되기 시작했다. 또한 산업 분야의 적용을 위해서는 시간과 경비를 줄이기 위한 과정이 필수적이기에 자연적으로 축차(sequential) 실험을 선호하게 되었다.

그 후 진행된 연구로는 반응표면분석(response surface methodology), 최적계획(optimal design), 로버스트 계획(robust design) 등이 있다. 이와 관련된 내용은 책에 부분적으로 언급되어 있다.

위에서 주어진 관심 문제는 실험을 행한 후 얻어진 자료의 반응값을 분석함으로서 답을 찾을 수 있다. 이러한 분석을 **분산분석**(analysis of variance; ANOVA)이라고 한다. 이처럼 분석의 효율성을 높이기 위해 사전에 실험을 계획(혹은 설계)하고, 계획된 실험에 의해 입력 변수와 출력 변수간의 관계를 연구하는 전 과정을 **실험계획법**(design of experiment; DOE)이라고 한다.

1.2 실험계획법의 기본 원칙

R. A. Fisher는 실험계획의 세 가지의 중요한 원리인 **랜덤화**(randomization), **블록화**(blocking), **반복화**(replication)를 주창하였다. 이는 지금까지도 실험계획에서 기본적인 원리로 지켜지고 있다.

(1) 랜덤화

실험을 할 때에는 결과에 영향을 미칠 수 있는 모든 요인을 고려해야 하지만 현실적으로는 불가능한 경우가 대부분이다. 따라서 부득이 실험에 고려되지 않은 잡음요인(noise factor)들이 생기게 마련이다. 이러한 실험외적인 요인의 영향을 상쇄시켜 분석의 효율성을 높이는 원리가 Fisher가 주창한 랜덤화이다. 이 원리는 실험계획에서 매우 중요한 원리이다.

▶예 1.2-1 한 농부는 A와 B 회사에서 나온 비료에 따라 쌀의 수확량이 차이를 나타내는가에 대해 관심이 있다. 이를 실험하기 위해 한 농토를 아래처럼 여섯 구획으로 구분하였다.

1 구획	2 구획	3 구획
4 구획	5 구획	6 구획

6개 구획에 비료 1과 비료 2를 각각 3번씩 뿌리는 실험을 하려고 한다. 1에서 6까지의 난수(random number)를 뽑아서 1, 2, 3이 나오면 비료 1을 뿌리고, 4, 5, 6이 나오면 비료 2를 뿌려서 실험한다고 하자. 처음 뽑힌 수를 5라고 가정하면, 1구획에는 비료 2를 뿌린다. 이러한 절차를 구획 번호대로, 순서대로 6번 되풀이한다. 한 번의 랜덤화 순서는 아래와 같다.

실험 순서(구획 번호)	난수 번호	비료의 종류
1	5	2
2	3	1
3	1	1
4	6	2
5	4	1
6	2	2

위의 랜덤화는 계획에 포함되지 않은 통제할 수 없는 다른 요인, 예컨대 잡음 요인의 효과를 상쇄하는 의미를 지니고 있다. 다음의 조직적인(systematic) 비랜덤화 실험과 비교해 보자.

1 구획 비료 1	2 구획 비료 1	3 구획 비료 1
4 구획 비료 2	5 구획 비료 2	6 구획 비료 2

비료 1은 위 고랑에, 비료 2는 아래 고랑에 뿌리는 실험을 시행한다. 이 경우 실험의 결과는 모르는 원인(예로서 논 구획간의 지력, 바람의 방향 등)에 의해 영향을 받아 랜덤화의 결과와 다를 수 있다. 따라서 이번 예와 같은 실험에서는 실험외적인 요인의 효과를 상쇄할 수 있는 랜덤화 실험을 하는 것이 바람직하다.

(2) 블록화

실험단위들이 균일하지 않은 경우, 실험의 정도(precision)를 높이고 편기(bias)를 제거하기 위해 균일한 실험단위끼리 같은 블록에 배치하는 실험계획을 블록계획이라고 한다. 다시 말해 블록화 실험은 실험단위를 동질적인(homogeneous) 몇 개의 그룹(또는 블록)으로 나눈 후, 이를 랜덤하게 배치한 실험이다. 블록내에서의 실험단위들은 서로 유사하나, 다른 블록에 속한 단위들은 매우 다르다. 이때 블록요인은 결과에 큰 영향을 미치지만 대부분의 경우 블록 자체가 우리의 주관심 요인은 아니다. 자세한 내용은 4장에서 다루기로 한다.

(3) 반복화

실험 반응값은 확률변수로서 반복수를 늘리면 처리평균의 분산이 줄어드는 등 실험의 정도를 높일 수 있다. 따라서 처리를 몇 번 반복할 것인가를 정하는 문제는 매우 중요하다. 반복수는 많을수록 좋지만 더 많은 시간과 경비가 요구된다. 이를 모두 고려하여 반복수를 정해야 한다.

1.3 실험계획법의 절차

다음은 실험계획에서의 분석 단계이다.

(1) 문제 인식 및 실험의 목적 설정

문제의 인식은 실제로 단순 명료하지 않은 경우가 많다. 따라서 문제 하나하나를 정확하게 서술하는 것이 마지막 결론을 도출하는 데 꼭 필요하다.

(2) 제약 조건의 이해

시간과 경비의 허용 정도 및 범위를 정해야 한다. 또한 모든 요인들의 조합이 처리 가능한지를 조사해야 하며, 동일 조건하에서 실험이 불가능한지 확인하여 블록 설정을 고려해야 한다.

(3) 적절한 모형 설정

요인들과 그 요인들의 교호작용 중 필요한 요인들을 모형에 포함시킨다. 이때 공변수(covariate)가 있는지 확인한다. 또한, 모형이 교차(crossed) 모형인지 지분(nested) 모형인지를 고려하여 지분 모형인 경우 어느 요인이 지분되었는가를 확인한다. 최종 선정된 모형이 고정효과(fixed effect) 모형인지 변량효과(random effect) 모형인지를 정한다. 각 모형에 있어서 오차에 관한 가정들이 타당한지도 고려해야 한다.

(4) 반복수의 결정

반복수는 제약 조건하에서 요구되는 신뢰구간의 길이나 검정력에 의하여 결정한다.

(5) 랜덤화

랜덤화를 행한다.

(6) 실험계획의 선택

위의 모든 상황을 고려하여 적절한 실험계획법을 선택한다.

(7) 예비 실험

위의 결정들을 재확인한다. 이를 위해 가능하면 예비 실험을 행한다.

(8) 자료 수집과 분산분석

자료를 수집하고 분산분석을 통해 결론을 유도한다.

2장 일원배치법

이 장에서는 일반선형모형의 개요 및 가장 단순한 형태인 일원배치법을 다룬다.

2.1 일반선형모형

(일반)선형모형(혹은 다중회귀모형)이란 추정하고자 하는 모수에 관하여 일차식으로 표시된 모형을 말한다. p개의 설명(독립)변수 $x_1, \cdots, x_p$에 대응하는 반응변수(종속변수) y의 선형모형은 다음과 같이 표현된다.

$$y = \beta_0 + \beta_1 x_1 + \cdots + \beta_p x_p + \epsilon \qquad (2.1-1)$$

위의 모형에서 오차항 ϵ는 확률변수로서 평균 0, 분산 σ^2의 정규분포를 따른다고 ($\epsilon \sim N(0,\sigma^2)$) 가정하자. 따라서 y도 정규분포를 따르며 $Var(y) = \sigma^2$이 된다. $E(y)$는 다음과 같이 표현된다.

$$E(y) = \beta_0 + \beta_1 x_1 + \cdots + \beta_p x_p$$

여기서 $E(y)$는 회귀계수 β들을 계수로 하는 x_i의 선형조합으로 표현되기에 선형모형이라고 한다.

n번 실험될 때 j번째 반응값 y_j는 다음과 같이 표현된다.

$$y_j = \beta_0 + \beta_1 x_{1j} + \cdots + \beta_p x_{pj} + \epsilon_j \qquad (2.1-2)$$

선형(linearity)의 의미를 좀 더 자세히 설명하기 위해, 다음의 2차 다항(polynomial) 회귀(regression)를 생각해 보자.

$$y_j = \beta_0 + \beta_1 x_j + \beta_2 x_j^2 + \epsilon_j \qquad (2.1-3)$$

위의 모형은 형태적으로는 x의 이차모형이지만 $x_{1j} = x_j$, $x_{2j} = x_j^2$라고 놓으면 (2.1−3)의 모형은 다음과 같이 표시될 수 있다.

$$y_j = \beta_0 + \beta_1 x_{1j} + \beta_2 x_{2j} + \epsilon_j \qquad (2.1-4)$$

이를 통해 선형과 비선형의 구분은 모수 β에 관해서 선형인가를 말하는 것이지 설명변수 x로 인해 고려되는 것이 아니라는 것을 확인할 수 있다. 따라서 (2.1−3) 모형도 선형모형의 한 예이다. 그러므로 x^{β}, $\log(\beta)$ 등의 항은 선형모형에 포함되지 않는다. 또한 (2.1−1) 모형에서

$$\beta_0 = \mu,\ \beta_i = \tau_i x_{ij},\ x_{ij} = \begin{cases} 1 & \text{만약 처리수준 } i\text{에서 실험될 때} \\ 0 & \text{그 밖의 경우에} \end{cases}$$

이라 놓으면 식은 아래와 같이 구해지고 다음 절에서 설명할 일원배치 모형이 된다.

$$y_{ij} = \mu + \tau_i + \epsilon_{ij} \tag{2.1−5}$$

이 밖에도 변수가 2개인 이원배치모형에서 교호작용(interaction)을 고려할 때

$$y_j = \beta_0 + \beta_1 x_{1j} + \beta_2 x_{2j} + \beta_3 x_{1j} x_{2j} + \epsilon_j \tag{2.1−6}$$

로 나타낼 수 있어서 선형모형의 한 예가 된다. 교호작용의 의미와 (2.1−6) 모형에 관한 설명은 3장으로 미룬다.

일반선형모형에서의 일반(general)의 의미는 반응변수를 다변량으로 확대한 다변량선형모형을 의미한다. 이 모형에는 다변량분산분석(multivariate ANOVA(MANOVA)), 반복측정자료분석 등을 포함한다.

일반선형모형은 정규분포와 분산의 동등성 가정하에서 이론을 전개하게 된다. 이때 이보다 느슨한 가정하에서 반응변수가 지정된 연결함수(link function)를 통해 요인과 선형적으로 관련되도록 (일반)선형모형을 확대할 수 있다. 이를 일반화선형모형(generalized linear model; GLM)이라고 한다. 즉 일반화선형모형은 선형모형을 확대한 모형으로써 반응변수의 연결함수값을 새로운 반응변수로 사용하여, 모형의 선형성과 가법성(additivity)을 충족함으로써 모수추정이 가능하다. 로짓(logit), 프로빗(probit), 로그선형(log-linear) 모형 등을 포함하며 반응값이 이항반응(binary response)인 경우와 분산과 평균이 함수관계가 있는 연속형의 경우를 모형화하는 데 많이 이용된다. 여기서는 이 부분에 관해서는 다루지 않는다. 자세한 내용은 McCullagh와 Nelder(1989)의 책을 참조하기 바란다.

일반적으로 일반선형모형은 행렬식으로 표현하여 다루게 된다. 행렬식을 다루기 위해서는 선형대수의 지식이 요구되며, 필요에 따라 중요한 개념이나 보조정리들이 소개될 것이다. (2.1−2)의 모형을 행렬식으로 표시하면 다음과 같다.

$$\boldsymbol{y} = X\boldsymbol{\beta} + \boldsymbol{\epsilon}, \tag{2.1−7}$$

$$\boldsymbol{y} = \begin{bmatrix} y_1 \\ y_2 \\ \vdots \\ y_n \end{bmatrix}, \quad X = \begin{bmatrix} 1\ x_{11}\ x_{21} \cdots x_{p1} \\ 1\ x_{12}\ x_{22} \cdots x_{p2} \\ \vdots \\ 1\ x_{1n}\ x_{2n} \cdots x_{pn} \end{bmatrix},$$

$$\boldsymbol{\beta} = \begin{bmatrix} \beta_0 \\ \beta_1 \\ \vdots \\ \beta_p \end{bmatrix}, \quad \boldsymbol{\epsilon} = \begin{bmatrix} \epsilon_1 \\ \epsilon_2 \\ \vdots \\ \epsilon_n \end{bmatrix}$$

여기서 계획행렬(design matrix) X는 $n \times (p+1)$ 행렬이다.

선형모형에서 우선적인 목적은 $\boldsymbol{\beta}$의 추정치 $\boldsymbol{b} = [b_1, \cdots, b_p]^t$를 구하는 일이다. 본 책에서 주로 다룰 최소제곱법(least square method)에 대해 살펴보자. 최소제곱법이란 오차항들의 제곱합을 최소화하는 $\boldsymbol{b}$를 찾는 문제이다. 즉

$$\begin{aligned} Q(\boldsymbol{y},\boldsymbol{b}) &= \sum_{i=1}^{n} \epsilon_i^2 = \sum_{i=1}^{n} \boldsymbol{\epsilon}^t \boldsymbol{\epsilon} = \sum_{i=1}^{n} (y_i - \sum_{j=1}^{p} x_{ij} b_j)^2 \\ &= (\boldsymbol{y} - X\boldsymbol{b})^t (\boldsymbol{y} - X\boldsymbol{b}) \\ &= \|\boldsymbol{y} - X\boldsymbol{b}\|^2 \end{aligned}$$

를 최소화하는 $\boldsymbol{b}$가 $\boldsymbol{\beta}$의 최소제곱추정량 $\hat{\boldsymbol{\beta}}$이 된다. 여기서 A^t는 행렬 A의 전치행렬(transpose)이고, $\|v\|$는 v 벡터의 길이(norm)를 의미한다. 이러한 $\boldsymbol{b}$를 구하기 위해 Q를 $\boldsymbol{b}$에 관해 미분하여 0으로 놓으면,

$$\begin{aligned} \frac{\partial Q}{\partial \boldsymbol{b}} &= \frac{\partial}{\partial \boldsymbol{b}} [(\boldsymbol{y} - X\boldsymbol{b})^t (\boldsymbol{y} - X\boldsymbol{b})] \\ &= \frac{\partial}{\partial \boldsymbol{b}} [\boldsymbol{y}^t \boldsymbol{y} - 2\boldsymbol{y}^t X\boldsymbol{b} + \boldsymbol{b}^t X^t X\boldsymbol{b}] \\ &= -2X^t \boldsymbol{y} + 2X^t X\boldsymbol{b} = 0 \end{aligned}$$

이 된다. 다시 말하면 최소제곱추정량 $\hat{\boldsymbol{\beta}}$은 정규방정식

$$X^t X \hat{\boldsymbol{\beta}} = X^t \boldsymbol{y} \qquad (2.1-8)$$

을 만족한다. 회귀모형에서는 일반적으로 $\hat{\boldsymbol{\beta}}$은 유일하게 다음과 같이 추정된다.

$$\hat{\boldsymbol{\beta}} = (X^t X)^{-1} X^t \boldsymbol{y} \qquad (2.1-9)$$

2.2 일원배치법의 구조와 모형의 설정

일원배치법(one-way layout) 또는 일요인 분산분석(one-way ANOVA)은 관심이 되는 요인이 하나인 경우에 a개의 처리수준 사이를 비교하는 실험계획이다. $a=2$인 경우는 이표본 t-검정을 통해서도 분석할 수 있다. 2장에서는 식의 복잡성을 피하기 위해 각 수준별 반복수가 n인 균형 자료에 관해서 다룬다. 반복수가 다른 일원배치법의 불균형자료의 분석의 경우도 균형 자료의 경우를 그대로 확대 적용할 수 있다. 이해를 돕기 위해 예를 하나 들어보자.

▶예 2.2-1 P회사는 4가지 종류의 접착제 A, B, C, D를 생산하고 있다. 이 4가지 종류의 제품 간에 접착력 차이가 있는지 알아보기 위하여 실험을 하였다. 각 종류를 5개씩 택하여 전체 20번의 실험을 랜덤하게 시행한 결과는 다음과 같다.

제품의 종류 (요인의 수준)	접착력 (실험의 반복)	각 제품의 접착력의 평균	각 제품의 접착력의 분산
A	46.5 45.9 49.8 46.1 44.3	46.520	2.015
B	48.7 49.0 50.1 48.5 45.2	48.300	1.840
C	46.3 47.1 48.9 48.2 48.6	47.820	1.089
D	44.7 43.0 51.0 48.1 48.6	47.080	3.200

위 실험은 $N=an$회 중 잡음요인들의 영향을 상쇄하기 위해 랜덤화의 원리에 맞게 순서를 정하여 실험을 행하였다. 이는 완전랜덤화계획(completely randomized design; CRD)이라고 하며 자료의 구조는 다음과 같다.

[표 2.2-1] 일원배치법 자료 구조

수준	반응값	평균	표준편차
1	$y_{11}\ y_{12}\ \cdots\ y_{1n}$	$\overline{y}_{1.}$	S_1
2	$y_{21}\ y_{22}\ \cdots\ y_{2n}$	$\overline{y}_{2.}$	S_2
$\vdots$	$\vdots$	$\vdots$	$\vdots$
a	$y_{a1}\ y_{a2}\ \cdots\ y_{an}$	$\overline{y}_{a.}$	S_a

수준은 a개이며, $y_{ij}(i=1, \cdots, a\ ;\ j=1, \cdots, n)$는 i번째 처리의 j번째 반응값을 의미한다. $\overline{y}_{i.}$는 i번째 처리의 반응값의 평균이며, $\overline{y}_{..}$는 전체 반응값의 평균, S_i^2은 i번째 처리의 반응값의 분산으로서 다음과 같이 정의된다.

$$\overline{y}_{i.} = \frac{1}{n}\sum_{j=1}^{n} y_{ij}, \quad \overline{y}_{..} = \frac{\sum_{i=1}^{a}\sum_{j=1}^{n} y_{ij}}{an}, \quad S_i^2 = \frac{1}{n-1}\sum_{j=1}^{n}(y_{ij} - \overline{y}_{i.})^2$$

식 (2.1−5)에서 주어진 일원배치모형은 다시 쓰면 다음과 같다.

$$y_{ij} = \mu + \tau_i + \epsilon_{ij}$$

모형에서 y는 **반응변수** 또는 종속변수이다. μ는 처리효과에 관계없이 모든 반응값에 공통인 상수로 총평균(overall mean)이다. τ_i는 i번째 처리효과를, ϵ_{ij}는 오차항을 각각 나타낸다. 위의 모형을 해석해 보면 반응값 y_{ij}는 일정한 값에다 i번째 처리효과를 더한 값이다. 이때 수준을 i로 고정해도 통제할 수 없는 요인에 의해 생긴 반응값 간의 차이를 오차 ϵ_{ij}로 설명 가능하다. 분석을 위해 오차항에 대해 다음과 같이 가정한다.

① 집단(처리수준)간의 자료들은 서로 독립이다.
② 각 집단의 자료는 정규분포에서 얻어진 확률표본이다.
③ 각 집단의 모분산은 같다.

가정이 만족되면 모집단의 i번째 수준에서 무제한으로 실험을 시행한 경우 각각의 반응값의 기댓값(평균)은 $\mu + \tau_i$이고, 분산은 알려지지 않은 σ^2의 정규분포를 따른다. 이때 σ^2는 처리수준에 관계없이 같다는 등분산성 가정이 전제된다. 위의 가정 중 어느 하나라도 만족하지 않을 경우에는 분산분석을 그대로 적용할 수 없다. 따라서 가정이 만족하는지 반드시 검정되어야 한다. ③의 등분산성의 경우 등분산성 가정이 유효하지 않으면 변수변환 등을 통해 등분산성이 유효한 자료로 변환한 후 자료를 분석해야 한다. 본 책에서는 변수변환 과정을 생략하기로 한다.

2.3 일원배치 분산분석

일원배치법에서 요인수준 간의 차이가 있는지를 어떻게 하면 알 수 있을까? 이는 통계적 가설(hypothesis)검정으로 확인가능하다. 가설검정에 있어서 목적하는 바의 명제가 성립하도록 구성된 가설을 귀무가설(null hypothesis)이라고 하여 H_0로 표시한다. 반면에 그 명제에 반대되도록 설계된 가설을 대립가설(alternative hypothesis)이라고 하여 H_1로 표시한다. 검정은 이 두 가설 중 하나를 선택하는 행동을 의미한다. 우리의 결론은 다음의 가설 중 택일하는 문제와 같다.

$$H_0: \tau_1 = \tau_2 = \cdots = \tau_a$$

$$H_1: \text{처리효과 } \tau_i \text{가 모두 같지는 않다.}$$

H_0이 사실이면 처리수준들 간에(비교 대상이 되는 집단들 간에) 차이가 없음을 의미한다. 위의 예에서 이와 같은 문제의 답을 구하기 위해 일반적으로 생각할 수 있는 방법은 이표본 t-검정을 모든 처리수준쌍에 행하여 평균 $\bar{y}_{i.}$를 서로 비교하는 방법일 것이다. 그러나 이러한 방법은 귀무가설을 올바르게 택할 확률을 현저히 저하시켜 결론에 심각한 오류를 범할 수 있다. 따라서 이들 평균을 동시에 비교하는 방법으로 가장 적절한 분석방법은 변동(variation)을 비교하는 **분산분석**(analysis of variance; ANOVA)이다. 분산분석에 사용되는 제곱합(변동)들은

$$(y_{ij} - \bar{y}_{..}) = (y_{ij} - \bar{y}_{i.}) + (\bar{y}_{i.} - \bar{y}_{..})$$

로 분해하여 각 항들을 제곱 후 모든 i, j에 대해서 더하면 얻을 수 있다. 여기서 총 실험수를 $N(=an)$이라고 할 때 다음과 같이 구할 수 있다.

$$SST = \sum_{i=1}^{a}\sum_{j=1}^{n}(y_{ij} - \bar{y}_{..})^2 = \sum_{i}\sum_{j}y_{ij}^2 - \frac{y_{..}^2}{N} \qquad (2.3-1)$$

$$SS_{tr} = \sum_{i=1}^{a}\sum_{j=1}^{n}(\bar{y}_{i.} - \bar{y}_{..})^2 = n\sum_{i=1}^{a}(\bar{y}_{i.} - \bar{y}_{..})^2$$

$$SSE = \sum_{i=1}^{a}\sum_{j=1}^{n}(y_{ij} - \bar{y}_{i.})^2$$

$$SST = SS_{tr} + SSE$$

관찰된 반응값들이 전체 반응값 평균에서 떨어진 총변동을 (수정된) 총제곱합(corrected total sum of squares; SST)이라고 한다. 식 (2.3−1)에서 $\frac{y_{..}^2}{N}$을 보정계수(correction factor)라고 하고 SST는 수정되지 않은 제곱합에서 보정계수를 뺀 값이다. 위의 정의에서 보듯 SST는 반응값 y_{ij}들이 전체 반응값의 평균 $\bar{y}_{..}$에 퍼져 있는 변동의 정도를 나타낸다. 따라서 SST는 처리효과에 영향을 받지 않는 변동으로 자료가 정해지면 고정된 값으로 생각할 수 있다. 다음으로 각 수준에서의 평균 $\bar{y}_{i.}$들이 전체 표본의 평균 $\bar{y}_{..}$에서 떨어진 변동값을 처리제곱합(treatment sum of squares; SS_{tr}) 또는 급간변동(variation between groups)이라고 한다. 귀무가설이 사실인 경우 수준 간에 차이가 적어서 $\bar{y}_{i.}$들이 $\bar{y}_{..}$에서 많이 떨어져 있지 않기에 SS_{tr}의 값은 적게 구해질 것이다. 마지막으로 동일 처리수준에서 실험한 결과 얻어진 반응값들이 여러 가지 통제할 수

없는 요인 등으로 인해 생긴 실험오차를 오차제곱합(error sum of squares; SSE) 또는 급내변동(variation within groups)이라고 한다.

이제 제곱합들을 비교한 검정의 절차를 설명해 보자. 자료가 수집되면 SST는 고정된 값이 된다. 처리수준 간의 차이가 별로 없다면 자료의 총변동은 오차에 의한 설명이 더 크다고 할 수 있다. 따라서 수준들 간의 차이가 적다면 상대적으로 자유도 대비 SS_{tr}은 상대적으로 적은 값이 되고, SSE는 큰 값이 된다. 이를 이용하여 제곱합을 해당하는 자유도로 나눈 값인 **평균제곱**(mean square; MS)들의 비를 통해 검정의 절차를 진행하게 된다.

구체적인 검정 절차를 구하기 위해 먼저 귀무가설이 사실일 때의 제곱합들의 분포를 구해 보자. 이에 앞서 앞으로 필요한 보조정리들을 소개한다.

[보조정리 2.3-1]

확률변수 $X_1,\ \cdots,\ X_n$이 서로 독립이고 $N(\mu,\ \sigma^2)$의 분포를 따르면 X_i의 선형조합으로 표시되는 $Y=\sum_{i=1}^{n}k_iX_i$는 평균은 $\mu\sum_{i=1}^{n}k_i$이고, 분산은 $\sigma^2\sum_{i=1}^{n}k_i^2$인 정규분포를 따른다.

[보조정리 2.3-2]

확률변수 $X_1,\ \cdots,\ X_n$이 서로 독립이고 각각 $N(\mu,\ \sigma^2)$의 분포를 따르면

확률변수 $Q=\sum_{i=1}^{n}(X_i-\overline{X})^2/\sigma^2$는 $\chi^2_{(n-1)}$의 분포에 따른다.

[보조정리 2.3-3] Cochran의 정리

확률변수 $Z_1,\ \cdots,\ Z_n$이 서로 독립이고 각각 $N(0,1)$의 분포를 따르고 $\sum_{i=1}^{n}Z_i^2=\sum_{j=1}^{r}Q_j$ ($j=1,\ \cdots,\ r,\ r\le n$)라고 하자. 이때 $\sum_{i=1}^{n}Z_i^2$는 자유도 n인 χ^2분포를 따른다. 또한 Q_j들이 각각 자유도 r_j인 독립적인 카이제곱분포가 되기 위한 필요충분조건은 $\sum_{j=1}^{r}r_j=n$이다.

(2.1-5)의 일원배치모형하에서 [보조정리 2.3-1]에 의하면 귀무가설이 사실일 때 다음과 같이 분포한다.

$$y_{ij}\sim N(\mu,\ \sigma^2),\ \overline{y}_{i.}\sim N(\mu,\frac{\sigma^2}{n}),\ \overline{y}_{..}\sim N(\mu,\frac{\sigma^2}{N})\qquad(2.3-2)$$

SST는 정규확률변수의 제곱합이므로, χ^2의 정의에 의해 $\dfrac{SST}{\sigma^2}$는 $\chi^2_{(N-1)}$의 분포에 따른다.

또한, (2.3−2)의 결과를 [보조정리 2.3−2]에 적용하면 $\dfrac{SSE}{\sigma^2}$는 $\chi^2_{(N-a)}$, $\dfrac{SS_{tr}}{\sigma^2}$는 $\chi^2_{(a-1)}$의 분포에 따름을 알 수 있다. 자유도(degree of freedom; d.f.)는 그 해석이 다양하다. 표본의 수에서 제약조건의 수를 뺀 값으로도 해석 가능하다. 그러나 가장 정확한 정의는 자유도를 분포의 형태를 완전히 결정하는 모수(parameter)가 자유도이다. 이런 관점에서 제곱합 SS_{tr}과 SSE의 자유도는 각각 $a-1$, $a(n-1)$이 된다. [보조정리 2.3−3]에 의해 $\dfrac{SS_{tr}}{\sigma^2}$와 $\dfrac{SSE}{\sigma^2}$는 독립이므로 각각의 평균제곱은 χ^2-분포를 따르게 되어 다음의 정리를 얻게 된다.

[정리 2.3−4]

> 귀무가설이 사실일 때, 확률변수 $F = \dfrac{SS_{tr}/(a-1)}{SSE/(N-a)} = \dfrac{MS_{tr}}{MSE}$는 자유도 $(a-1)$, $(N-a)$를 갖는 F-분포를 따른다.

F의 분자를 처리평균제곱(mean square of treatment; MS_{tr})이라고 하고, 분모를 오차평균제곱(mean square of error; MSE)이라고 한다. 앞에서 언급했듯이 F-값이 커지면 자유도 대비 상대적으로 SS_{tr}의 값이 커져서 귀무가설을 채택할 확률이 줄어든다. 따라서 위의 정리를 이용하면 유의수준 α하에서

$$F = \frac{MS_{tr}}{MSE} > F_{(\alpha, a-1, N-a)}$$

이면 귀무가설을 기각하게 된다. 이를 쉽게 하기 위해 분산분석표를 작성하면 다음과 같다.

[표 2.3−1] 일원배치 분산분석표

변동요인	제곱합	자유도	평균제곱	F
처리	SS_{tr}	$a-1$	$MS_{tr} = SS_{tr}/a-1$	MS_{tr}/MSE
오차	SSE	$N-a$	$MSE = SSE/N-a$	
총합	SST	$N-1$		

앞에서 우리는 평균제곱의 비를 이용한 검정통계량 F의 분포를 구하였다. F-값이 커지면 귀무가설을 채택할 확률이 줄어듦을 의미한다. 그렇다면 F-값이 커진다는 의미를 살펴보기 위해 우선

F-통계량의 분자와 분모의 의미를 살펴보자. 오차제곱합 $SSE = \sum_{i=1}^{a}\sum_{j=1}^{n}(y_{ij}-\overline{y}_{i.})^2$는 각 i번째 처리의 표본분산(S_i^2)을 $(n-1)$로 나눈 값의 합이 되어 MSE는 다음과 같이 표현된다.

$$\frac{(n-1)S_1^2+(n-1)S_2^2+\cdots+(n-1)S_a^2}{(n-1)+(n-1)+\cdots+(n-1)} = \frac{\sum_{i=1}^{a}\sum_{j=1}^{n}(y_{ij}-\overline{y}_{i.})^2}{a(n-1)} = \frac{SSE}{N-a} \quad (2.3-3)$$

따라서, $MSE = \frac{SSE}{N-a}$는 표본합동분산(sample pooled variance)으로서 σ^2의 한 추정량이 된다.

한편 $\frac{SS_{tr}/(a-1)}{n} = \frac{MS_{tr}}{n} = \frac{\sum_{i=1}^{a}(\overline{y}_{i.}-\overline{y}_{..})^2}{(a-1)}$은 총평균과 처리평균들 간의 변동을 잰 값으로, 귀무가설이 사실일 때 처리집단을 동일 모집단으로 간주할 수 있으므로 $\overline{y}_{i.}$의 분산인 σ^2/n의 추정치가 될 수 있다. 즉, MS_{tr} 또한 σ^2의 한 추정량(estimator)이 된다. 결론적으로 하나는 처리내, 다른 하나는 처리간 변동에 기초한 두 σ^2의 추정량의 비교가 검정의 원리를 제공한다. χ^2-분포를 하는 확률변수의 기대치는 그 분포의 자유도와 같음을 이용하면 귀무가설이 사실일 때, $E(SS_{tr}/a-1) = E(MS_{tr}) = \sigma^2$이 되므로, MS_{tr}은 σ^2의 불편추정치가 된다. 또한 같은 방법으로 $E(MSE) = \sigma^2$가 되므로 MSE 역시 σ^2의 불편추정치가 된다. 따라서 만일 귀무가설이 사실이면 F-값은 1에 가까운 값이 될 것이다.

좀 더 명확히 이해하기 위해 귀무가설의 사실 여부와 관계없이, 기대평균제곱(expected mean square; EMS)은 어떤 식으로 표시되는지를 구해 보면 다음과 같다. 먼저 MSE의 기댓값을 구하면 다음과 같다.

$$\begin{aligned} E(MSE) &= E\left(\frac{\sum_{i=1}^{a}\sum_{j=1}^{n}(y_{ij}-\overline{y}_{i.})^2}{N-a}\right) \\ &= E\left(\frac{\sum_{i=1}^{a}\sum_{j=1}^{n}(\mu+\tau_i+\epsilon_{ij}-\mu-\tau_i-\overline{\epsilon}_{i.})^2}{N-a}\right) \\ &= E\left(\frac{\sum_{i=1}^{a}\sum_{j=1}^{n}(\epsilon_{ij}-\overline{\epsilon}_{i.})^2}{N-a}\right) = \sigma^2 \end{aligned}$$

유사한 방법으로 MS_{tr}의 기댓값은 다음과 같이 구할 수 있다.

$$E(MS_{tr}) = \sigma^2 + \frac{n\sum_{i=1}^{a}(\tau_i - \bar{\tau})^2}{(a-1)}$$

결과를 보면 MSE의 기댓값은 귀무가설의 진위에 관계없이 σ^2가 되지만, MS_{tr}의 기댓값은 귀무가설이 사실일 때($\tau_1 = \cdots = \tau_a = \bar{\tau}$)만 σ^2가 된다. 따라서 귀무가설이 사실일 때만, $E(MS_{tr}) = E(MSE) = \sigma^2$의 식이 성립한다. 이때 MS_{tr}과 MSE의 비를 비교하여 큰 값으로 구해지면 귀무가설을 기각하는 의미로 해석할 수 있어 검정의 기준인 F 검정통계량이 됨을 알 수 있다.

다음의 예를 통해 앞에서 설명된 분산분석을 해 보자. 계산 과정은 생략되고 SPSS의 사용 절차와 과정을 통해 얻어진 결과를 분석한다.

▶예 2.3-1 (Neter, Wasserman와 Kutner(1990)의 책에서 인용)

아침 식사용 시리얼을 만드는 회사에서는 다섯 판매상(1, 2, 3, 4, 5라고 하자)을 통해 시리얼을 배분하고 있다. 이 판매상들이 여러 단계의 유통과정을 통하여 도매상에 거래되기까지 걸리는 지연시간(단위 : 분)이 차이가 있는지에 관심이 있다. 이를 알아보기 위해 각 판매상별로 20번의 거래를 택하여 조사하였다.

제품의 종류 (처리수준)	지연시간 (실험의 반복)	각 판매상의 지연시간의 평균	각 판매상의 지연시간의 표준편차
판매상 1	13,18,12,10,17,15,13,17,16,16, 14,17,14,13,12,11,18,19,16,15	14.80	2.53
2	23,29,24,20,21,20,25,27,28,27, 27,23,21,28,23,24,21,24,24,22	24.05	2.82
3	28,31,33,27,30,31,28,29,34,21, 36,29,31,32,34,31,33,34,36,33	31.05	3.50
4	20,18,23,24,29,22,22,28,26,17, 21,20,20,18,24,25,21,17,20,24	21.95	3.43
5	10, 8,12,14,11,12,18,13, 7,12, 11,14,11,14,16, 8, 7,10,12,11	11.55	2.86

일원배치 분산분석의 SPSS 사용절차 I

① [그림 2.3−1]과 같이 자료를 입력한다. 지면 관계상 자료의 일부만 나타나 있다.

② [그림 2.3−2]와 같이 메뉴의 [분석(A)] → [일반선형모형(G)] → [일변량(U)]을 선택하면 [그림 2.3−3]의 일원배치 분산분석 대화상자가 나타난다.

③ 일변량 분석 대화상자에서 [종속변수(D)]에 [지연시간]을 입력하고, [고정요인(F)]에 [판매상]을 입력한다. 변수의 입력은 화살표를 이용하여 입력할 수 있다.

④ 종속변수와 고정요인의 입력이 완료되면 [확인] 누르면 분석 결과가 아래와 같은 분산분석표를 얻을 수 있다.

⑤ ④번 절차에서 추가적인 옵션을 이용할 수 있다. [그림 2.3−3]에서 [옵션]을 누르면 [그림 2.3−4]의 옵션 대화상자가 나타난다. 통계량에서 [기술통계(D)], [동질성검정(H)], [잔차도표] 중 하나 이상을 선택한다. 다음에 [계속]을 누른 이후 다시 [확인]을 누르면 그 결과들을 추가적으로 얻을 수 있다.

[그림 2.3 − 1] 판매상 지연시간 자료

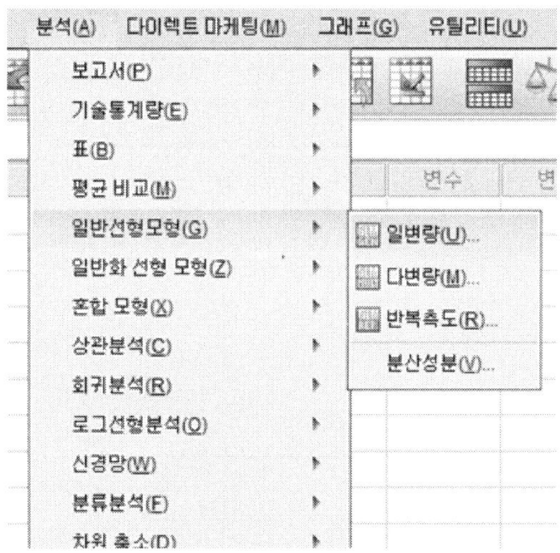

[그림 2.3 − 2] 일원배치 분산분석

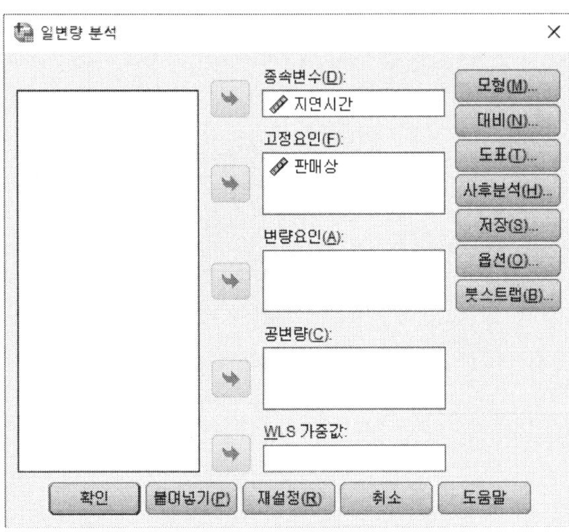

[그림 2.3 − 3] 변수 입력

[그림 2.3 − 4] 옵션 대화상자

➤ [SPSS 결과물] 일원배치법 분산분석표

개체-간 효과 검정

종속변수: 지연시간

소스	제 III 유형 제곱합	자유도	평균제곱	F	유의확률
수정된 모형	4768.760[a]	4	1192.190	128.265	.000
절편	42766.240	1	42766.240	4601.124	.000
판매상	4768.760	4	1192.190	128.265	.000
오차	883.000	95	9.295		
전체	48418.000	100			
수정된 합계	5651.760	99			

a. R 제곱 = .844 (수정된 R 제곱 = .837)

➤ [SPSS 결과물] 기술통계량 및 분산의 동질성검정

기술통계량

종속변수: 지연시간

판매상	평균	표준편차	N
1	14.80	2.526	20
2	24.05	2.819	20
3	31.05	3.502	20
4	21.95	3.426	20
5	11.55	2.856	20
전체	20.68	7.556	100

오차 분산의 동일성에 대한 Levene의 검정[a]

종속변수: 지연시간

F	자유도1	자유도2	유의확률
.451	4	95	.771

여러 집단에서 종속변수의 오차 분산이 동일한 영가설을 검정합니다.

a. Design: 절편 + 판매상

➤ [SPSS 결과물] 잔차도표

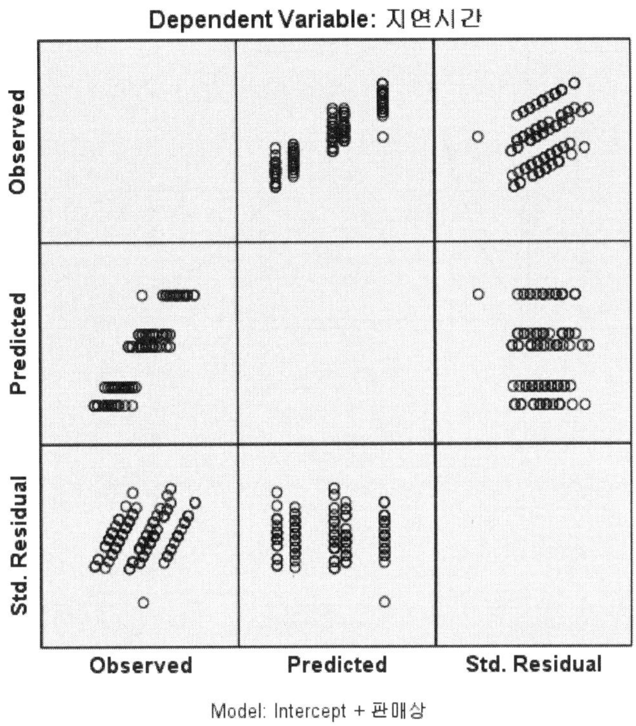

✚ 통계적 해석

▶ **제곱합** : (수정된) 총제곱합 $SST = 5651.76$, 처리제곱합 $SS_{tr} = 4768.760$, 오차제곱합 $SSE = 883$으로 각각 구해진다.

▶ **평균제곱** : 처리평균제곱 $MS_{tr} = SS_{tr}/4 = 1192.19$, 오차평균제곱 $MSE = SSE/95 = 9.295$로 각각 구해진다.

▶ **자유도** : 자유도는 각각 $a-1 = 4$와 $a(n-1) = 95$이다.

▶ **검정통계량** F: $\dfrac{4768.76/4}{883/95} = 128.265$로 구해진다. 이 값은 기각역 $F_{(0.05,4,95)} = 2.50$보다 훨씬 커서 귀무가설 $H_0 : \tau_1 = \tau_2 = \tau_3 = \tau_4 = \tau_5$, 즉 '다섯 판매상 간에 지연시간에 차이가 없다는 가설'을 $\alpha = 0.05$하에서 강하게 기각함을 알 수 있다. [그림 2.3−5]를 보면 $F_{4,95}$의 분포에서 F-값이 기각역 2.50보다 훨씬 오른쪽에 위치하여(128.265>2.50) 이러한 내용을 잘 설명해주고 있다.

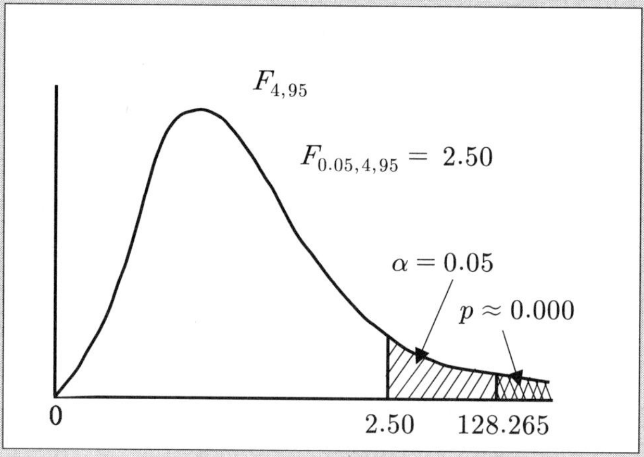

[그림 2.3-5] $F_{4,95}$-분포의 p-값

▶ **유의확률**: 유의확률 (p-값)이란 실험 결과 자료가 구해졌을 때 정해진 검정 절차에 의하여 귀무가설을 기각하는 가장 적은 유의수준으로 정의된다. 따라서 자료에서 구한 p-값이 주어진 α 보다 적거나 같으면 귀무가설을 기각한다. 분산분석표를 보면 유의확률이 0.000 으로 나타나 있어 어떠한 α를 선택해도 귀무가설을 기각하게 된다는 의미가 된다. p-값은 [그림 2.3-5]에서 보듯 $F = 128.265$보다 큰 확률면적을 의미한다. 실제로는 거의 0으로 구해지는데 설명을 위해 약간의 면적을 그려 놓았다.

▶ **등분산성 가정에 대한 검정**: 오차항에 대한 가정한 가정 중 분산의 동질성에 관한 가정을 위해 Levene 통계량을 계산하여 검정한다. 이 통계량에 대한 자세한 내용은 생략한다. 위의 결과를 보면 p-값이 0.771로 상당히 큰 값이어서 분산의 동질성 가정이 유효함을 알 수 있다.

▶ **잔차분석**: 오차항에 대한 3가지 가정 등분산성, 독립성, 정규성에 대한 검정을 잔차분석을 통해 진행한다. 잔차분석 결과 중에 대표적으로 표준화잔차(Std.Residual)×예측값(Predicted) 관계 그래프를 보면 관측값의 분포가 어떤 유형의 선형성을 이루지 않고 있어 독립성을 보임을 확인할 수 있다. Levene 통계량을 통해 등분산성에 대한 검정과 더불어 잔차분석에 결과를 보면 관측값에 분포의 퍼짐이 0을 중심으로 일정함을 볼 수 있어 등분산성에 대한 확인이 가능하다.

일원배치 분산분석의 SAS 사용절차 I

SAS에서 분산분석을 수행하는 방법으로 PROC ANOVA와 PROC GLM 두 가지 방법이 존재한다. 다음은 SAS로 분산분석을 수행하기 위한 PROC ANOVA의 절차(PROC GLM 절차도 동일)이다.

➤ [PROC ANOVA 절차]

```
PROC ANOVA DATA=data-set;                      ← ①
CLASS factors;                                 ← ②
MODEL dependent= factors / options;            ← ③
MEANS factors / HOVTEST=BARTLETT;              ← ④
RUN;
```

① 분산분석에 사용할 데이터셋 명(*data-set*)을 지정해준다.

② CLASS 명령어로 분산분석의 처리변수(*factor*)를 지정해준다.

③ MODEL 명령어로 분산분석으로 수행할 모형을 설정해준다. MODEL 명령어의 구조는 반응변수 = 처리변수(요인) 형태로 입력된다.

④ MEANS + HOVTEST 명령어는 분산의 동질성검정을 수행한다.

[SAS 프로그램 2.3-1] [예 2.3-1]의 가설검정

```
DATA ex2_3_1;
INPUT agent delay @@ ;
CARDS ;
1 13 1 18 1 12 1 10 1 17 1 15 1 13 1 17 1 16 1 16
1 14 1 17 1 14 1 13 1 12 1 11 1 18 1 19 1 16 1 15
2 23 2 29 2 24 2 20 2 21 2 20 2 25 2 27 2 27 2 28
2 27 2 23 2 21 2 28 2 23 2 24 2 21 2 24 2 24 2 22
3 28 3 31 3 33 3 27 3 30 3 31 3 28 3 29 3 34 3 21
3 36 3 29 3 31 3 32 3 34 3 31 3 33 3 34 3 36 3 33
4 20 4 18 4 23 4 24 4 29 4 22 4 22 4 28 4 26 4 17
4 21 4 20 4 20 4 18 4 24 4 25 4 21 4 17 4 20 4 24
5 10 5  8 5 12 5 14 5 11 5 12 5 18 5 13 5  7 5 12
5 11 5 14 5 11 5 14 5 16 5  8 5  7 5 10 5 12 5 11
;
RUN;

/* PROC ANOVA 이용 */
PROC ANOVA DATA=ex2_3_1;
CLASS agent;
MODEL delay=agent;
MEANS agent / HOVTEST=BARTLETT; /* 분산의 동질성검정*/
RUN;

/* PROC GLM 이용 */
PROC GLM DATA=ex2_3_1;
CLASS agent;
MODEL delay=agent;
RUN;
```

➤ [SAS 결과물] 일원배치법 분산분석표

The GLM Procedure

Dependent Variable: delay

Source	DF	Sum of Squares	Mean Square	F Value	Pr > F
Model	4	4768.760000	1192.190000	128.27	<.0001
Error	95	883.000000	9.294737		
Corrected Total	99	5651.760000			

The ANOVA Procedure

Bartlett's Test for Homogeneity of delay Variance			
Source	DF	Chi-Square	Pr > ChiSq
agent	4	2.8689	0.5800

✚ 통계적 해석(등분산성 가정에 대한 검정)

분산의 동질성에 관한 가정을 위해 Bartlett 통계량을 계산하여 검정한다. 이 통계량에 대한 자세한 내용은 생략한다. 위의 결과를 보면 p-값 = 0.58로 상당히 큰 값이어서 분산의 동질성 가정이 유효함을 알 수 있다. 나머지 결과는 SPSS와 동일하므로 자세한 내용은 생략한다.

2.4 모수추정

일원배치모형에서 모수 μ와 $\tau_i(i = 1, \cdots, a)$를 추정해 보자. 2.1절에서 소개된 최소제곱법을 사용하기로 한다. 참고적으로 최소제곱추정량은 Gauss−Markov 정리에 의해 최량선형불편추정량(best linear unbiased estimator; BLUE)이 되어 추정에 가장 많이 사용되는 방법이다.

[정의 2.4−1] 최소제곱법

최소제곱법이란 추정하고자 하는 모수로 방정식을 편미분하여 방정식(정규방정식(normal equations)이라고 함)을 구하는 방법이다. 먼저 1차 편미분값을 0으로 하여 필요조건으로 삼고, 2차 편미분하여 그 값이 양의 값을 취하는 것을 충분조건으로 하여 방정식의 해를 구하면 그 해들이 최소제곱추정량이 된다.

일원배치모형에서의 오차항의 제곱합은 다음과 같다.

$$Q = \sum_{i=1}^{a}\sum_{j=1}^{n}\epsilon_{ij}^2 = \sum\sum(y_{ij} - \mu - \tau_i)^2 \qquad (2.4-1)$$

Q를 최소화하는 μ와 τ_i를 $\hat{\mu}$와 $\hat{\tau}_i$라고 할 때 방정식 (2.4-1)을 미분하면 아래의 $(a+1)$개의 방정식을 얻을 수 있다.

$$\frac{\partial Q}{\partial \hat{\mu}} = -2\sum_{i=1}^{a}\sum_{j=1}^{n}(y_{ij} - \hat{\mu} - \hat{\tau}_i) = 0$$

$$\frac{\partial Q}{\partial \hat{\tau}_i} = -2\sum_{j=1}^{n}(y_{ij} - \hat{\mu} - \hat{\tau}_i) = 0,\ i = 1, \cdots, a \qquad (2.4-2)$$

위의 $(a+1)$개의 방정식을 풀어쓰면 다음의 정규방정식을 얻을 수 있다.

$$\begin{aligned}
N\hat{\mu} + n\hat{\tau}_1 + n\hat{\tau}_2 + \cdots + n\hat{\tau}_a &= y_{..} \\
n\hat{\mu} + n\hat{\tau}_1 &= y_{1.} \\
n\hat{\mu} + n\hat{\tau}_2 &= y_{2.} \\
&\vdots \\
n\hat{\mu} + n\hat{\tau}_a &= y_{a.}
\end{aligned} \qquad (2.4-3)$$

식 (2.4-3)의 $(a+1)$개의 방정식을 살펴보면, 미지수는 $(a+1)$개이다. 그러나 첫 번째 식을 제외한 나머지 a개의 방정식의 합이 첫 번째 식과 같아져서 각 미지의 모수의 추정치들은 유일한 해를 가지지 못하게 된다. 이런 경우 μ와 τ_i는 추정가능(estimable)하지 않다고 말한다. 이러한 문제는 실험계획모형이 가지는 공통적인 문제라고 할 수 있다. 이런 경우 $\hat{\mu}$과 $\hat{\tau}_i$의 하나의 해를 얻으려면 하나 이상의 제약조건(side condition)을 갖는 추가방정식을 필요로 한다.

추가방정식으로는 여러 가지가 가능한데 그 중 대표적인 2개를 소개하면,

(1) 하나의 모수의 추정치를 특정한 상수값으로 대치한 후 나머지 추정치들을 유일하게 추정하는 방법이다. 예를 들어, $\hat{\tau}_a$=0을 대입하여 추정하는 방법으로서, SPSS/SAS를 이용하여 할 수 있다.

(2) $\sum_{i=1}^{a}\hat{\tau}_i = 0$의 제약조건을 넣어서 푸는 방법이 있다.

각 제약조건하에서 τ_i의 추정치는 유일하지 않으므로 서로 다르다. 여기서는 먼저 (2)번 조건을 택하여 $\hat{\mu}$와 $\hat{\tau_i}$를 구해 보자. 그 결과는 다음과 같다.

$$\hat{\mu} = \bar{y}_{..}$$

$$\hat{\tau_i} = \bar{y}_{i.} - \bar{y}_{..} \ (i = 1, \cdots, a) \tag{2.4-4}$$

위와는 다르게 μ나 τ_i의 선형결합으로 표시되는 함수 중 이러한 제약조건을 필요로 하지 않고 유일한 추정치를 가지는 선형함수를 **추정가능함수**(estimable function)라고 한다. 예로서 일원배치법에서 $\tau_1 + \tau_2$는 추정가능함수가 아니지만 $\tau_1 - \tau_2$는 추정가능함수이다. 다시 말하면 두 처리효과의 차이 $\tau_1 - \tau_2$는 각각의 처리효과들의 추정가능 여부와 상관없이 두 처리효과의 차이에 대한 신뢰구간추정과 검정의 문제를 해결할 수 있다. 그렇다면 어떠한 함수의 형태하에서 추정이 가능할까? 일원배치법에서의 해답은 비교적 간단하다. 여기서는 이론적인 해답 대신에 [예 2.2-1]에서 SAS를 이용하여 그 답을 찾아보자. 이를 위한 SAS 프로그램과 추정가능함수에 관한 결과는 다음과 같다.

[SAS 프로그램 2.4-1] [예 2.2-1]의 추정가능함수

```
DATA ex2_2_1;
INPUT blend $ yield @@;
CARDS;
A 46.5 A 45.9 A 49.8 A 46.1 A 44.3
B 48.7 B 49.0 B 50.1 B 48.5 B 45.2
C 46.3 C 47.1 C 48.9 C 48.2 C 48.6
D 44.7 D 43.0 D 51.0 D 48.1 D 48.6
;
RUN;

PROC GLM DATA= ex2_2_1 ;
CLASS blend ;
MODEL yield= blend / E; RUN;
```

➤ [SAS 결과물] [예 2.2-1]의 추정가능함수

General Form of Estimable Functions	
Effect	Coefficients
Intercept	L1
blend A	L2
blend B	L3
blend C	L4
blend D	L1-L2-L3-L4

[처리가능함수의 조건 : 처리대비]

SAS [프로그램 2.4－1]에서는 SAS [프로그램 2.3－1]에서의 명령어 ANOVA가 GLM으로 바뀌어져 있고, Option으로 추정가능함수의 도출을 위한 /E가 첨부되었다. 위의 결과물을 보면 모든 추정가능한 모수들의 선형결합의 형태가 L1×μ + L2×τ_1 + L3×τ_2 + L4×τ_3 + (L1－L2－L3－L4)×τ_4임을 말해준다. 예로서, L1=0, L2=2, L3=L4=－1로 주면 τ_4에 대한 계수 L1－L2－L3－L4=0이 되어, 추정 가능한 식은 $2\tau_1 - \tau_2 - \tau_3$이 된다. 여기서 L1=0으로 고정하면 추정 가능한 처리효과들의 선형조합의 계수의 합이 0이 됨을 알 수 있다.

[정의 2.4－2] 처리대비

> 모수의 계수들의 합이 0이 되는 처리효과들의 선형조합을 처리대비(treatment contrast)라 한다.

다시 정리해 보자. 일원배치모형의 공통되는 문제는 모수들을 유일하게 추정할 수 없다는 점이다. 이는 미지의 모수의 수가 독립된 방정식의 수보다 많아서 발생한다. 이러한 문제는 제약식을 추가함으로서 해결할 수 있다. 마치 $x+y=0$ 이라는 식은 해는 있으나, 그 해가 유일하지 않아 해를 구하기 위해 제약식 $x-y=1$ 을 추가하여 x,y 를 구하는 것과 같은 방법이다. 다음으로 제약식으로 $\sum_{i=1}^{a}\hat{\tau_i}=0$ 을 추가로 주어 추정하는 방법을 택해 보자. 다른 제약식을 추가하여도 추정할 수 있지만 앞에서 언급했듯이 SPSS/SAS에서는 $\hat{\tau_a}$ =0으로 주고 τ_i를 추정한다. $\sum_{i=1}^{a}\hat{\tau_i}=0$ 을 추가하면

$$\hat{\tau_i} = \overline{y}_{i.} - \overline{y}_{..} \ (i = 1, \cdots, a)$$

로 추정된다. 의미를 해석하면 i번째 처리효과 τ_i는 i번째 수준의 반응값 평균에서 전체 반응값 평균을 뺀 값으로, 다시 표현하면 전체 평균으로부터의 편차로 해석될 수 있다.

추가제약식을 달리 하면 검정 결과도 차이가 있지 않겠느냐는 의문이 생기지만, 처리대비의 경우는 어떠한 추가제약식을 사용하여 τ_i를 추정하여도 처리대비의 추정값은 일정한 값을 갖게 된다. 예로서 τ_1과 τ_2의 추정값은 달라도 처리대비 $\tau_1 - \tau_2$의 추정값은 추정가능하여 유일한 값을 갖는다. 이러한 이유로 처리대비의 경우 추정값은 일정한 값을 갖게 되어 검정에 전혀 문제가 없다.

2.5 평균값들 간의 비교

검정 결과 귀무가설이 채택되면 분석은 완전히 종료된다. 반면에 귀무가설이 기각되면 모든 처리수준의 효과는 동일하지 않다는 결론을 내릴 수 있다. 이때 정확하게 어떤 처리수준 간의 차이 때문에 가설이 기각되었는지는 규명되지 않았기에 처리수준별 평균값들 간의 차이 검정을 행하게 된다. 평균값들 간의 비교 중 **처리대비**(treatment contrast)에 대한 검정이 행해지는데, 처리대비란 2.4절에서 보았듯 모수의 계수들의 합이 0이 되는 처리효과들의 선형조합을 말한다. $\tau_1 - \tau_2$, $\tau_1 + \tau_2 - 2\tau_3$ 등은 처리대비의 예이다. 두 가지의 경우로 나누어 생각할 수 있는데 하나는 특정 관심이 있는 처리들의 비교를 목적으로 하는 **(사전)대비**의 검정이고, 다른 하나는 모든 가능한 처리대비를 동시에 비교하게 되는 **다중비교**(multiple comparison) 또는 **사후분석**으로 구분하여 생각할 수 있다.

2.5.1 (사전)대비

귀무가설이 기각된 경우 그 원인을 알아보기 위해 특정 처리대비를 정하여 검정을 실시할 수 있다. 먼저 예상되는 두 처리간의 차이 대비 $\tau_i - \tau_j$에 관심이 있다고 하자. 앞에서 구한 추정치 $\hat{\tau_i}$를 $\bar{y}_{i.} - \bar{y}_{..}$로 사용하면 $\tau_i - \tau_j$의 추정치는 $(\bar{y}_{i.} - \bar{y}_{..}) - (\bar{y}_{j.} - \bar{y}_{..}) = \bar{y}_{i.} - \bar{y}_{j.}$로 유일하게 구해진다. 일반적으로 σ^2는 불편추정치(unbiased estimator) MSE로 추정한다. 따라서 $Var(\bar{y}_{i.} - \bar{y}_{j.}) = \sigma^2/n + \sigma^2/n = 2\sigma^2/n$이 되어 $\bar{y}_{i.} - \bar{y}_{j.}$의 분산의 추정치는 $2MSE/n$이 된다. 이를 이용하여 두 처리효과 간의 차이, $\tau_i - \tau_j$에 대한 $100(1-\alpha)\%$ 신뢰구간을 구하면 다음과 같이 된다.

$$\bar{y}_{i.} - \bar{y}_{j.} \pm t_{\alpha/2, N-a}\sqrt{\frac{2MSE}{n}} \qquad (2.5-1)$$

같은 원리로 처리대비 $\theta = \sum_{i=1}^{a} c_i \tau_i$ (단, $\sum_{i=1}^{a} c_i = 0$)라 놓으면, $\widehat{\sigma^2} = MSE$로 대치하여 처리대비의 추정치와 분산은 다음과 같이 구해진다.

$$\hat{\theta} = \sum_{i=1}^{a} c_i \bar{y}_{i.}, \quad Var(\hat{\theta}) = MSE(\sum_{i=1}^{a} c_i^2/n) \qquad (2.5-2)$$

따라서 θ에 관한 귀무가설 $H_0 : \theta = 0$에 대한 t-통계량은 귀무가설이 사실일 때 $t = \frac{\sum_{i=1}^{a} c_i \bar{y}_{i.}}{\sqrt{MSE(\sum_{i=1}^{a} c_i^2/n)}}$는 자유도 $(N-a)$를 가지는 t-분포를 한다. 이번에는 F-검정을 이용하여 $H_0 : \theta = \sum_{i=1}^{a} c_i \tau_i = 0$ 처리대비 검정을 해 보자. 앞에서 구한 t-값과 $F_{1,v} = t_v^2$의 관계를 이용하면 F-값은 다음과 같이 구해진다.

$$F = t^2 = \frac{(\sum_{i=1}^{a} c_i \bar{y}_{i.})^2}{MSE(\sum_{i=1}^{a} c_i^2/n)} = \frac{(\sum_{i=1}^{a} c_i \bar{y}_{i.})^2/(\sum_{i=1}^{a} c_i^2/n)}{MSE} \tag{2.5-3}$$

위 식의 분자에 해당하는 부분이 가설에 있어서 처리대비에 대한 제곱합(SS_H라고 하자)이 되고 다음과 같이 쓸 수 있다.

$$SS_H = \frac{(\sum_{i=1}^{a} c_i \bar{y}_{i.})^2}{(\sum_{i=1}^{a} c_i^2/n)} = \frac{(\sum_{i=1}^{a} c_i y_{i.})^2}{n\sum_{i=1}^{a} c_i^2} \tag{2.5-4}$$

위의 결과들을 정리하면 $H_0 : \theta = \sum_{i=1}^{a} c_i \tau_i = 0$ 처리대비 검정은 다음과 같이 t- 혹은 F-검정을 하여 결론을 내릴 수 있다.

> $|t| = \left| \frac{\sum_{i=1}^{a} c_i \bar{y}_{i.}}{\sqrt{MSE(\sum_{i=1}^{a} c_i^2/n)}} \right| > t_{\alpha/2, N-a}$ 이면 귀무가설을 기각한다.
>
> $F = \frac{SS_H}{SSE} > F_{\alpha,1,N-a}$이면 귀무가설을 기각한다.

이때 처리대비계수에 어떤 일정한 상수를 곱하여도 제곱합은 변하지 않는다. 즉, H_0 : $\tau_1 - \frac{1}{2}\tau_2 - \frac{1}{2}\tau_3 = 0$나 H_0 : $2\tau_1 - \tau_2 - \tau_3 = 0$에 대한 처리제곱합은 같다. 대부분의 실험자들은 가장 관찰 평균의 차이가 큰 것을 택하여 비교하기에 처리계수의 선택은 실험 전에 미리 결정해야 한다. 이러한 큰 차이는 때로는 확률오차일 수 있어서 큰 차이가 나는 것만을 비교하면 제1종의 오차가 과다하게 커질 수 있다.

[예 2.3−1]로 돌아가서 위의 과정을 적용시켜 보자. 앞에서 p-값이 0에 가까워 판매상 간에 지연시간에 차이가 있음을 알았다. 그러나 어떤 판매상 간에 차이가 나는지를 알고 싶을 것이다. 실험 전에 첫째 판매상, 둘째 판매상, 셋째 판매상의 지연시간의 합은 넷째 판매상의 지연시간과 차이가 있을 것이라고 짐작했다고 하자. 이 경우 우리가 보고자 하는 귀무가설은 $c_1 = 1$, $c_2 = 1$, $c_3 = 1$, $c_4 = -3$, $c_5 = 0$이라고 할 때,

$$H_0 : \tau_1 + \tau_2 + \tau_3 - 3\tau_4 = 0 \text{ 혹은 } H_0 : \sum_{i=1}^{a} c_i \tau_i = 0$$

이 된다. 위의 예를 SPSS를 통해 적용시켜 보자.

일원배치 분산분석의 SPSS 사용절차 II : 대비검정

앞에서는 SPSS를 통한 분산분석의 예는 [일반선형모형]으로 분석을 진행하였다. SPSS에는 일원배치 분산분석을 진행하는 방법으로 [평균비교]의 [일원배치 분산분석]을 사용하는 방법도 존재한다. 본 예에서는 대비검정을 진행하기 위해 [평균비교]의 [일원배치 분산분석]을 이용하여 진행한다.

① [그림 2.5−1]과 같이 자료를 입력한다. 지면 관계상 자료 일부만 나타나 있다.
② [그림 2.5−2]와 같이 메뉴의 [분석(A)] → [평균비교(M)] → [일원배치 분산분석(O)]을 선택하면 [그림 2.5−3]의 일원배치 분산분석 대화상자가 나타난다.
③ 일원배치 분석 대화상자에서 [종속변수(D)]에 [지연시간]을 입력하고, [요인(F)]에 [판매상]을 입력한다. 변수의 입력은 화살표를 이용하여 입력할 수 있다.
④ 종속변수와 고정요인의 입력이 완료되면 [그림 2.5−3]에서 [대비(N)]를 누르면 [그림 2.5−4]의 대비 대화상자가 나타난다.
⑤ 대비 대화상자에서 [계수(O)]를 선택하여 빈칸에 계수 1을 삽입한 다음 [추가(A)]를 선택한다.

⑥ 계속해서 1, 1, 1, −3, 0을 차례로 삽입하고 추가하는 절차를 반복 수행하면 대비 대화상자가 [그림 2.5−4]과 같이 나타난다.

⑦ 다음에 [계속]을 누른 이후 다시 [확인]을 누르면 대비계수와 대비검정 결과를 얻을 수 있다.

[그림 2.5 − 1] 판매상 지연시간 자료

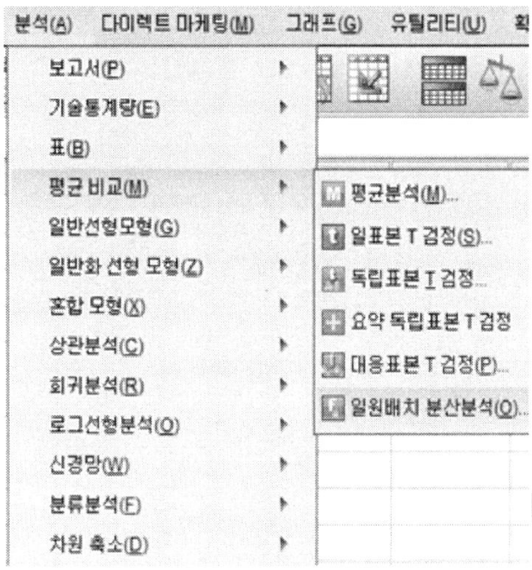

[그림 2.5 − 2] 일원배치 분산분석

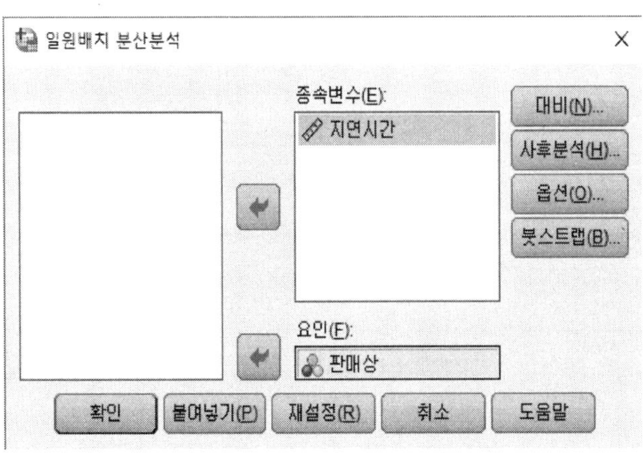

[그림 2.5 − 3] 변수 입력

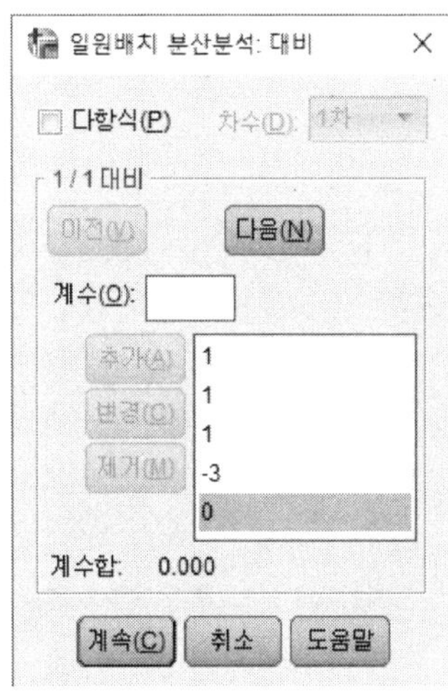

[그림 2.5 − 4] 대비 대화상자

➤ [SPSS 결과물] 대비계수와 대비검정 결과

대비 계수

대비	판매상 1	2	3	4	5
1	1	1	1	-3	0

대비검정

		대비	대비 값	표준오차	t	자유도	유의확률 (양측)
지연시간	등분산 가정	1	4.05	2.362	1.715	95	.090
	등분산을 가정하지 않습니다.	1	4.05	2.571	1.575	29.106	.126

✚ 통계적 해석

▶ **귀무가설**: $H_0: \tau_1+\tau_2+\tau_3-3\tau_4=0$, 즉 "첫째 판매상, 둘째 판매상, 셋째 판매상의 지연시간의 합은 넷째 판매상의 지연시간과 차이가 없다"는 가설을 검정한다.

▶ **대비계수**: 처리대비 계수는 $c_1=1,\ c_2=1,\ c_3=1,\ c_4=-3,\ c_5=0$ 이 된다.

▶ **대비값**: $\overline{y}_{1.}=14.80,\ \overline{y}_{2.}=24.05,\ \overline{y}_{3.}=31.05,\ \overline{y}_{4.}=21.95,\ \overline{y}_{5.}=11.55$ 으로 구해져 처리대비의 추정값은 $\overline{y}_{1.}+\overline{y}_{2.}+\overline{y}_{3.}-3\times\overline{y}_{4.}=4.05$ 이다.

▶ **표준오차**: 앞에서 등분산가정이 성립하였으므로, 처리대비에 대한 표준편차(표준오차)는 $\sqrt{MSE(\sum_{i=1}^{a}c_i^2/n)}=\sqrt{9.295(1^2+1^2+1^2+(-3)^2)/20}=2.362$ 로 구해진다.

▶ **검정통계량 t**: 등분산성 가정하에서 $\frac{4.05}{2.36}\fallingdotseq 1.715$ 로 구해진다.

▶ **자유도**: 자유도는 $a(n-1)=95$ 이다.

▶ **유의확률(양쪽)**: [그림 2.5-5]를 보면 $\alpha=0.05$에서 기각역 $t_{0.025,95}=1.99$로 $t=1.71$보다 크거나, 혹은 유의확률이 0.090 으로 $\alpha=0.05$보다 크므로 귀무가설을 채택한다.

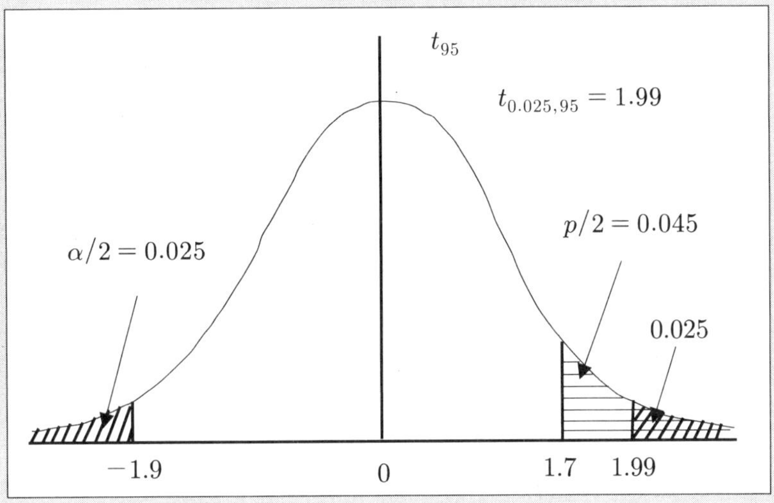

[그림 2.5 – 5] t_{95} 의 분포와 유의확률

다음의 SAS 절차를 사용하면 동일한 결과를 얻을 수 있다.

일원배치 분산분석의 SAS 사용절차 II : 대비검정

[SAS 프로그램 2.5–1] <처리대비 검정>

```
PROC GLM DATA= ex2_3_1 ;
CLASS agent;
MODEL delay=agent;
ESTIMATE 'agent 1,2,3, vs 4' agent 1 1 1 -3 0; /* t-검정 */
CONTRAST 'agent 1,2,3, vs 4' agent 1 1 1 -3 0; /* F-검정*/
RUN;
```

➤ PROC GLM 절차

ESTIMATE trt 처리대비계수;	← ①
CONTRAST trt 처리대비계수;	← ②

① MODEL 명령어 option으로 처리대비를 추정하고 t-검정을 수행한다.

① MODEL 명령어 option으로 처리대비 F-검정을 수행한다.

➤ [SAS 결과물] 대비계수와 대비검정 결과

SAS 시스템

The GLM Procedure

Dependent Variable: delay

Source	DF	Sum of Squares	Mean Square	F Value	Pr > F
Model	4	4768.760000	1192.190000	128.27	<.0001
Error	95	883.000000	9.294737		
Corrected Total	99	5651.760000			

R-Square	Coeff Var	Root MSE	delay Mean
0.843765	14.74239	3.048727	20.68000

Source	DF	Type I SS	Mean Square	F Value	Pr > F
agent	4	4768.760000	1192.190000	128.27	<.0001

Source	DF	Type III SS	Mean Square	F Value	Pr > F
agent	4	4768.760000	1192.190000	128.27	<.0001

Contrast	DF	Contrast SS	Mean Square	F Value	Pr > F
agent 1,2,3, vs 4	1	27.33750000	27.33750000	2.94	0.0896

Parameter	Estimate	Standard Error	t Value	Pr > |t|
agent 1,2,3, vs 4	4.05000000	2.36153385	1.71	0.0896

✚ 통계적 해석(SAS 결과 추가)

▶ Contrast 명령어 : $H_0 : \tau_1 + \tau_2 + \tau_3 - 3\tau_4 = 0$에 대한 $SS_H = 27.3375$, $F = 2.94$로 구해진다(식 (2.5−4) 참조).

▶ Estimate 명령어 : 처리대비의 추정값은 $\overline{y}_{1.} + \overline{y}_{2.} + \overline{y}_{3.} - 3 \times \overline{y}_{4.} = 4.05$ 이 되고 $t = \dfrac{4.05}{2.36} = 1.71$로 구해져서 SPSS 결과물과 같음을 볼 수 있다.

SPSS에서는 $(a-1)$개의 특정 처리대비 검정을 동시에 할 수 있도록 다양한 대비를 제공하고 있다. SPSS에서 사용할 수 있는 대비로는 **편차, 단순, 차분, Helmert, 반복, 다항** 등이 있다. 이 중 **다항**대비는 직교대비가 되는데 그 의미는 2.7절 직교다항식과 직교대비에서 설명하기로 한다. **편차**대비와 **단순**대비의 경우 마지막 범주인지 또는 처음 범주인지 여부를 선택할 수 있다. 기준시점과의 차이를 보기 위해 **단순대비(SPSS 용어)**에 관해서만 언급하기로 한다. **단순(마지막)**을 선택하면 마지막 수준이 기준시점이 되고, 단순(처음)을 사용하면 처음 시점이 기준시점이 된다. 이해를 위해 [그림 2.5−6]과 같이 앞에서 사용한 [그림 2.3−3]에 이어서 **단순대비**를 다루어보자.

일원배치 분산분석의 SPSS 사용절차 III : 대비검정(단순대비)

① [그림 2.5−6]에서 [대비(N)]을 누르면 [그림 2.5−7]과 같이 대비 대화상자가 나타난다.

② [그림 2.5−7]과 같이 **단순(마지막)**을 선택하면 같은 기준시점 간의 차이를 위한 대비검정 결과를 다음과 같이 얻을 수 있다.

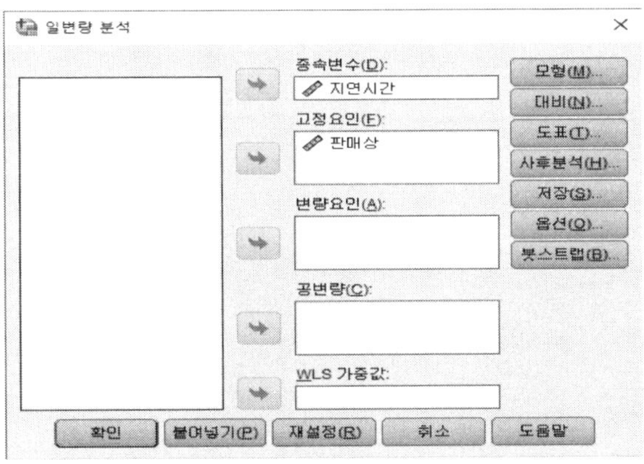

[그림 2.5−6] 일변량 분석 대화상자

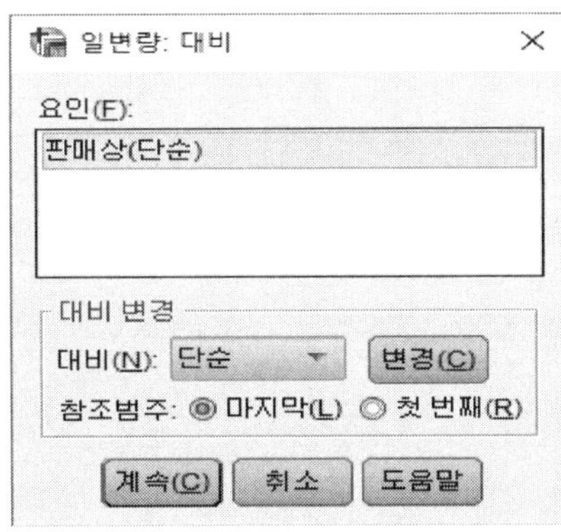

[그림 2.5−7] 대비 대화상자

➤ [SPSS 결과물] 대비계수와 대비검정 결과

검정 결과

종속변수: 지연시간

소스	제곱합	자유도	평균제곱	F	유의확률
대비	4768.760	4	1192.190	128.265	.000
오차	883.000	95	9.295		

대비 결과(K 행렬)

판매상 단순 대비[a]			종속변수 지연시간
수준 1 및 수준 5	대비 추정값		3.250
	가설값		0
	차이(추정값 - 가설값)		3.250
	표준오차		.964
	유의확률		.001
	차이에 대한 95% 신뢰구간	하한	1.336
		상한	5.164
수준 2 및 수준 5	대비 추정값		12.500
	가설값		0
	차이(추정값 - 가설값)		12.500
	표준오차		.964
	유의확률		.000
	차이에 대한 95% 신뢰구간	하한	10.586
		상한	14.414
수준 3 및 수준 5	대비 추정값		19.500
	가설값		0
	차이(추정값 - 가설값)		19.500
	표준오차		.964
	유의확률		.000
	차이에 대한 95% 신뢰구간	하한	17.586
		상한	21.414
수준 4 및 수준 5	대비 추정값		10.400
	가설값		0
	차이(추정값 - 가설값)		10.400
	표준오차		.964
	유의확률		.000
	차이에 대한 95% 신뢰구간	하한	8.486
		상한	12.314

a. 참조범주 = 5

✚ 통계적 해석(단순대비 결과 추가)

▶ **대비계수 행렬** : 변환행렬은 [옵션(O)] → [대비계수행렬(O)]를 누르면 다음과 같이 나타난다. 따라서 이에 대응하는 귀무가설은 각각 $H_0: \tau_1 - \tau_5 = 0$, $H_0: \tau_2 - \tau_5 = 0$, $H_0: \tau_4 - \tau_5 = 0$, $H_0: \tau_3 - \tau_5 = 0$이다. 모든 가설의 p-값이 0으로 구해져 기각된다.

절편

모수	대비 L1
절편	1
[판매상=1]	.200
[판매상=2]	.200
[판매상=3]	.200
[판매상=4]	.200
[판매상=5]	.200

이 행렬의 기본 표시는 대응하는 L 행렬의 전치입니다. 제 III 유형 제곱합 기준

판매상

모수	대비 L2	L3	L4	L5
절편	0	0	0	0
[판매상=1]	1	0	0	0
[판매상=2]	0	1	0	0
[판매상=3]	0	0	1	0
[판매상=4]	0	0	0	1
[판매상=5]	-1	-1	-1	-1

이 행렬의 기본 표시는 대응하는 L 행렬의 전치입니다. 제 III 유형 제곱합 기준

2.5.2 다중비교(사후분석)

앞 절에서 사전에 고려된 특정 처리대비를 검정하는 것과는 다르게 보통은 모든 가능한 처리대비를 동시에 비교하게 된다. 이러한 절차를 사후분석 또는 다중비교(multiple comparison method)라고 한다. 다중비교의 관심은 처리대비 중 가능한 모든 두 처리평균 간의 차이를 비교하여 비유의적인 처리들을 동일 집단군으로 구분(grouping)하는 일이다. 앞 절에서 우리는 $\tau_i - \tau_j$ 각각에 대한 100$(1-\alpha)$% 신뢰구간이 $(\bar{y}_{i.} - \bar{y}_{j.}) \pm d$ (단, $d = t_{\alpha/2, N-a}\sqrt{\dfrac{2MSE}{n}}$)로 구해져 $\bar{y}_{i.} - \bar{y}_{j.} > d$가 성립하는 두 수준 τ_i, τ_j 간에 차이가 유의하다고 판정할 수 있었다. 그러나 $\binom{a}{2}$개의 모든 가능한 처리효과차의 신뢰구간들이 동시에 신뢰수준 $(1-\alpha)$를 유지할 신뢰수준은 $(1-\alpha)$보다 훨씬 작아진다. 따라서 개별적으로 유의성을 검정할 경우 유의수준 α가 매우 커져서 검정의 정도가 떨어진다. 이를 해결하기 위해 m개의 처리대비를 고려할 때 그것들이 동시에 신뢰할 확률이 최소한 신뢰수준 $(1-\alpha)$가 되도록 동시신뢰구간(simultaneous confidence interval)을 구하는 절차가 바로 다중비교이다.

여기서 각 방법에 따라 서로 다른 유의성을 평가하는 최소의 차이인 최소유의차(least significant difference)를 정하는 절차가 시행되며, 각각 장단점을 지니고 있어 어떤 한 방법이 가장 좋다고 말할 수는 없다. SPSS는 사후분석으로 범위 검정과 대응별 다중비교로 나누어 제공하고 있다. 범위 검정은 평균의 동일 집단군을 식별하며, 대응별 다중비교 검정은 대응 평균간 차이를 보고 주어진 유의수준 아래서 매우 다른 집단 평균을 행렬에 별표(*)로 나타낸다. 다음의 표는 먼저 등분산성의 가정이 성립하는 경우와 아닌 경우로 구분하고, 다음으로 등분산성의 경우 범위 검정과 대응별 다중비교의 기준으로 SPSS에서 제공하는 여러 다중비교방법을 분류한 결과이다. 두 비교는 동일하다고 볼 수 있다.

[표 2.5－1] SPSS에서 제공하는 사후분석 분류표

등분산의 경우	
다중 비교/범위 검정	Turkey의 정직 유의차 검정
	Hochberg의 GT2
	Gabriel
	Scheffé
범위 검정	Turkey의 b
	S－N－K(Student－Newmann－Keuls)
	Duncan
	R－E－G－W(Ryan－Einot－Gabriel－Welsch F 검정)
	R－E－G－W(Ryan－Einot－Gabriel－Welsch 범위검정)
	Waller－Duncan
다중 비교	Bonferroni
	Sidak
	Dunnett
	LSD(Least Significant Difference; 최소유의차)
등분산이 아닌 경우	
	Tamhane의 T2
	Dunnett의 T3
	Games－Howell
	Dunnett의 C

본 절에서는 모든 처리대비를 다룬 Dunn의 Bonferroni 방법과 Scheffé의 방법, 두 처리평균간의 차이만을 고려한 Tukey의 방법을 소개한다. 다른 방법에 관해서는 생략한다. 더 자세한 내용은 Hochberg와 Tamhane(1987)이나, 손중권과 김영훈(1991)의 책을 참조하기 바란다.

2.5.2.1 Bonferroni 방법

Dunn은 m개의 처리대비의 동시신뢰구간을 구하는 문제를 기존의 t-분포를 이용하여 Bonferroni 부등식을 적용시켰다. 이 방법은 만약에 E_i를 $i(i=1, \cdots, m)$가 일어날 사상이라고 하고, E_i^c를 E_i의 여(complement)사상이라고 할 때, 다음의 Bonferroni 부등식에 근거를 두고 있다.

$$P(E_1 \cap E_2 \cap \cdots \cap E_m) = 1 - P(E_1^c \cup E_2^c \cup \cdots \cup E_m^c) \geq 1 - \sum_{i=1}^{m} P(E_i^c)$$

여기서 사상 E_i를 i번째 처리대비의 $100(1-\alpha)\%$ 신뢰구간이라고 하자. 위 식에 의해 이러한 m개의 신뢰구간을 동시에 신뢰할 확률은 Bonferroni 부등식에 의해 $1-\sum_{i=1}^{m}\alpha = 1-m\alpha$보다 크게 된다. 따라서 m개의 신뢰구간을 동시에 신뢰할 확률이 $(1-\alpha)$보다 크기 위해서는 각 i개의 신뢰구간의 신뢰수준을 $1-\alpha/m$으로 조정해야 한다(이를 고려하지 않고 $m=1$로 놓고 비교한 방법을 최소유의차(least significance difference; LSD) 방법이라고 한다). 처리대비 $\theta = \sum_{i=1}^{a} c_i\tau_i$라고 하면, $\hat{\theta} = \sum c_i\bar{y}_{i.}$이고, $\hat{\theta}$의 분산은 $\frac{MSE}{n}\sum c_i^2$로 구해져서 이를 이용하면 m개의 처리대비 $\sum_{i=1}^{a} c_i\tau_i$에 대한 Bonferroni $100(1-\alpha)\%$ (동시)신뢰구간은 다음과 같다.

$$\sum_{i=1}^{a} c_i\bar{y}_{i.} \pm t_{(\frac{\alpha}{2m}; N-a)}\sqrt{\frac{MSE}{n}\sum_{i=1}^{a} c_i^2} \qquad (2.5-5)$$

따라서 $\binom{a}{2}$개의 모든 $\tau_i - \tau_j$ 처리평균값 간의 차이에 대해 $100(1-\alpha)\%$의 신뢰구간을 $\alpha^* = \alpha/\binom{a}{2}$로 놓았을 때

$$\bar{y}_{i.} - \bar{y}_{j.} \pm t_{\alpha^*/2, N-a}\sqrt{\frac{2MSE}{n}}$$

이 된다. 만일 $\bar{y}_{i.} - \bar{y}_{j.} > d_B$ (단, $d_B = t_{\alpha^*/2, N-a}\sqrt{\frac{2MSE}{n}}$)이면, 두 수준 τ_i, τ_j 간에 차이가 유의적이라고 판정한다.

2.5.2.2 Scheffé의 방법

Bonferroni 방법과는 다르게 E_1, E_2, $\cdots$, E_m이 독립이 아닌 경우 더 짧은 신뢰구간을 생각할 수 있는데 그 중 Scheffé의 방법이 있다. 이는 Bonferroni 방법처럼 일반적인 처리대비에 적용할 수 있다. 모든 $\tau_i - \tau_j$ 처리평균 간의 차이에 대해 Scheffé의 100(1−α)% 신뢰구간은

$$\bar{y}_{i.} - \bar{y}_{j.} \pm \sqrt{(a-1)F_{(\alpha;a-1,N-a)}}\sqrt{\frac{2MSE}{n}} \tag{2.5-6}$$

이 된다. 만일 $\bar{y}_{i.} - \bar{y}_{j.} > d_S$(단, $d_S = \sqrt{(a-1)F_{(\alpha;a-1,N-a)}}\sqrt{\frac{2MSE}{n}}$)이면, 두 수준 τ_i, τ_j 간에 차이가 유의적이라고 판정한다.

2.5.2.3 Tukey의 방법

Tukey는 스튜던트화한 범위(studentized range)의 분포를 이용하여 동시신뢰구간을 추정하였다. 이 방법은 두 처리평균 간의 차이만을 고려한 방법이다. 단, 반복수가 다른 경우에는 사용할 수 없다. 스튜던트화한 범위는

$$q = \frac{\max(y_i) - \min(y_i)}{s}$$

로 정의되는데, s^2는 σ^2의 한 추정치이다. $q(\alpha;a, N-a)$를 모수 a와 $N-a$를 가지는 스튜던트화한 범위 분포의 상위 α% 분위수라고 할 때(부록 5 참조) 모든 두 평균의 차 $\tau_i - \tau_j$에 대한 Tukey의 100(1−α)% 신뢰구간은 다음과 같다.

$$\bar{y}_{i.} - \bar{y}_{j.} \pm q(\alpha;a,N-a)\sqrt{\frac{MSE}{n}} \tag{2.5-7}$$

만일 $\bar{y}_{i.} - \bar{y}_{j.} > d_T$(단, $d_T = q(\alpha;a,N-a)\sqrt{\frac{MSE}{n}}$)이면, 두 수준 τ_i, τ_j 간에 차이가 인정된다고 판정한다. Tukey의 방법은 처리 반복수가 같은 경우만을 다루는데, 이 경우 Scheffé의 방법보다 짧은 신뢰구간을 제공한다.

[예 2.3−1]에 적용해 보면 d_B, d_S, d_T는 $\alpha = 0.05$하에서 각각 다음과 같이 구해져서 $d_T < d_B < d_S$의 관계가 성립된다.

$$d_B = t_{\alpha^*/2, N-a}\sqrt{\frac{2MSE}{n}}$$

$$= t_{0.005/2,95}\sqrt{\frac{2*9.294739}{20}} = 2.87*0.9641 = 2.7709$$

$$d_S = \sqrt{(a-1)F_{(\alpha;a-1,N-a)}}\sqrt{\frac{2MSE}{n}}$$

$$= \sqrt{4F_{(0.05;4,95)}}\sqrt{\frac{2*9.294739}{20}} = \sqrt{4*2.4675}*0.9641 = 3.0288$$

$$d_T = q(\alpha;a,N-a)\sqrt{\frac{MSE}{n}}$$

$$= q(0.05;5,95)\sqrt{\frac{9.294739}{20}} = 3.933*0.6817 = 2.681$$

SPSS 사용 절차의 예로서 Scheffé의 방법을 이용해 보자. Scheffé의 방법뿐만 아니라 Bonferroni 및 Tukey의 방법을 적용하려면, [그림 2.5－8]에서 Bonferroni와 Tukey 방법을 선택하여 분석을 수행하면 된다.

일원배치법의 SPSS 사용절차 Ⅳ : 사후분석－다중비교(Scheffé 방법)

① [그림 2.5－6]에서 [사후분석(H)]을 누르면 [그림 2.5－8]의 사후분석 다중비교 대화상자가 나타난다.

② 대비 대화상자에서 등분산성의 가정 성립 여부에 따라 비교 방법을 선택한다. 여기서는 등분산성이 성립한다는 가정하에서 [그림 2.5－9]와 같이 [판매상]을 [사후검정변수(P)]로 이동시키고 Scheffé(C)를 선택한다. 유의수준 α를 0.05가 아닌 값으로 검정할 경우에는 원하는 수치를 유의수준(F)에 삽입하면 된다.

③ 다음에 [계속]을 누르고 [확인]을 누르면 그 결과는 다음과 같이 나타난다. Scheffé의 사후분석은 다중비교와 범위검정 결과를 동시에 제공한다.

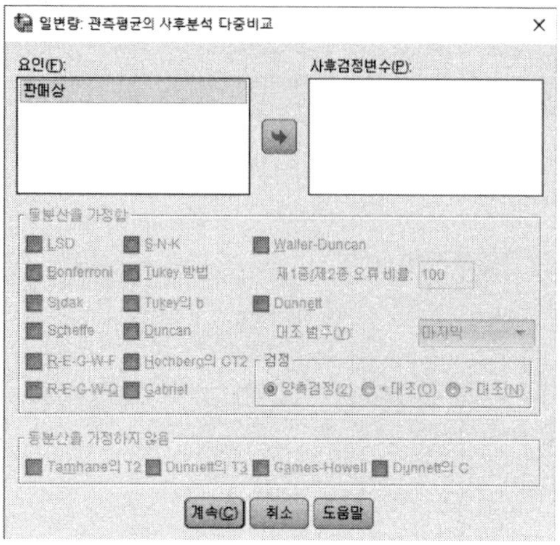

[그림 2.5 – 8] 사후분석 대화상자

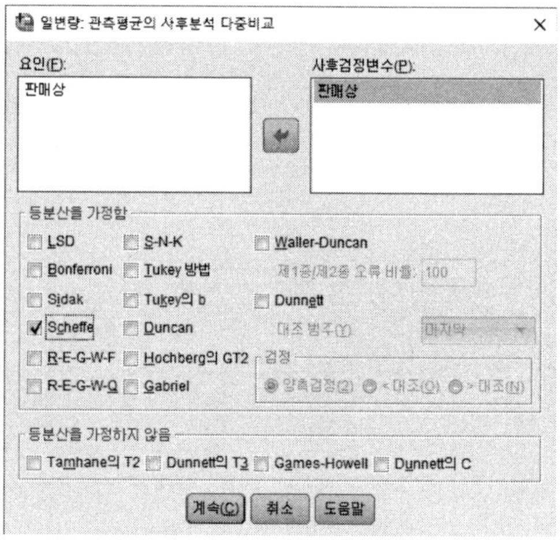

[그림 2.5 – 9] 사후분석 Scheffé 선택

➤ [SPSS 결과물] 다중비교(Scheffé)

다중비교

종속변수: 지연시간

Scheffe

(I) 판매상	(J) 판매상	평균차이(I-J)	표준오차	유의확률	95% 신뢰구간 하한	95% 신뢰구간 상한
1	2	-9.25*	.964	.000	-12.28	-6.22
	3	-16.25*	.964	.000	-19.28	-13.22
	4	-7.15*	.964	.000	-10.18	-4.12
	5	3.25*	.964	.028	.22	6.28
2	1	9.25*	.964	.000	6.22	12.28
	3	-7.00*	.964	.000	-10.03	-3.97
	4	2.10	.964	.322	-.93	5.13
	5	12.50*	.964	.000	9.47	15.53
3	1	16.25*	.964	.000	13.22	19.28
	2	7.00*	.964	.000	3.97	10.03
	4	9.10*	.964	.000	6.07	12.13
	5	19.50*	.964	.000	16.47	22.53
4	1	7.15*	.964	.000	4.12	10.18
	2	-2.10	.964	.322	-5.13	.93
	3	-9.10*	.964	.000	-12.13	-6.07
	5	10.40*	.964	.000	7.37	13.43
5	1	-3.25*	.964	.028	-6.28	-.22
	2	-12.50*	.964	.000	-15.53	-9.47
	3	-19.50*	.964	.000	-22.53	-16.47
	4	-10.40*	.964	.000	-13.43	-7.37

관측평균을 기준으로 합니다.
오차항은 평균제곱(오차) = 9.295입니다.

*. 평균차이는 .05 수준에서 유의합니다.

지연시간

Scheffe[a,b]

판매상	N	부분집합 1	2	3	4
5	20	11.55			
1	20		14.80		
4	20			21.95	
2	20			24.05	
3	20				31.05
유의확률		1.000	1.000	.322	1.000

동질적 부분집합에 있는 집단에 대한 평균이 표시됩니다.
관측평균을 기준으로 합니다.
오차항은 평균제곱(오차) = 9.295입니다.

a. 조화평균 표본크기 20.000을(를) 사용합니다.

b. 유의수준 = .05.

일원배치 분산분석의 SAS 사용절차 III : 다중비교

SAS프로그램에서 사후분석을 진행하려면 다음의 프로그램과 같이 MEANS 명령어에서 '/'를 이용하여 옵션으로 선언하면 된다. LINES는 평균차이가 없는 수준들이 그룹화되어 출력되게 한다. CLDIFF는 confidence limit of difference의 약어로서 모든 평균차이에 대한 신뢰구간을 계산해준다.

[SAS 프로그램 2.5-2] 다중비교방법의 적용

```
PROC GLM DATA=ex2_3_1;
CARDS ; data
CLASS agent ;
MODEL delay=agent ;
MEANS agent / BON SCHEFFE TUKEY LINES CLDIFF;          ← ①
RUN;
```

➤ [SAS 결과물] [예 2.3－1]의 Scheffé 방법 결과

Comparisons significant at the 0.05 level are indicated by ***.				
agent Comparison	Difference Between Means	Simultaneous 95% Confidence Limits		
3 - 2	7.0000	3.9712	10.0288	***
3 - 4	9.1000	6.0712	12.1288	***
3 - 1	16.2500	13.2212	19.2788	***
3 - 5	19.5000	16.4712	22.5288	***
2 - 3	-7.0000	-10.0288	-3.9712	***
2 - 4	2.1000	-0.9288	5.1288	
2 - 1	9.2500	6.2212	12.2788	***
2 - 5	12.5000	9.4712	15.5288	***
4 - 3	-9.1000	-12.1288	-6.0712	***
4 - 2	-2.1000	-5.1288	0.9288	
4 - 1	7.1500	4.1212	10.1788	***
4 - 5	10.4000	7.3712	13.4288	***
1 - 3	-16.2500	-19.2788	-13.2212	***
1 - 2	-9.2500	-12.2788	-6.2212	***
1 - 4	-7.1500	-10.1788	-4.1212	***
1 - 5	3.2500	0.2212	6.2788	***
5 - 3	-19.5000	-22.5288	-16.4712	***
5 - 2	-12.5000	-15.5288	-9.4712	***
5 - 4	-10.4000	-13.4288	-7.3712	***
5 - 1	-3.2500	-6.2788	-0.2212	***

Means with the same letter are not significantly different.			
Scheffe Grouping	Mean	N	agent
A	31.0500	20	3
B	24.0500	20	2
B			
B	21.9500	20	4
C	14.8000	20	1
D	11.5500	20	5

SAS 시스템

The GLM Procedure

Scheffe's Test for delay

Note: This test controls the Type I experimentwise error rate.

Alpha	0.05
Error Degrees of Freedom	95
Error Mean Square	9.294737
Critical Value of F	2.46749
Minimum Significant Difference	3.0288

✚ 통계적 해석

▶ **평균차** : 각 처리수준별 평균의 차이를 나타낸다.

▶ **표준오차** : 표준오차는 $\sqrt{\frac{2MSE}{n}} = \sqrt{\frac{2*9.295}{20}} = 0.964$로 구해진다.

▶ **다중비교** : 앞에서 설명한 방법을 이용하여 다중비교를 해 보자. 먼저 각 집단의 평균들을 크기순으로 나열하면 다음과 같다.

$$\overline{y}_{5.} = 11.55 < \overline{y}_{1.} = 14.80 < \overline{y}_{4.} = 21.95 < \overline{y}_{2.} = 24.05 < \overline{y}_{3.} = 31.05$$

α =0.05하에서 Scheffé 방법을 통해 살펴보자. 유의한 차이가 인정되는 거리 d_S(=SAS 결과물 Minimum Significant Difference=3.0288)는 다음과 같이 구해진다.

$$d_S = \sqrt{(a-1)F_{(\alpha;a-1,an-a)}}\sqrt{\frac{2MSE}{n}} = \sqrt{4F_{(0.05;4,95)}}\sqrt{\frac{2*9.295}{20}} = 3.0288$$

처리별 평균의 차이 $\overline{y}_{i.} - \overline{y}_{j.} > d_S$가 되면 두 처리는 유의함을 의미한다.

SPSS 결과물에서 보면 '*'(SAS 결과물에서는 '***')의 의미는 주어진 α=0.05하에서 두 집단이 유의한 차이가 있음을 의미한다. 예로서 처리 1과 처리 2의 경우 '*'로 표기되고, 유의확률이 0.000이어서 두 처리수준 간 유의한 차이가 있다고 해석된다. 처리 2와 처리 4의 경우 유의확률이 0.322로서 α =0.05보다 크므로 두 처리간의 차이는 인정할 수 없다. 처리 1과 처리 5의 경우 유의확률이 0.028이어서 α =0.05하에서는 p-값 $< \alpha = 0.05$가 되어 두 처리수준 간의 차이가 유의하다고 할 수 있다. 판매상 2와 4를 제외하고는 모든 평균의 차이 $\overline{y}_{i.} - \overline{y}_{j.} > d_S$가 되어서 (처리 5), (처리 1), (처리 4, 처리 2), (처리 3)의 네 군으로 분리할 수 있다.

▶ **범위 검정**: 범위 검정 결과는 평균의 동일 집단군을 식별하는 데 그 결과의 해석은 앞의 다중 비교와 정확히 일치한다. 예로서 3군을 보면 수준 2와 수준 4가 동일 군(부분집합)으로 나타남을 볼 수 있다.

'Scheffe Grouping' 결과물에서, 같은 문자(A, B 등) 내의 수준들은 유의적이지 않음을 뜻한다. 그룹 2와 4에만 문자 'B'로 표기되어 동일 그룹임을 말해준다.

이러한 결과는 보통 다음과 같이 선을 그려 알기 쉽게 나타낸다.

$\bar{y}_{5.}$	$\bar{y}_{1.}$	$\bar{y}_{4.}$	$\bar{y}_{2.}$	$\bar{y}_{3.}$
11.56	14.80	21.95	24.05	31.05

같은 선이 그어져 있는 처리수준은 동일군으로 해석된다.

▶ **신뢰구간**: 신뢰구간은 $\bar{y}_{i.} - \bar{y}_{j.} \pm d_S$ 이다. 예로서 $\tau_1 - \tau_2$ 의 95% 신뢰구간은 (14.80−24.05) ± 3.03, 즉 (−12.28, −6.22)가 된다.

이번에는 예로서, 처리대비 $\tau_1 - \tau_2$, $2\tau_1 - \tau_2 - \tau_3$ 의 95% 동시신뢰구간을 구해 보자. 여기서는 Scheffé의 방법만을 고려해 보자.

$\tau_1 - \tau_2$ 의 신뢰구간은

$$\bar{y}_{1.} - \bar{y}_{2.} \pm \sqrt{4F_{(\alpha;4,95)}}\sqrt{\frac{MSE}{20}\sum_{i=1}^{a} c_i^2}$$

$$= (14.80 - 24.05) \pm \sqrt{4F_{(0.05;4,95)}}\sqrt{\frac{9.294739}{20} * [(1)^2 + (-1)^2]}$$

$$= -9.25 \ \pm \ \sqrt{4*2.4675}*0.9641 = (\ -12.279,\ \ -6.221\ )$$

이고, $2\tau_1 - \tau_2 - \tau_3$ 의 신뢰구간은

$$2\bar{y}_{1.} - \bar{y}_{2.} - \bar{y}_{3.} \pm \sqrt{4F_{(\alpha;4,95)}}\sqrt{\frac{MSE}{20}\sum_{i=1}^{a} c_i^2}$$

$$= (2*14.80 - 24.05 - 31.05) \pm \sqrt{4F_{(0.05;4,95)}}\sqrt{\frac{9.294739}{20} * [2^2 + (-1)^2 + (-1)^2]}$$

$$= (-30.7461,\ \ -20.2539)$$

이 된다. 가설검정의 문제는 신뢰구간의 문제와 동일하다는 점을 이용하면

$$H_0: \tau_1 = \tau_2 \text{ 대 } H_1: \tau_1 \neq \tau_2$$

$$H_0: 2\tau_1 = \tau_2 + \tau_3 \text{ 대 } H_1: 2\tau_1 \neq \tau_2 + \tau_3$$

의 동시검정 결과는 위의 구간들이 0을 포함하지 않아 두 귀무가설 모두를 기각함을 알 수 있다.

2.6 일원배치 변량모형

앞에서 우리는 처리요인을 미지의 상수로 취급하여 효과 간의 선형함수에 대한 추정과 이에 따른 검정에 관해 다루었다. 여기서 효과는 고정효과(fixed effect)이고, 그 모형을 고정모형이라고 한다. 그러나 많은 경우 실험에 참여할 요인의 수준의 수가 너무 많아서 이들 수준 중 몇 개만 택하여 실험을 해야 한다. 이렇게 취급된 확률변수의 효과를 변량효과(random effect)라고 하고 그 모형을 변량모형이라고 한다. 변량모형의 경우 요인의 수준의 모집단은 무한으로 가정할 수 있다.

변량모형에서는 효과 간의 선형함수에는 관심이 없고 효과에 관련된 변이(분산)에 관심이 있는데 이러한 분산을 분산성분(variance component)이라고 한다. 각 요인의 효과들을 검정하기 위한 검정통계량을 알기 위해 기대평균제곱(EMS)을 이용하여 분석을 행하는 절차를 설명한다. 일원배치 변량모형에 대한 가정은 다음과 같다.

$$y_{ij} = \mu + \tau_i + \epsilon_{ij}, 1 \le i \le a, 1 \le j \le n$$

여기서 $\tau_i \sim N(0, \sigma_\tau^2)$, $\epsilon_{ij} \sim N(0, \sigma^2)$, τ_i와 ϵ_{ij}는 독립이다.

이해를 돕기 위해 예를 들어 보기로 한다.

▶예 2.6-1 Y대학교 내에서 사용되는 모든 복사기의 일일복사량이 같은지 알기 위해 5대의 복사기가 랜덤하게 선택된 후 10일 동안 조사된 일일복사량은 다음과 같다. 단위는 1,000장이다.

복사기 1: 78 89 68 66 70 80 69 77 90 82
복사기 2: 56 64 53 71 71 60 59 66 70 71
복사기 3: 98 96 95 79 85 88 95 98 90 92
복사기 4: 60 79 82 85 67 59 92 85 66 68
복사기 5: 70 72 77 76 76 78 80 72 76 74

τ_i는 5개의 임의로 선택된 복사기의 효과를 나타내므로 확률변수로서 취급하는 것이 타당할 것이다. 그러므로 예로서 표본으로 뽑힌 두 복사기의 효과의 차이 $\tau_1 - \tau_2$ 등의 추정은 무의미하다. 따라서 우리가 원하는 가설은 $H_0: \tau_1 = \tau_2 = \cdots = \tau_5$일 수 없으며 선택된 복사기로부터 모집단의 모든 τ_i가 같은지 검정하여야 한다. 즉, 여기서 검정하고자 하는 가설은 다음과 같이 쓸 수 있다.

$$H_0: \text{모집단에서의 } \tau_i \text{의 분산은 0이다}$$

다시 표현하면 검정하고자 하는 귀무가설은

$$H_0: \sigma_\tau^2 = 0 \quad \text{대} \quad H_1: \sigma_\tau^2 \neq 0$$

이 된다. 만약 귀무가설 $H_0: \sigma_\tau^2=0$이 채택되면 모든 처리가 동일하다는 의미가 된다. 이 경우 반응값 y_{ij}의 분산은

$$Var(y_{ij}) = \sigma_\tau^2 + \sigma^2 \tag{2.6-1}$$

이 되는데 분산 σ_τ^2와 σ^2를 분산성분(variance component)이라고 한다.

이제 변량모형에서 검정통계량을 구하기 위해 기대평균제곱들을 구해 보자. 제곱합들의 기댓값을 구하기 위해서는 제곱합들이 어떤 분포를 하는지 알 필요가 있다. 먼저 SS_{tr}과 SSE가 어떤 분포를 하는지 살펴보자.

$$\bar{y}_{i.} = \frac{1}{n}\sum_{j=1}^{n} y_{ij} = \frac{1}{n}\sum_{j=1}^{n}(\mu + \tau_i + \epsilon_{ij}) = \mu + \tau_i + \bar{\epsilon}_{i.}$$

$$\bar{y}_{..} = \frac{1}{an}\sum_{i=1}^{a}\sum_{j=1}^{n} y_{ij} = \frac{1}{an}\sum_{i=1}^{a}\sum_{j=1}^{n}(\mu + \tau_i + \epsilon_{ij})$$

$$= \mu + \frac{1}{a}\sum_{i=1}^{a}\tau_i + \frac{1}{an}\sum_{i=1}^{a}\sum_{j=1}^{n}\epsilon_{ij} = \mu + \bar{\tau}_{.} + \bar{\epsilon}_{..}$$

를 SS_{tr}과 SSE에 대입하면

$$SS_{tr} = n\sum_{i=1}^{a}(\bar{y}_{i.} - \bar{y}_{..})^2 = n\sum_{i=1}^{a}(\mu + \tau_i + \bar{\epsilon}_{i.} - \mu - \bar{\tau}_{.} - \bar{\epsilon}_{..})^2$$

$$= n\sum_{i=1}^{a}[(\tau_i - \bar{\tau}_{.}) + (\bar{\epsilon}_{i.} - \bar{\epsilon}_{..})]^2$$

$$SSE = \sum_{i=1}^{a}\sum_{j=1}^{n}(y_{ij} - \bar{y}_{i.})^2 = \sum_{i=1}^{a}\sum_{j=1}^{n}(\mu + \tau_i + \epsilon_{ij} - \mu - \tau_i - \bar{\epsilon}_{i.})^2$$

$$= \sum_{i=1}^{a}\sum_{j=1}^{n}(\epsilon_{ij} - \bar{\epsilon}_{i.})^2$$

가 되는데 $\epsilon_{ij} \sim N(0, \sigma^2)$이고 $z_i = \sqrt{n}\,(\tau_i + \bar{\epsilon}_{i.})$로 놓으면 $z_i \sim N(0, n\sigma_\tau^2 + \sigma^2)$하므로

$$SS_{tr} = \sum_{i=1}^{a}(z_i - \bar{z})^2 \;\sim\; (n\sigma_\tau^2 + \sigma^2)\chi^2_{(a-1)}$$

$$SSE \;\sim\; \sigma^2\chi^2_{(a(n-1))}$$

임을 알 수 있다. 또한,

$$SS_{tr} = n\sum_{i=1}^{a}[(\tau_i - \bar{\tau}_.) + (\bar{\epsilon}_{i.} - \bar{\epsilon}_{..})]^2$$

에서 SSE는 $\sigma^2\chi^2_{(a(n-1))}$ 분포하므로 $\bar{\epsilon}_{i.}$와는 독립이어서 결국 SS_{tr}과 SSE는 독립이다. 따라서 귀무가설 $H_0:\ \sigma_\tau^2 = 0$하에서 $SS_{tr} \sim \sigma^2\chi^2_{(a-1)}$하므로 검정통계량 $F = \dfrac{MS_{tr}}{MSE}$는 F-분포를 따른다. 즉,

$$F = \frac{SS_{tr}/a-1}{SSE/a(n-1)} \sim F_{(a-1,\, a(n-1))}$$

이다. EMS를 살펴보면

$$E(MS_{tr}) \;=\; E\left(\frac{(n\sigma_\tau^2 + \sigma^2)\chi^2_{(a-1)}}{a-1}\right) \;=\; n\sigma_\tau^2 + \sigma^2$$

$$E(MSE) \;=\; \sigma^2$$

가 되므로 F의 분자인 $E(MS_{tr})$가 너무 크면 H_0를 기각하게 된다. 따라서 만약에 $\dfrac{MS_{tr}}{MSE} > F_{(\alpha,\, a-1,\, a(n-1))}$이면 귀무가설을 기각한다.

일원배치법의 경우 검정통계량의 계산 과정은 고정효과모형과 일치하지만, 결론은 전 모집단의 처리들을 비교한다는 의미에서 판이하게 다르다. 많은 경우 분산성분의 추정에 관심이 있는데 식 (2.6－1)에서 보듯

$$\widehat{\sigma^2} = MSE$$

$$\widehat{\sigma_\tau^2} = \frac{MS_{tr} - MSE}{n}$$

이 됨을 알 수 있다.

일원배치 변량모형 SPSS 사용절차 V : 변량모형과 EMS

① [그림 2.6－1]과 같이 자료를 입력한다. 지면 관계상 자료의 일부만 나타나 있다.

② [그림 2.6－2]와 같이 메뉴의 [분석(A)] → [일반선형모형(G)] → [일변량(U)]을 선택하면 [그림 2.6－3]의 일변량 분석 대화상자가 나타난다.

③ 일변량 분석 대화상자에서 [종속변수(D)]에 [복사량]을 입력하고, [변량요인(A)]에 [복사기]를 입력한다. 변수의 입력은 화살표를 이용하여 입력할 수 있다.

④ 종속변수와 변량요인을 입력하고 [확인]을 누르면 다음의 결과를 얻을 수 있다.

[그림 2.6－1] 복사기의 복사량 자료

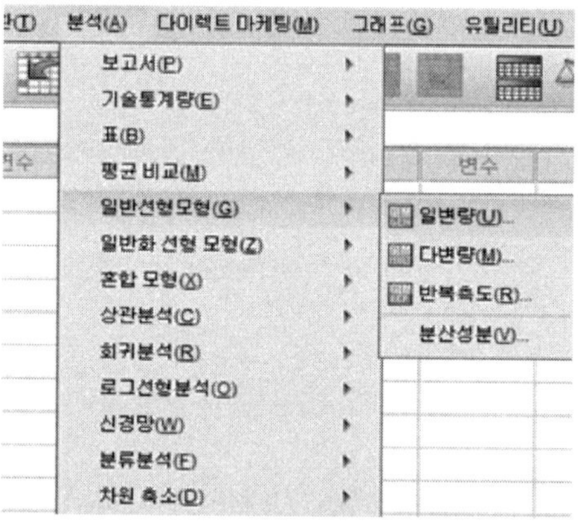

[그림 2.6－2] 일변량 분석

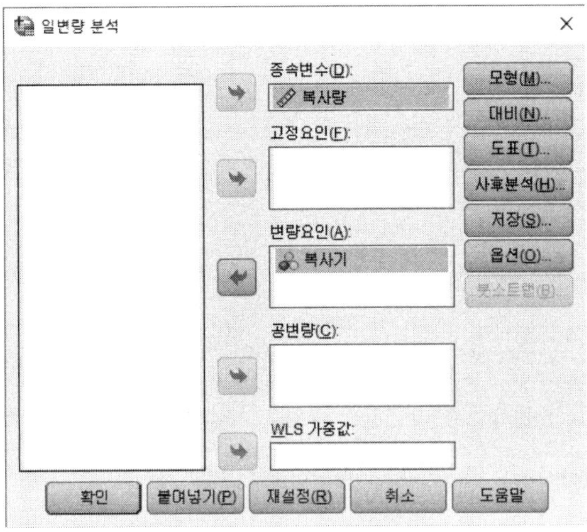

[그림 2.6 – 3] 변량요인 설정

➤ [SPSS 결과물] 일원배치 변량모형 분산분석표와 기대평균제곱표

종속변수: 복사량

소스		제 III 유형 제곱합	자유도	평균제곱	F	유의확률
절편	가설	291848.000	1	291848.000	300.348	.000
	오차	3886.800	4	971.700[a]		
복사기	가설	3886.800	4	971.700	16.033	.000
	오차	2727.200	45	60.604[b]		

a. MS(복사기)

b. MS(오차)

기대평균제곱[a,b]

소스	분산성분 Var(복사기)	분산성분 Var(오차)	2차항
절편	10.000	1.000	절편
복사기	10.000	1.000	
오차	.000	1.000	

a. 각 소스에 대한 기대평균제곱은 셀의 계수와 분산성분을 곱한 값의 합에 2차항 셀내의 효과와 관련된 2차항을 더한 값과 같습니다.

b. 기대평균제곱은 유형 III의 제곱합을 기준으로 결정됩니다.

✚ 통계적 해석

▶ H_0 : $\sigma_\tau^2 = 0$에 대한 검정통계량 F=16.033, p-값 < 0.0001로 복사기에 따라 복사량이 차이가 없다는 귀무가설은 매우 유의하다.

▶ 결과물에서 VAR(Error)와 Var(MACHINE)은 σ^2와 σ_τ^2를 각각 의미하여 $E(MS_{tr}) = \sigma^2 + 10\sigma_\tau^2$가 된다. 분산성분의 추정치 $\widehat{\sigma^2}$와 $\widehat{\sigma_\tau^2}$는 $\widehat{\sigma^2} = 60.6$

$$\widehat{\sigma_\tau^2} = \frac{971.7 - 60.6}{10} = 91.1$$

와 같다. 따라서 복사량의 각 반응값의 분산은 $\widehat{\sigma^2} + \widehat{\sigma_\tau^2} = 60.6 + 91.1 = 151.7$이 된다. 총변동의 많은 부분이 복사기 간의 차이로 기인함을 볼 수 있다.

일원배치 변량모형 SAS 사용절차 IV : 변량모형과 EMS

변량모형에서 SAS를 이용하여 분석을 행할 경우 Option 'RANDOM'에 ①처럼 변량요인을 지정해 주면 된다. 결과는 SPSS와 일치한다.

[SAS 프로그램 2.6−1] [예 2.6−1]의 분산분석

```
DATA ex2_6_1;
INPUT machine copy @@;
CARDS ;
1 78 1 89 1 68 1 66 1 70 1 80 1 69 1 77 1 90 1 82
2 56 2 64 2 53 2 71 2 71 2 60 2 59 2 66 2 70 2 71
3 98 3 96 3 95 3 79 3 85 3 88 3 95 3 98 3 90 3 92
4 60 4 79 4 82 4 85 4 67 4 59 4 92 4 85 4 66 4 68
5 70 5 72 5 77 5 76 5 76 5 78 5 80 5 72 5 76 5 74
;
RUN;
PROC GLM DATA= ex2_6_1 ;
CLASS machine ;
MODEL copy= machine ;
/* 변량요인지정 */
RANDOM machine ;                                    ← ①
RUN;
```

➤ [SAS 결과물] 일원배치 변량모형

Dependent Variable: copy

Source	DF	Sum of Squares	Mean Square	F Value	Pr > F
Model	4	3886.800000	971.700000	16.03	<.0001
Error	45	2727.200000	60.604444		
Corrected Total	49	6614.000000			

R-Square	Coeff Var	Root MSE	copy Mean
0.587663	10.18964	7.784886	76.40000

Source	DF	Type I SS	Mean Square	F Value	Pr > F
machine	4	3886.800000	971.700000	16.03	<.0001

Source	DF	Type III SS	Mean Square	F Value	Pr > F
machine	4	3886.800000	971.700000	16.03	<.0001

Source	Type III Expected Mean Square
machine	Var(Error) + 10 Var(machine)

2.7 직교대비와 직교다항식

자유도 $(a-1)$을 갖는 처리제곱합 SS_{tr}은 자유도 1을 갖는 처리대비의 제곱합으로 직교분해되어 추세검정 등의 분석으로 활용될 수 있다. 즉, 가설 $H_0: \tau_1 = \tau_2 = \cdots = \tau_a$에 대한 처리제곱합 SS_{tr}은 각 자유도가 1인 $(a-1)$개의 서로 직교(orthogonal)한 처리대비 제곱합으로 분해할 수 있다.

[정의 2.7-1] (직교대비)

두 처리대비 $\theta_1 = \sum_{i=1}^{a} c_i \tau_i$와 $\theta_2 = \sum_{i=1}^{a} d_i \tau_i$ 간에 $\sum_{i=1}^{a} c_i d_i = 0$이 성립하면 두 처리대비 θ_1과 θ_2는 직교한다고 한다.

처리대비들이 서로 직교할 경우 처리제곱합은 서로 직교하는 대비들의 제곱합의 합으로 분할된다. 즉, $(a-1)$개의 서로 직교하는 대비 $\theta_j = \sum_{i=1}^{a} c_{ij}\tau_i$, $j = 1, \cdots, (a-1)$에 대한 가설 H_{0j} : $\theta_j = \sum_{i=1}^{a} c_{ij}\tau_i = 0$ 대 H_{1j} : $\sum_{i=1}^{a} c_{ij}\tau_i \neq 0$에 대한 제곱합 SS_{H_j}의 합계는 가설 H_0 : $\tau_1 = \tau_2 = \cdots = \tau_a$에 대한 제곱합 SS_{tr}와 같아져서 다음의 식이 성립한다.

$$SS_{tr} = \sum_{j=1}^{a-1} SS_{H_j} \tag{2.7-1}$$

[예 2.3−1]의 처리제곱합을 예로서 다음의 직교대비를 이용하여 분해해 보자.

$$c_1^t = [1\ -1\ 0\ 0\ 0] \Rightarrow H_{01} : \tau_1 - \tau_2 = 0$$

$$c_2^t = [1\ 1\ -2\ 0\ 0] \Rightarrow H_{02} : \tau_1 + \tau_2 - 2\tau_3 = 0$$

$$c_3^t = [1\ 1\ 1\ -3\ 0] \Rightarrow H_{03} : \tau_1 + \tau_2 + \tau_3 - 3\tau_4 = 0$$

$$c_4^t = [1\ 1\ 1\ 1\ -4] \Rightarrow H_{04} : \tau_1 + \tau_2 + \tau_3 + \tau_4 - 4\tau_5 = 0$$

위의 처리대비 벡터들의 내적이 모두 0이 되어 서로 직교함을 알 수 있다. 먼저 H_{01} : $\tau_1 - \tau_2 = 0$에 대한 처리대비 제곱합 SS_{H_1}은 식 (2.5−4)에

$\bar{y}_{1.} = 14.80$, $\bar{y}_{2.} = 24.05$, $\bar{y}_{3.} = 31.05$, $\bar{y}_{4.} = 21.95$, $\bar{y}_{5.} = 11.55$,

$c_1 = 1$, $c_2 = -1$, $c_3 = c_4 = c_5 = 0$, $n = 20$을 대입하면

$$SS_{H_1} = \frac{(14.80 - 24.05)^2}{2/20} = 855.625$$

로 구해진다. 같은 방법으로 나머지 처리제곱합도 아래와 같이 구해지며 구해진 처리제곱합의 합이 H_0 : $\tau_1 = \tau_2 = \cdots = \tau_5$에 대한 제곱합 SS_{tr}와 같아짐을 알 수 있다.

$$SS_{H_2} = (14.80 + 24.05 - 2 \times 31.05)^2 (6/20) = 1801.875$$

$$SS_{H_3} = (14.80 + 24.05 + 31.05 - 3 \times 21.95)^2 / (12/20) = 27.3375$$

$$SS_{H_4} = (14.80 + 24.05 + 31.05 + 21.95 - 4 \times 11.55)^2 / (20/20) = 2083.9225,$$

$$SS_{tr} = \sum_{j=1}^{4} SS_{H_j} = 4768.76$$

요인은 보통 질적요인(qualitative factor)과 **양적요인**(quantitative factor)으로 구분된다. 질적요인이란 수준이 종류로 표시되는 요인을 말한다. 예로서 남녀의 성별, 촉매의 종류 등과 같이 수량적으로 측정할 수 없는 요인을 의미한다. 반면에 양적요인이란 요인의 수준이 수량적으로 표시되는 요인으로서 온도, 습도 등의 요인을 일컫는다. 예로서 양적요인이 온도이고 수준의 수가 3으로서 1, 2, 3으로 표시하면 1의 수준은 가장 낮은 온도를, 2는 중간 온도를, 3은 가장 높은 온도를 나타낸다. 양적요인의 경우 실험자 관심은 처리수준 간의 차이의 비교와 더불어서 처리수준의 변화에 따른 반응값의 추세(trend)에 관심이 있다. 즉, 수준 간의 유의한 차이가 있어 수준에 따라 반응값의 증가(혹은 감소)가 있을 때 효과가 직선효과(linear trend)인지 곡선효과(quadratic trend)인지 등에 관심이 있다. 이러한 추세검정은 대응하는 직교대비를 통해 분석할 수 있다. 질적요인과는 다르게 양적요인의 경우 귀무가설을 기각할 경우 원인이 되는 처리수준의 변화에 따른 반응값의 성장곡선(growth curves) 혹은 추세(trend)에 대한 관심을 가질 수 있다. 이는 요인효과에 대한 제곱합을 직교대비의 제곱합의 합으로 분해함으로써 설명할 수 있다. 직교다항식(orthogonal polynomial)은 실험계획모형의 적합에 대단히 유용하게 사용된다. 본 절에서는 이러한 직교다항식의 회귀계수와 직교대비와의 관계를 설명한다. 쉬운 적용을 위해 각 수준이 수량적으로 비교할 수 있는 양적요인으로서 각 수준의 간격이 같은 경우(equally spaced)만으로 한정한다. 다음의 3-요인실험을 통해 과정을 따라가 보자.

▶예 2.7-1 3-요인실험 직교대비

온도 20℃, 40℃, 60℃에서 6회 반복실험을 실시한 결과를 다음과 같이 얻었다고 하자.

온도 (처리)	20℃	40℃	60℃
반응값	8	10	19
	6	10	16
	4	5	13
	9	12	20
	8	8	16
	5	4	14

[표 2.7-1]의 분산분석표를 보면 p-값이 0.0001로 온도 수준에 따라 유의한 차이가 있음을 볼 수 있다. 이와 같은 유의한 차이가 선형 혹은 2차 추세효과에 따른 것인지 알기 위해 제곱합을 자유도가 각각 1인 제곱합으로 분해해 보자.

먼저 직교대비의 의미를 개념적으로 설명해 보자. 이해를 돕기 위해 다음의 [그림 2.7-1]을 보자. 여기서 요인 A는 온도라고 하고, 수준 0(20℃), 수준 1(40℃), 수준 2(60℃)에서 실험된 3-요인실험의 각 수준별 반응값의 평균을 y축에 대략적으로 표현하였다.

만약 요인 A가 선형추세(linear trend)를 나타낸다면, 온도가 20℃에서 40℃로 변하는 동안 이 온도의 선형효과(또는 일차효과)는 기울기 $\bar{y}_{1.} - \bar{y}_{0.}$ 이고, 온도가 40℃에서 60℃로 변하는 동안의 선형효과는 $\bar{y}_{2.} - \bar{y}_{1.}$가 된다. 따라서 요인 A의 선형효과(A_L이라고 하자)는 두 직선의 평균기울기로 생각할 수 있고 다음과 같이 표현 가능하다.

$$A_L = \frac{1}{2}[(\bar{y}_{1.} - \bar{y}_{0.}) + (\bar{y}_{2.} - \bar{y}_{1.})] = \frac{1}{2}[\bar{y}_{2.} - \bar{y}_{0.}]$$

$$= \frac{1}{2}[-1\ 0\ 1]\begin{bmatrix}\bar{y}_{0.}\\ \bar{y}_{1.}\\ \bar{y}_{2.}\end{bmatrix} \tag{2.7-2}$$

여기서 대비 [−1 0 1]를 선형(직교)대비계수라고 한다.

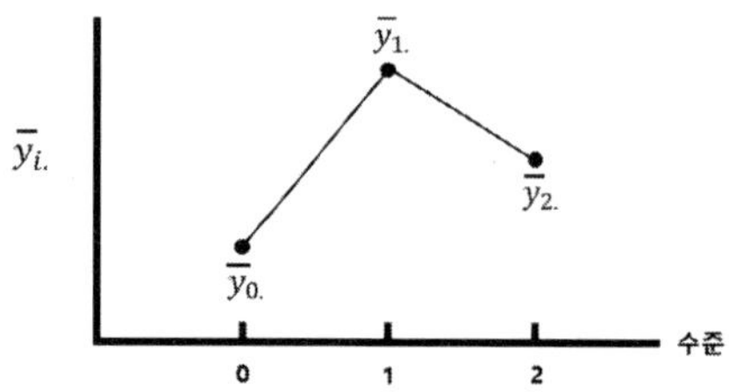

[그림 2.7 – 1] 직교대비의 이해

반면에 이차효과(quadratic effect)가 있다면, 이차효과 A_Q는 두 기울기의 차이로 다음과 같이 표현할 수 있다.

$$A_Q = (\bar{y}_{2.} - \bar{y}_{1.}) - (\bar{y}_{1.} - \bar{y}_{0.}) = \bar{y}_{2.} - 2\bar{y}_{1.} + \bar{y}_{0.}$$

$$= [1\ \ -2\ \ 1]\begin{bmatrix}\bar{y}_{0.}\\ \bar{y}_{1.}\\ \bar{y}_{2.}\end{bmatrix} \tag{2.7-3}$$

여기서 대비 [1 −2 1]는 2차(직교)대비계수가 된다. 두 대비계수의 내적이 0이 되므로 두 대비는 직교한다. 처리제곱합은 각각의 자유도가 1이고 독립인 제곱합들로 직교분해될 수 있다. 이제 요인 A의 제곱합을 일차효과와 이차효과로 직교분해한 후 분산분석표를 구해 보자. 먼저 반응값의 합계와 평균을 정리하면 다음과 같다.

$$y_{0.} = 40, \quad y_{1.} = 49, \quad y_{2.} = 98, \quad y_{..} = 187$$

$$\bar{y}_{0.} = 6.67, \quad \bar{y}_{1.} = 8.17, \quad \bar{y}_{2.} = 16.33, \quad \bar{y}_{..} = 10.39$$

처리대비계수 [−1 0 1]과 [1 −2 1]에 대한 제곱합은 식 (2.5−4)로부터 다음과 같이 구해진다.

$$SS_{A_L} = 2n[\frac{\overline{y}_{2.} - \overline{y}_{0.}}{2}]^2 = 280.33$$

$$SS_{A_Q} = 6n[\frac{\overline{y}_{2.} - 2\overline{y}_{1.} + \overline{y}_{0.}}{6}]^2 = 44.44$$

[표 2.7 − 1] [예 2.7−1]에 대한 분산분석표

변동요인	제곱합	자유도	기대평균제곱	F	p-값
A	$SS_A = 324.77$	2	$MS_A = 162.39$	23.09	0.0001
일차효과	$SS_{A_L} = 280.33$	1	$MS_{A_L} = 280.33$	39.86	0.0001
이차효과	$SS_{A_Q} = 44.44$	1	$MS_{A_L} = 44.44$	6.32	0.0238

이러한 결과를 SPSS와 SAS를 통해 구하는 절차는 다음과 같다.

일원배치 분산분석의 SPSS 사용절차 Ⅶ : 추세대비 검정

① [그림 2.7−2]의 대비 대화상자에서 [단순]으로 설정된 대비를 추세검정을 위한 대비검정으로 변경을 하자.

② 대비를 [다항]으로 선택하여 [변경]을 누르면 [그림 2.7−3]과 같이 다항대비로 변한다.

③ [계속]을 누른 후 결과를 보면 다음과 같은 추세검정을 위한 대비검정 결과를 얻을 수 있다.

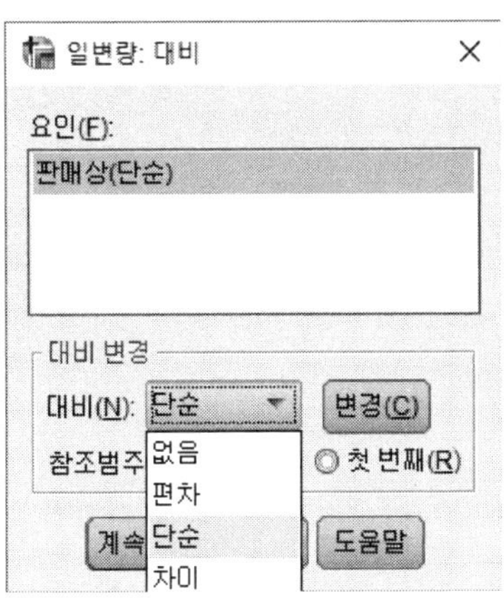

[그림 2.7 − 2] 대비 대화상자

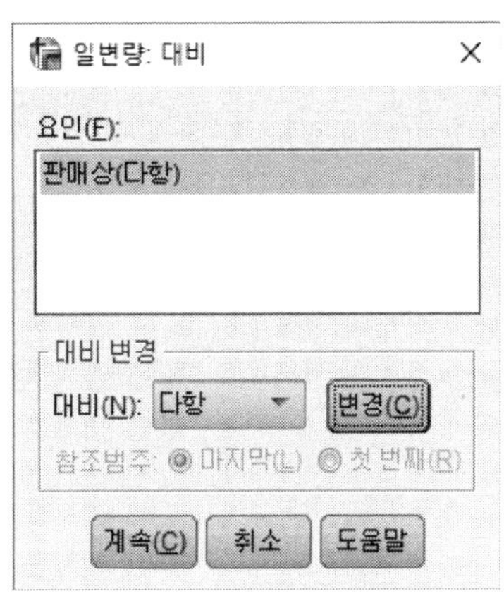

[그림 2.7 − 3] 대비 대화상자

➤ [SPSS 결과물] 추세대비검정 결과

ANOVA

response

			제곱합	자유도	평균제곱	F	유의확률
집단-간	(결합됨)		324.778	2	162.389	23.088	.000
	선형 항	대비	280.333	1	280.333	39.858	.000
		편차	44.444	1	44.444	6.319	.024
	2차항	대비	44.444	1	44.444	6.319	.024
집단-내			105.500	15	7.033		
전체			430.278	17			

일원배치 분산분석의 SAS 사용절차 V : 추세대비검정

[SAS 프로그램 2.7-1] 직교대비를 이용한 처리제곱합의 분해

```
DATA ex2_7_1;
INPUT A response @@;
CARDS;
20  8 20  9 20  6 20  8 20  4 20  5
40 10 40 12 40 10 40  8 40  5 40  4
60 19 60 20 60 16 60 16 60 13 60 14
;
run;

PROC GLM DATA=ex2_7_1;
CLASS A ;
MODEL RESPONSE= A ;
CONTRAST ' linear eff of     A' A  1   0 -1 ;
CONTRAST ' quadratic eff of  A' A  1  -2  1 ;
RUN ;
```

➤ [SAS 결과물] 추세대비검정 결과

SAS 시스템

The GLM Procedure

Source	DF	Sum of Squares	Mean Square	F Value	Pr > F
Model	2	324.7777778	162.3888889	23.09	<.0001
Error	15	105.5000000	7.0333333		
Corrected Total	17	430.2777778			

R-Square	Coeff Var	Root MSE	response Mean
0.754810	25.52769	2.652043	10.38889

Source	DF	Type I SS	Mean Square	F Value	Pr > F
A	2	324.7777778	162.3888889	23.09	<.0001

Source	DF	Type III SS	Mean Square	F Value	Pr > F
A	2	324.7777778	162.3888889	23.09	<.0001

Contrast	DF	Contrast SS	Mean Square	F Value	Pr > F
linear eff of A	1	280.3333333	280.3333333	39.86	<.0001
quadratic eff of A	1	44.4444444	44.4444444	6.32	0.0238

✚ 통계적 해석

▶ H_0 : $\tau_1 = \tau_2 = \tau_3$에 대한 검정통계량 $F = 324.778$, p-값 < 0.0001로 온도별 반응값의 차이가 매우 유의하다.

▶ 선형추세검정 결과 p-값 < 0.0001으로 온도의 상승에 따라 직선적으로 상승하는 일차효과가 존재한다고 할 수 있다.

▶ 이차추세검정 결과 p-값 $= 0.024$로 온도의 상승에 따라 이차곡선추세도 유의하다.

이제 직교다항식이 무엇인지 살펴보기로 한다. $p_m(x) = x^m$, a개의 처리수준을 x_1, x_2, $\cdots$, x_a라고 하면 수준 x_i에서 얻어진 반응값 y_i에 대한 $(a-1)$차 다항회귀모형은 다음과 같이 표현된다.

$$y_i = \beta_0 p_0(x_i) + \beta_1 p_1(x_i) + \beta_2 p_2(x_i) + \cdots + \beta_{a-1} p_{a-1}(x_i) + \epsilon_i$$
$$= \beta_0 + \beta_1 x_i + \beta_2 x_i^2 + \cdots + \beta_{a-1} x_i^{a-1} + \epsilon_i \qquad (2.7-4)$$

위의 모형은 수준이 a개일 때 $(a-1)$차까지 적합시킬 수 있음을 의미한다. 여기서 β_m를 m차$(m=1, \cdots, (a-1))$ 다항회귀계수(단, β_0는 절편)라고 한다. 여기서 $a \times a$ 행렬 P의 (i,m)번째 칸의 값이 $p_m(x_i) = x_i^m$이라고 하면 다항모형은

$$y = P\beta + \epsilon \qquad (2.7-5)$$

으로 쓸 수 있다. (2.7−5)의 식에서 $W = PH$, $\alpha = H^{-1}\beta$라고 놓으면

$$y = PHH^{-1}\beta + \epsilon$$
$$= W\alpha + \epsilon \qquad (2.7-6)$$

로 다시 쓸 수 있다. 여기서 행렬 H를 Gram−Schmidt 변환행렬이라고 하고, (2.7−6)의 모형을 직교다항모형(orthogonal polynomial model)이라고 한다. P와 W의 열을 각각 $\boldsymbol{p}_0$, $\boldsymbol{p}_1$, $\cdots$, $\boldsymbol{p}_{a-1}$과 $\boldsymbol{w}_0$, $\boldsymbol{w}_1$, $\cdots$, $\boldsymbol{w}_{a-1}$이라고 하면 Gram−Schmidt 과정을 통하여 $\boldsymbol{p}_i$와 $\boldsymbol{w}_i$는 다음의 관계가 있다.

$$\boldsymbol{w}_0 = \boldsymbol{p}_0$$
$$\boldsymbol{w}_1 = \boldsymbol{p}_1 - \frac{\ll \boldsymbol{w}_0, \boldsymbol{p}_1 \gg}{\|\boldsymbol{w}_0\|^2}\boldsymbol{w}_0$$
$$\boldsymbol{w}_2 = \boldsymbol{p}_2 - \frac{\ll \boldsymbol{w}_1, \boldsymbol{p}_2 \gg}{\|\boldsymbol{w}_1\|^2}\boldsymbol{w}_1 - \frac{\ll \boldsymbol{w}_o, \boldsymbol{p}_2 \gg}{\|\boldsymbol{w}_0\|^2}\boldsymbol{w}_0 \qquad (2.7-7)$$
$$\boldsymbol{w}_{a-1} = \boldsymbol{p}_{a-1} - \frac{\ll \boldsymbol{w}_{a-2}, \boldsymbol{p}_{a-1} \gg}{\|\boldsymbol{w}_{a-2}\|^2}\boldsymbol{w}_{a-2} - \cdots - \frac{\ll \boldsymbol{w}_o, \boldsymbol{p}_{a-1} \gg}{\|\boldsymbol{w}_0\|^2}\boldsymbol{w}_0$$
$$\boldsymbol{v}_i = \frac{\boldsymbol{w}_i}{\|\boldsymbol{w}_i\|}, \quad i = 0, 1, \cdots, (a-1)$$

여기서 $\ll \boldsymbol{u}, \boldsymbol{v} \gg$는 유클리디안 내적이고 $\|\boldsymbol{u}\|$는 벡터 $\boldsymbol{u}$의 길이를 의미한다. 위의 과정을 보면 각 벡터 $\boldsymbol{v}_i$는 길이가 1이 되도록 정규화(normalized)되었다. 그러나 앞으로는 계산상의 편의상 정규화되지 않은 직교다항계수 $\boldsymbol{w}_i$를 이용하기로 한다.

(2.7−4)의 회귀다항모형과 비교하여 직교다항모형은 다음과 같이 표현된다.

$$y_i = \alpha_0 + \alpha_1 w_1(x_i) + \alpha_2 w_2(x_i) + \cdots + \alpha_{a-1} w_{a-1}(x_i) + \epsilon_i \qquad (2.7-8)$$

여기서 α_m를 m차 직교다항회귀계수라고 하고, $w_m(x)$는 x의 m차수 직교다항으로 x_i값을 대입하면 직교다항계수가 되어 $\sum_{i=1}^{a} w_u(x_i) w_s(x_i) = 0, (u \neq s)$의 성질을 만족한다. 직교다항식을 이용하여 회귀선을 추정하면 어떤 항이 모형으로부터 제외되어도 직교다항계수는 직교의 성질로부터 변하지 않는다. 따라서 i차까지의 직교다항회귀계수는 $(i+1)$차 이상의 항이 모형에 포함되었는지의 유무에 관계없이 독립적으로 일정하여 고차 다항을 제외하고 근사적으로 추정할 수 있는 장점이 있다. 또한 처리수준에 따른 반응값의 추세는 앞에서 설명한 처리직교대비를 이용하여 추세 여부를 쉽게 검정할 수 있다. (2.7－7)의 절차를 이용하여 α_m을 구할 때 수준의 간격이 등간격인 경우 쉽게 구해진다. 등간격인 경우 첫 다섯 직교다항은 Fisher와 Yates(1963)에 의해 다음과 같이 구해진다.

$$w_0(x) = 1$$

$$w_1(x) = \lambda_1 [\frac{(x - \bar{x})}{d}]$$

$$w_2(x) = \lambda_2 [(\frac{x - \bar{x}}{d})^2 - (\frac{a^2 - 1}{12})] \qquad (2.7-9)$$

$$w_3(x) = \lambda_3 [(\frac{x - \bar{x}}{d})^3 - (\frac{x - \bar{x}}{d})(\frac{3a^2 - 7}{20})]$$

$$w_4(x) = \lambda_4 [(\frac{x - \bar{x}}{d})^4 - (\frac{x - \bar{x}}{d})^2 (\frac{3a^2 - 13}{14}) + \frac{3(a^2 - 1)(a^2 - 9)}{560}]$$

여기서 d는 등간격을 의미하고, λ_i는 직교다항계수를 최소의 정수로 만들기 위한 상수이다. [예 2.7－1]을 보면 요인 A 온도의 수준은 20℃, 40℃, 60℃로(즉, $x_1 = 20$, $x_2 = 40$, $x_3 = 60$) 이차 회귀다항모형은 다음과 같다.

$$y_i = \beta_0 + \beta_1 x_i + \beta_2 x_i^2 + \epsilon_i$$

혹은

$$\begin{bmatrix} y_1 \\ y_2 \\ y_3 \end{bmatrix} = \begin{bmatrix} 1\ 20\ 20^2 \\ 1\ 40\ 40^2 \\ 1\ 60\ 60^2 \end{bmatrix} \begin{bmatrix} \beta_0 \\ \beta_1 \\ \beta_2 \end{bmatrix} + \epsilon$$

이제 (2.7－9)의 식에 $d = 20$, $\lambda_1 = 1, \lambda_2 = 3$을 대입하여 직교다항계수 $w_1(x_i)$, $w_2(x_i)$를 구하면 다음과 같다.

x_i	$w_0(x_i)$	$w_1(x_i)$	$w_2(x_i)$
20	1	$\lambda_1[\frac{(20-40)}{20}]=-1$	$\lambda_2[(\frac{20-40}{20})^2-(\frac{3^2-1}{12})]=1$
40	1	$\lambda_1[\frac{(40-40)}{20}]=0$	$\lambda_2[(\frac{40-40}{20})^2-(\frac{3^2-1}{12})]=-2$
60	1	$\lambda_1[\frac{(60-40)}{20}]=1$	$\lambda_2[(\frac{60-40}{20})^2-(\frac{3^2-1}{12})]=1$

위에서 얻어진 값을 이용하여 추정하고자 하는 직교다항식으로 표시하면

$$y_i=\alpha_0+\alpha_1\cdot 1\cdot(\frac{x_i-40}{20})+\alpha_2\cdot 3\cdot[(\frac{x_i-40}{20})^2-(\frac{3^2-1}{12})]+\epsilon_i$$

혹은

$$\begin{bmatrix} y_1 \\ y_2 \\ y_3 \end{bmatrix}=\begin{bmatrix} 1 & -1 & 1 \\ 1 & 0 & -2 \\ 1 & 1 & 1 \end{bmatrix}\begin{bmatrix} \alpha_0 \\ \alpha_1 \\ \alpha_2 \end{bmatrix}+\epsilon$$

이 된다. $\boldsymbol{w_0}$를 무시하면 $\boldsymbol{w_1}=\begin{bmatrix} -1 \\ 0 \\ 1 \end{bmatrix}$, $\boldsymbol{w_2}=\begin{bmatrix} 1 \\ -2 \\ 1 \end{bmatrix}$가 되는데 이는 다음의 [표 2.7−2]에 나타난 직교다항계수 행렬의 행과 같아서 각각 일차, 이차 직교다항계수가 된다. [표 2.7−2]에는 $\boldsymbol{w_0}$를 제외한 수준이 2개에서 7개까지의 경우에 해당하는 직교다항계수 행렬이 주어져 있는데 각 행렬의 i번째 행은 i차 직교다항계수를 나타낸다.

[표 2.7 − 2] 직교다항계수 행렬

$a=2$; $[1-1]$ $\quad a=3$; $\begin{bmatrix} -1 & 0 & 1 \\ 1 & -2 & 1 \end{bmatrix}$ $\quad a=4$; $\begin{bmatrix} -3 & -1 & 1 & 3 \\ 1 & -1 & -1 & 1 \\ -1 & 3 & -3 & 1 \end{bmatrix}$

$a=5$; $\begin{bmatrix} -2 & -1 & 0 & 1 & 2 \\ 2 & -1 & -2 & -1 & 2 \\ -1 & 2 & 0 & -2 & 1 \\ 1 & -4 & 6 & -4 & 1 \end{bmatrix}$ $\quad a=6$; $\begin{bmatrix} -5 & -3 & -1 & 1 & 3 & 5 \\ 5 & -1 & -4 & -4 & -1 & 5 \\ -5 & 7 & 4 & -4 & -7 & 5 \\ 1 & -3 & 2 & 2 & -3 & 1 \\ -1 & 5 & -10 & 10 & -5 & 1 \end{bmatrix}$

$a=7$; $\begin{bmatrix} -3 & -2 & -1 & 0 & 1 & 2 & 3 \\ 5 & 0 & -3 & -4 & -3 & 0 & 5 \\ -1 & 1 & 1 & 0 & -1 & -1 & 1 \\ 3 & -7 & 1 & 6 & 1 & -7 & 3 \\ -1 & 4 & -5 & 0 & 5 & -4 & 1 \\ 1 & -6 & 15 & -20 & 15 & -6 & 1 \end{bmatrix}$

이제 처리수준 x_i에서의 j번째 반응값을 y_{ij}라고 놓으면 직교다항모형은 다음과 같이 쓸 수 있다.

$$y_{ij}= \alpha_0 + \alpha_1 w_1(x_i) + \alpha_2 w_2(x_i) + \cdots + \alpha_{a-1} w_{a-1}(x_i) + \epsilon_{ij}$$

2장에서 구한 식 (2.5−4)로부터 직교다항계수 $\hat{\alpha}_m$와 이에 대한 처리제곱합을 다음과 같이 구할 수 있다. 여기서 n은 한 요인의 반복수이다.

$$\hat{\alpha}_m = \frac{\sum_{i=1} w_m(x_i)\bar{y}_{i.}}{\sum_{i=1} w_m^2(x_i)}, \quad SS_{\hat{\alpha}_m} = n[\hat{\alpha}_m]^2 \sum_{i=1} w_m^2(x_i) \tag{2.7-10}$$

이를 이용하면 예로서 $a=3$인 경우 직교다항계수의 추정값과 1차와 2차의 효과로 분해하여 구한 처리대비제곱합은 다음과 같다. 이때 직교다항계수는 직교대비를 각 벡터의 길이로 나누어 직교다항계수의 비교가 가능하도록 하였음을 알 수 있다.

$$\widehat{\alpha_1} = \frac{-(\bar{y}_{0.} - \bar{y}_{2.})}{1^2 + (-1)^2}, \quad SS_{A_L} = 2n[\frac{(\bar{y}_{2.} - \bar{y}_{0.})}{2}]^2 \tag{2.7-11}$$

$$\widehat{\alpha_2} = \frac{\bar{y}_{0.} - 2\bar{y}_{1.} + \bar{y}_{2.}}{1^2 + (-2)^2 + 1^2}, \quad SS_{A_Q} = 6n[\frac{(\bar{y}_{2.} - 2\bar{y}_{1.} + \bar{y}_{0.})}{1^2 + (-2)^2 + 1^2}]^2 \tag{2.7-12}$$

$SS_{A_L} + SS_{A_Q} = SS_A = 3n\sum_{i=1}^{3} \widehat{A_i^2} = 3n\sum_{i=1}^{3}(\bar{y}_{i.} - \bar{y}_{..})^2$가 성립함은 물론이다.

▶예 2.7−1 계속: 3−요인실험 직교다항식

이제 [예 2.7−1] 3−요인실험의 직교다항계수와 직교다항식을 구해 보자. (2.7−6) 모형에서 $\boldsymbol{y}$와 계획행렬 W는 다음과 같다.

$$\boldsymbol{y} = (y_{01}, y_{11}, y_{21}, \cdots, y_{06}, y_{16}, y_{26})^T = (8, 10, 19, \cdots, 5, 4, 14)^T,$$

$$W = \begin{bmatrix} 1 & -1 & 1 \\ 1 & 0 & -2 \\ 1 & 1 & 1 \\ & \vdots & \\ & \vdots & \\ 1 & -1 & 1 \\ 1 & 0 & -2 \\ 1 & 1 & 1 \end{bmatrix} \tag{2.7-13}$$

식 (2.7-10)으로부터 직교다항계수와 직교분해제곱합은 다음과 같이 구할 수 있다.

$$\widehat{\alpha_0} = \overline{y}_{..} = 10.39,$$

$$\widehat{\alpha_1} = \frac{-(\overline{y}_{0.} - \overline{y}_{2.})}{1^2 + (-1)^2} = 4.83,$$

$$\widehat{\alpha_2} = \frac{\overline{y}_{0.} - 2\overline{y}_{1.} + \overline{y}_{2.}}{1^2 + (-2)^2 + 1^2} = 1.11$$

$$SS_{A_L} = 2n[\frac{\overline{y}_{2.} - \overline{y}_{0.}}{2}]^2 = [1^2 + (-1)^2] \times 6 \times \widehat{\alpha_1}^2 = 280.33$$

$$SS_{A_Q} = 6n[\frac{\overline{y}_{2.} - 2\overline{y}_{1.} + \overline{y}_{0.}}{6}]^2 = [1^2 + (-2)^2 + 1^2] \times 6 \times \widehat{\alpha_2}^2 = 44.44$$

위의 결과는 이미 직교대비를 이용해 분해한 [표 2.7-1]의 결과와 같음은 물론이다. 분산분석 결과를 보면 A의 주효과는 유의적으로 검정되어 이차효과까지 유의하다고 판단되어 직교다항식이 다음과 같이 추정된다.

$$\widehat{y_j} = \widehat{\alpha_0} + \widehat{\alpha_1} w_1(x_j) + \widehat{\alpha_2} w_2(x_j) = 10.39 - 4.83 w_1(x_j) + 1.11 w_2(x_j)$$

$$\boldsymbol{w}_1 = \begin{bmatrix} -1 \\ 0 \\ 1 \end{bmatrix}, \ \boldsymbol{w}_2 = \begin{bmatrix} 1 \\ -2 \\ 1 \end{bmatrix}$$

위 식을 원래 변수로 환원하면 식 (2.7-9)로부터 다음 모형을 추정할 수 있다.

$$\widehat{y_{ij}} = \widehat{\alpha_0} + \widehat{\alpha_1}\lambda_1[\frac{(x_j - \overline{x})}{d}] \ + \widehat{\alpha_2}\lambda_2[(\frac{x_j - \overline{x}}{d})^2 - (\frac{a^2 - 1}{12})]$$

$$= 10.39 + 4.83 \times 1 \times \frac{(x_j - 40)}{20} + 1.11 \times 3 \times [(\frac{x_j - 40}{20})^2 - (\frac{3^2 - 1}{12})]$$

$$= 11.833 - 0.425 x_j + 0.0083 x_j^2$$

추정된 회귀식은 유의한 모든 항을 포함하여서 직교다항식과 같이 구해진다. 그러나 직교다항식의 계수는 추세검정의 유의성에 대한 제곱합을 이용하여 검정할 수 있다는 장점이 있다.

원래 변수를 사용한 다항회귀식의 추정은 SAS GLM으로, 직교다항계수의 추정은 SAS IML(interactive matrix language)를 이용하여 직접 구할 수 있다. IML은 interactive하게 즉시 행렬의 연산 결과를 얻을 수 있다. 행렬의 입력 방법은 식 (2.7-13)과 비교하면 쉽게 이해할 수 있어 자세한 언급은 피하고 한 가지만 언급하면 T(X)는 행렬 X의 전치행렬을 나타낸다.

[SAS 프로그램 2.7-2] 다항회귀식의 추정

```
DATA ex2_7_1;
INPUT A B response @@;
CARDS; data
PROC GLM DATA=ex2_7_1;
MODEL RESPONSE= A A*A;
RUN ;
```

➤ [SAS 결과물] 다항회귀식의 추정

The GLM Procedure

Dependent Variable: response

Source	DF	Sum of Squares	Mean Square	F Value	Pr > F
Model	2	324.7777778	162.3888889	23.09	<.0001
Error	15	105.5000000	7.0333333		
Corrected Total	17	430.2777778			

R-Square	Coeff Var	Root MSE	response Mean
0.754810	25.52769	2.652043	10.38889

Source	DF	Type I SS	Mean Square	F Value	Pr > F
A	1	280.3333333	280.3333333	39.86	<.0001
A*A	1	44.4444444	44.4444444	6.32	0.0238

Source	DF	Type III SS	Mean Square	F Value	Pr > F
A	1	17.69387755	17.69387755	2.52	0.1336
A*A	1	44.44444444	44.44444444	6.32	0.0238

Parameter	Estimate	Standard Error	t Value	Pr > |t|
Intercept	11.83333333	4.71934553	2.51	0.0241
A	-0.42500000	0.26795263	-1.59	0.1336
A*A	0.00833333	0.00331505	2.51	0.0238

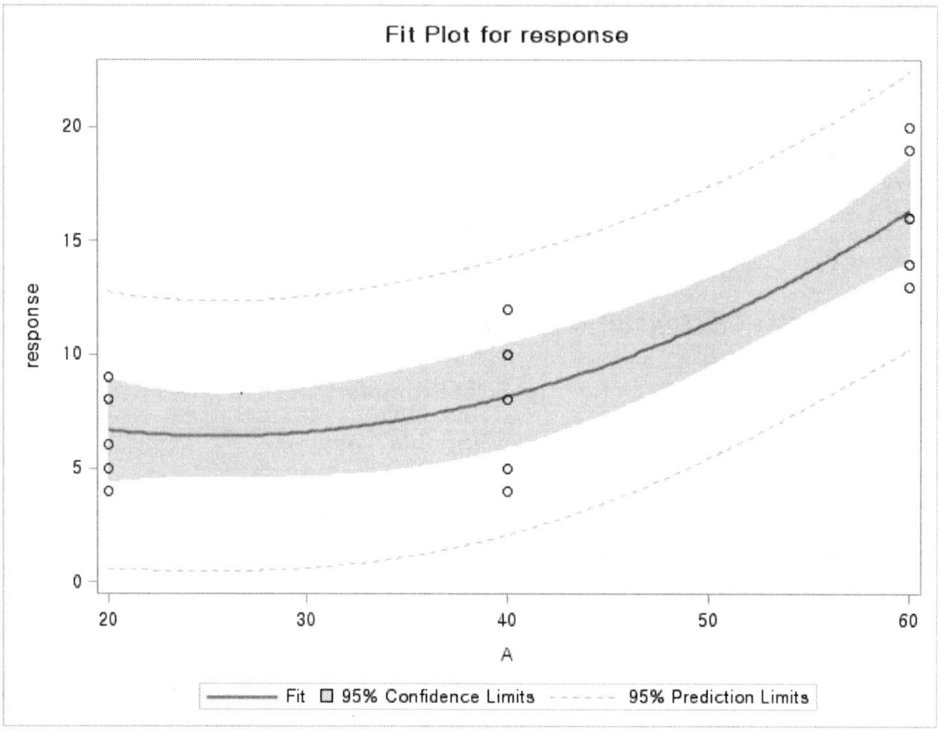

[SAS IML 프로그램 2.7-3] 직교다항계수의 추정

```
PROC IML :
y={ 8   6  4   9  8  5  10 10  5  12  8  4  19 16 13  20 16 14 };
X={ 1  -1  1,  1 -1  1,  1 -1  1,  1 -1  1,  1 -1  1,  1 -1  1,
    1   0 -2,  1  0 -2,  1  0 -2,  1  0 -2,  1  0 -2,  1  0 -2,
    1   1  1,  1  1  1,  1  1  1,  1  1  1,  1  1  1,  1  1  1 };
XT=T(X); yT=T(y);
XX=INV(XT*X); Xy=XT*yT;
alpha=XX*Xy;
PRINT X alpha ;
```

− PROC IML 결과 다음과 같은 계획행렬과 직교다항회귀계수 $\widehat{\alpha_i}$를 구할 수 있다.

SAS 시스템

X			alpha
1	-1	1	10.388889
1	-1	1	4.8333333
1	-1	1	1.1111111
1	-1	1	
1	-1	1	
1	-1	1	
1	0	-2	
1	0	-2	
1	0	-2	
1	0	-2	
1	0	-2	
1	0	-2	
1	1	1	
1	1	1	
1	1	1	
1	1	1	
1	1	1	
1	1	1	

연습문제

01 독립이표본 t-검정에 적절한 자료를 찾아 그 출처를 밝히고 적절한 가설을 세운 후 검정하라. 과정에서 다음의 내용을 따라 정리해야 한다.

① 자료의 출처를 밝히고 독립이표본 t-검정이 적절한지 확인한다.

② 등분산가정이 유효한지 검정한다.

③ 가설을 세우고 검정 결과를 자신의 언어로 표현한다.

④ SAS/SPSS 결과와 같음을 확인한다.

02 3개의 서로 다른 형태의 유리관에 대해서 각 유리관 형태에서 8개를 랜덤하게 선택하여 가열시킬 때 가열되는 데 걸리는 시간(초)을 랜덤한 순서로 측정하여 얻은 실험 데이터가 다음과 같다.

유리관 형태 A_1	19 20 23 20 26 18 18 35
A_2	30 30 42 47 50 34 32 28
A_3	16 15 18 26 19 17 19 18

(2-1) 위의 결과를 분석하기 위한 선형모형을 세우고 적절한 가정을 나열하라.

(2-2) 가설을 설정하고 검정하라. 단 SS_{tr}과 SSE는 직접 손으로 구하는 과정을 적어라.

(2-3) 모형에 포함된 모수를 추정하라.

(2-4) 가설 H_0: $\tau_1 - 2\tau_2 + \tau_3 = 0$을 검정하라.

(2-5) Bonferroni 검정 방법을 설명하고 사후검정을 행하라.

03 한 생산업체에서 온도에 따라 생산량이 달라지는지를 알아보려고 한다. 이를 위하여 온도 20℃에서 60℃까지 20℃ 간격(수준 1, 2, 3으로 함)으로 5번씩($n = 5$) 실험하여 얻어진 생산량(y)을 정리한 결과, 수준별 평균과 결과는 아래와 같다.

$$\overline{y}_{1.} = 50,\ \overline{y}_{2.} = 75,\ \overline{y}_{3.} = 85,\ S_1^2 = 8.5,\ S_2^2 = 5,\ S_3^2 = 5$$

단, $\overline{y}_{i.} = \frac{1}{5}\sum_{j=1}^{5} y_{ij}\ (i = 1, \cdots, 3),\ S_i^2 = \frac{1}{4}\sum_{j=1}^{5}(y_{ij} - \overline{y_{i.}})^2\ (i = 1, 2, 3),$

$\overline{y_{..}} = \frac{1}{15}\sum_{i=1}^{3}\sum_{j=1}^{5} y_{ij}$

위의 결과를 이용하여 물음에 답하라. 단 등분산을 가정한다.

(3 - 1) 다음의 분산분석표를 채워라.

요인	자유도	제곱합	평균제곱합	F
처리				
오차				
전체				

(3 - 2) 처리수준의 차이가 있는지를 검정하라. p-값을 그래프에 표시하고 설명을 통해 결론을 확인하라.

(3 - 3) $\alpha = 0.05$하에서 LSD(Least Significant Difference) 방법과 Bonferroni 방법으로 사후검정을 행하려 한다. 각각의 방법과 절차를 설명하고 다중비교하라. 두 방법의 차이가 있는가? 그 이유를 설명하라.

(3 - 4) 위의 모형을 행렬식 $y = X\beta + \epsilon$으로 표현했을 때 정규방정식 $X^t X\hat{\beta} = X^t y$을 이용하여 β를 추정하면 어떤 문제가 발생하는가? 그러면 이 문제를 어떻게 해결할 수 있는지를 약술하라.

04 건축자재인 실리콘의 접착력이 초산의 양에 따라 어떻게 영향을 받는지를 알아보기 위해 5종류의 초산의 양에 따른 실리콘의 접착력을 5회 반복측정하려 한다. 랜덤하게 실험하여 얻은 결과는 다음과 같다. 단 등분산을 가정한다.

초산의 양	반응값	처리평균
10	2 2 9 6 4	4.6
15	7 12 7 13 13	10.4
20	9 13 13 14 14	12.6
25	13 19 17 14 17	16
30	3 5 6 10 6	6

(4 - 1) 다음의 분산분석표를 채워라.

요인	자유도	제곱합	평균제곱합	F
처리				
오차				
전체		581.84		

(4 - 2) 초산의 양의 차이에 따라 접착력의 차이가 있다는 가설을 검정하라. 검정 결과가 사후검정을 필요로 하는가? 그렇다면 이에 근거하여 Scheffé의 사후검정을 행하라.

3장 이원배치법

일반적으로 요인(factor)이란 주관심이 되는 실험요인을 말한다. 이러한 요인의 효과는 때로는 잡음요인(noise factor)들의 영향을 받게 된다. 그러나 잡음요인 중 통제 가능한 요인을 추가하면 영향을 최소화하여 실험의 정도를 높일 수 있다. 추가 요인으로는 블록요인(blocking factor)이 있다. 이처럼 실험요인이 둘 이상 혹은 실험요인과 블록요인이 섞인 실험계획의 대표적 모형은 앞장에서 다룬 일원배치모형을 확대한 모형이다. 3장에서는 먼저 두 실험요인의 모든 처리조합(treatment combination)을 랜덤하게 실험하는 **이원배치법**(two-way layout)에서의 두 요인간의 교호작용효과의 의미와 이에 대한 분산분석 및 해석상의 차이가 있는 4가지 유형의 제곱합에 대해 다룬다. 이는 k-요인들의 분석을 다룬 다원배치법(k-way layout)으로 확대 가능하다. 이렇듯 반응값에 영향을 미친다고 생각되는 둘 혹은 그 이상을 동시에 대등하게 고려한 실험을 요인실험(factorial experiment)이라고 한다. 일반적인 요인실험에 관해서는 6장에서 다룰 것이다.

4장에서는 관심이 있는 실험요인들의 효율적인 비교를 위해 블록요인을 고려한 **블록계획법**(block design)을 소개한다. 블록계획법은 중요 관심인 실험요인들의 효율적인 비교를 위해 블록요인을 추가하여 실험의 정도를 높인 실험이다. 서론에서 언급했듯이 실험단위들이 균일하지 않을 때 실험의 정도를 높이고 편기(bias)를 제거함으로써, 블록 내에서의 실험단위들은 서로 유사성을 지니지만, 다른 블록 간 단위들을 매우 다르게 배치하는 실험계획을 블록계획법이라고 한다. 블록계획법에서의 실험은 실험단위를 동질적인(homogeneous) 몇 개의 그룹(블록)으로 나눈 후, 이를 블록 내에서 제한적으로 랜덤하게 배치한 것을 뜻한다.

지금까지 비슷한 속성을 가진 실험단위들을 동일 블록 내에 처리함으로서 실험의 정도(precision)를 높일 수 있는 블록계획에 관해 알아보았다. 실험오차를 줄이는 또 하나의 분석방법으로 통제할 수 없는 잡음요인이 존재할 때 사용할 수 있는 **공분산분석**(analysis of covariance; ANCOVA)이 있다. 예를 들어 한 교사는 세 가지 다른 교육방법을 통해 교육을 시킨 후 방법들 간에 차이가 있는지를 알아보려 한다. 이를 위해 연령과 현재 학력이 비슷한 학생들을 택하여 교육방법들에 따라 교육시킨 후 시험을 보아 최종성적을 구했다. 이때 교사는 경험으로 보아 지능지수(I.Q.)가 최종성적에 선형적으로 영향을 미쳐서, 지능지수가 높은 학생은 그렇지 않은 학생들과 비교해서 최종성적이 더 큰 폭으로 올라갈 것이라고 생각한다. 교사는 교육 전에 학생들의 지능지수를 미리 조사해 두었다. 여기서 지능지수를 **공변수**(covariate)라고 한다. 공변수는 임의로 조절할 수 없고 반응변수(최종성적)와 함께 주어져서 처리요인의 효과를 보다 효율적으로 높이는 장해요인이 된다. 이에 관해서는 5장에서 다루기로 한다.

3.1 교호작용의 의미

이원배치법(two-way layout) 또는 이요인분산분석은 **대등한 관심**요인이 둘인 경우에 대한 계획이다. 한 요인 A는 a개의 처리수준을, 다른 요인 B는 b개의 처리수준을 갖는다. 요인 A의 i번째 수준과 요인 B의 j번째 수준의 처리조합에서 각각 n번으로 동일하게 실험되는 균형(balanced) 실험일 때 총 실험수는 nab 번이 된다. 단, 모든 처리조합에서 완전랜덤화로 빈칸 없이 실험이 행해지는 경우만을 다루기로 한다. 여기서 y_{ijk}는 요인 A의 i번째 수준과 요인 B의 j번째 수준의 조합에서의 k번째 반응값을 의미한다. 자료의 구조와 모형은 다음과 같다.

[표 3.1－1] 이원배치법의 자료 구조

A \ B	1	2	$\cdots$	b
1	$y_{111}, y_{112}, \cdots, y_{11n}$	$y_{121}, y_{122}, \cdots, y_{12n}$	$\cdots$	$y_{1b1}, y_{1b2}, \cdots, y_{1bn}$
2	$y_{211}, y_{212}, \cdots, y_{21n}$	$y_{221}, y_{222}, \cdots, y_{22n}$	$\cdots$	$y_{2b1}, y_{2b2}, \cdots, y_{2bn}$
$\vdots$	$\vdots$	$\vdots$	$\vdots$	$\vdots$
a	$y_{a11}, y_{a12}, \cdots y_{a1n}$	$y_{a21}, y_{a22}, \cdots, y_{a2n}$	$\cdots$	$y_{ab1}, y_{ab2}, \cdots, y_{abn}$

$$y_{ijk} = \mu + \alpha_i + \beta_j + (\alpha\beta)_{ij} + \epsilon_{ijk} \tag{3.1－1}$$

μ는 총평균, α_i는 A의 주효과(main effect), β_j는 B의 주효과, $(\alpha\beta)_{ij}$는 교호작용효과를 나타낸다. 오차항 ϵ_{ijk}는 $N(0, \sigma^2)$로 가정한다.

교호작용의 의미를 살펴보자. 요인의 각 수준에서의 평균 반응값들 간의 차이인 어떤 요인의 효과가 다른 요인의 수준에 따라서 달라지면 두 요인 간의 교호작용이 있다고 한다. 반면 어떤 요인의 효과가 다른 요인의 수준에 따라서 달라지지 않으면 두 요인 간의 교호작용은 없다고 한다. [그림 3.1－1]의 프로파일은 교호작용의 의미를 이해하는 데 도움을 준다. [그림 3.1－1]의 (가)처럼 평행을 유지하는 구조인 가법(additive) 모형은 교호작용이 존재하지 않는 경우이다. 요인 B의 수준을 고정시켰을 때 요인 A의 효과는 일정함을 의미한다. 이와 다르게 프로파일이 평행이 아닌 구조를 가진 모형에서는 요인 B의 수준의 변화에 따라 요인 A의 효과가 달라지고, 교호작용이 존재한다고 한다. 예로서 아래는 요인 A의 수준 $a=2$, 요인 B의 수준 $b=3$, $n=1$인 두 이원배치법 모형이다.

(가) 계획 1 : 교호작용이 없는 경우

수 준	B_1	B_2	B_3
A_1	$y_{11.}=10$	20	15
A_2	30	40	35

(나) 계획 2 : 교호작용이 있는 경우

수 준	B_1	B_2	B_3
A_1	30	20	30
A_2	20	40	20

계획 1에서 A의 효과는 요인 A의 두 수준별 반응값의 차이로서 요인 B의 수준 B_1에서는 $30-10=20$, B_2에서는 $40-20=20$, B_3에서는 $35-15=20$으로 각각 나타난다. A의 효과는 B의 수준에 무관하므로 교호작용이 없다.

전체적인 A의 효과는 $\frac{30+40+35}{3}-\frac{10+20+15}{3}=20$이기에 A 처리수준 간에는 유의한 차이가 인정된다고 할 수 있다. 즉, [그림 3.1−1]에서 (나) 유형에 해당하는 계획 1은 교호작용은 없으나, 두 요인들의 처리효과에는 차이가 있는 모형이다.

반면에 계획 2에서의 A의 효과는 요인 B의 수준 B_1에서 $20-30=-10$이고, B_2에서는 $40-20=20$, B_3에서는 $20-30=-10$으로 각각 나타난다. 이는 A의 효과가 B의 수준에 따라 많이 달라져 교호작용이 존재한다고 할 수 있다. 그러나 전체적인 A의 효과는 $\frac{20+40+20}{3}-\frac{30+20+30}{3}=0$으로 요인 A의 처리수준 간에 차이가 없는 (마) 유형이다.

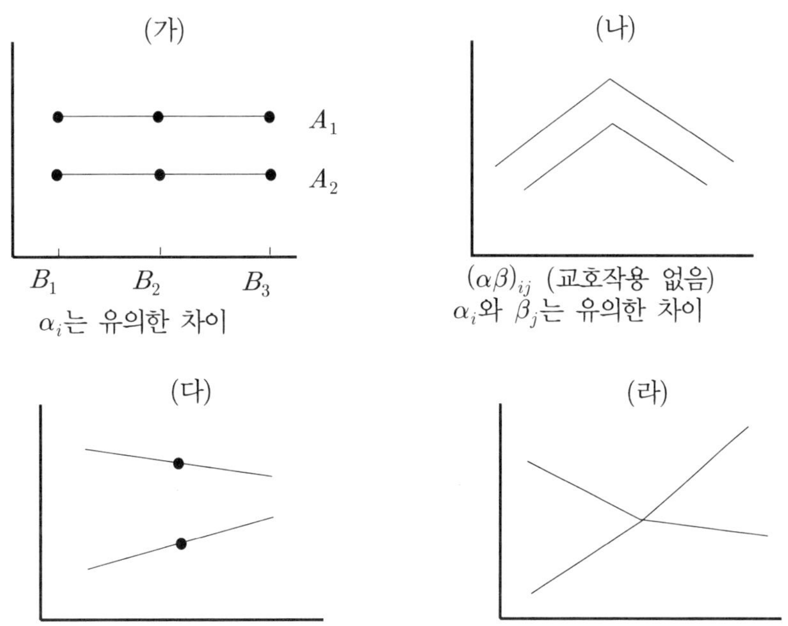

(가) α_i는 유의한 차이

(나) $(\alpha\beta)_{ij}$ (교호작용 없음) α_i와 β_j는 유의한 차이

(다) α_i와 $(\alpha\beta)_{ij}$는 유의한 차이

(라) β_j와 $(\alpha\beta)_{ij}$는 유의한 차이

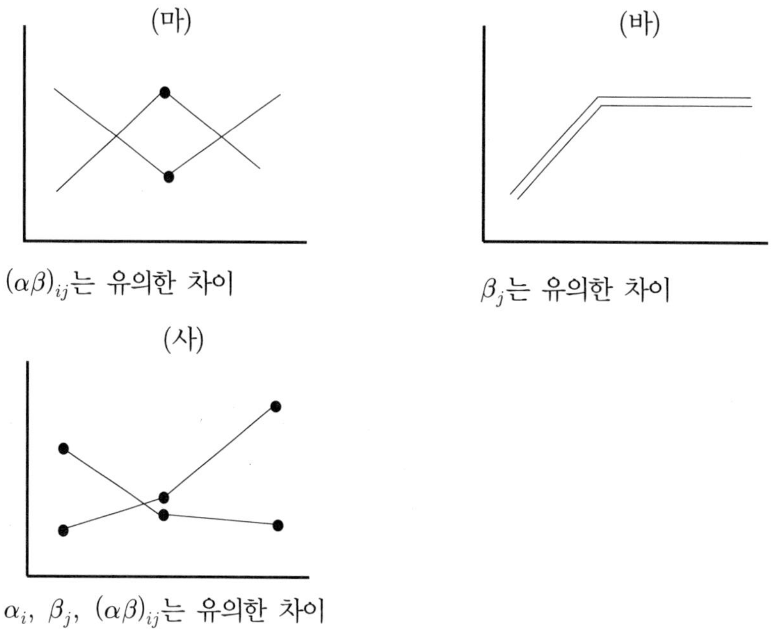

[그림 3.1 – 1] 교호작용 프로파일

3.2 분산분석

이원배치법의 분산분석 과정을 살펴보자. 의미 및 과정은 일원배치법의 경우와 유사하다. 기호는 다음과 같이 정의하자.

$$\overline{y}_{i..} = \frac{1}{bn}\sum_{k=1}^{n}\sum_{j=1}^{b} y_{ijk}\,,\ \overline{y}_{.j.} = \frac{1}{an}\sum_{k=1}^{n}\sum_{i=1}^{a} y_{ijk}\,,$$

$$\overline{y}_{ij.} = \frac{1}{n}\sum_{k=1}^{n} y_{ijk}\,,\ \overline{y}_{...} = \frac{1}{abn}\sum_{i=1}^{a}\sum_{j=1}^{b}\sum_{k=1}^{n} y_{ijk}$$

추가제약식으로 $\sum_{i=1}^{a}\widehat{\alpha_i} = 0\,,\ \sum_{j=1}^{b}\widehat{\beta_j} = 0\,,\ \sum_{i=1}^{a}\sum_{j=1}^{b}(\widehat{\alpha\beta_{ij}}) = 0$을 넣고 풀면 각 효과의 추정량들은 다음과 같이 추정된다.

$$\hat{\mu} = \overline{y}_{...},\ \widehat{\alpha_i} = \overline{y}_{i..} - \overline{y}_{...},\ \widehat{\beta_j} = \overline{y}_{.j.} - \overline{y}_{...},\ (\widehat{\alpha\beta})_{ij} = \overline{y}_{ij.} - \overline{y}_{i..} - \overline{y}_{.j.} + \overline{y}_{...}$$

예로서 요인 A의 i번째 수준의 효과 $\widehat{\alpha_i}$는 i번째 수준에서의 반응값의 평균과 전체 반응값의 평균의 차이로 해석된다. 위의 추정량들을 근거로 y_{ijk}를 다음과 같이 분해해 보자.

$$y_{ijk}-\overline{y}_{...}= (\overline{y}_{i..}-\overline{y}_{...})+(\overline{y}_{.j.}-\overline{y}_{...})+(\overline{y}_{ij.}-\overline{y}_{i..}-\overline{y}_{.j.}+\overline{y}_{...})+(y_{ijk}-\overline{y}_{ij.})$$

각 항을 제곱한 모든 i,j,k에 대해 더하면 다음과 같은 식이 성립한다.

$$SST = SS_A + SS_B + SS_{AB} + SSE \qquad (3.2-1)$$

SS_{AB}는 교호작용효과의 제곱합, SS_A와 SS_B는 각각 요인 A와 B의 제곱합을 의미한다.

$$SST = \sum_{i=1}^{a}\sum_{j=1}^{b}\sum_{k=1}^{n}(y_{ijk}-\overline{y}_{...})^2$$

$$SS_A = \sum_{i=1}^{a}\sum_{j=1}^{b}\sum_{k=1}^{n}(\overline{y}_{i..}-\overline{y}_{...})^2$$

$$SS_B = \sum_{i=1}^{a}\sum_{j=1}^{b}\sum_{k=1}^{n}(\overline{y}_{.j.}-\overline{y}_{...})^2$$

$$SS_{AB} = \sum_{i=1}^{a}\sum_{j=1}^{b}\sum_{k=1}^{n}(\overline{y}_{ij.}-\overline{y}_{i..}-\overline{y}_{.j.}-\overline{y}_{...})^2$$

먼저 교호작용효과가 있는지를 검정(H_0 : $\alpha\beta_{11} = \cdots = \alpha\beta_{ab}$)하기 위한 검정통계량은 다음과 같다.

$$F = \frac{SS_{AB}/(a-1)(b-1)}{SSE/ab(n-1)} = \frac{MS_{AB}}{MSE}$$

$F > F_{(\alpha;(a-1)(b-1),ab(n-1))}$이면 유의수준 α 아래에서 귀무가설을 기각하게 된다. A, B 두 처리효과에 대한 검정통계량은 일원배치법과 유사하며 다음의 분산분석표에 나타나 있다.

[표 3.2 – 1] 이원배치법의 분산분석표

변동요인	제곱합	자유도	평균제곱	F
요인 A	SS_A	$a-1$	$MS_A = SS_A/a-1$	MS_A/MSE
요인 B	SS_B	$b-1$	$MS_B = SS_B/b-1$	MS_B/MSE
교호작용 AB	SS_{AB}	$(a-1)(b-1)$	$MS_{AB} = SS_{AB}/(a-1)(b-1)$	MS_{AB}/MSE
오차	SSE	$ab(n-1)$	$MSE = SSE/ab(n-1)$	
총합	SST	$abn-1$		

가설 중 교호작용에 관한 가설을 먼저 검정한다. 교호작용이 없다고 판정되면 A와 B의 주효과를 검정한다. 교호작용이 있다고 판정되면 A와B를 동시에 고려하여 결론을 지어야 한다. 일반적으로 [그림 3−1]의 (다)처럼 교호작용이 있고 효과의 부호가 바뀌지 않을 때 A와 B의 주효

과에 대한 검정은 위의 분산분석의 결과를 적용할 수 있다. 그러나 [그림 3−1]의 (라), (마), (사)와 같이 **효과의 부호가 바뀔 경우는 반드시 요인 A의 효과는 요인 B의 수준을 조건으로 하여 분석**해야 한다.

▶예 3.2−1 ("Chemistry of Brown Coals," Australian J. Applied Science, 1958, 375−379에서 인용함) 다음의 자료는 세 종류의 석탄에 각각 세 농도(0.404Normal, 0.626N, 0.786N)의 에탄올성 수산화소듐(ethanolic NaOH)을 사용하여, 석탄의 산도를 각각의 9개 처리조합에서 두 번 측정한 것이다.

농도의 종류	석탄의 종류					
	1		2		3	
1	8.27	8.17	8.66	8.61	8.14	7.96
2	8.03	8.21	8.42	8.58	8.02	7.89
3	8.60	8.20	8.61	8.76	8.13	8.07

요인은 석탄의 종류와 농도의 종류이고 관심사는 '석탄과 농도의 종류가 석탄의 산도에 다른 영향을 미치는가'이다. SPSS와 SAS를 이용하여 분석하여 보자.

이원배치 분산분석의 SPSS 사용절차 : 일반요인 분산분석

① [그림 3.2−1]과 같이 자료를 입력한다. 지면 관계상 자료 일부만 나타나 있다.

② [그림 3.2−2]와 같이 메뉴에서 [분석(A)] → [일반선형모형(G)] → [일변량(U)]을 선택하면 [그림 3.2−3]의 일원배치 분산분석 대화상자가 나타난다.

③ 일변량분석 대화상자 중 [종속변수(D)]에 [석탄산도]를 입력한다.

> 다음 단계에서 데이터에 적절한 고정요인(Fixed Factor), 변량(확률)요인(Random Factor) 및 공변량(Covariate)에 대한 변수를 결정해야 한다. 가중변수(Weighted Variable)는 WLS 가중값을 사용한다. 여기서는 고정요인을 고려하여 분석을 한다. 이에 대한 설명은 다음 장에서 계속된다.

④ **[고정요인(F)]**에 **[농도의종류]**와 **[석탄의종류]**를 입력한다. 변수의 입력은 화살표를 이용하여 할 수 있다.

⑤ ④번 절차 후 데이터에 적절한 모형(Model)을 설정한다. [그림 3.2−4]에서 **[모형]**을 누르면 [그림 3.2−5]의 모형대화상자가 나타난다. **완전요인모형(A)**에는 모든 주효과(main effect), 모든 공분산 주효과, 모든 요인 대 요인 교호작용이 포함된다. 단, 공변량 교호작용은 포함되지 않는다. **사용자 정의(C)**를 선택하면 완전모형 중 관심이 있는 효과를 부분적

으로 지정할 수 있다. 또한 **제곱합(Q)**을 유형별로 선택할 수 있는데 여기서는 제 III 유형을 선택하였다. 제곱합의 유형에 대한 자세한 설명은 3.3절에 계속된다. 다음에 **[계속]**을 누르고 **[확인]**을 누르면 다음의 분산분석표를 얻을 수 있다.

	석탄산도	농도의종류	석탄의종류
1	8.27	1.00	1.00
2	8.66	1.00	2.00
3	8.14	1.00	3.00
4	7.96	1.00	3.00
5	8.03	2.00	1.00
6	8.21	2.00	1.00
7	8.42	2.00	2.00
8	8.58	2.00	2.00
9	8.02	2.00	3.00
10	7.89	2.00	3.00

[그림 3.2 – 1] 석탄의 산도 자료

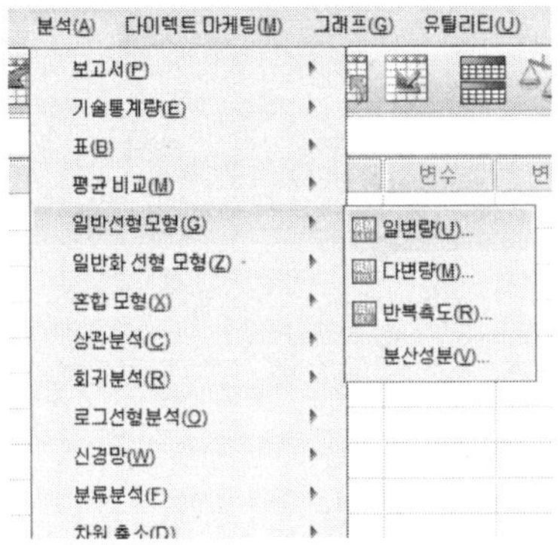

[그림 3.2 – 2] 일변량 분석

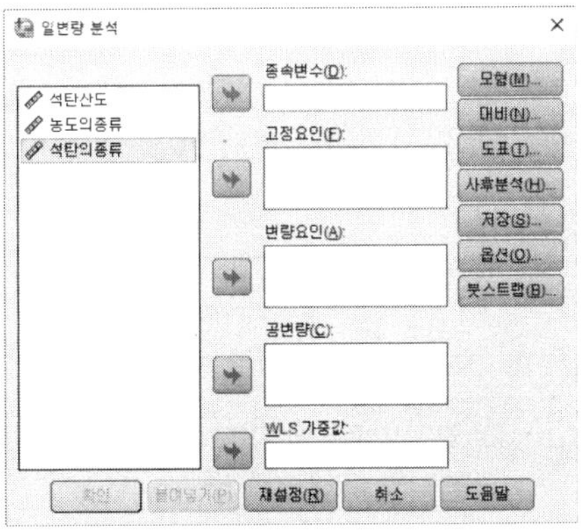

[그림 3.2 – 3] 변수－입력전

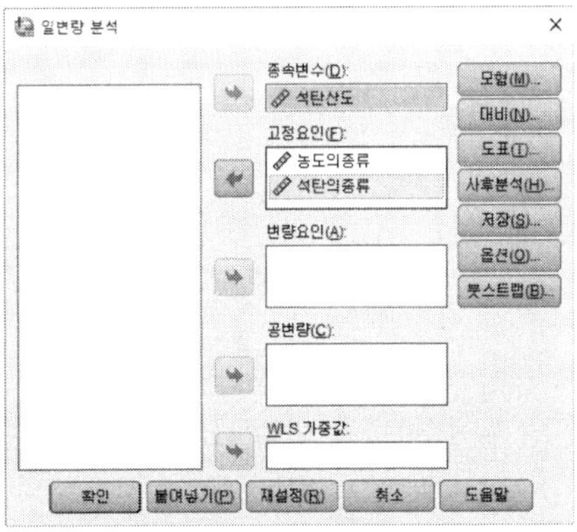

[그림 3.2 – 4] 변수－입력후

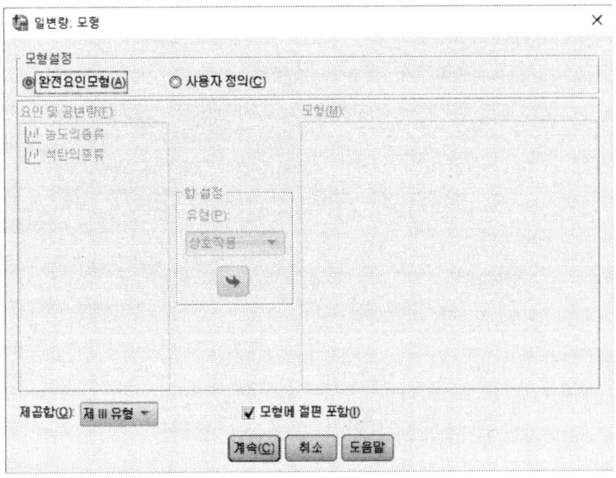

[그림 3.2 – 5] 모형 대화상자

➤ [SPSS 결과물] 이원배치법 분산분석표

개체-간 효과 검정

종속변수: 석탄산도

소스	제 III 유형 제곱합	자유도	평균제곱	F	유의확률
수정된 모형	1.141[a]	8	.143	8.394	.002
절편	1238.858	1	1238.858	72897.839	.000
농도의종류	.124	2	.062	3.657	.069
석탄의종류	1.002	2	.501	29.492	.000
농도의종류 * 석탄의종류	.015	4	.004	.214	.924
오차	.153	9	.017		
전체	1240.153	18			
수정된 합계	1.294	17			

a. R 제곱 = .882 (수정된 R 제곱 = .777)

추가적인 기능

⑤번 절차에서 추가적인 기능을 이용할 수 있다. 추가적인 기능으로는 **대비(N)**, **도표(T)**, **사후분석(H)**, **저장(S)**, **옵션(O)** 등이 있다.

- 대비 : 처리대비검정을 수행한다.
- 도표 : 교호작용효과가 있는지를 보기 위한 꺾은 선 그래프(profile)를 제공한다. **[도표]**를 누른 후에 **[수평축 변수(H)]**로 [농도의종류]를, **[선구분 변수(S)]**로 [석탄의종류]를 누른 후 **[추가]**를 누르면 [그림 3.2－7]이 나타난다.

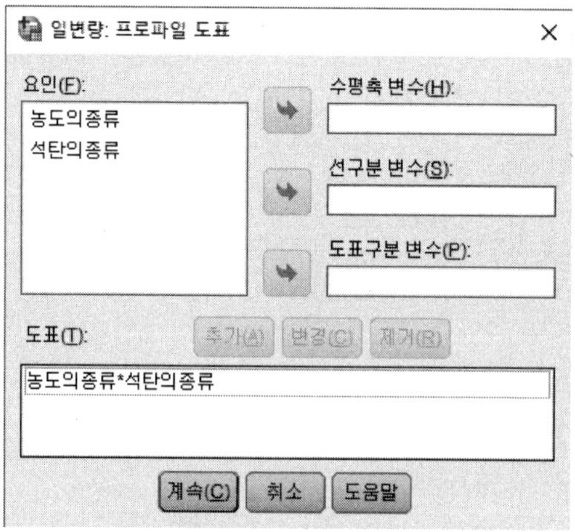

[그림 3.2－6] 프로파일 도표

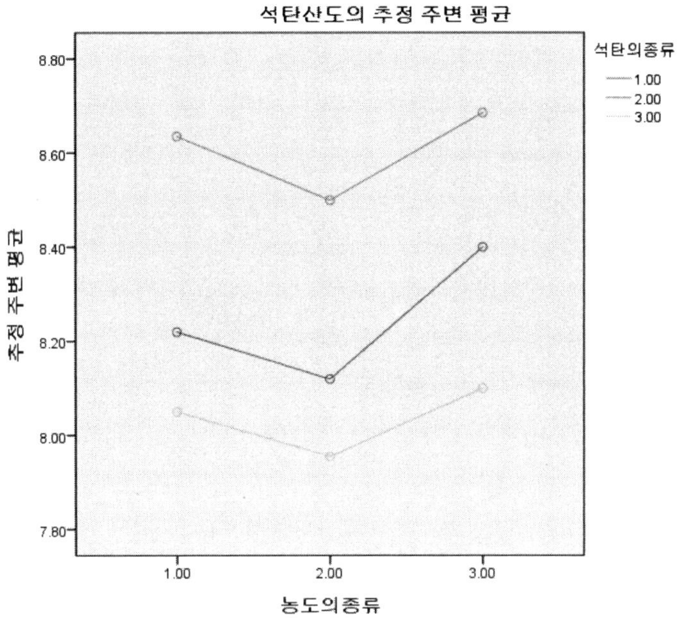

[그림 3.2 – 7] 교호작용효과에 대한 프로파일

- 사후분석 : 사후분석은 일원배치법과 동일하므로 여기서는 생략한다.
- 저장 : 모형, 잔차, 관련 측도에 의한 예측된 값 등을 데이터 편집기에 새로운 값으로 저장할 수 있다. 자세한 설명은 생략한다. 제공하는 값들은 다음 [그림 3.2−8]과 같다.

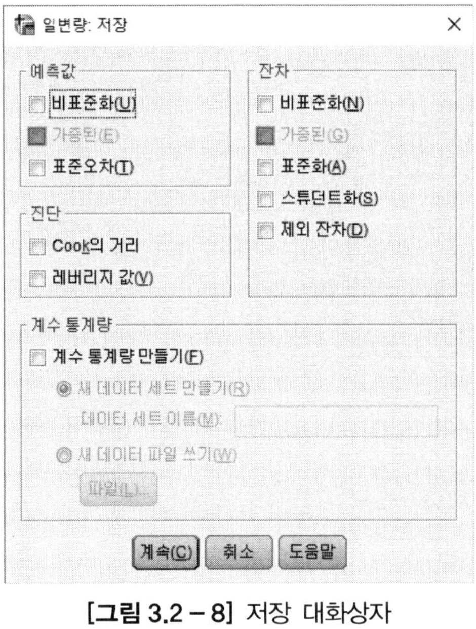

[그림 3.2 – 8] 저장 대화상자

✚ 통계적 해석

▶ **제곱합** : 분산분석표에는 $SST=1.294$, $SSE=0.153$, $SS_A=0.124$, $SS_B=1.002$, $SS_{AB}=0.015$로 구해졌다.

▶ **교호작용효과에 대한 유의성검정** : 석탄의 종류와 농도의 교호작용이 있는지를 먼저 검정한다. 검정통계량 F-값은 $\dfrac{0.015/4}{0.153/9}=0.214$ 로서 $F_{0.05}(4,9)=3.63$ 보다 작기 때문에 $\alpha=0.05$하에서 교호작용효과는 없다고 결론지을 수 있다. 이해를 돕기 위해 각 처리조합에서의 반응평균값에 대한 [그림 3.2-7]의 프로파일을 살펴보면 세 선이 평행하다고 할 수 있으므로, 교호작용이 없다고 할 수 있다.

▶ **주효과에 대한 유의성검정** : [그림 3.2-7]을 보면 석탄의 종류에 따라 산도의 차이가 있다. 특히 석탄 2는 산도가 매우 높음을 볼 수 있다. 반면에 농도에 따라서는 큰 차이가 없어 보인다. 정확하게 검정해 보면 석탄의 종류에 대한 검정통계량 F-값은 $\dfrac{1.002/2}{0.153/9}=29.492$ 로서 $F_{0.05}(2,9)=4.26$ 보다 훨씬 커서 $\alpha=0.05$하에서 석탄의 종류에 따른 효과는 유의적인 차이가 있다고 결론지을 수 있다. 이에 대한 p-값은 거의 0으로 구해져 이러한 결론을 뒷받침해준다. 또한, 농도의 종류에 따른 검정통계량 F-값은 $\dfrac{0.124/2}{0.153/9}=3.657$ 로서 이에 대한 p-값은 0.069로서 $\alpha=0.05$하에서 농도의 종류에 따른 효과의 유의한 차이를 인정할 수 없음을 확인할 수 있다.

이원배치 분산분석의 SAS 사용절차

[SAS 프로그램 3.2-1] 이원배치법

```
DATA ex3_2_1;
DO A='A1', 'A2', 'A3';
DO B='B1', 'B2', 'B3';
DO REP=1 TO 2 ;
INPUT response @@; OUTPUT;
END;
END;
END;
DATALINES;
8.27 8.17 8.66 8.61 8.14 7.96
8.03 8.21 8.42 8.58 8.02 7.89
8.60 8.20 8.61 8.76 8.13 8.07
;
```

```
PROC GLM DATA=ex3_2_1;
CLASS A B ;
MODEL RESPONSE= A B A*B ;
LSMEANS A*B / SLICE=B;
RUN ;
```

➤ PROC GLM 절차

LSMEANS *interaction* / SLICE= *factor* ;   ← ①

① LSMEANS 명령문에 교호작용효과(interaction)와 SLICE 옵션을 지정하면 지정된 다른 요인(factor)의 수준별 효과에 대한 검정을 수행한다.

➤ [SAS 결과물] 이원배치법 분산분석

Source	DF	Sum of Squares	Mean Square	F Value	Pr > F
Model	8	1.14127778	0.14265972	8.39	0.0022
Error	9	0.15295000	0.01699444		
Corrected Total	17	1.29422778			

R-Square	Coeff Var	Root MSE	response Mean
0.881821	1.571372	0.130363	8.296111

Source	DF	Type I SS	Mean Square	F Value	Pr > F
A	2	0.12431111	0.06215556	3.66	0.0688
B	2	1.00241111	0.50120556	29.49	0.0001
A*B	4	0.01455556	0.00363889	0.21	0.9240

Source	DF	Type III SS	Mean Square	F Value	Pr > F
A	2	0.12431111	0.06215556	3.66	0.0688
B	2	1.00241111	0.50120556	29.49	0.0001
A*B	4	0.01455556	0.00363889	0.21	0.9240

➤ [SAS 결과물] SLICE 결과물

SAS 시스템

The GLM Procedure
Least Squares Means

A*B Effect Sliced by B for response					
B	DF	Sum of Squares	Mean Square	F Value	Pr > F
B1	2	0.080533	0.040267	2.37	0.1490
B2	2	0.036633	0.018317	1.08	0.3805
B3	2	0.021700	0.010850	0.64	0.5504

➤ [SAS 결과물] 프로파일

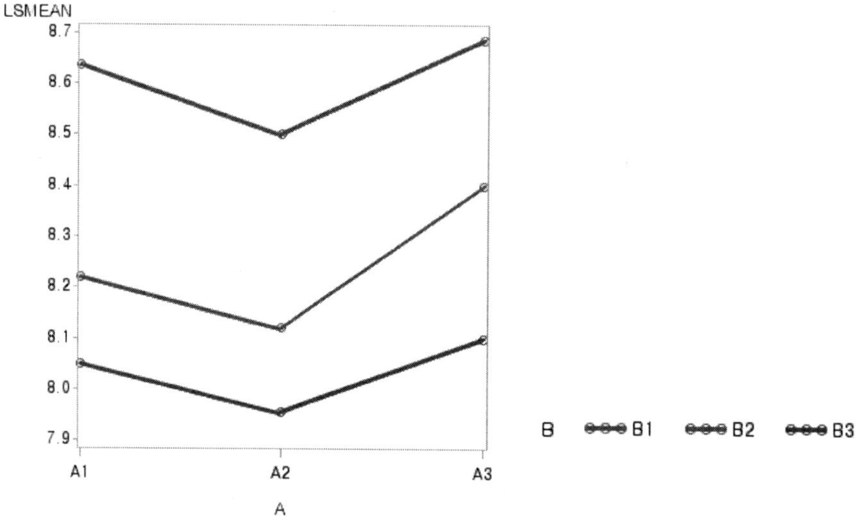

✚ 통계적 해석(SPSS 결과에 추가)

▶ SLICE 분석 : 앞에서 우리는 이미 교호작용효과가 없다는 결론을 내렸기에 SLICE 분석 결과는 의미가 없다.

▶ Profile 분석 : SPSS 결과와 동일한 프로파일로 세 선은 거의 평행하다고 할 수 있어 교호작용은 없다고 할 수 있다.

3.3 네 유형의 제곱합

검정에 필요한 제곱합은 필요에 따라 네 유형의 제곱합으로 분류하여 사용이 가능하다. 이는 이원배치모형으로 설명 가능하다. 모형 Ω는 교호작용과 두 주효과가 모두 포함된 완전이원배치 모형이다.

$$\Omega : y_{ijk} = \mu + \alpha_i + \beta_j + (\alpha\beta)_{ij} + \epsilon_{ijk}$$

$$\omega_0 : y_{ijk} = \mu + \epsilon_{ijk}$$

$$\omega_{11} : y_{ik} = \mu + \alpha_i + \epsilon_{ik}$$

$$\omega_{12} : y_{jk} = \mu + \beta_j + \epsilon_{jk}$$

$$\omega_2 : y_{ijk} = \mu + \alpha_i + \beta_j + \epsilon_{ijk}$$

$$\omega_{31} : y_{ijk} = \mu + \beta_j + (\alpha\beta)_{ij} + \epsilon_{ijk}$$

$$\omega_{32} : y_{ijk} = \mu + \alpha_i + (\alpha\beta)_{ij} + \epsilon_{ijk}$$

ω_0는 가설 $H_0 : \alpha_1 = \cdots = \alpha_a = \beta_1 = \cdots = \beta_b = (\alpha\beta)_{11} = \cdots = (\alpha\beta)_{ab} = 0$이 성립할 때 총평균 μ만을 고려한 축소모형이다. 모형 ω_{11}과 ω_{12}는 한 요인을 무시하고, 나머지 다른 한 요인만의 효과를 고려한 일원배치모형이다. 모형 ω_2는 'H_0 : 모든 $(\alpha\beta)_{ij}$는 같다'하에서 축소 모형이고, 모형 ω_{31}과 ω_{32}는 한 주효과가 유의하지 않아 포함되지 않은 축소모형이다.

모형 ω가 주어졌을 때 총변동 SST는 오차항의 변동에 관한 제곱합과 주어진 모형을 설명할 수 있는 회귀제곱합으로 분해할 수 있다.

$$SST_\omega = SSE_w + SS_{Reg,\omega} \text{ 혹은}$$

$$\boldsymbol{y}^t\boldsymbol{y} = (\boldsymbol{y} - X\hat{\beta})^t(\boldsymbol{y} - X\hat{\beta}) + \hat{\beta}^t X^t \boldsymbol{y}$$

여기서 SS_{Reg}혹은 $\hat{\beta}^t X^t \boldsymbol{y}$는 총변동 중 모든 모수의 적합(fitting)으로 인한 제곱합 또는 주어진 모형이 설명할 수 있는 회귀제곱합을 의미하며 모형에 포함된 모든 요인들의 효과에 관한 제곱합의 합이 된다.

현재 모형(완전모형 Ω라고 하자)과 일부 요인들을 제외한 모형(축소모형 ω라고 하자)을 비교해서, 일부 요인들이 제외된 것이 타당한지를 다음의 우도비(likelihood-ratio) 검정을 통해 확인할 수 있다.

[정리 3.3-1] F-분포에 따른 우도비검정

> $F = \dfrac{(SSE_\omega - SSE_\Omega)/q}{SSE_\Omega/(n-r)}$는 귀무가설 ω하에서 $F_{q,n-r}$의 분포에 따른다.

이번 절에서는 각 효과에 대한 네 유형의 제곱합(TYPE I, II, III, IV)형을 비교한다. 이 중 많이 이용되는 제 I 유형과 제 III 유형의 제곱합을 주로 비교하여 설명한다.

모형 ω_0와 모형 ω_{11}을 살펴볼 때, '**μ만 포함된 모형에서 요인 A가 추가됨에 따라 추가적으로 설명 가능한 회귀제곱합**'을 생각할 수 있는데, 이를 $SS_{Reg}(A|\mu)$(내용이 분명한 경우 줄여서 $SS(A|\mu)$)로 표기하자. $SS(A|\mu)$는 요인 A의 제곱합의 한 유형이 될 수 있다. 마찬가지 방법으로 모형 ω_{12}와 ω_2를 고려할 때 요인 B가 모형에 포함된 상태에서 요인 A가 들어가 새롭게 얻어진 제곱합을 $SS(A|\mu, B)$로 표기할 수 있다. 이 제곱합은 요인 B가 설명할 수 없었던 변동이며, 요인 A의 다른 유형의 제곱합이라고 해석할 수 있다. 이렇듯 A의 회귀(처리)제곱합은 해석 방법에 따라 여러 가지 방법으로 정의할 수 있다.

다시 정리하면 SS(ⓐ|ⓑ)는 ⓑ라는 요인(혹은 요인들)이 이미 모형에 있을 때, 요인(혹은 요인들) ⓐ가 포함됨에 따라 추가로 설명 가능한 제곱합이라고 정의할 수 있다.

$$SS(ⓐ|ⓑ) = SS(ⓐ,ⓑ) - SS(ⓑ)$$

위 식은 두 요인 ⓐ, ⓑ가 모형에 있을 때의 제곱합에서 요인 ⓑ만의 제곱합을 뺀 것을 뜻한다. 추가로 위에서 설명한 $SS(A|\mu, B)$는 μ와 요인 B가 포함된 모형 ω_{12}에 요인 A가 추가되면서 발생한 변동으로 해석되고, 이 값은 μ, A, B가 포함된 모형 ω_3의 회귀제곱합에서 μ, B가 포함된 모형 ω_{12}의 회귀제곱합을 뺀 값과 같다. 따라서 다음의 식이 성립한다.

$$SS(A|\mu, B) = SS(\mu, A, B) - SS(\mu, B)$$

✚ 제 I 유형 / 제 III 유형 제곱합

먼저 제 I 유형과 제 III 유형 제곱합을 비교하며 설명해 보자. 제 I 유형의 제곱합은 계층적(hierarchical) 제곱합이며 **순서적으로** 요인을 추가하면서 그 변동을 고려한 제곱합이다. 따라서 요인이 모형에 포함되는 순서가 중요하다. 이에 비해 제 III 유형 제곱합은 다른 요인들이 **모두** 모형에 들어 있다는 가정하에 마지막으로 새로 추가되는 요인의 변동을 고려하여 나온 제곱합을 말한다. 즉, 제 III 유형의 제곱합은 다른 설명 요인들을 동시에 고려하여 한 요인이 전체에 미치는 변동을 구한 것이다. 교호작용이 있는 이원배치모형에서 두 유형의 제곱합을 비교해 보자. 참고로 제 II 유형의 제곱합도 주어져 있다.

[표 3.3－1] 교호작용이 있는 이원배치모형의 제곱합

요인	제 I 유형	제 III 유형	제 II 유형
A	$SS(A\|\mu)$	$SS(A\|\mu, B, AB)$	$SS(A\|\mu, B)$
B	$SS(B\|\mu, A)$	$SS(B\|\mu, A, AB)$	$SS(B\|\mu, A)$
AB	$SS(AB\|\mu, A, B)$	$SS(AB\|\mu, A, B)$	$SS(AB\|\mu, A, B)$

위 [표 3.3－1]에서 제 I 유형 제곱합을 살펴보자. 요인이 추가된 순서는 A, B, AB이다. 먼저 모형 ω_0에 A가 추가되었을 때 생기는 변동 $SS(A|\mu)$이 A의 제곱합이 된다. 다음으로 μ와 A가 포함된 모형에 B를 추가했을 때 생기는 변동, 즉 $SS(B|\mu, A) = SS(\mu, A, B) - SS(\mu, A)$가 B의 제곱합이 된다. 교호작용의 제곱합은 요인 A, B가 있을 때 교호작용효과 AB의 추가에 따른 변동 $SS(AB|\mu, A, B)$으로 구해진다. 위에서 보듯 제 I 유형 제곱합을 구하는 절차는 계층적 절차를 따르며 모형에 들어가는 순서에 따라 제곱합의 값이 달라진다. SPSS/SAS를 이용할 때에는 추가되는 순서대로 요인들을 적어주면 된다. 단, 이원배치법에서는 교호작용이 제일 먼저 모형에 포함되는 것은 무의미하므로 맨 뒤로 추가시켜야 한다. 다음의 공식은 위의 절차를 따라 쉽게 얻어질 수 있다.

$$SS(\mu, A, B, AB) = SS(\mu) + SS(A|\mu) + SS(B|\mu, A) + SS(AB|\mu, A, B)$$

제 III 유형의 제곱합에서 요인 A의 처리제곱합 $SS(A|\mu, B, AB)$은 μ, A, B, AB가 포함된 모형제곱합이다. μ, B, AB가 포함된 모형제곱합의 차이, 즉 요인 A만 포함되지 않은 모형에서 요인 A가 새롭게 추가되었을 때 설명되는 변동의 양을 의미한다. 다른 요인들도 유사하게 해석된다. 따라서 다른 모든 요인들은 이미 모형에 들어 있다는 가정하에 새로 추가되는 요인의 변동을 고려하여 나온 제곱합을 제 III 유형의 제곱합이라고 한다.

위의 두 제곱합의 차이를 다시 정리하면, 제 I 유형 제곱합은 하나씩 요인을 추가하면서 그 변동분을 보는 것이고, 제 III 유형 제곱합은 모든 설명 요인을 동시에 고려하여 한 요인이 전체에 미치는 변동분을 구한 것이다. 단, 균형이원배치법에서 교호작용 효과는 제 I 유형 제곱합과 제 III 유형 제곱합이 같다.

✚ 제 II 유형 / 제 IV 유형 제곱합

제 II 유형 / 제 IV 유형 제곱합의 해석은 매우 어려워서 여기서는 생략한다. 참고로 제 II 유형의 제곱합은 [표 3.3－1]에 구해져 있다.

✚ 네 유형의 제곱합의 비교

한 요인의 제곱합이 다른 요인의 포함 여부와 관계없이 일정한 제곱합을 가지면 두 요인은 직교(orthogonal)한다고 한다. 다시 말하면 두 요인 간에 고려된 모형에 추가된 순서에 관계없이 $SS(A) = SS(A|B)$의 관계가 성립하는 경우, 두 요인은 직교한다. 모든 요인들이 직교하면 제곱합은 유형에 상관없이 일정하다. 반복수가 같은 균형 이원배치법에서는 요인들이 서로 직교하게 되어 네 유형의 제곱합들은 같아진다. 일원배치법에서는 반복수가 다르더라도 네 유형의 제곱합은 같아진다. 정리하면 다음과 같다.

① 일원배치모형에서는 유형에 관계없이 제곱합들의 값이 같다.
② 균형 자료의 경우, 유형에 관계없이 제곱합들의 값이 같다.
③ 결측셀이 없는 경우, 제 III 유형과 제 IV 유형의 제곱합은 같다.

어떠한 경우에 네 유형을 각각 적절하게 사용하여야 하는지는 매우 어렵다. 또한, 가설의 형태(가중 혹은 비가중)에 따라서도 선택이 달라진다. 이러한 부분에 대한 이해는 이 책의 수준을 넘어서므로 생략하기로 한다. 일반적으로 제 III 유형이 디폴트(특별히 지정을 안 했을 경우 이미 주어진 기준)로 사용된다. 따라서 특별한 해석적인 이해가 필요 없을 시 **균형, 불균형의 여부와 관계없이 결측셀이 없는 경우에는 제 III 유형의 제곱합을 사용**하고, **결측셀이 있는 경우에는 제 IV 유형의 제곱합을 사용**하면 된다. 그러나 블록계획 등과 같이 순서가 고려되고 그 의미가 자료의 해석에 도움이 되면 제 I 유형의 제곱합을 사용한다. 대체로 다음과 같이 사용 범위를 정리해 볼 수 있다.

✚ 제 I 유형

- 저차항이 고차항 이전에 지정되는 다항모형(polynomial model)
- 블록계획법(다음 장 참조)
- 1차 지정 효과가 2차 지정 효과 내에 지분되고 2차 지정 효과가 3차 지정 효과 내에 지분되는 등의 지분모형(nested model)

✚ 제 II 유형

- 주요인 효과만을 가지는 모형
- 지분모형
- 회귀모형

✚ 제 Ⅲ 유형 제곱합

- 결측셀이 없는 모든 균형, 불균형모형

✚ 제 Ⅳ 유형 제곱합

- 결측셀이 없는 모든 균형, 불균형모형

3.4 이원배치 변량모형

2.6절에서 요인이 하나인 일원배치 변량모형에 관해 살펴보았다. 선형모형 $y = X\beta + \epsilon$(단 $\beta^t = [\beta_0, \cdots, \beta_p]^t$)에서 β를 고정된 상수 혹은 확률변수로 취급할 수 있다. 이때 모든 $\beta_i (i = 1, \cdots, p)$가 확률변수일 때 관련된 모형을 변량모형이라고 하며, 몇 개의 β_i는 확률변수이고 나머지는 상수일 때를 혼합모형(mixed model)이라고 한다. 넓은 의미로 변량모형은 혼합모형을 포함해서 지칭한다. 여기서 β_i가 변량요인인 경우 요인의 수준의 모집단은 무한으로 가정할 수 있다. 이원배치 변량모형에서는 두 경우로 나누어 생각할 수 있는데 하나는 한 요인은 고정효과이고 다른 요인은 변량효과인 혼합모형, 다른 하나는 두 요인이 모두 확률변수인 변량모형이다. 각 모형에서 기대평균제곱(EMS)을 구하고 분산성분을 추정한다.

3.4.1 혼합모형

이원배치모형에서 α_i는 A의 고정요인, β_j는 B의 변량요인이라고 하자. 교호작용효과 $(\alpha\beta)_{ij}$는 당연히 변량요인이다. (X가 확률변수이면 aX도 확률변수임을 기억하라.) 따라서 α_i는 고정효과이므로 분포에 대한 가정이 필요 없으나, β_j와 $(\alpha\beta)_{ij}$는 변량요인이므로 분포에 대한 가정을 필요로 한다. 일반적으로 변량요인 β_j와 $(\alpha\beta)_{ij}$에 대해서는 다음과 같이 정규성, 독립성, 등분산성을 가정한다.

① $\epsilon_{ijk} \sim N(0, \sigma^2)$

② $\beta_i \sim N(0, \sigma_\beta^2)$

③ $(\alpha\beta)_{ij} \sim N(0, \sigma_{\alpha\beta}^2)$

④ 요인과 오차는 독립이다.

β_j, $(\alpha\beta)_{ij}$와 ϵ_{ij}는 확률변수로서 각각의 분산은 σ_β^2, $\sigma_{\alpha\beta}^2$와 σ^2로 각각 표기되었다. 이 경우 반응값 y_{ij}의 분산은 다음과 같다.

$$Var(y_{ij}) = \sigma_\beta^2 + \sigma_{\alpha\beta}^2 + \sigma^2$$

분산 σ_β^2, $\sigma_{\alpha\beta}^2$와 σ^2를 분산성분이라고 한다. 변량요인의 필요성과 해석상의 이해를 돕기 위해 다음의 예제로 시작하자.

▶예 3.4-1 구리로 만든 접시의 비틀린 정도를 비교하기 위해 구리 함유량 40%, 60%, 80% 별로 랜덤하게 선택된 세 실험실에서 실험이 행해졌다. 그 결과는 다음과 같다.

요인 A / 요인 B	1(40%)	2(60%)	3(80%)
실험실1	15 , 17	18 , 18	22 , 24
실험실2	16 , 16	19 , 21	25 , 26
실험실3	15 , 16	17 , 18	23 , 22

구리요인 A에 대한 해석은 고정효과요인이므로 앞에서와 동일하다. 그러나 실험실요인 B의 β_j는 실험 가능한 무수히 많은 실험실 중 3개의 랜덤하게 선택된 실험실의 효과를 나타내므로 확률변수로서 취급하는 것이 타당하다. 그러므로 표본으로 뽑힌 두 실험실의 차이 $\beta_1 - \beta_2$ 등의 추정은 무의미하다. 우리가 원하는 가설은 $H_0 : \beta_1 = \beta_2 = \beta_3$일 수 없으며 표본은 선택된 실험실로부터 **'모집단의 모든 실험실의 효과는 같다'**를 검정하여야 한다. 따라서 검정하고자 하는 가설은 다음과 같이 쓸 수 있다.

$$H_0 : \text{모집단에서의 } \beta_j \text{의 분산은 0이다.}$$

즉,

$$H_0 : \sigma_\beta^2 = 0$$

정리하면 귀무가설은 각각 요인 A, B와 AB에 대해 다음과 같다.

$H_0 : \alpha_1 = \alpha_2 = \cdots = \alpha_a$

$H_0 : \sigma_\beta^2 = 0$

$H_0 : \sigma_{\alpha\beta}^2 = 0$

H_0 : $\sigma_{\beta}^2 = 0$의 가설이 채택되면 **'모집단인 모든 실험실들의 효과에 대한 변이가 적어서 실험실 간의 유의적인 차이는 인정되지 않는다'**라고 결론지을 수 있다.

위와 같은 가설들을 검정하는 검정통계량을 구하기 위해 먼저 기대평균제곱 EMS를 구해야 한다. 이를 구하기 위해서는 복잡한 과정을 거쳐야 하기에 여기서는 결과만을 소개한다. 이원배치 혼합모형에 대한 EMS는 다음과 같이 구해진다.

$$E(MS_A) = \sigma^2 + n\sigma_{\alpha\beta}^2 + \frac{bn\sum_{i=1}^{a}(\alpha_i - \overline{\alpha}_.)^2}{a-1}$$

$$E(MS_B) = \sigma^2 + na\sigma_{\beta}^2 + n\sigma_{\alpha\beta}^2$$

$$E(MS_{AB}) = \sigma^2 + n\sigma_{\alpha\beta}^2$$

$$E(MSE) = \sigma^2$$

위의 결과를 참조하여 **주어진 귀무가설이 사실일 때 F-통계량의 분자와 분모가 동일하도록 만들어서 검정을 시행한다.** 교호작용효과에 대한 검정 H_0 : $\sigma_{\alpha\beta}^2 = 0$ 의 가설을 검정할 때 귀무가설이 사실이면 $\sigma_{\alpha\beta}^2 = 0$ 이 되므로 $E(MS_{AB})$는 바로 $E(MSE)$로 줄어든다. 따라서 H_0 : $\sigma_{\alpha\beta}^2 = 0$ 이 사실이면 MS_{AB}와 MSE는 비슷한 값을 갖게 되는데, H_0 : $\sigma_{\alpha\beta}^2 = 0$ 에 대한 검정통계량과 기각역은 다음과 같다.

$$F = \frac{MS_{AB}}{MSE} > F_{(\alpha,(a-1)(b-1),(n-1)ab)}$$

다음으로 H_0 : $\alpha_1 = \alpha_2 = \cdots = \alpha_a$하에서 귀무가설이 사실이면 $\sum_{i=1}^{n}(\alpha_i - \overline{\alpha}_.)^2 = 0$ 이 되므로 $E(MS_A)$는 $E(MS_{AB})$로 줄어든다. 따라서 H_0 : $\alpha_1 = \alpha_2 = \cdots = \alpha_a$에 대한 검정통계량과 기각역은 다음과 같이 된다.

$$F = \frac{MS_A}{MS_{AB}} > F_{(\alpha,(a-1),(a-1)(b-1))}$$

같은 해석으로 H_0 : $\sigma_{\beta}^2 = 0$의 검정통계량과 기각역은 다음과 같이 구해진다.

$$F = \frac{MS_B}{MS_{AB}} > F_{(\alpha,(b-1),(a-1)(b-1))}$$

주목할 점은 고정모형에서는 검정통계량의 분모가 늘 MSE로 고정되어 있었지만 혼합(또는 변량)모형에서의 검정통계량은 EMS를 참조하여 결정하게 된다.

혼합모형 분산분석의 SPSS 사용절차

① [그림 3.4－1]과 같이 자료를 입력한 후, [그림 3.4－2]와 같이 메뉴의 [분석(A)] → [일반선형모형(G)] → [일변량(U)]을 선택한다(변수 구리함유량＝1, 2, 3은 각각 함유량 40%, 60%, 80%를 의미).

② [그림 3.4－3], [그림 3.4－4]와 같이 일변량분석 대화상자에서 [종속변수(D)]에 [비틀린정도]를, [고정요인(F)]에 [구리함유량]을, 그리고 [변량요인(A)]에 [실험실]을 선택한다.

③ 그 다음으로 [확인]을 누르면 다음의 분산분석표와 기대평균제곱(EMS)이 구해진다.

	구리함유량	비틀린정도	실험실
1	1	15	1
2	1	17	1
3	2	18	1
4	2	18	1
5	3	22	1
6	3	24	1
7	1	16	2
8	1	16	2
9	2	19	2
10	2	21	2

[그림 3.4－1] 구리함유량 자료

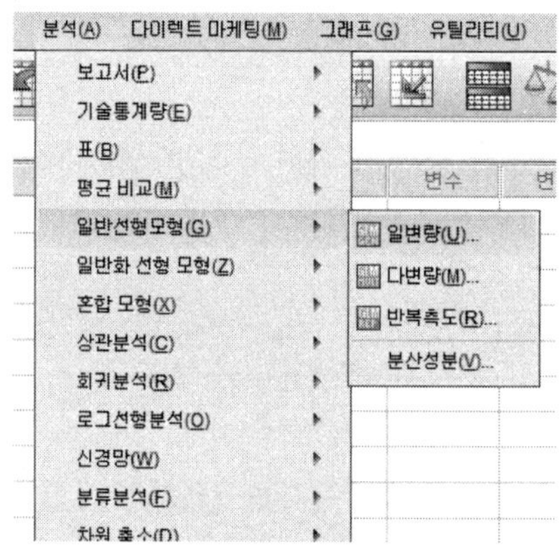

[그림 3.4－2] 일변량 분석

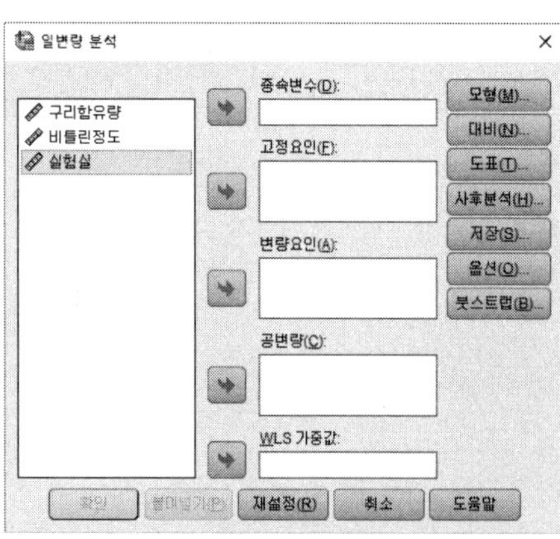

[그림 3.4－3] 혼합모형－입력전

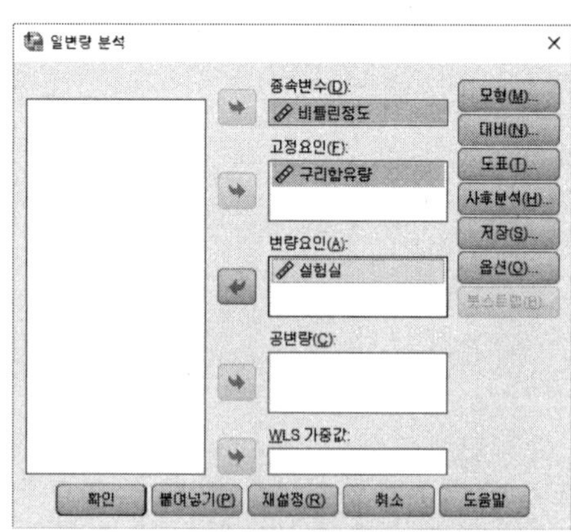

[그림 3.4－4] 혼합모형－입력후

➤ [SPSS 결과물] 혼합이원배치모형의 분산분석표와 기대평균제곱

개체-간 효과 검정

종속변수: 비틀림정도

소스		제 III 유형 제곱합	자유도	평균제곱	F	유의확률
절편	가설	6728.000	1	6728.000	1035.077	.001
	오차	13.000	2	6.500[a]		
구리함유량	가설	190.333	2	95.167	81.571	.001
	오차	4.667	4	1.167[b]		
실험실	가설	13.000	2	6.500	5.571	.070
	오차	4.667	4	1.167[b]		
구리함유량 * 실험실	가설	4.667	4	1.167	1.313	.336
	오차	8.000	9	.889[c]		

a. MS(실험실)

b. MS(구리함유량 * 실험실)

c. MS(오차)

기대평균제곱[a,b]

소스	분산성분 Var(실험실)	Var(구리함유량 * 실험실)	Var(오차)	2차항
절편	6.000	2.000	1.000	절편, 구리함유량
구리함유량	.000	2.000	1.000	구리함유량
실험실	6.000	2.000	1.000	
구리함유량 * 실험실	.000	2.000	1.000	
오차	.000	.000	1.000	

a. 각 소스에 대한 기대평균제곱은 셀의 계수와 분산성분을 곱한 값의 합에 2차항 셀내의 효과와 관련된 2차항을 더한 값과 같습니다.

b. 기대평균제곱은 유형 III의 제곱합을 기준으로 결정됩니다.

✚ 통계적 해석

▶ 기대평균제곱 : 표에서 나타난 용어를 우리의 기호로 옮겨 적으면 다음과 같다.

$$\text{Var(실험실)}= \sigma_{\beta}^{2}$$

$$\text{Var(구리함유*실험실)}= \sigma_{\alpha\beta}^{2}$$

$$\text{Var(오차)}= \sigma^{2}$$

$$\text{2차항 구리함유} = \frac{bn\sum_{i=1}^{3}(\alpha_i - \overline{\alpha}_{.})^2}{(a-1)}$$

따라서 EMS를 정리하여 표현하면 다음과 같이 구해진다. 다만 절편에 대한 EMS는 생략한다. 앞에서 구해졌던 값들과 일치함을 확인하기 바란다.

$$E(MS_A) = \sigma^2 + 2\sigma^2_{\alpha\beta} + 3\sum_{i=1}^{3}(\alpha_i - \overline{\alpha}_.)^2$$

$$E(MS_B) = \sigma^2 + 6\sigma^2_{\beta} + 2\sigma^2_{\alpha\beta}$$

$$E(MS_{AB}) = \sigma^2 + 2\sigma^2_{\alpha\beta}$$

$$E(MSE) = \sigma^2$$

▶ 분산분석: SPSS 분산분석표를 보면 사용된 F-통계량이 사용된 분모 오차를 'a = MS(실험실), b = MS(구리함유*실험실)'로 사용되었음을 알 수 있다. 이를 이용하여 분산분석표 안에 나타나는 각 효과에 대한 검정통계량 값들은 다음과 같이 구해진다.

$$H_0 : \sigma^2_{\alpha\beta} = 0 : \frac{MS_{AB}}{MSE} = \frac{1.167}{0.889} = 1.312 \quad (p = 0.336 > \alpha = 0.05)$$

$$H_0 : \alpha_1 = \alpha_2 = \alpha_3 : \frac{MS_A}{MS_{AB}} = \frac{95.167}{1.167} = 81.571 \quad (p = 0.001 < \alpha = 0.05)$$

$$H_0 : \sigma^2_{\beta} = 0 : \frac{MS_B}{MS_{AB}} = \frac{6.500}{1.167} = 5.571 \quad (p = 0.001 < \alpha = 0.05)$$

결과를 보면 귀무가설 $H_0 : \sigma^2_{\alpha\beta} = 0$과 귀무가설 $H_0 : \sigma^2_{\beta} = 0$은 α=0.05하에서 채택되어 모집단의 실험실 간에는 차이가 없다고 할 수 있다. 한편 귀무가설 $H_0 : \alpha_1 = \alpha_2 = \alpha_3$은 기각되어 구리함유량 간에 차이가 있다고 결론지을 수 있다.

위의 결과는 다음의 SAS 프로그램을 이용하여 동일한 결과를 얻을 수 있다.

혼합이원배치모형의 SAS 사용절차

[SAS 프로그램 3.4-1] [예 3.4-1]의 분산분석

```
DATA ex3_4_1;
INPUT percent lab response @@;
CARDS;
1 1 15 1 1 17 1 2 18 1 2 18 1 3 22 1 3 24
2 1 16 2 1 16 2 2 19 2 2 21 2 3 25 2 3 26
3 1 15 3 1 16 3 2 17 3 2 18 3 3 23 3 3 22
;
RUN;
```

```
PROC GLM DATA=ex3_4_1;
CLASS percent lab;
MODEL response=percent lab percent*lab;
RANDOM lab percent*lab;
TEST H=lab E=percent*lab;
RUN;
```

➤ PROC GLM 절차; 혼합(변량)모형

RANDOM *factors* ← ①
TEST H=(분자지정요인) E=(분모지정요인) ← ②

① RANDOM 명령어로 변량요인을 지정해준다.
② TEST 명령어로 F-통계량의 분자, 분모를 EMS를 고려하여 지정해준다.

➤ [SAS 결과물] 혼합이원배치모형 분산분석표

Source	DF	Sum of Squares	Mean Square	F Value	Pr > F
Model	8	208.0000000	26.0000000	29.25	<.0001
Error	9	8.0000000	0.8888889		
Corrected Total	17	216.0000000			

R-Square	Coeff Var	Root MSE	response Mean
0.962963	4.876598	0.942809	19.33333

Source	DF	Type III SS	Mean Square	F Value	Pr > F
percent	2	13.0000000	6.5000000	7.31	0.0130
lab	2	190.3333333	95.1666667	107.06	<.0001
percent*lab	4	4.6666667	1.1666667	1.31	0.3361

Source	Type III Expected Mean Square
percent	Var(Error) + 2 Var(percent*lab) + Q(percent)
lab	Var(Error) + 2 Var(percent*lab) + 6 Var(lab)
percent*lab	Var(Error) + 2 Var(percent*lab)

SAS 시스템

The GLM Procedure

Dependent Variable: response

Tests of Hypotheses Using the Type III MS for percent*lab as an Error Term					
Source	DF	Type III SS	Mean Square	F Value	Pr > F
lab	2	190.3333333	95.1666667	81.57	0.0006

✚ 통계적 해석(SAS 결과 추가)

▶ 기대평균제곱 : 표에서 나타난 용어를 기호로 옮겨 적으면 다음과 같다.

$$\text{Var(lab)} = \sigma_\beta^2$$

$$\text{Var(percent*lab)} = \sigma_{\alpha\beta}^2$$

$$\text{Var(Error)} = \sigma^2$$

$$\text{Q(percent)} = \frac{bn\sum_{i=1}^{3}(\alpha_i - \overline{\alpha}_.)^2}{(a-1)}$$

따라서 EMS를 정리하여 표현하면 다음과 같이 구해진다.

$$E(MS_A) = \sigma^2 + 2\sigma_{\alpha\beta}^2 + Q(percent)$$

$$E(MS_B) = \sigma^2 + 6\sigma_\beta^2 + 2\sigma_{\alpha\beta}^2$$

$$E(MS_{AB}) = \sigma^2 + 2\sigma_{\alpha\beta}^2$$

$$E(MSE) = \sigma^2$$

▶ 분산분석 : 주의해야 할 점은 SAS 분산분석표에는 두 요인이 모두 고정효과라는 가정하에 분석 결과가 나타나 있다. 따라서, EMS를 보고 F-통계량의 분자와 분모에 해당하는 MS를 정한 후 TEST 옵션을 이용해서 구해야 한다. 예로서 [SAS 프로그램 3.4−1]에 지정된 검정통계량은 다음과 같이 구해진다.

$$H_0 : \alpha_1 = \alpha_2 = \alpha_3 : \frac{MS_A}{MS_{AB}} = \frac{95.167}{1.167} = 81.571 \quad (p=0.0006)$$

나머지 결과는 SPSS 결과와 동일하므로 생략한다.

3.4.2 변량모형

이원배치 변량모형의 경우 두 요인은 모두 확률변수이므로 다음과 같이 가정하자.

① $\epsilon_{ijk} \sim N(0, \sigma^2)$

② $\alpha_i \sim N(0, \sigma_\alpha^2)$

③ $\beta_i \sim N(0, \sigma_\beta^2)$

④ $(\alpha\beta)_{ij} \sim N(0, \sigma_{\alpha\beta}^2)$

⑤ 요인과 오차항은 모두 독립이다.

EMS는 다음과 같이 구해진다.

$$E(MS_A) = \sigma^2 + nb\sigma_\alpha^2 + n\sigma_{\alpha\beta}^2$$

$$E(MS_B) = \sigma^2 + na\sigma_\beta^2 + n\sigma_{\alpha\beta}^2$$

$$E(MS_{AB}) = \sigma^2 + n\sigma_{\alpha\beta}^2$$

$$E(MSE) = \sigma^2$$

이원배치 혼합모형에서 언급했던 것처럼 주어진 귀무가설이 사실일 때 F-통계량의 분자와 분모가 동일하도록 만들어주면 된다. 이를 정리하면 다음과 같다.

$H_0: \sigma_{\alpha\beta}^2 = 0$은 $\dfrac{MS_{AB}}{MSE} > F_{(\alpha, (a-1)(b-1), (n-1)ab)}$이면 기각되고,

$H_0: \sigma_\alpha^2 = 0$은 $\dfrac{MS_A}{MS_{AB}} > F_{(\alpha, (a-1), (a-1)(b-1))}$이면 기각되고,

$H_0: \sigma_\beta^2 = 0$은 $\dfrac{MS_B}{MS_{AB}} > F_{(\alpha, (b-1), (a-1)(b-1))}$이면 기각된다.

지금까지 검정통계량 F가 두 평균제곱의 비로 정의되고 이는 EMS에 의해 결정됨을 보았다. 이원배치 변량모형과 이원배치 혼합모형의 경우 검정통계량의 형태가 같다. 그러나 이는 다원배치법으로 확대되는 경우에는 성립되지 않는다. 또한 검정통계량이 같다고 하더라도 요인 A의 성격에 따라 가설과 해석은 판이하게 달랐음을 기억하기 바란다.

3.5 다원배치법

이원배치법은 6장에서 다루는 요인실험의 한 유형인 요인이 둘 이상인 다원배치법으로 확대할 수 있다. 여기서 k개의 요인을 A, B, C, $\cdots$라고 표기하고, 각각의 수준은 $a_i(i=1,\cdots,k)$라고 하자. 다원배치법의 모형은 다음과 같이 쓸 수 있다. 여기서는 모든 처리조합이 n번 반복되는 균형자료를 고려한다.

$$\begin{aligned} y_{ij\ldots l} = \mu &+ A_i + B_j + (\text{나머지 주효과(main effect)}) \\ &+ (AB)_{ij} + (\text{나머지 이차교호작용(two}-\text{factor interactions)}) \\ &+ (\text{모든 고차교호작용(high order interactions)} + \epsilon_{ij\ldots l}, \\ &\qquad (i=1,\ \cdots,\ a_1\ ;\ j=1,\ \cdots,\ a_2\ ;\ l=1,\cdots\ n) \end{aligned}$$

각 효과에 대한 추정량들과 제곱합들은 이원배치모형의 경우를 확대시키면 된다. 이제 요인이 셋인 삼원배치모형에 적용시켜 보자. 모형과 분산분석표는 다음과 같다.

$$y_{ijkl} = \mu + A_i + B_j + C_k + (AB)_{ij} + (AC)_{ik} + (BC)_{jk} + (ABC)_{ijk} + \epsilon_{ijkl},$$
$$(i=1,\cdots,a_1;\ j=1,\cdots,a_2;\ k=1,\cdots,a_3;\ l=1,\cdots,n)$$

모형에서 A_i, B_j, C_k는 세 요인의 주효과를, $(AB)_{ij}$, $(AC)_{ik}$, $(BC)_{jk}$는 이차 교호작용효과를, $(ABC)_{ijk}$는 삼차 교호작용효과를 나타낸다.

[표 3.5 – 1] 삼요인실험법의 분산분석표

변동요인	제곱합	자유도
A	$SS_A = na_2a_3\sum_{i=1}^{a_1}(\overline{y}_{i\ldots} - \overline{y}_{\ldots.})^2$	$a_1 - 1$
B	$SS_B = na_1a_3\sum_{j=1}^{a_2}(\overline{y}_{.j..} - \overline{y}_{\ldots.})^2$	$a_2 - 1$
C	$SS_C = na_1a_2\sum_{k=1}^{a_3}(\overline{y}_{..k.} - \overline{y}_{\ldots.})^2$	$a_3 - 1$
AB	$SS_{AB} = na_3\sum_{i=1}^{a_1}\sum_{j=1}^{a_2}(\overline{y}_{ij..} - \overline{y}_{i\ldots} - \overline{y}_{.j..} + \overline{y}_{\ldots.})^2$	$(a_1-1)(a_2-1)$
AC	$SS_{AC} = na_2\sum_{i=1}^{a_1}\sum_{k=1}^{a_3}(\overline{y}_{i.k.} - \overline{y}_{i\ldots} - \overline{y}_{..k.} + \overline{y}_{\ldots.})^2$	$(a_1-1)(a_3-1)$

BC	$SS_{BC}= na_1 \sum_{j=1}^{a_2}\sum_{k=1}^{a_3}(\overline{y}_{.jk.}-\overline{y}_{.j..}-\overline{y}_{..k.}+\overline{y}_{....})^2$	$(a_2-1)(a_3-1)$
ABC	$SS_{ABC}=n\sum_{i=1}^{a_1}\sum_{j=1}^{a_2}\sum_{k=1}^{a_3}$ $[\overline{y}_{ijk.}-\overline{y}_{ij..}-\overline{y}_{i.k.}-\overline{y}_{.jk.}+\overline{y}_{i...}+\overline{y}_{.j..}+\overline{y}_{..k.}-\overline{y}_{....}]^2$	$(a_1-1)(a_2-1)(a_3-1)$
오차	$SSE=\sum_{i=1}^{a_1}\sum_{j=1}^{a_2}\sum_{k=1}^{a_3}\sum_{l=1}^{n}(y_{ijkl}-\overline{y}_{ijk.})^2$	$(n-1)a_1a_2a_3$
총변동	$SST=\sum_{i=1}^{a_1}\sum_{j=1}^{a_2}\sum_{k=1}^{a_3}\sum_{l=1}^{n}(y_{ijkl}-\overline{y}_{....})^2$	$na_1a_2a_3-1$

위의 분산분석표를 보면 삼원배치법의 각 제곱합은 이원배치법의 제곱합을 확대한 것임을 볼 수 있다. 주목할 점은 오차의 자유도는 $(n-1)a_1a_2a_3$이므로 $n=1$일 때는 자유도가 0이 된다. 따라서 반복수 $n=1$인 경우는 원칙적으로 교호작용이 있는 완전모형을 사용할 수 없다. 이때는 일부 교호작용효과가 배제된 모형을 이용하되 배제된 교호작용(일반적으로 고차교호작용)의 제곱합과 자유도가 오차항에 합쳐진(pooling) 새로운 오차제곱합과 대응하는 자유도를 사용하게 된다.

▶예 3.5-1 케이크를 만드는 한 회사에서 케이크의 질을 높일 수 있는 요인들의 효과를 알기 위하여 실험을 하려고 한다. 신 맛을 내는 산(A), 글리세롤(B), 달걀분말의 함유정도(C)가 고려되어 실험이 이루어졌다. 각 요인은 함유량이 적고(수준 0), 많고(수준 1)로 구분하여 각 처리조합별로 3회씩 실험하였다. $2^3 \times 3 = 24$번의 실험을 랜덤하게 실험하여 다음과 같은 결과를 얻었다. 각 케이크의 질(y)은 100점 기준으로 평가되었다.

	글리세롤(B)			
	0		1	
	분말(C)		분말(C)	
산소(A)	0	1	0	1
0	84	78	80	75
	89	79	82	70
	85	83	78	71
	258	240	240	216
1	75	75	76	70
	75	80	69	74
	72	73	71	76
	222	228	216	220

다음은 예제에 대한 SPSS 사용절차이다. 자료의 입력이나 일반선형모형 변수 입력 절차는 앞에서와 동일하다.

삼원배치 분산분석의 SPSS 사용절차 : 일반요인 분산분석

① [그림 3.5−1]과 같이 자료를 입력한 후, [그림 3.5−2]와 같이 메뉴의 [분석(A)] → [일반선형모형(G)] → [일변량(U)]을 선택한다.

② [그림 3.5−4]와 같이 일변량 분석 대화상자에서 [종속변수(D)]에 [케이크의질]을, [고정요인(F)]에 [산], [분말], [글리세롤]을 선택한다.

③ 교호작용효과가 있는지를 보기 위해 [도표]를 누른 후에 [그림 3.5−5]에서 보듯 수평축 변수(H)로 분말을, 선구분 변수(S)로 산을, 도표구분 변수(P)로 글리세롤을 누른 후 [추가]를 누르면 도표 창에 분말*산*글리세롤이 나타난다. 다음에 [계속]을 누르면 일반요인 분산분석 대화상자로 돌아가는데, 그 다음으로 [확인]을 누르면 다음의 분산분석표와 교호작용효과에 대한 프로파일이 구해진다. [그림 3.5−7]은 수평축 변수(H)로 글리세롤을, 선구분 변수(S)로 분말을, 도표구분 변수(P)로 산을 선택해서 얻어진 프로파일이다.

	산	분말	글리세롤	케이크의질
1	0	0	0	84
2	0	0	0	89
3	0	0	0	85
4	0	1	0	78
5	0	1	0	79
6	0	1	0	83
7	0	0	1	80
8	0	0	1	82
9	0	0	1	78
10	0	1	1	75
11	0	1	1	70
12	0	1	1	71
13	1	0	0	75

[그림 3.5 − 1] 케이크 자료

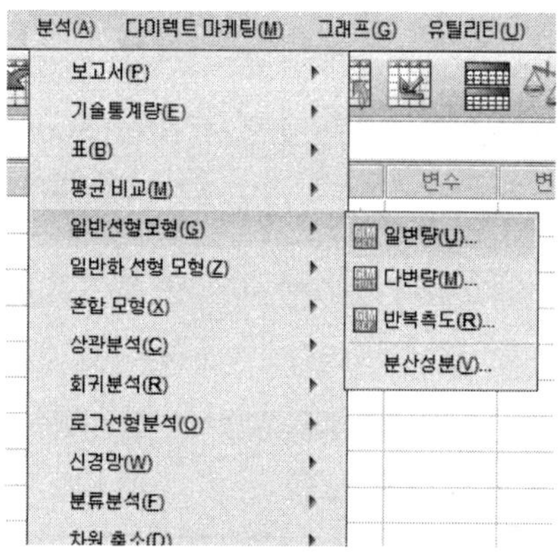

[그림 3.5 − 2] 일변량 분석

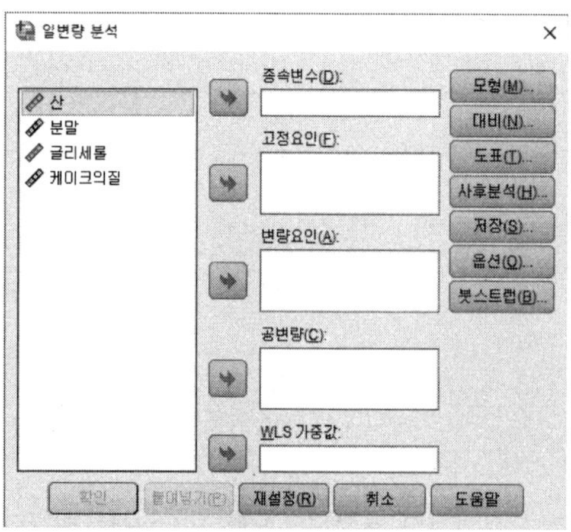

[그림 3.5 − 3] 삼원배치분산분석−입력전

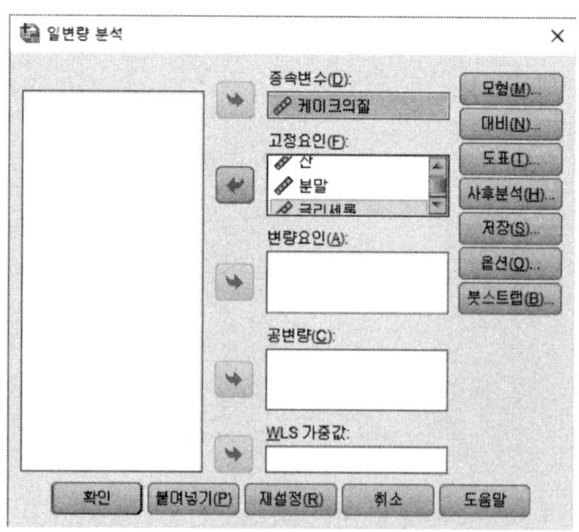

[그림 3.5 − 4] 삼원배치분산분석−입력후

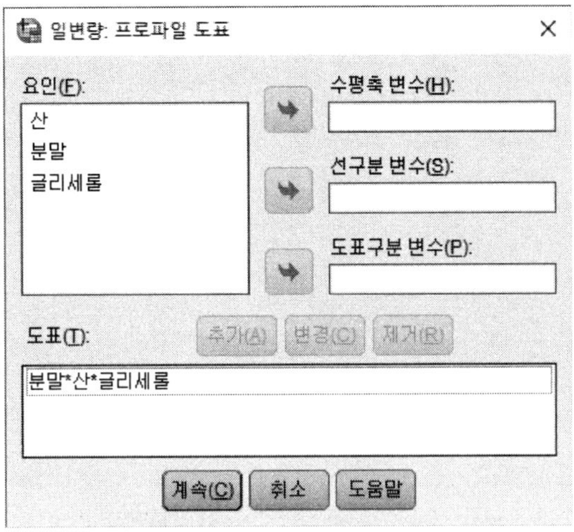

[그림 3.5 – 5] 프로파일 도표

➤ [SPSS 결과물] 삼원배치 분산분석표

개체-간 효과 검정

종속변수: 케이크의질

소스	제 III 유형 제곱합	자유도	평균제곱	F	유의확률
수정된 모형	514.667[a]	7	73.524	9.287	.000
절편	141066.667	1	141066.667	17818.947	.000
산	192.667	1	192.667	24.337	.000
분말	42.667	1	42.667	5.389	.034
글리세롤	130.667	1	130.667	16.505	.001
산 * 분말	112.667	1	112.667	14.232	.002
산 * 글리세롤	32.667	1	32.667	4.126	.059
분말 * 글리세롤	2.667	1	2.667	.337	.570
산 * 분말 * 글리세롤	.667	1	.667	.084	.775
오차	126.667	16	7.917		
전체	141708.000	24			
수정된 합계	641.333	23			

a. R 제곱 = .802 (수정된 R 제곱 = .716)

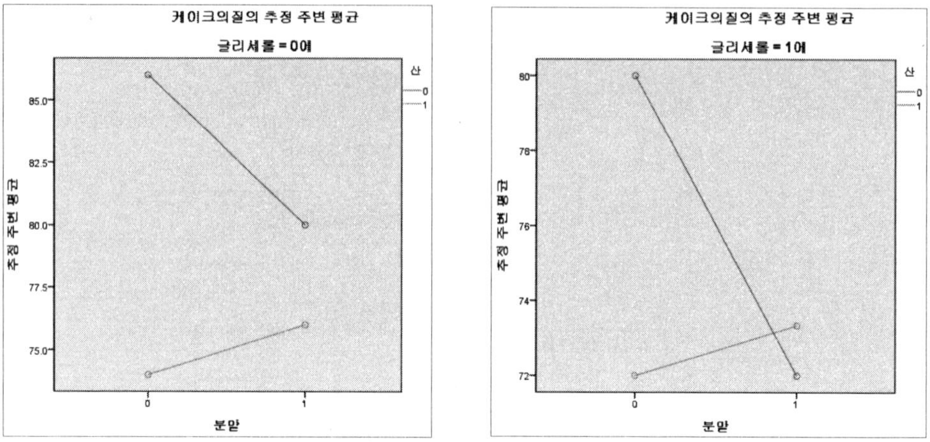

[그림 3.5 – 6] 산(A)−분말(C) 교호작용효과에 대한 프로파일

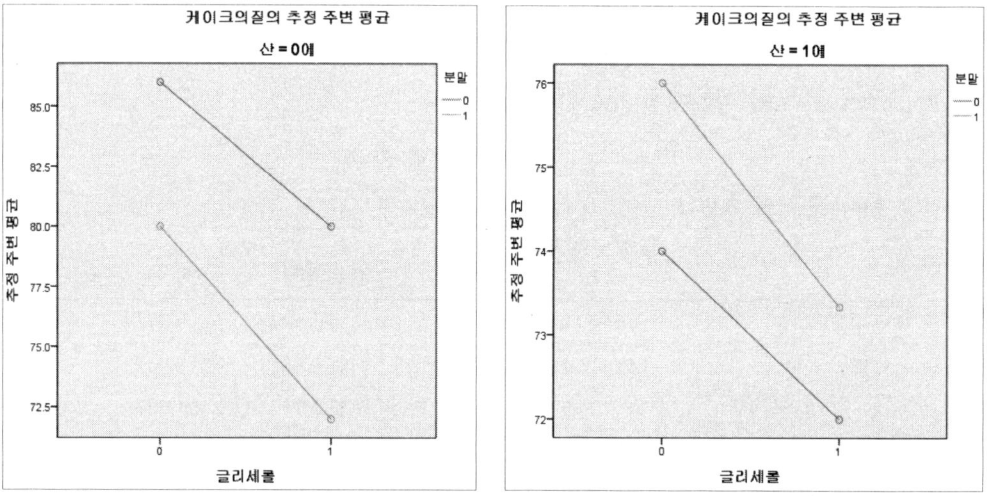

[그림 3.5 – 7] 글리세롤(B)−분말(C) 교호작용효과에 대한 프로파일

위의 결과를 구하기 위한 SAS 프로그램은 다음과 같다. 옵션 'LSMEANS'를 사용하면 처리조합별 평균을 구하고 T-검정을 행하여 모든 가능한 처리조합쌍을 비교할 수 있다. 또한 SLICE 옵션으로 한 요인의 수준을 고정하고 다른 요인의 유의차를 검정할 수 있다.

삼원배치 분산분석의 SAS 사용절차

[SAS 프로그램 3.2-1] 삼원배치 분산분석

```
DATA ex3_5_1;
INPUT Acid Glycerol Powder Quality @@;
CARDS;
0 0 0 84 0 0 0 89 0 0 0 85
1 0 0 75 1 0 0 75 1 0 0 72
0 1 0 80 0 1 0 82 0 1 0 78
1 1 0 76 1 1 0 69 1 1 0 71
0 0 1 78 0 0 1 79 0 0 1 83
1 0 1 75 1 0 1 80 1 0 1 73
0 1 1 75 0 1 1 70 0 1 1 71
1 1 1 70 1 1 1 74 1 1 1 76
;
RUN;
PROC GLM DATA= ex3_5_1 ; CLASS Acid Glycerol Powder ;
MODEL Quality= Acid Glycerol Powder
Acid*Glycerol Acid*Powder Glycerol*Powder Acid*Glycerol*Powder;
LSMEANS Acid*Powder / T SLICE=Powder ;
RUN;
```

[SAS 프로그램 3.2-2] [예 3.5-1]의 분산분석 결과

SAS 시스템

The GLM Procedure

Dependent Variable: Quality

Source	DF	Sum of Squares	Mean Square	F Value	Pr > F
Model	7	514.6666667	73.5238095	9.29	0.0001
Error	16	126.6666667	7.9166667		
Corrected Total	23	641.3333333			

R-Square	Coeff Var	Root MSE	Quality Mean
0.802495	3.669988	2.813657	76.66667

Source	DF	Type I SS	Mean Square	F Value	Pr > F
Acid	1	192.6666667	192.6666667	24.34	0.0001
Glycerol	1	130.6666667	130.6666667	16.51	0.0009
Powder	1	42.6666667	42.6666667	5.39	0.0338
Acid*Glycerol	1	32.6666667	32.6666667	4.13	0.0592
Acid*Powder	1	112.6666667	112.6666667	14.23	0.0017
Glycerol*Powder	1	2.6666667	2.6666667	0.34	0.5697
Acid*Glycerol*Powder	1	0.6666667	0.6666667	0.08	0.7754

Source	DF	Type III SS	Mean Square	F Value	Pr > F
Acid	1	192.6666667	192.6666667	24.34	0.0001
Glycerol	1	130.6666667	130.6666667	16.51	0.0009
Powder	1	42.6666667	42.6666667	5.39	0.0338
Acid*Glycerol	1	32.6666667	32.6666667	4.13	0.0592
Acid*Powder	1	112.6666667	112.6666667	14.23	0.0017
Glycerol*Powder	1	2.6666667	2.6666667	0.34	0.5697
Acid*Glycerol*Powder	1	0.6666667	0.6666667	0.08	0.7754

The GLM Procedure
Least Squares Means

Acid	Powder	Quality LSMEAN	LSMEAN Number
0	0	83.0000000	1
0	1	76.0000000	2
1	0	73.0000000	3
1	1	74.6666667	4

Least Squares Means for Effect Acid*Powder t for H0: LSMean(i)=LSMean(j) / Pr > |t| Dependent Variable: Quality				
i/j	1	2	3	4
1		4.309109 0.0005	6.15587 <.0001	5.129892 0.0001
2	-4.30911 0.0005		1.846761 0.0834	0.820783 0.4238
3	-6.15587 <.0001	-1.84676 0.0834		-1.02598 0.3202
4	-5.12989 0.0001	-0.82078 0.4238	1.025978 0.3202	

The GLM Procedure
Least Squares Means

acid*powder Effect Sliced by powder for quality					
powder	DF	Sum of Squares	Mean Square	F Value	Pr > F
0	1	300.000000	300.000000	37.89	<.0001
1	1	5.333333	5.333333	0.67	0.4238

✚ 통계적 해석

▶ **전반적인 해석**: 이제 결과를 해석해 보자. 주효과는 교호작용이 없다고 인정되는 경우만 독자적으로 해석할 수 있다. 하나 이상의 교호작용 효과가 있는 경우는 요인들 모두를 함께 해석하여야 한다. 분산분석표에서 교호작용을 보면 AC는 유의하지만(p-값=0.002), BC와 ABC는 유의하지 않고($p=0.576$, 0.775), AB는 약간의 교호작용이 인정된다고 하겠으나($p=0.059$) $\alpha=0.05$하에서는 무시되므로 대체적으로 볼 때 B는 다른 요인과의 교호작용이 없다고 할 수 있다. 교호작용 AC와 BC에 대한 결과는 [그림 3.5−6]과 [그림 3.5−7]을 보아도 알 수 있는데, BC는 대체로 평행을 유지하나 AC는 아님을 볼 수 있다. 따라서 다음과 같은 결론을 내릴 수 있다.

1. 글리세롤(B)의 효과는 케이크의 질에 대한 반응값을 감소시키는 효과가 있으며, 다른 요인과의 교호작용은 무시할 수 있다.
2. 산(A)과 분말(C)의 효과는 교호작용이 있어서 분리해서 해석할 수 없다. 이러한 교호작용은 A의 효과가 B의 수준의 변화에 따라 차이를 나타내는 데 기인한다. B의 수준을 1로 고정하고 C의 수준을 0에서 1로 변화시켰을 때 A의 수준 0에서의 효과는 음의 효과를 나타내지만 수준 1에서의 효과는 양의 효과를 나타낸다.

▶ **AC 교호작용의 다중비교**: SAS 결과물을 보면 AC 교호작용의 네 처리조합 A_0C_0, A_0C_1, A_1C_0, A_1C_1(LSMEAN numer 1, 2, 3, 4) 간의 평균과 다중비교 결과가 구해져 있다. 크기순으로 나열하면 LSMEAN 크기순으로 $3<4<2<1$로 나열할 수 있고 검정 결과는 $\alpha=0.05$하에서 (3 4 2) 1로 그룹화되어 A_0C_0(p-값=0.0005, <0.0001, 0.0001)만이 유의한 결과를 보여 최적의 y값을 얻을 수 있는 처리조합은 A_0C_0이 됨을 알 수 있다.

▶ AC 교호작용을 좀 더 자세히 보기 위해 SLICE 결과를 보면 분말 C_0 수준에서 산의 수준에 따라 질의 차이가 유의적이나(p-값<0.0001), C_1 수준에서는 유의하지 않음을 볼 수 있다. 이러한 결론은 [그림 3.5−6]에도 잘 나타나 있다.

연습문제

01 한 교육을 전공하는 선생님이 수학 교육 후 시험을 보아 그 점수를 정리한 것이 다음 표와 같다. 수업 방식을 요인 A, 교재를 요인 B로 놓고 이요인 분산분석을 하려고 한다.

수업방식 \ 교재	교재 1	교재 2	교재 3
세미나	79 78 79 76	78 79 75 76	82 80 82 84
강의	71 73 74 74	77 74 75 74	74 71 71 72

(1-1) 적절한 모형을 세워라.

(1-2) 요인 A와 B의 교호작용효과를 프로파일로 보고 $ANOVA$ 검정과 종합하여 분석하라.

(1-3) $(1-2)$번 결과를 토대로 주효과를 검정하라.

02 다음의 표는 배터리의 수명을 세 개의 자질과 세 개의 다른 온도에서 실험한 결과이다. 아래의 조건 아래서 물음들에 대해 답하라.

※ 자료(요인 A)와 온도(요인 B)는 무수히 많은 중에서 랜덤하게 선택되어 두 처리 요인 모두 변량요인으로 간주.

자질 \ 온도	15℃	30℃	45℃
1	130 155 74 180	30 40 80 75	20 70 82 58
2	150 188 159 126	136 122 106 115	25 70 58 45
3	138 110 168 160	174 120 150 139	96 104 82 60

(2-1) 각 처리요인효과에 대한 EMS의 형태를 적어라.

(2-2) 교호작용효과에 대한 적절한 가설을 세우고 $(2-1)$에서 구한 결과를 이용하여 검정통계량을 구하고 검정하라.

(2-3) 교호작용효과와 주효과를 프로파일과 $ANOVA$ 검정을 이용하여 종합적으로 분석하라.

03 한 회사에서는 새로운 제품에 대한 디자인을 설계함에 있어서 A, B, C 세 가지 중 하나를 선택하려고 한다. 이를 위해 지역을 대, 중, 소도시로 구분하여 각각 9개씩(총 27개)의 매장을 선정하고, 새로운 제품을 시범적으로 판매하여 다음과 같은 판매량(sale) 자료를 얻었다. 여기서 디자인(design)과 도시구분(city)은 처리이고 각 처리조합에 대한 반복수는 3이다. 다음의 문제를 SAS나 SPSS를 이용하여 답하라.

도시구분	디자인		
	A	B	C
대	23, 20, 21	22, 19, 20	19, 18, 21
중	22, 20, 19	24, 25, 22	20, 19, 22
소	18, 18, 16	21, 23, 20	20, 22, 24

(3 - 1) 모형을 설정하고 가정을 세운 후, 가정이 적합한지 잔차분석을 통해 검정하라.

(3 - 2) 분산분석의 결과를 회사에 보고하려 한다. 교호작용효과를 프로파일과 분산분석 결과(주효과 검정 포함)를 종합하여 자세히 쉽게 설명하라.

(3 - 3) 도시구분을 변량요인이라고 가정하자.

① 도시구분에 대한 적절한 가설을 세워라.

② 검정통계량은 무엇인가? 예로서 $F = \dfrac{MS_{tr}}{MSE}$처럼 표현하되 그 이유를 SAS나 SPSS의 EMS 결과물을 보고 설명하라.

③ 검정하라. 단, (2)번과 같은 절차를 밟지 않고 바로 도시구분 처리효과를 검정한다.

(3 - 4) 도시별 디자인 C의 결과 중 세 번째 자료(즉, 21, 22, 24)는 없는 것으로 간주한다. 이 경우 디자인 간에 차이가 있는지를 검정하여 한다. 제 I 유형의 제곱합과 제 III 유형의 제곱합을 사용하였을 때 검정통계량은 같은가? 다음의 기호를 이용하여 두 제곱합을 표현하고 답하라.

SS(ⓐ|ⓑ)는 ⓑ라는 요인(혹은 요인들)이 이미 모형에 있을 때, 요인(혹은 요인들) ⓐ가 포함됨에 따라 추가로 설명 가능한 (회귀)제곱합이라고 표기한다.

04 어느 판유리를 만드는 회사에서 제조 시 온도와 판유리 종류별로 유리의 강도에 차이가 있는지를 조사하려 한다. 이를 위하여 세 종류의 판유리(요인 A 수준)을 온도 100℃, 125℃, 150℃(요인 B 수준)에서 반복 각 3회로 27번을 랜덤하게 실시하여 유리의 강도를 측정한 결과 다음과 같은 데이터를 얻었다. 측정 강도는 높을수록 더 좋다.

판유리종류	온도		
	100℃	125℃	150℃
대	580, 568, 570	1090, 1087, 1085	1392, 1380, 1386
중	550, 530, 579	1070, 1035, 1000	1328, 1312, 1299
소	546, 575, 599	1045, 1053, 1066	867, 904, 889

(4-1) 당신이 위의 결과를 회사 CEO에게 보고하려 한다. CEO는 통계학을 잘 알지 못한다고 가정하고 되도록 쉽게 최종 결론을 내려라. 또한 프로파일과 분산분석표를 참조하여 교호작용효과와 주효과에 대한 검정 결과를 포함해서 종합적으로 가능한 자세히 결론을 내리라.

(4-2) 판유리종류를 변량요인이라고 가정하자.

① 판유리종류에 대한 적절한 가설을 세워라.

② 검정통계량은 무엇인가? 예로서 $F = \dfrac{MS_{tr}}{MSE}$ 처럼 표현하되 그 이유를 SAS의 EMS 결과물을 보고 설명하라.

③ ②번의 결과를 이용하여 ①번의 가설을 검정하라.

(4-3) 위의 자료에서 요인 B만을 고려하자(즉 판유리종류 요인을 무시한 온도만 고려한 고정효과모형이라 하자). 온도 125℃에서 측정 강도가 100℃와 150℃에서의 측정 강도의 평균과 같다는 가설을 세우고 검정하라.

05 4종류의 살충제(요인 B)가 3가지 품종의 밀감 나무(요인 A)의 생산량에 미치는 영향을 알기 위해 실험을 행하기로 했다. 한 밀감 농장에서 각 품종별로 8그루씩의 나무를 랜덤하게 선택하고, 각 살충제마다 2그루씩 랜덤으로 배정하였다. 규정된 사용법에 따라 살충제를 살포한 후, 일정 기간 후 나무에 달린 밀감의 숫자를 헤아렸다. 다음은 그 결과로 얻어진 자료이다. 각 처리단위 안의 값은 두 밀감의 수의 평균을 나타낸다. 예로서 A_1과 B_1의 평균값으로 42가 주어져 있다(원래의 값은 38, 48이다.) 다음의 자료와 전체 자료의 분산은 296, $SSE = 344$임을 이용하라.

품종	**살충제**				
	B_1	B_2	B_3	B_4	**열평균**
A_1	42	50	40	52	46(8그루)
A_2	50	62	48	80	60
A_3	64	88	62	90	76
행평균	52(6그루)	66.7	50	74	$\overline{y}_{..} = 60.7$(24그루)

(5 - 1) 다음의 분산분석표를 완성하라.

요인	**자유도**	**제곱합**	**평균제곱합**	**F값**	**유의확률**
품종					
살충제					
교호작용					
오차		344			
전체					

(5 - 2) 위의 결과를 이용하여 교호작용효과를 검정하라. 프로파일을 그리고 답을 보충하여 설명하라.

4장 블록계획법

실험에서 처리수준 간의 효율적인 비교를 위해서 때로는 다른 형태의 요인을 추가한 실험계획을 고려하게 된다. 이렇게 실험요인은 아니면서 반응변수에 영향을 주는 요인을 포함한 두 가지 실험계획법을 생각할 수 있는데, 하나는 범주형 요인인 블록요인을 추가한 **블록계획법**이고, 다른 하나는 연속형 변수를 모형에 추가하여 분석하는 **공분산분석**이다.

서론에서 언급했듯이 실험단위들이 균일하지 않을 때 실험의 정도(precision)를 높이고 편기(bias)를 제거함으로써 균일한 실험단위끼리 같은 블록에 배치하는 실험계획을 블록계획법이라고 한다. 다시 말해 블록계획법이란 실험단위를 동질적인(homogeneous) 몇 개의 그룹(블록)으로 나눈 후 실험단위들을 블록 내에서 랜덤화에 의해 배치한 실험을 뜻한다. 블록 내에서의 실험단위들은 서로 유사성을 지니나, 다른 블록 간 단위들은 매우 다르다. 블록요인은 결과에 큰 영향을 미치지만 대부분의 경우 주관심 요인이 아닌 장해(nuisance) 요인이다. 대표적인 블록요인으로는 요일, 환자(사람), 지역 등이 있다. 블록계획법의 종류로는 랜덤화완비블록계획법(randomized complete block design; RCBD), 라틴방격법(Latin square design) 등이 있다. 한 블록 내에서 모든 처리가 가능하지 않은 블록계획법은 불완비블록계획법(incomplete block design)이라고 한다. 대표적인 블록계획법으로 균형불완비블록계획법(balanced incomplete block design; BIBD)이 있다.

지금까지 비슷한 속성을 가진 실험단위들을 동일 블록 내에 처리함으로서 실험의 정도를 높일 수 있는 블록계획에 관해 알아보았다. 실험오차를 줄이는 또 하나의 분석방법으로 통제할 수 없는 잡음요인이 존재할 때 사용할 수 있는 **공분산분석**(analysis of covariance; **ANCOVA**)이 있다. 예로서 한 교사는 세 가지 다른 교육방법을 통해 교육을 시킨 후 방법들 간에 차이가 있는지를 알아보려 한다. 이를 위해 연령과 현재 학력이 비슷한 학생들을 택하여 교육방법들에 따라 교육시킨 후 시험을 보아 최종성적을 구했다. 이때 교사는 경험적으로 지능지수(I.Q.)가 최종성적에 선형적으로 영향을 미쳐서, 지능지수가 높은 학생은 그렇지 않은 학생들과 비교하여 최종성적이 더 큰 폭으로 올라갈 것이라고 생각한다. 교사는 학생들의 지능지수를 교육 전에 미리 조사해 두었다. 여기서 지능지수를 **공변수**(covariate)라고 한다. 공변수는 임의로 조절할 수 없고 반응변수(최종성적)와 함께 주어져서 처리요인의 효과를 보다 효율적으로 높이는 장해요인이 된다. 이에 관해서는 5장에서 다루기로 한다.

4.1 완비블록계획법

블록계획은 완비(complete)블록계획법과 불완비(incomplete)블록계획법으로 나누어 생각할 수 있다. **완비**계획법이란 한 블록 내에서 모든 처리가 가능한 계획법을 뜻한다. 완비계획법의 경우 블록 내에서 모든 처리쌍들의 비교가 가능하므로 가장 효율적인 실험계획법이라고 할 수 있다. 4.1절에서는 완비계획법 중 대표적인 블록요인이 **하나**인 단일요인 완비계획법(랜덤화완비블록계획)과 블록요인이 **둘**인 이요인 완비계획법(라틴방격법)에 관해 다룬다.

반면에 현실적으로 때로는 한 블록 내에서 모든 처리가 가능하지 않은 경우가 자주 있다. 이러한 경우 부득이 한 블록 내에서 일부분의 처리만이 실험되는 블록계획법을 **불완비**블록계획법(incomplete block design; IBD)이라고 한다. 4.2절에서는 불완비계획법의 분산분석과 효율성에 관해 다룬다.

4.1.1 랜덤화완비블록계획법(RCBD)

a수준의 처리효과를 비교하기 위해 b개의 블록을 설정하고, 각 블록 내에서 모든 처리수준에서 실험된다고 가정하자. 이 경우 각 수준에서 b번의 반복 실험을 했다고 볼 수 있다. 즉, ab 개의 실험단위는 b개의 블록으로 나누어지고, 각 블록 내에서는 a개의 모든 처리들이 블록 내 랜덤화에 의해 실험된다.

예를 들어, 한 회사에서 만든 동일 가격인 세 종류의 청량음료(예로서 콜라, 사이다, 이온음료; $a = 3$)의 판매량이 차이가 있는지를 알아보기 위해 실험을 하려고 한다. 네 지역에서 세 종류의 청량음료의 판매량을 측정하였다고 하자. 각 지역별로 청량음료 종류별 선호도 차이가 있다고 할 수 있어 지역을 블록요인으로 취급하였다. 각 지역에서 세 종류의 청량음료에 대해 랜덤화에 의해 판매 조사 순서를 정한 후 판매량을 조사하였다. 여기서 지역을 블록요인으로 간주하게 되는데 이와 같이 한 블록 내의 동질성을 가진 실험단위들을 랜덤하게 배치한 실험계획을 **랜덤화완비블록계획법**(randomized complete block design; RCBD)이라고 한다. 여기서 완비란 의미는 한 블록 안에서 모든 처리들이 한 번 이상 실험됨을 뜻한다. 위의 예에서 보면 중요 관심 처리요인은 청량음료이고, 블록요인은 지역이라고 할 수 있다.

실제로는 블록의 효과를 인정하여 블록계획을 할 것인지, 아니면 블록요인을 고려하지 않은 요인실험을 택해야 하는지의 결정이 어려운 경우가 많다. 블록계획을 하지 않아야 할 경우 블록계획을 행하면, 블록의 효과에 의해 생기는 제곱합은 아주 작아서 오차제곱합(error sun of squares; SSE)에 영향을 주지 못한다. 이는 오히려 SSE의 자유도를 떨어뜨려 F-값이 작아지게 되어 (F의 분모가 늘어나므로) 귀무가설을 기각하지 못하게 된다. 역으로 블록의 효과를 고려해야 함에도 안했을 경우, 처리제곱합 SS_{tr}이 과다하게 나타나 귀무가설을 기각하게 되거나 블록의 효과에 의한 제곱합이 SSE에 포함되어 귀무가설을 기각하지 못하게 된다. 블록의 사용 여부는 경험이나 예비조사를 통해 결정할 수 있고 명확하게 구별 가능한 블록요인은 대표적으로 실험날짜, 요일, 실험실, 환자, 가게, 지역, 가문, 동물의 종 등이 있다. 정해진 블록 내에서는 모든 처리별로 각각 한 번씩만 실험된다고 가정할 때, b개의 블록에서 각각 랜덤화를 거쳐 얻어진 자료구조는 다음과 같다.

[표 4.1 – 1] RCBD 자료의 구조

수준 \ 블록	1	2	…	b
1	y_{11}	y_{12}	…	y_{1b}
2	y_{21}	y_{22}	…	y_{2b}
⋮	⋮	⋮	⋮	⋮
a	y_{a1}	y_{a2}	…	y_{ab}

블록계획법에서는 블록요인은 우리의 주관심이 되는 요인이 아니므로 보통 처리요인과 블록요인 간의 교호작용이 무시된 다음의 가법모형이 가정된다.

$$y_{ij} = \mu + \tau_i + \beta_j + \epsilon_{ij},\ i = 1,\cdots,a; j = 1,\cdots,b \tag{4.1-1}$$

여기서 y_{ij}는 블록 j에서 실험된 처리 i의 반응값이고, μ는 총평균이고, τ_i는 처리 i의 효과, β_j는 블록 j의 효과를 나타내며, ϵ_{ij}는 서로 독립이고 평균 0, 분산 σ^2인 정규분포를 따른다고 가정한다. 몇 개의 기호를 정의하면, $\overline{y}$ (혹은 $\overline{y}_{..}$)는 총반응값의 평균, $\overline{y}_{i.}$ $(i = 1,\cdots,a)$는 수준 i의 평균 반응값, $\overline{y}_{.j}$ $(j = 1,\cdots,b)$는 블록 j의 평균 반응값으로 다음과 같이 쓸 수 있다.

$$\overline{y}_{i.} = \frac{1}{b}\sum_{j=1}^{b} y_{ij},\ \overline{y}_{.j} = \frac{1}{a}\sum_{i=1}^{a} y_{ij},\ \overline{y} = \frac{1}{ab}\sum_{i=1}^{a}\sum_{j=1}^{b} y_{ij}$$

추가제약식 $\sum_{i=1}^{a}\hat{\tau}_i = 0,\ \sum_{j=1}^{b}\hat{\beta}_j = 0$ 하에서 각 효과의 추정량은 다음과 같다.

$$\hat{\mu} = \overline{y},\ \hat{\tau}_i = \overline{y}_{i.} - \overline{y},\ \hat{\beta}_j = \overline{y}_{.j} - \overline{y}$$

위의 추정량들을 근거로 y_{ij}를 다음과 같이 분해해 보자.

$$y_{ij} - \overline{y} = (\overline{y}_{i.} - \overline{y}) + (\overline{y}_{.j} - \overline{y}) + (y_{ij} - \overline{y}_{i.} - \overline{y}_{.j} + \overline{y})$$

이를 기초로 교호작용이 없는 이원배치법과 유사하게 다음과 같이 총제곱합 SST를 다른 제곱합들의 합으로 분해할 수 있다.

$$SST = SS_{tr} + SS_{blocks} + SSE \tag{4.1-2}$$

여기서 SS_{tr}은 처리제곱합, SS_{blocks}는 총 반응값의 평균과 각 블록의 평균값 간의 차이를 측정한 값으로 블록제곱합을 의미하며 각 제곱합은 다음과 같이 구해진다.

$$SST = \sum_{i=1}^{a}\sum_{j=1}^{b}(y_{ij} - \overline{y})^2$$

$$SS_{tr} = b\sum_{i=1}^{a}(\overline{y}_{i.} - \overline{y})^2$$

$$SS_{blocks} = a\sum_{j=1}^{b}(\overline{y}_{.j} - \overline{y})^2$$

$$SSE = \sum_{i=1}^{a}\sum_{j=1}^{b}(y_{ij} - \overline{y}_{i.} - \overline{y}_{.j} + \overline{y})^2$$

또한, 각 기대평균제곱은 다음과 같이 구해진다.

$$E(MS_{tr}) = \sigma^2 + \frac{b\sum_{i=1}^{a}\tau_i^2}{a-1}$$

$$E(MS_{blocks}) = \sigma^2 + \frac{a\sum_{j=1}^{b}\beta_j^2}{b-1}$$

$$E(MSE) = \sigma^2$$

귀무가설 $H_0 : \tau_1 = \tau_2 = \cdots = \tau_a$가 사실일 때, $E(MS_{tr}) = \sigma^2$이므로 검정통계량은

$$F = \frac{SS_{tr}/(a-1)}{SSE/(a-1)(b-1)} = \frac{MS_{tr}}{MSE}$$

이 되어 $F > F_{(\alpha, a-1, (a-1)(b-1))}$이면 귀무가설을 기각하게 된다.

블록 간의 비교가 주목적은 아니지만 장래의 같은 상황의 실험에서 블록이 필요한지를 알기 위해 $H_0 : \beta_1 = \beta_2 = \cdots = \beta_b$를 검정할 필요가 있다. 이러한 경우에 검정통계량은 다음과 같다.

$$F = \frac{SS_{blocks}/(b-1)}{SSE/(a-1)(b-1)} = \frac{MS_{blocks}}{MSE}$$

위의 제곱합을 정리하여 분산분석표를 만들면 다음과 같다.

[표 4.1 – 2] RCBD의 분산분석표

변동요인	제곱합	자유도	평균제곱	F
처리	SS_{tr}	$a-1$	$MS_{tr} = SS_{tr}/a-1$	MS_{tr}/MSE
블록	SS_{blocks}	$b-1$	$MS_{blocks} = SS_{blocks}/b-1$	MS_{blocks}/MSE
오차항	SSE	$(a-1)(b-1)$	$MSE = SSE/(a-1)(b-1)$	
총변동	SST	$ab-1$		

이제 다음의 예를 택하여 SPSS와 SAS를 사용하여 분석하는 과정을 살펴보자.

▶예 4.1 – 1 한 수의사는 개에 네 가지 다른 약이 심장 수축혈압에 영향을 미치는지에 관심이 있다. 개들을 세 그룹으로 나누어 실험을 하였다. 그룹 1은 대조(control) 그룹으로 정상인 개들로 구성되었고, 그룹 2와 그룹 3은 각각 다른 종류의 병에 걸린 개들을 실험대상으로 하였다. 각 그룹 내에서 랜덤화에 의해 네 종류의 약을 처방한 후 블록 내에서 얻어진 자료를 처리별로 다시 정리한 반응값은 아래와 같다. 반응값은 개의 상대적 혈압 증가(y)를 나타낸다. 여기서 병의 종류에 따라 심장 수축혈압 증가에 차이가 있어 병의 종류를 블록요인으로 취급한다.

약	병의 종류(블록)		
	1	2	3
1	29.3	28.3	20.4
2	28.0	33.5	18.2
3	16.3	4.4	8.5
4	13.6	12.8	14.2

랜덤화완전블록계획법의 SPSS 사용절차

① [그림 4.1－1]과 같이 자료를 입력한 후, [그림 4.1－2]와 같이 메뉴의 [분석(A)] → [일반선형모형(G)] → [일변량(U)]을 선택한다.

② [그림 4.1－3]과 같이 [종속변수(D)]에는 [수축혈압]을, [고정요인(F)]에는 [약의종류]와 [병의종류]를 입력한다.

③ [그림 4.1－3]에서 [모형(M)]을 누르면 [그림 4.1－4]와 같은 모형 대화상자가 나타난다. 교호작용을 고려하지 않으므로 [사용자 정의(C)]를 선택하여 [항 설정]에서 [주효과]를 누르고 [약의종류]와 [병의종류]를 선택하여 [모형(M)]에 입력시키면, 교호작용이 포함되지 않은 모형이 [그림 4.1－4]와 같이 선택된다. 다음에 [계속]을 누르면 일변량 분석 대화상자로 돌아간다.

④ 다음으로 [그림 4.1−3]에서 [사후분석(H)]을 누르면 [그림 4.1−5]와 같이 다중비교 사후분석 상자가 나타나는데 처리요인인 [약의종류]를 선택하고, 예로서 [Tukey 방법]을 선택하면 [그림 4.1−5]와 같이 다중비교 사후검정 상자가 완성된다.

⑤ 일반요인 분산분석 대화상자로 돌아가 [확인]을 누르면 분석결과로 다음의 분산분석표와 다중비교 결과를 얻을 수 있다.

	약의종류	병의종류	수축혈압
1	1	1	29.3
2	1	2	28.3
3	1	3	20.4
4	2	1	28.0
5	2	2	33.5
6	2	3	18.2
7	3	1	16.3
8	3	2	4.4
9	3	3	8.5
10	4	1	13.6
11	4	2	12.8
12	4	3	14.2

[그림 4.1 − 1] 수축혈압 자료

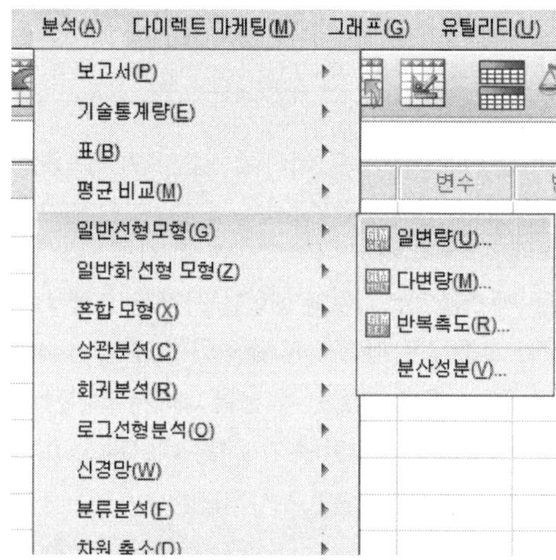

[그림 4.1 − 2] 일반선형모형

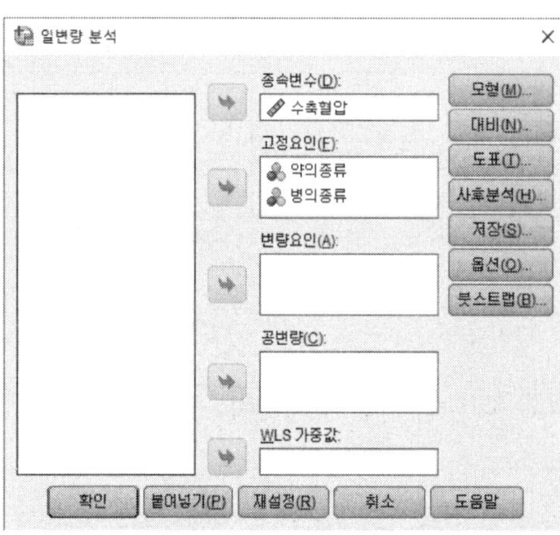

[그림 4.1 − 3] 블록요인 입력

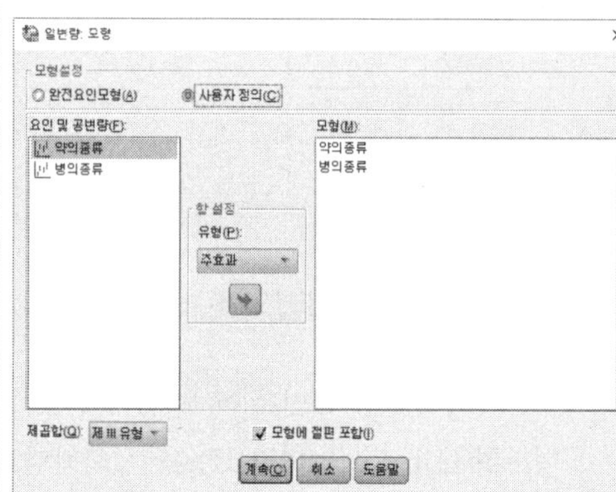

[그림 4.1 − 4] 모형 대화상자

[그림 4.1 – 5] 다중비교 사후분석

➤ [SPSS 결과물] 랜덤화완전블록계획법 분산분석표와 사후분석

개체-간 효과 검정

종속변수: 수축혈압

소스	제 III 유형 제곱합	자유도	평균제곱	F	유의확률
수정된 모형	753.621[a]	5	150.724	5.867	.026
절편	4313.021	1	4313.021	167.900	.000
약의종류	666.009	3	222.003	8.642	.013
병의종류	87.612	2	43.806	1.705	.259
오차	154.128	6	25.688		
전체	5220.770	12			
수정된 합계	907.749	11			

a. R 제곱 = .830 (수정된 R 제곱 = .689)

다중비교

종속변수: 수축혈압

Tukey HSD

(I) 약의종류	(J) 약의종류	평균차이(I-J)	표준오차	유의확률	95% 신뢰구간 하한	95% 신뢰구간 상한
1	2	-.567	4.1383	.999	-14.892	13.759
	3	16.267*	4.1383	.029	1.941	30.592
	4	12.467	4.1383	.085	-1.859	26.792
2	1	.567	4.1383	.999	-13.759	14.892
	3	16.833*	4.1383	.025	2.508	31.159
	4	13.033	4.1383	.072	-1.292	27.359
3	1	-16.267*	4.1383	.029	-30.592	-1.941
	2	-16.833*	4.1383	.025	-31.159	-2.508
	4	-3.800	4.1383	.797	-18.126	10.526
4	1	-12.467	4.1383	.085	-26.792	1.859
	2	-13.033	4.1383	.072	-27.359	1.292
	3	3.800	4.1383	.797	-10.526	18.126

관측평균을 기준으로 합니다.
오차항은 평균제곱(오차) = 25.688입니다.

*. 평균차이는 0.05 수준에서 유의합니다.

수축혈압

Tukey HSD[a,b]

약의종류	N	부분집합 1	부분집합 2
3	3	9.733	
4	3	13.533	13.533
1	3		26.000
2	3		26.567
유의확률		.797	.072

동질적 부분집합에 있는 집단에 대한 평균이 표시됩니다.
관측평균을 기준으로 합니다.
오차항은 평균제곱(오차) = 25.688입니다.

a. 조화평균 표본크기 3.000을(를) 사용합니다.

b. 유의수준 = 0.05.

랜덤화완전블록계획법의 SAS 사용절차

[SAS 프로그램 4.1-1] [예 4.1-1]을 이용한 RCBD

```
DATA ex4_1_1 ;
INPUT trt block response @@ ;
CARDS ;
1 1 29.3 1 2 28.3 1 3 20.4
2 1 28.0 2 2 33.5 2 3 18.2
3 1 16.3 3 2  4.4 3 3  8.5
4 1 13.6 4 2 12.8 4 3 14.2
;
RUN ;

PROC GLM DATA= ex4_1_1 ;
CLASS trt block ;
MODEL response= trt block / E ;
MEANS trt / TUKEY ;
RUN ;
```

➤ [SAS 결과물] [예 4.1-1]의 분산분석표와 사후분석

The GLM Procedure

Class Level Information		
Class	Levels	Values
trt	4	1 2 3 4
block	3	1 2 3

Number of Observations Read	12
Number of Observations Used	12

Source	DF	Sum of Squares	Mean Square	F Value	Pr > F
Model	5	753.6208333	150.7241667	5.87	0.0262
Error	6	154.1283333	25.6880556		
Corrected Total	11	907.7491667			

R-Square	Coeff Var	Root MSE	response Mean
0.830208	26.73409	5.068339	18.95833

Source	DF	Type I SS	Mean Square	F Value	Pr > F
trt	3	666.0091667	222.0030556	8.64	0.0135
block	2	87.6116667	43.8058333	1.71	0.2592

Source	DF	Type III SS	Mean Square	F Value	Pr > F
trt	3	666.0091667	222.0030556	8.64	0.0135
block	2	87.6116667	43.8058333	1.71	0.2592

Tukey's Studentized Range (HSD) Test for response

Note: This test controls the Type I experimentwise error rate, but it generally has a higher Type II error rate than REGWQ.

Alpha	0.05
Error Degrees of Freedom	6
Error Mean Square	25.68806
Critical Value of Studentized Range	4.89559
Minimum Significant Difference	14.326

Means with the same letter are not significantly different.				
Tukey Grouping		Mean	N	trt
	A	26.567	3	2
	A			
	A	26.000	3	1
	A			
B	A	13.533	3	4
B				
B		9.733	3	3

✚ 통계적 해석

▶ **제곱합** : 분산분석표를 보면 $SST = 907.949$, $SSE = 154.128$, $SS_{tr} = 666.009$, $SS_{blocks} = 87.612$로 약의 종류에 대한 차이의 검정은 p-값$= 0.013 < 0.05$의 식이 성립하여, $\alpha = 0.05$ 하에서 귀무가설이 기각되어 약의 종류 간에 유의적인 차이가 있다고 결론지을 수 있다.

▶ **블록요인효과에 대한 유의성검정** : p-값$= 0.259 > \alpha = 0.05$이므로 블록효과는 인정되지 않는다.

▶ **다중비교** : 주효과(약의 종류)에 대한 검정 결과 유의한 차이가 인정되어 다중비교를 실시해야 한다. 다중비교는 2장에서의 일원배치법과 동일하므로 세세한 언급은 피하고 결과만을 α =0.05하에서 Tukey 방법을 통해 살펴보자. 유의한 차이가 인정되는 거리 d_T(=SAS 결과물 Minimum Significant Difference)는 다음과 같이 구해진다.

$$d_T = q(a;a,(a-1)(b-1))\sqrt{\frac{MSE}{b}}$$

$$= q(0.05;4,6)\sqrt{\frac{25.668}{3}} = 4.896\times\sqrt{8.556} = 14.326$$

각 처리평균들을 크기순으로 나열하면 다음과 같다.

$$\overline{y}_{3.} = 9.733 < \overline{y}_{4.} = 13.533 < \overline{y}_{1.} = 26 < \overline{y}_{2.} = 26.567$$

처리쌍의 평균의 차이를 비교하여, 그 차가 d_T보다 큰 쌍을 정리해 보면 다음과 같은 결과를 얻을 수 있다.

처리 :	3	4	1	2
평균 :	9.733	13.533	26	26.567

여기서 밑줄 친 처리끼리는 유의성이 인정되지 않음을 의미한다. 다시 말하면, α=0.05하에서 (3, 4)와 (4, 1, 2)가 동일 처리군이라고 할 수 있다.

4.1.2 라틴방격법

앞에서 우리는 블록요인이 하나이고 처리요인이 하나인 블록계획법에 관해 살펴보았다. 특히 한 블록 내에서 모든 처리들이 한 번 이상 사용되는 완비계획법에 관해 다루었다. 이번에는 블록요인이 둘인 경우로 확대시켜 보자. 이해를 돕기 위해 다음의 예를 들어 보자.

▶예 4.1-2 다음 자료는 네 가지 약 A, B, C, D의 효과에 대한 차이가 있는지를 알기 위한 실험이다. 약의 복용 시기는 아침, 점심, 저녁, 취침전(1, 2, 3, 4로 표기)으로 나누어 네 명의 약사에 시기별로 배치하여 각 약을 4회에 걸쳐 복용하고 효과를 100점 만점으로 측정하였다.

		약사			
		1	2	3	4
섭취시기	1	$A=y_{111}=80$	$B=y_{212}=72$	$C=y_{313}=69$	$D=y_{414}=92$
	2	$B=y_{221}=70$	$C=y_{322}=65$	$D=y_{423}=96$	$A=y_{124}=49$
	3	$C=y_{331}=59$	$D=y_{432}=77$	$A=y_{133}=86$	$B=y_{234}=75$
	4	$D=y_{441}=60$	$A=y_{142}=72$	$B=y_{243}=56$	$C=y_{344}=90$

위의 예에서 보면 약사와 섭취시기가 두 블록요인이고, 처리요인은 약 A, B, C, D의 효과이다. 이와 같이 한 블록요인은 계획의 행을 나타내고 다른 블록요인은 열을 나타내는 블록계획법을 **행-열계획법**(row-column design)이라고 한다. 행-열계획법은 행과 열의 블록요인의 효과를

제거한 후 처리효과를 비교함으로서 실험의 정도를 높이는 실험계획이다. 대부분 이용하는 행-열 계획법의 유형은 예제처럼 두 블록요인의 조합에 하나의 처리만을 배치한다. 예로서 아침에 약사 2에 의해 제조된 약 B의 효과 y_{212}는 72점으로 구해져 있다. 일반적으로 행의 수가 p, 열의 수가 q인 행-열 모형은 가법모형으로서 다음과 같이 표현할 수 있다.

$$y_{irc} = \mu + \tau_i + \beta_r^{(1)} + \beta_c^{(2)} + \epsilon_{irc} \tag{4.1-3}$$

$$i = 1, \cdots, a;\ r = 1, \cdots, p;\ c = 1, \cdots, q$$

여기서 y_{irc} 은 r번째 행과 c번째 열에 처리 i의 반응값, $\beta_r^{(1)}$은 첫번째 블록요인의 r번째 행의 효과, $\beta_c^{(2)}$은 두 번째 블록요인의 c번째 열의 효과, τ_i는 처리 i의 효과를 각각 나타낸다. 두 개의 블록요인들 중 하나를 무시하면 블록요인이 하나인 블록계획법으로 줄어드는데 열을 무시하고 행만을 고려한 계획을 행-성분계획법(row-component design), 역으로 행을 무시하고 열만을 고려한 계획을 열-성분계획법이라고 한다. 즉, 성분계획법은 블록요인을 하나만 고려한 블록계획법이다.

행-열계획법 중 가장 효율적인 계획은 [예 4.1－2]에 나타난 형태로 다음에 설명하게 될 라틴방격법(Latin Square design)이다. [예 4.1－2]의 두 성분계획을 살펴보자. 먼저 블록요인 약사를 무시하고 섭취시기만을 블록요인으로 고려하여 보자. 이 경우 각 섭취시기에 약 A, B, C, D가 각각 한 번씩 실험된 RCBD로 줄어든 것을 볼 수 있다. 이번에는 블록요인 섭취시기를 무시하고 블록요인 약사만 고려하여도 마찬가지로 RCBD로 줄어든 것을 볼 수 있다. 이와 같이 두 성분계획이 모두 RCBD인 계획을 라틴방격법이라고 한다. 이러한 라틴방격법은 $a \times a$의 블록의 수에 a 처리를 실험하여 총 a^3번 실험하는 경우에 비해 훨씬 실험의 수를 줄이고도 동일한 효과를 얻을 수 있는 매우 효율적인 계획이라고 할 수 있다.

$a(=p=q)$가 주어졌을 때, 이러한 라틴방격법 중 첫 번째 행과 첫 번째 열이 알파벳순으로 배열된 라틴방격법을 표준화 라틴방격법(standard Latin square)이라고 한다. 예로서 4× 4 표준화 라틴방격법은 다음의 4개가 있다.

[표 4.1－3] 4×4 표준화 라틴방격법

1				2				3				4			
A	B	C	D	A	B	C	D	A	B	C	D	A	B	C	D
B	A	D	C	B	A	D	C	B	C	D	A	B	D	A	C
C	D	A	B	C	D	B	A	C	D	A	B	C	A	D	B
D	C	B	A	D	C	A	B	D	A	B	C	D	C	B	A

표준화 라틴방격법을 포함한 다른 라틴방격법의 총 개수는 $a!(a-1)! \times$ (표준화 라틴방격법의 개수)가 된다. 그러나 효율성으로 볼 때 모두 동일하다(뒤에서 설명하게 될 정보행렬이 모두 동일하다). 정리하면 라틴방격법은 다음과 같은 성질이 있다.

① 처리수준의 수, 행의 수, 열의 수는 같다. 즉, $a=p=q$의 식이 성립한다.
② 행-열계획법 중 가장 효율적인 계획법이다.
③ 두 성분계획은 RCBD이다.
④ a가 정해졌을 때, 모든 라틴방격법은 동일한 효율성을 지닌다.

다음으로 라틴방격법의 분산분석표를 구해 보자. 가법모형이므로 앞에서 구한 RCBD의 확장으로 이해하면 된다. 따라서 절차와 관련 제곱합도 매우 유사하다. SS_r과 SS_c를 각각 행과 열을 나타내는 블록제곱합이라고 정의하자. 추가제약식 $\sum_{i=1}^{a}\hat{\tau_i}=0$, $\sum_{r=1}^{a}\widehat{\beta_r^{(1)}}=0$, $\sum_{c=1}^{a}\widehat{\beta_c^{(2)}}=0$ 하에서 각 효과의 추정량은 다음과 같다.

$$\hat{\mu}=\bar{y},\ \hat{\tau_i}=\bar{y}_{i..}-\bar{y},\ \widehat{\beta_r^{(1)}}=\bar{y}_{.r.}-\bar{y},\ \widehat{\beta_c^{(2)}}=\bar{y}_{..c}-\bar{y}$$

이와 같은 효과의 추정량들을 근거로 y_{ij}를 다음과 같이 분해해 보자.

$$y_{irc}-\bar{y}=(\bar{y}_{i..}-\bar{y})+(\bar{y}_{.r.}-\bar{y})+(\bar{y}_{..c}-\bar{y})+(y_{irc}-\bar{y}_{i..}-\bar{y}_{.r.}-\bar{y}_{..c}+2\times\bar{y})$$

이를 기초로 총제곱합을 다음과 같이 분해할 수 있다.

$$SST=SS_{tr}+SS_r+SS_c+SSE \tag{4.1-4}$$

여기서 각 제곱합은 다음과 같다.

$$SST=\sum_{r=1}^{a}\sum_{c=1}^{a}(y_{irc}-\bar{y})^2$$

$$SS_{tr}=a\sum_{i=1}^{a}(\bar{y}_{i..}-\bar{y})^2$$

$$SS_r=a\sum_{r=1}^{a}(\bar{y}_{.r.}-\bar{y})^2$$

$$SS_c=a\sum_{c=1}^{a}(\bar{y}_{..c}-\bar{y})^2$$

$$SSE=\sum_{r=1}^{a}\sum_{c=1}^{a}(y_{irc}-\bar{y}_{i..}-\bar{y}_{.r.}-\bar{y}_{..c}+2\times\bar{y})^2$$

귀무가설 $H_0: \tau_1 = \tau_2 = \cdots = \tau_a$ 가 사실일 때, 검정통계량은

$$F = \frac{SS_{tr}/(a-1)}{SSE/(a-1)(a-2)} = \frac{MS_{tr}}{MSE}$$

이 되어 $F > F_{(\alpha, a-1, (a-1)(a-2))}$ 이면 귀무가설을 기각하게 된다.

두 블록요인에 대한 귀무가설 $H_0: \beta_1^{(1)} = \beta_2^{(1)} = \cdots = \beta_a^{(1)}$ 와 $H_0: \beta_1^{(2)} = \beta_2^{(2)} = \cdots = \beta_a^{(2)}$ 에 대한 검정통계량은 다음과 같이 구해진다.

$$F = \frac{SS_r/(a-1)}{SSE/(a-1)(a-2)} = \frac{MS_r}{MSE}$$

$$F = \frac{SS_c/(a-1)}{SSE/(a-1)(a-2)} = \frac{MS_c}{MSE}$$

위의 제곱합을 정리하여 분산분석표를 만들면 다음과 같다.

[표 4.1 – 4] 라틴방격법의 분산분석표

변동 요인	제곱합	자유도	평균제곱	F
처리	SS_{tr}	$a-1$	$MS_{tr} = SS_{tr}/a-1$	MS_{tr}/MSE
행 블록	SS_r	$a-1$	$MS_r = SS_r/a-1$	MS_r/MSE
열 블록	SS_c	$a-1$	$MS_c = SS_c/a-1$	MS_c/MSE
오차	SSE	$(a-1)(a-2)$	$MSE = SSE/(a-1)(a-2)$	
총변동	SST	a^2-1		

이제 [예 4.1－2]를 SPSS를 사용하여 분석해 보자. SAS 프로그램은 RCBD에 하나의 요인이 단순히 추가된 형태로 확대할 수 있으므로 생략한다.

라틴방격법의 SPSS 사용절차

① [그림 4.1－6]과 같이 자료를 입력한 후, [그림 4.1－7]과 같이 메뉴의 [분석(A)] → [일반선형모형(G)] → [일변량(U)]을 선택한다.

② [그림 4.1－8]과 같이 [종속변수(D)]에는 [반응값]을, [고정요인(F)]에는 [섭취시기], [약사], 그리고 [처리]를 입력한다.

③ [그림 4.1−8]에서 [모형(M)]을 누르면 [그림 4.1−9]와 같은 모형 대화상자가 나타난다. 교호작용을 고려하지 않으므로 [사용자 정의(C)]를 선택하여 [항 설정]에서 [주효과]를 누르고 [섭취시기], [약사], 그리고 [처리]를 선택하여 [모형(M)]에 입력시키면, 교호작용이 포함되지 않은 모형이 [그림 4.1−9]와 같이 선택된다. 다음에 [계속]을 누르면 일변량분석 대화상자로 돌아간다.

④ 일반요인 분산분석 대화상자로 돌아가 [확인]을 누르면 다음의 분산분석표 결과를 얻을 수 있다. 다중비교 방법을 옵션으로 택할 수 있는데 앞 절에서와 동일하므로 여기서는 생략하였다.

	섭취시기	약사	처리	반응값
1	1	1	1	80
2	1	2	2	72
3	1	3	3	69
4	1	4	4	92
5	2	1	2	70
6	2	2	3	65
7	2	3	4	96
8	2	4	1	49
9	3	1	3	59
10	3	2	4	77
11	3	3	1	86
12	3	4	2	75
13	4	1	4	60
14	4	2	1	72
15	4	3	2	56
16	4	4	3	90

[그림 4.1−6] 자료−라틴방격법

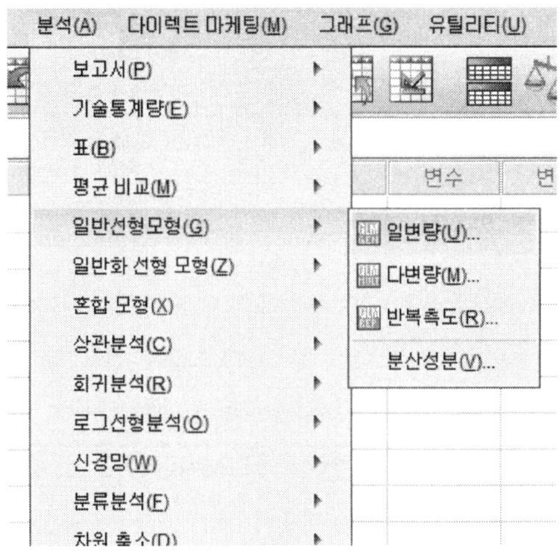

[그림 4.1−7] 일반선형모형

[그림 4.1−8] 두 블록요인 입력

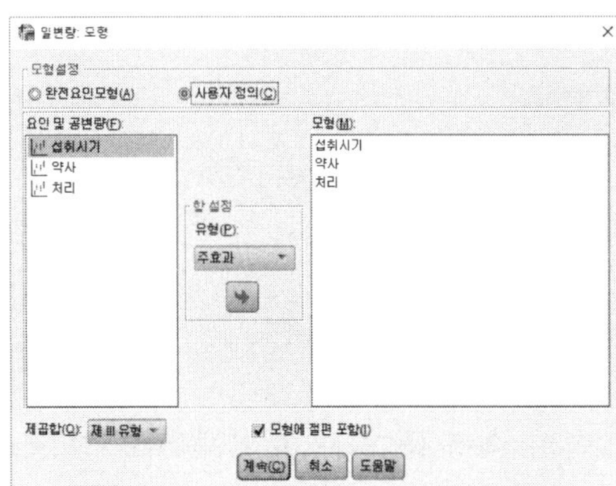

[그림 4.1−9] 모형 대화상자

➤ [SPSS 결과물] 라틴방격법 분산분석표

개체-간 효과 검정

종속변수: 반응값

소스	제 III 유형 제곱합	자유도	평균제곱	F	유의확률
수정된 모형	837.000[a]	9	93.000	.294	.951
절편	85264.000	1	85264.000	269.113	.000
섭취시기	201.500	3	67.167	.212	.885
약사	246.500	3	82.167	.259	.852
처리	389.000	3	129.667	.409	.752
오차	1901.000	6	316.833		
전체	88002.000	16			
수정된 합계	2738.000	15			

a. R 제곱 = .306 (수정된 R 제곱 = -.736)

✚ **통계적 해석**

▶ **제곱합**: $SS_r = 201.5$, $SS_c = 246.5$, $SS_{tr} = 389$, $SSE = 1901$로 각각 구해졌다.

▶ **주효과에 대한 유의성검정**: p-값=.752로 매우 커서 귀무가설을 기각할 수 없다. 즉, 약의 종류 간에 유의한 차이가 있다는 충분한 증거가 없다고 결론내릴 수 있다.

▶ **블록요인효과에 대한 유의성검정**: p-값이 매우 커서 두 블록효과도 역시 인정되지 않는다.

앞에서 두 성분계획이 모두 RCBD이면 4.1.2절에서 소개된 라틴방격법이 된다. 행 - 열계획법 중 한 성분계획은 RCBD이지만 다른 성분계획은 BIBD인 계획을 유든방격법(Youden square design)이라고 한다. 배치 형태로 표현한 다음의 예는 $a=4$, $p=3$, $q=4$인 행 - 열계획 유든방격법이다.

[표 4.1 – 5] 유든방격법

A	B	C	D
B	C	D	A
C	D	A	B

성분계획에서는 블록 내 처리의 위치가 중요하지 않아서 행 - 성분계획은 (A B C D) (A B C D) (A B C D)로 쓸 수 있어 RCBD이고 열 - 성분계획은 (A B C) (B C D) (A C D) (A B D)로서 BIBD이다. 또한, 유든방격법을 확대하여 두 성분계획이 모두 BIBD인 계획을 일반화 유든방격법(generalized Youden square design)이라고 한다.

또한, 두 라틴방격법을 겹쳤을 때 처리의 조합이 모두 다르면 두 라틴방격법은 직교(orthogonal)한다고 하고, 이렇게 두 처리요인을 고려한 행-열계획법을 그레코-라틴방격법(Graco-Latin square)이라고 한다. 예로서 두 개의 직교하는 3×3 라틴방격법을 겹쳐서 3×3 그레코-라틴방격법을 구성해 보자.

[표 4.1－6] 그레코-라틴방격법

3 × 3 라틴방격법(1)			3 × 3 라틴방격법(2)			3 × 3 그레코-라틴방격법		
A	B	C	A	B	C	AA	BB	CC
B	C	A	C	A	B	BC	CA	AB
C	A	B	B	C	A	CB	AC	BA

위의 예에서 보듯 겹쳐진 결과로 나온 9개의 처리조합(AA, BB, CC, BC, CA, AB, CB, AC, BA)은 모두 달라서 두 3×3 라틴방격법은 서로 직교하고 따라서 그 결과로 나온 계획은 그레코-라틴방격법이 됨을 알 수 있다. $n \times n$ 라틴방격법의 직교한 쌍이 존재하는지의 여부는 200여 년 전부터 수학자들로부터의 주관심사였는데 지금은 $n=2, 6$을 제외하고는 모든 n에서 직교한 쌍이 존재함이 밝혀졌다. 그레코-라틴방격법의 분석은 (4.1－3) 모형에 다른 하나의 요인효과를 추가하여 검정할 수 있다. 즉, 그레코-라틴방격법의 모형에는 요인 A, 요인 B, 행 블록요인, 열 블록요인을 포함한 가법모형을 고려하여 분석하게 된다.

4.2 불완비블록계획법

앞 절에서는 각 블록에 모든 처리를 실험하는 RCBD에 관해 공부하였다. 그러나 때로는 한 블록 내에서 모든 처리가 가능하지 않은 경우가 빈번히 발생하게 된다. 예로서 요일을 블록요인이라고 하면 하루에 실험횟수가 제한될 수 있어 모든 처리가 하루에 실험될 수 없는 상황이 발생할 수 있다. 이렇듯 한 블록 내에 모든 처리의 실험이 불가능할 때 고려되는 블록계획법을 불완비블록계획법이라고 한다. 4.2.1절에서는 먼저 이러한 불완비블록계획법 중 가장 효율적이고 대표적인 균형불완비블록계획법(balanced incomplete block design; BIBD)에 대해 살펴보고 다음으로 일반적인 불완비블록계획법의 분석과 효율성에 대해 알아보기로 한다.

4.2.1 균형불완비블록계획법(BIBD)

이해를 쉽게 하기 위해 다음의 예로 시작해 보자.

▶ 예 4.2-1 (BIBD; D.C.Montgomery(1976) 책에서 인용)

한 기술자는 휘발유 첨가제의 종류에 따라 실주행 연비가 차이가 나는지를 알고 싶어 한다. 실제 주행에서는 차종에 따라 실주행 연비가 달라질 수 있으므로 차를 블록요인으로 간주하여 실험하였다. 그러나 시간의 제약으로 인하여 불완비블록계획법을 사용하였다. 결과는 다음과 같으며, 연비의 단위는 km/l이다.

휘발유 첨가제	차종				
	1	2	3	4	5
1		17	14	13	12
2	14	14		13	10
3	12		13	12	9
4	13	11	11	12	
5	11	12	10		8

위의 예를 보면 차종 1(블록 1)에는 휘발유 첨가제 1이 실험되지 않았음을 볼 수 있다. 이런 의미에서 위의 실험계획은 불완비계획법이 된다. 예제에서 반응값을 생략하고 배치 형태로 표현하면 다음과 같이 쓸 수 있다.

블록 1 (차종 1) : (2 3 4 5)
블록 2 (차종 2) : (1 2 4 5)
블록 3 (차종 3) : (1 3 4 5)
블록 4 (차종 4) : (1 2 3 4)
블록 5 (차종 5) : (1 2 3 5)

각 휘발유 첨가제는 4번씩 동일하게 사용되어 처리의 반복수가 모두 같고, 각 블록에서는 4개의 휘발유 첨가제가 사용되어 블록의 크기가 모두 같다. 즉, 처리의 반복수(r)가 같고, 블록의 크기(k)가 같다. 또한, 어떠한 처리도 동일 블록에서 두 번 이상 실험되지 않는 계획(이분(binary)계획이라고 함)임을 볼 수 있다. 총 관찰치를 n이라고 하면 $n=bk=ar$의 식이 성립한다. 위의 예에서 $a=5$, $b=5$, $r=4$, $k=4$가 된다.

a, r, k가 주어졌을 때 효율적인 불완비블록계획법은 $\binom{a}{2}$개의 처리쌍들의 비교가 블록 내에서 동일한 수로 비교되는 계획이라고 할 수 있다. 이런 점에서 각 블록에 사용되는 처리들이 같은 수로 비교될 수 있도록 하는 불완비계획법을 생각할 수 있다. 위의 예제를 살펴보면 10개의 처리쌍 중 어떤 처리쌍을 택해도 3개의 블록에서 동일하게 비교되고 있음을 볼 수 있다. 예로서 휘발

유 첨가제 1, 2는 블록 2, 3, 5에서, 휘발유 첨가제 1, 3은 블록 3, 4, 5에서 등등 3번씩 비교되고 있음을 알 수 있다. 이와 같이 불완비블록계획법 중 $\binom{a}{2}$개의 처리쌍들의 비교가 동일하게 λ번 이루어지는 불완비블록계획법이 균형불완비블록계획법이다. 여기서 균형이란 의미는 모든 처리쌍들이 균형되게(동일하게) 비교된다는 의미이며 정의는 다음과 같다.

[정의 4.2-1] 균형불완비블록계획법

> 블록계획 d가 이분계획이고 블록의 크기(k)가 같고, 또한 처리의 반복수(r)가 같을 때, 임의의 두 처리가 블록에서 비교되는 횟수(λ)가 같으면 이러한 계획 d를 균형불완비블록계획법(BIBD)이라고 한다.

위의 정의에 의해 [예 4.2-1]의 계획은 $\binom{5}{2}$개의 처리쌍들의 비교가 동일하게 $\lambda = 3$번 이루어지는 BIBD($a = 5, b = 5, r = 4, k = 4, \lambda = 3$)이 됨을 증명할 수 있다. 블록수에 제한을 두지 아니한다면 처리의 수 a에 상관없이 쉽게 BIBD를 설계(construction)할 수 있다. 그러나 현실적으로는 블록의 수가 구체적으로 정해져서 이러한 조건하에 BIBD가 늘 존재하는 것은 아님을 다음의 필요조건에서 볼 수 있다.

[정리 4.2-2] BIBD가 되기 위한 필요조건

> (가) $ra = bk$
> (나) $\lambda(a-1) = r(k-1)$
> (다) $b \geq a$ (Fisher의 부등식)

증명 : (가) 총관찰값 n은 처리의 수 a에 반복수 r을 곱하거나, 블록수 b에 블록의 크기 k를 곱한 것이나 같아져서 쉽게 성립함을 알 수 있다.

(나) $\lambda(a-1)$은 한 처리가 $(a-1)$개의 다른 처리와 동시에 블록에서 사용된 수를 의미하여 한 처리가 주어졌을 때 총 r개의 블록에서 다른 $(k-1)$개의 처리와 동시에 사용된 수 $r(k-1)$과 같다.

(다) (생략) ▲▲

위의 조건은 충분조건이 되지 못한다. 예로서($a = 15, b = 21,\ k = 5, r = 7,\ \lambda=2$)의 불완비블록계획법은 위의 조건들을 충족하지만 BIBD는 존재하지 않는다고 알려져 있다. [표 4.2-1]는 $a \leq 7$인 경우 BIBD와 평균효율(E_d, 4.2.2 참조)을 제공한다(Cochran과 Cox, 1957). 이러한 계획들이 어떻게 설계되었는가에 관한 설명은 Raghavarao(1971)의 책을 참조하기 바란다.

[표 4.2 - 1] BIBD; $a \leqq 7$

(a, b, k, r, λ)	BIBD	E_d
(4, 6, 2, 3, 1)	(1 2) (1 3) (1 4) (3 4) (2 4) (2 3)	0.67
(4, 4, 3, 3, 2)	(1 2 3) (1 2 4) (1 3 4) (2 3 4)	0.89
(5, 10, 2, 4, 1)	(1 2) (1 4) (3 4) (2 3) (2 5) (3 5) (1 3) (1 5) (4 5) (2 4)	0.62
(5, 10, 3, 6, 3)	(1 2 3) (1 2 4) (1 2 5) (1 3 4) (1 4 5) (1 3 5) (2 3 4) (2 3 5) (3 4 5) (2 4 5)	0.83
(5, 5, 4, 4, 3)	(1 2 3 4) (1 2 3 5) (1 2 4 5) (1 3 4 5) (2 3 4 5)	0.94
(6, 15, 2, 5, 1)	(1 2) (1 3) (1 4) (1 5) (1 6) (3 4) (2 5) (2 6) (2 4) (2 3) (5 6) (4 6) (3 5) (3 6) (4 5)	0.60
(6, 10, 3, 5, 2)	(1 2 5) (2 3 4) (1 2 6) (2 3 5) (1 3 4) (2 4 6) (1 3 6) (3 5 6) (1 4 5) (4 5 6)	0.80
(6, 20, 3, 10, 4)	(1 2 3) (1 2 4) (1 2 5) (1 2 6) (1 3 4) (1 3 5) (1 3 6) (1 4 5) (1 4 6) (1 5 6) (2 3 4) (2 3 5) (2 3 6) (2 4 5) (2 4 6) (2 5 6) (3 4 5) (3 4 6) (3 5 6) (4 5 6)	0.80
(6, 15, 4, 10, 6)	(1 2 3 4) (1 2 3 5) (1 2 3 6) (1 2 4 5) (1 2 5 6) (1 4 5 6) (1 2 4 6) (1 3 4 5) (1 3 5 6) (1 3 4 6) (2 3 5 6) (3 4 5 6) (2 4 5 6) (2 3 4 6) (2 3 4 5)	0.90
(6, 6, 5, 5, 4)	(1 2 3 4 5) (1 2 3 4 6) (1 2 3 5 6) (1 2 4 5 6) (1 3 4 5 6) (2 3 4 5 6)	0.96
(7, 21, 2, 6, 1)	(1 2) (1 3) (1 4) (1 5) (1 6) (1 7) (2 3) (2 4) (2 5) (2 6) (2 7) (3 4) (3 5) (3 6) (3 7) (4 5) (4 6) (4 7) (5 6) (5 7) (6 7)	0.58
(7, 7, 3, 3, 1)	(1 2 4) (2 3 5) (3 4 6) (4 5 7) (5 6 1) (6 7 2) (7 1 3)	0.78
(7, 7, 4, 4, 2)	(1 2 3 6) (1 2 5 7) (1 3 4 5) (1 4 6 7) (2 3 4 7) (2 4 5 6) (3 5 6 7)	0.88
(7, 7 , 6, 6,5)	(1 2 3 4 5 6) (1 2 3 4 5 7) (1 2 3 4 6 7) (1 2 3 5 6 7) (1 2 4 5 6 7) (1 3 4 5 6 7) (2 3 4 5 6 7)	0.97

BIBD의 분산분석은 블록효과를 먼저 조정한 후 분석하는 제 I 유형의 제곱합을 구하는 절차를 이용하여 행하기로 한다. 간단히 요약하면 먼저 처리효과를 무시한 블록에 의한 제곱합 $SS_{block}=SS(\beta|\mu)$을 구하고, 다음으로 블록에 의해 조정(adjust)된 처리효과의 제곱합 $SS_{tr}=SS(\tau|\mu,\beta)$을 구한다.

먼저 SS_{block}은 처리를 무시한 일원배치 모형의 형태 $y_{ij}=\mu+\beta_j+\epsilon_{ij}$의 제곱합을 구하는 것과 동일하여

$$SS_{blocks}=k\sum_{j=1}^{b}(\overline{y}_{.j}-\overline{y})^2$$

로 구해짐을 알 수 있다.

다음으로 처리제곱합을 구해 보자. τ_i의 한 추정량은

$$\hat{\tau}_i=\frac{k}{\lambda a}(y_{i.}-\frac{1}{k}\sum_{j=1}^{b}n_{ij}y_{.j})=\frac{k}{\lambda a}q_i \tag{4.2-1}$$

로 구해져서 SS_{tr}은 [표 4.2−2]과 같이 구해진다. 여기서 n_{ij}은 처리 i가 블록 j에서 실험이 행해지면 1, 아니면 0이 되며, $q_i=y_{i.}-\frac{1}{k}\sum_{j=1}^{b}n_{ij}y_{.j}$는 처리 i의 조정된 처리합이다. 자세한 과정은 4.2.3에서 설명하기로 한다.

[표 4.2 − 2] BIBD의 분산분석표 / 제 I 유형 제곱합

변동요인	제 I 유형 제곱합	자유도	기대평균제곱	F
블록	$SS_{blocks}=k\sum_{j=1}^{b}(\overline{y}_{.j}-\overline{y})^2$	$b-1$	MS_{blocks}	$\frac{MS_{blocks}}{MSE}$
처리	$SS_{tr}=\frac{k}{\lambda a}\sum_{i=1}^{a}(y_{i.}-\frac{1}{k}\sum_{j=1}^{b}n_{ij}y_{.j})^2$	$a-1$	MS_{tr}	$\frac{MS_{tr}}{MSE}$
오차	$SSE=SST-SS_{tr}-SS_{blocks}$	$n-a-b+1$	MSE	
총변동	$SST=\sum_{i=1}^{a}\sum_{j=1}^{b}(y_{ij}-\overline{y})^2$	$n-1$		

이제 [예 4.2−1]을 SPSS와 SAS를 사용하여 분석해 보자.

BIBD SPSS 사용절차

① [그림 4.2−1]과 같이 자료를 입력한 후, [그림 4.2−2]와 같이 메뉴의 [분석(A)] → [일반선형모형(G)] → [일변량(U)]을 선택한다.

② [그림 4.2−3]과 같이 [종속변수(D)]에는 [연비]를, [고정요인(F)]에는 [휘발유]와 [차종]을 입력한다.

③ [그림 4.2－3]에서 [모형(M)]을 누르면 [그림 4.2－4]와 같은 모형 대화상자가 나타난다. 교호작용을 고려하지 않으므로 [사용자 정의(C)]를 선택하여 [항 설정]에서 [주효과]를 누르고 [차종]과 [휘발유]를 순서대로 선택하여 [모형(M)]에 입력시키면, 교호작용은 포함하지 않는 모형이 [그림 4.2.4]와 같이 선택된다. (주의할 점은 다음 단계에서 제 I 유형 제곱합을 이용하되 블록변수가 먼저 모형에 포함되어야 하므로 변수인 차종과 휘발유의 입력 순서가 다르면 안 된다.)

④ 다음으로 [그림 4.2－4]에서 [제곱합(Q)]을 제 I 유형을 선택하고 난후 [계속]을 누르면 일변량 분석 대화상자로 돌아간다. 일반요인 분산분석 대화상자로 돌아가 [확인]을 누르면 분석결과로 다음의 분산분석표를 얻을 수 있다.

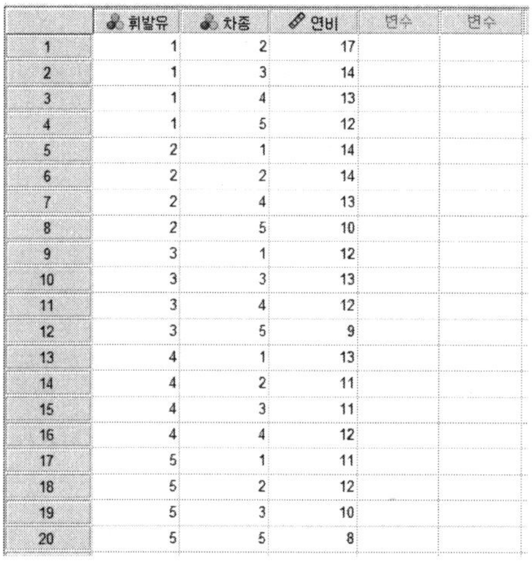

	휘발유	차종	연비	변수	변수
1	1	2	17		
2	1	3	14		
3	1	4	13		
4	1	5	12		
5	2	1	14		
6	2	2	14		
7	2	4	13		
8	2	5	10		
9	3	1	12		
10	3	3	13		
11	3	4	12		
12	3	5	9		
13	4	1	13		
14	4	2	11		
15	4	3	11		
16	4	4	12		
17	5	1	11		
18	5	2	12		
19	5	3	10		
20	5	5	8		

[그림 4.2－1] 자료－BIBD

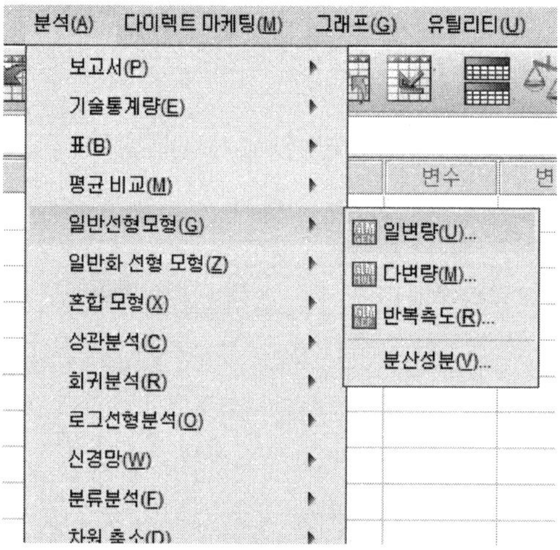

[그림 4.2－2] 일반선형모형

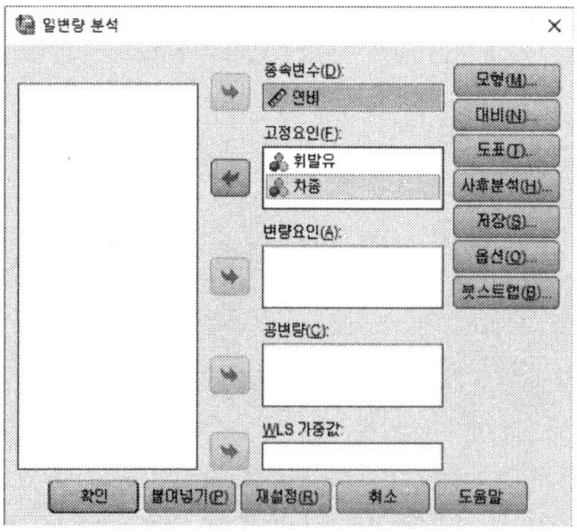

[그림 4.2－3] 블록요인 입력

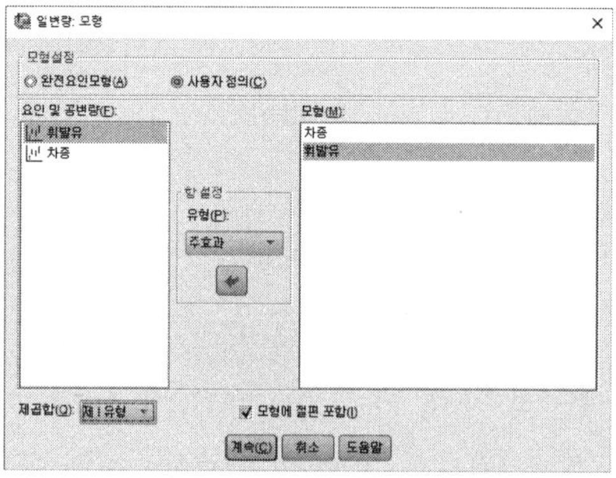

[그림 4.2－4] 모형 대화상자

➤ [SPSS 결과물] BIBD 분산분석표

개체-간 효과 검정

종속변수: 연비

소스	제 I 유형 제곱합	자유도	평균제곱	F	유의확률
수정된 모형	66.933[a]	8	8.367	9.188	.001
절편	2904.050	1	2904.050	3189.140	.000
차종	31.200	4	7.800	8.566	.002
휘발유	35.733	4	8.933	9.810	.001
오차	10.017	11	.911		
전체	2981.000	20			
수정된 합계	76.950	19			

a. R 제곱 = .870 (수정된 R 제곱 = .775)

✚ 통계적 해석

▶ **주효과에 대한 유의성검정**: p-값을 보면 0.001로 매우 적은 값이 나타나 휘발유 첨가제의 효과에 차이는 없다는 귀무가설을 강하게 기각하게 된다.

▶ **블록요인효과에 대한 유의성검정**: p-값이 매우 적어 차종에 대한 블록효과가 유의하다는 결론을 내릴 수 있다.

▶ **처리효과 τ_i의 추정량**: 식 (4.2−1)로부터 다음과 같이 구해진다.

$$q_1 = [56 - \frac{1}{4}(54+48+50+39)] = 8.25$$

$$\hat{\tau}_1 = \frac{k}{\lambda a} q_1 = \frac{4}{15} \times 8.25 = 2.2, \ \hat{\tau}_2 = \frac{4}{15} \times 2.75 = 0.73$$

$$\hat{\tau}_3 = \frac{4}{15} \times (-0.75) = -0.2, \ \hat{\tau}_4 = \frac{4}{15} \times (-3.5) = -0.93$$

$$\hat{\tau}_5 = \frac{4}{15} \times (-6.75) = -1.8$$

BIBD의 SAS 사용절차

[SAS 프로그램 4.2−1] [예 4.2−1]의 분산분석

```
DATA ex4_2_1;
INPUT additive car response @@;
CARDS;
1 2 17 1 3 14 1 4 13 1 5 12
2 1 14 2 2 14 2 4 13 2 5 10
```

```
3 1 12 3 3 13 3 4 12 3 5  9
4 1 13 4 2 11 4 3 11 4 4 12
5 1 11 5 2 12 5 3 10 5 5  8
;
RUN;
PROC GLM DATA= ex4_2_1;
CLASS additive car ;
MODEL response= car additive ;
RUN ;
```

➤ [SAS 결과물] BIBD 분산분석표

SAS 시스템

The GLM Procedure

Dependent Variable: response

Source	DF	Sum of Squares	Mean Square	F Value	Pr > F
Model	8	66.93333333	8.36666667	9.19	0.0007
Error	11	10.01666667	0.91060606		
Corrected Total	19	76.95000000			

R-Square	Coeff Var	Root MSE	response Mean
0.869829	7.919144	0.954257	12.05000

Source	DF	Type I SS	Mean Square	F Value	Pr > F
car	4	31.20000000	7.80000000	8.57	0.0022
additive	4	35.73333333	8.93333333	9.81	0.0012

Source	DF	Type III SS	Mean Square	F Value	Pr > F
car	4	35.23333333	8.80833333	9.67	0.0013
additive	4	35.73333333	8.93333333	9.81	0.0012

✚ 통계적 해석(SAS 결과 추가)

▶ 주효과에 대한 유의성검정: 제 I 유형 제곱합을 구하기 위한 MODEL의 요인 입력 순서는 블록요인(car), 처리요인(additive)이 되어야 한다. 참고로 주어진 처리효과에 대한 제 III 유형 제곱합은 제 I 유형 제곱합과 당연히 같음을 볼 수 있다. 나머지 결과는 SPSS 결과와 같으므로 생략한다.

4.2.2 모수의 추정과 분산분석

불완비블록계획법의 모형은 다음과 같이 쓸 수 있다.

$$y_{ijl} = \mu + \tau_i + \beta_j + \epsilon_{ijl}, \qquad (4.2-2)$$

$$i = 1, \cdots, a;\ j = 1, \cdots, b;\ l = 1, \cdots, n_{ij}$$

식 (4.2−2)에서 μ, τ_i, β_j는 각각 총평균, 처리효과, 블록효과를 나타내며

a = 처리수준의 수

n_{ij}= j번째 블록에서 처리 i의 실험횟수

b = 블록의 수

이고, 식 (4.2−2)에는 직접 나타나지 않지만 이용될 기호는 다음과 같다.

k_j = j번째 블록의 크기

r_i = 처리 i의 반복수

총 실험수를 n이라고 하면, 다음의 관계식이 성립한다.

$$r_i = \sum_{j=1}^{b} n_{ij}\ ,\ k_j = \sum_{i=1}^{a} n_{ij}\ ,\ n = \sum_{i=1}^{a}\sum_{j=1}^{b} n_{ij} = \sum_{j=1}^{b} k_j = \sum_{i=1}^{a} r_i \qquad (4.2-3)$$

실험계획이란 처리 i가 각 블록 j에 얼마나 자주 사용되는지를 정하는 규칙을 의미하는데, 다시 말하면 n_{ij}를 어떻게 정하느냐의 문제라고 할 수 있다. 따라서 실험계획은 이러한 n_{ij}들로 구성된 $a \times b$ 행렬(행은 처리를 대신하고 열은 블록을 대신하는 행렬)

$$N = ((n_{ij}))$$

로 표현될 수 있다. 이러한 행렬 N을 빈도행렬(incidence matrix; 혹은 결합행렬)이라고 한다. 빈도행렬의 각 행의 합은 대응하는 블록의 크기와 같고 각 행의 합은 대응하는 처리의 반복수와 같아서 식 (4.2−3)의 기호로부터 다음 식이 성립함을 알 수 있다.

$$N\mathbf{1}_b = \begin{bmatrix} r_1 \\ \vdots \\ r_a \end{bmatrix} \quad N^t\mathbf{1}_a = \begin{bmatrix} k_1 \\ \vdots \\ k_b \end{bmatrix}$$

이제 불완비블록계획 모형을 행렬로 표시해 보자. 이를 위해 먼저 기호를 다음과 같이 정리해 보자.

$$K_{b\times b} = \begin{bmatrix} k_1 & 0 & 0 & \cdots & 0 \\ 0 & k_2 & 0 & \cdots & 0 \\ & & \vdots & & \\ 0 & 0 & \cdots & & k_b \end{bmatrix}$$

$$= k_j \text{를 대각원소로 하는 대각행렬(diagonal matrix)}$$

$$= DIAG(k_1,\cdots,k_b)$$

$$R_{a\times a} = DIAG(r_1,\cdots,r_a)$$

$$\boldsymbol{r}_{a\times 1} = \begin{bmatrix} r_1 \\ \vdots \\ r_a \end{bmatrix},\ \boldsymbol{k}_{b\times 1} = b\times 1 = \begin{bmatrix} k_1 \\ \vdots \\ k_b \end{bmatrix}$$

$$\boldsymbol{\tau} = \begin{bmatrix} \tau_1 \\ \vdots \\ \tau_a \end{bmatrix},\ \boldsymbol{\beta} = \begin{bmatrix} \beta_1 \\ \vdots \\ \beta_b \end{bmatrix},\ \boldsymbol{\theta} = \begin{bmatrix} \mu \\ \tau_1 \\ \vdots \\ \tau_a \\ \beta_1 \\ \vdots \\ \beta_b \end{bmatrix},\ \boldsymbol{y}_{n\times 1} = \begin{bmatrix} y_{111} \\ \vdots \\ y_{11n_{11}} \\ y_{121} \\ \vdots \\ y_{12n_{12}} \\ \vdots \\ y_{ab1} \\ \vdots \\ y_{abn_{ab}} \end{bmatrix}$$

위의 기호에 따라 모형은 다음과 같이 나타낼 수 있다.

$$\boldsymbol{y} = X\boldsymbol{\theta} + \boldsymbol{\epsilon} \tag{4.2-4}$$

여기서 $X(n\times(1+a+b))$는 계획행렬(design matrix), $\boldsymbol{\theta}$는 모수를 나타내며 각각 다음과 같이 분할할 수 있다.

$$X = (1_n | X_\tau | X_\beta)\ ,\ \boldsymbol{\theta} = \begin{bmatrix} \mu \\ \boldsymbol{\tau} \\ \boldsymbol{\beta} \end{bmatrix}$$

이에 따라 식 (4.2－4)를 다음의 식으로 다시 쓸 수 있다.

$$\boldsymbol{y} = 1_n\mu + X_\tau\boldsymbol{\tau} + X_\beta\boldsymbol{\beta} + \boldsymbol{\epsilon} \tag{4.2-5}$$

이제 식 (4.2－5)를 이용하여 정규방정식을 구해 보자. 이에 앞서 정규방정식을 더 간단하게 표시하기 위해 기호를 다시 한 번 정리한다. 처리에 관한 계획행렬 $X_\tau(=n\times a)$를 살펴보면 각 열의 합계는 대응하는 처리의 반복수가 된다. 또한, 모든 서로 다른 두 열의 내적(inner product)

은 한 실험단위(또는 실험구(plot)라고도 함)에서 한 처리만이 가능함으로 0이 된다. 이러한 사실들로부터 우리는 다음의 관계식을 얻을 수 있다.

$$X_\tau^t 1 = \boldsymbol{r},\ X_\tau^t X_\tau = R \tag{4.2-6}$$

이와 유사하게, 블록에 관한 계획행렬 $X_\beta(=n\times b)$를 살펴보면 다음의 관계식이 얻어진다.

$$X_\beta^t 1 = \boldsymbol{k},\ X_\beta^t X_\beta = K \tag{4.2-7}$$

X_τ의 i번째 열과 X_β의 j번째 열의 내적의 합은 j번째 블록에서 처리 i의 실험횟수, 즉 n_{ij}가 되어서 중요한 관계식

$$X_\tau^t X_\beta = N \tag{4.2-8}$$

을 얻을 수 있다.

마지막으로 T와 B를 각각 처리합 벡터와 블록합 벡터라 하고 G를 반응값의 합이라고 하면 다음과 같은 식이 성립한다.

$$X_\tau^t \boldsymbol{y} = T,\ X_\beta^t \boldsymbol{y} = B,\ \mathbf{1}^t \boldsymbol{y} = G$$

이제 모수의 추정을 위하여 정규방정식 $X^t X\boldsymbol{\theta} = X^t \boldsymbol{y}$을 구해 보자. 먼저 $X^t X$의 구조를 살펴보면 다음과 같다.

$$X^t X = (\mathbf{1}_n | X_\tau | X_\beta)^t\ (\mathbf{1}_n | X_\tau | X_\beta)$$

$$= \begin{bmatrix} 1^t 1 & 1^t X_\tau & 1^t X_\beta \\ X_\tau^t 1 & X_\tau^t X_\tau & X_\tau^t X_\beta \\ X_\beta^t 1 & X_\beta^t X_\tau & X_\beta^t X_\beta \end{bmatrix} = \begin{bmatrix} n & \boldsymbol{r}^t & \boldsymbol{k}^t \\ \boldsymbol{r} & R & N \\ \boldsymbol{k} & N^t & K \end{bmatrix}$$

따라서 다음의 정규방정식을 얻을 수 있다.

$$n\hat{\mu} + \boldsymbol{r}^t \hat{\boldsymbol{\tau}} + \boldsymbol{k}^t \hat{\boldsymbol{\beta}} = G \tag{4.2-9}$$

$$\boldsymbol{r}\hat{\mu} + R\hat{\boldsymbol{\tau}} + N\hat{\boldsymbol{\beta}} = T \tag{4.2-10}$$

$$\boldsymbol{k}\hat{\mu} + N^t \hat{\boldsymbol{\tau}} + K\hat{\boldsymbol{\beta}} = B \tag{4.2-11}$$

식 (4.2－10)의 a개 행의 합이나 식 (4.2－11)의 b개 열의 합은 식 (4.2－9)와 같아져서 X의 계수는 최대 $a+b-1$이다. X는 완전계수가 아니어서 τ는 유일한 해를 갖지 못함으로 다음의 절차를 따라 구해 보자. 식 (4.2－9)에 NK^{-1}를 앞에서 곱한 다음 식 (4.2－10)에서 빼면 블록효과 β가 제거되는데, 위 식으로부터

$$r - NK^{-1}k = r - N1_b = 0$$

의 관계가 성립하여 식은 다음과 같이 줄어든다.

$$(R - NK^{-1}N^t)\hat{\tau} = T - NK^{-1}B \qquad (4.2-12)$$

$C = R - NK^{-1}N^t$, $q = T - NK^{-1}B$라고 놓으면 식 (4.2－12)는

$$C\hat{\tau} = q \qquad (4.2-13)$$

라고 다시 쓸 수 있는데, 이 식을 원래의 정규방정식에서 블록효과를 제거한 후 얻어진 축소정규방정식(reduced norman equations)이라고 한다. 또한, 블록의 효과를 제거하여 모수를 추정하는 방법으로 **블록 내 분석법**이라고 한다. $a \times a$ 행렬 C를 정보행렬(information matrix)이라고 하며, 여러 가능한 계획 중 최적의 계획을 찾는 데 중요한 역할을 한다. 이제 $m \times n$ 행렬 A에 대하여 $ABA = A$를 만족하는 행렬 B를 행렬 A의 일반역행렬(generalized inverse)이라고 정의하고 A^-라고 표기하자. 정보행렬 C의 행의 합과 열의 합은 0이 되어 역행렬이 존재하지 않아 식의 전개 과정에 대신 일반역행렬 C^-을 사용하기로 한다. 전통적인 통계학에서 Cramer－Rao 부등식처럼 "정보(information)"는 때로 분산의 역수로 나타내는데, 식 (4.2－13)에서 $Cov(\hat{\tau}) = C^-\sigma^2$가 되어 C를 정보행렬이라고 한다. q는 처리합 벡터 T에서 블록합 벡터 B의 선형조합을 뺀 값이므로 조정된 처리합(adjusted treatment totals)이라고 한다.

다음으로 불완비블록계획의 분산분석을 3장에서 언급한 제 I 유형 제곱합을 구하는 절차를 이용하여 행한다. 간단히 요약하면 먼저 처리효과를 무시한 블록제곱합을 구하고, 다음으로 블록에 의해 조정된 처리제곱합을 구한다. 이렇게 구한 분산분석 결과는 여러 형태의 모든 불완비계획에 적용가능하다.

[표 4.2－3] 제 I 유형 제곱합과 분산분석표

변동요인	제 I 유형 제곱합	자유도	기대평균제곱	F
블록	$SS_{blocks} = SS(\beta \mid \mu)$	$b-1$	MS_{blocks}	MS_{blocks}/MSE
처리	$SS_{tr} = SS(\tau \mid \mu, \beta)$	$a-1$	MS_{tr}	MS_{tr}/MSE
오차	SSE	$n-a-b+1$	MSE	
총변동	SST	$n-1$		

먼저 SS_{blocks}을 구해 보자. 처리효과를 무시한 축소모형은

$$\omega_1 : y_{ij} = \mu + \beta_j + \epsilon_{ij}$$

가 되어서 반복수가 다른 일원배치모형이 된다. 이 경우의 μ와 β_j의 추정량은 B_j를 블록합 벡터 B의 j번째 값이라고 하면,

$$\hat{\mu} = \overline{y} = \frac{1}{n}G,\ \ \widehat{\beta}_j = \overline{y}_{.j} - \overline{y} = \frac{1}{k_j}B_j - \frac{1}{n}G$$

로 구해져서

$$\begin{aligned} SS_{\omega_1} &= \sum_{i=1}^{a}\sum_{j=1}^{b}(y_{ij} - \hat{\mu} - \widehat{\beta}_j)^2 \\ &= \sum\sum(y_{ij} - \frac{1}{k_j}B_j)^2 \\ &= \boldsymbol{y}^t\boldsymbol{y} - B^tK^{-1}B \end{aligned}$$

이 된다. 그러므로 블록제곱합 SS_{blocks}은 다음과 같이 구해진다.

$$\begin{aligned} SS_{blocks} &= SST - SS_{\omega_1} = (\sum_{i=1}^{a}\sum_{j=1}^{b}y_{ij}^2 - n\overline{y}^2) - SS_{\omega_1} \\ &= \boldsymbol{y}^t\boldsymbol{y} - \frac{G^2}{n} - SS_{\omega_1} = B^tK^{-1}B - \frac{G^2}{n} \\ &= \sum_{j=1}^{b}k_j(\overline{y}_{.j} - \overline{y})^2 \end{aligned} \qquad (4.2-14)$$

또한 완전모형의 오차제곱합 SSE는 다음과 같이 표현된다.

$$\begin{aligned} SSE &= \sum_{i=1}^{a}\sum_{j=1}^{b}[y_{ij} - \hat{\mu} - \hat{\tau}_i - \widehat{\beta}_j]^2 \\ &= (\boldsymbol{y} - X\hat{\boldsymbol{\theta}})^t(\boldsymbol{y} - X\hat{\boldsymbol{\theta}}) \ \ (\text{단, } \boldsymbol{\theta}^t = (\mu|\boldsymbol{\tau}^t|\boldsymbol{\beta}^t)) \\ &= \boldsymbol{y}^t\boldsymbol{y} + \widehat{\boldsymbol{\theta}}^tX^tX\hat{\boldsymbol{\theta}} - 2\widehat{\boldsymbol{\theta}}^tX^t\boldsymbol{y} \\ &= \boldsymbol{y}^t\boldsymbol{y} - \widehat{\boldsymbol{\theta}}^tX^t\boldsymbol{y} \ \ (\text{정규방정식 } X^tX\hat{\boldsymbol{\theta}} = X^t\boldsymbol{y}\text{로부터}) \\ &= \boldsymbol{y}^t\boldsymbol{y} - \hat{\boldsymbol{\theta}}^t\begin{bmatrix} G \\ T \\ B \end{bmatrix} = \boldsymbol{y}^t\boldsymbol{y} - \hat{\mu}G - \hat{\boldsymbol{\tau}}^tT - \hat{\boldsymbol{\beta}}^tB \\ &= \boldsymbol{y}^t\boldsymbol{y} - \hat{\mu}G - \hat{\boldsymbol{\tau}}^tT - (B^tK^{-1} - \hat{\boldsymbol{\tau}}^tNK^{-1} - \hat{\mu}\boldsymbol{1}^t)B \ \ (\text{식 (4.2}-\text{13)으로부터}) \\ &= \boldsymbol{y}^t\boldsymbol{y} - B^tK^{-1}B - \hat{\boldsymbol{\tau}}^t(T - NK^{-1}B) - \hat{\mu}G + \hat{\mu}\boldsymbol{1}^tB \end{aligned}$$

$$= \boldsymbol{y}^t\boldsymbol{y} - B^tK^{-1}B - \hat{\boldsymbol{\tau}}^t(T - NK^{-1}B)$$

$$= \boldsymbol{y}^t\boldsymbol{y} - B^tK^{-1}B - \hat{\boldsymbol{\tau}}^t\boldsymbol{q} \quad (4.2-15)$$

그러므로,

$$SS_{tr} = SS_{\omega_1} - SSE$$

$$= (\boldsymbol{y}^t\boldsymbol{y} - B^tK^{-1}B) - (\boldsymbol{y}^t\boldsymbol{y} - B^tK^{-1}B - \hat{\boldsymbol{\tau}}^t\boldsymbol{q})$$

$$= \hat{\boldsymbol{\tau}}^t\boldsymbol{q} \quad (4.2-16)$$

로 나타낼 수 있다. 따라서 귀무가설 $H_0: \tau_1 = \tau_2 = \cdots = \tau_a$를 검정할 때,

$$F = \frac{\hat{\boldsymbol{\tau}}^t\boldsymbol{q}/(a-1)}{SSE/(a-1)(b-1)} \geq F_{(\alpha, a-1, (a-1)(b-1))}$$

이면 유의수준 α 아래서 귀무가설을 기각하게 된다. 위의 사실들을 이용하여 최종적인 분산분석표를 만들면 다음과 같다.

[표 4.2-4] 제 I 유형 제곱합과 분산분석표

변동요인	제 I 유형 제곱합	자유도	기대평균제곱	F
블록	$SS_{blocks} = SS(\beta\|\mu)$ $= B^tK^{-1}B - \frac{G^2}{n}$ $= \sum_{j=1}^{b} k_j(\bar{y}_{.j} - \bar{y})^2$	$b-1$	MS_{blocks}	$\frac{MS_{blocks}}{MSE}$
처리	$SS_{tr} = SS(\tau\|\mu, \beta) = \hat{\boldsymbol{\tau}}^t\boldsymbol{q}$	$a-1$	MS_{tr}	$\frac{MS_{tr}}{MSE}$
오차	$SSE = \boldsymbol{y}^t\boldsymbol{y} - B^tK^{-1}B - \hat{\boldsymbol{\tau}}^t\boldsymbol{q}$	$n-a-b+1$	MSE	
총변동	$SST = \boldsymbol{y}^t\boldsymbol{y} - \frac{G^2}{n}$ $= \sum_{i=1}^{a}\sum_{j=1}^{b} y_{ij}^2 - n\bar{y}^2$	$n-1$		

▶예 4.2-2 한 엔지니어가 금속 합금을 하기 위한 A, B, C, D의 네 공정 절차를 비교하려 한다. 그러나 그 실험 절차가 매우 비싸서 A, B, C 과정은 각각 두 번씩, D 과정은 한 번만 관찰하였다. 배치(batch)당 두, 세 표본을 택하여 장력 강도를 실험한 결과는 다음과 같다.

✚배치(블록)

처리	1	2	3
1(A)	9	16	.
2(B)	10	.	8
3(C)	.	14	12
4(D)	8	.	.

위의 실험에 대한 관찰치를 고려하지 않은 처리의 배치는 다음과 같이 표시할 수 있다.

블록 1 (배치 1) $(A \quad B \quad D)$
2 (배치 2) $(A \quad C)$
3 (배치 3) $(B \quad C)$

위의 예에서 a=4(요인을 1, 2, 3, 4 또는 A, B, C, D로 표시한다)이고,

$$n_{11} = n_{21} = n_{41} = n_{12} = n_{32} = n_{23} = n_{33} = 1$$

$$n_{31} = n_{22} = n_{42} = n_{13} = n_{43} = 0$$

으로서 각 처리는 한 블록에서 최대한 한 번 처리되었고,

$$k_1 = n_{11} + n_{21} + n_{31} + n_{41} = 3$$

$$k_2 = n_{12} + n_{22} + n_{32} + n_{42} = 2$$

$$k_3 = n_{13} + n_{23} + n_{33} + n_{43} = 2$$

으로 구해져서 첫 블록에서 3번 처리되고 나머지는 각각 2번 처리되며, $r_1 = r_2 = r_3 = 2$, $r_4 = 1$이 되어 4번째 처리 D는 한 번 실험되고 나머지 수준에서는 각각 두 번씩 실험되는 계획이다. 또한, 빈도행렬은

$$N_{4\times 3} = \begin{bmatrix} 1\,1\,0 \\ 1\,0\,1 \\ 0\,1\,1 \\ 1\,0\,0 \end{bmatrix}$$

이 되고

$$N1_b = N1_3 = \begin{bmatrix} 2 \\ 2 \\ 2 \\ 1 \end{bmatrix}, \ N^t 1_a = N1_4 = \begin{bmatrix} 3 \\ 2 \\ 2 \end{bmatrix}$$

로서 각각 반복수와 블록 크기를 원소로 갖는 벡터가 된다.

모형을 행렬식으로 표시하면 다음과 같다.

$$\begin{bmatrix} 9 \\ 10 \\ 8 \\ 16 \\ 14 \\ 8 \\ 12 \end{bmatrix} = \begin{bmatrix} 1 | 1000 | 100 \\ 1 | 0100 | 100 \\ 1 | 0001 | 100 \\ 1 | 1000 | 010 \\ 1 | 0010 | 010 \\ 1 | 0100 | 001 \\ 1 | 0010 | 001 \end{bmatrix} \begin{bmatrix} \mu \\ \tau_1 \\ \tau_2 \\ \tau_3 \\ \tau_4 \\ \beta_1 \\ \beta_2 \\ \beta_3 \end{bmatrix} + \epsilon$$

$$= [\mathbf{1}_7 | X_\tau | X_\beta \ ] + \epsilon$$

다음으로 식 (4.2−8)로부터

$$X_\tau^t X_\beta = \begin{bmatrix} 1001000 \\ 0100010 \\ 0000101 \\ 0010000 \end{bmatrix} \begin{bmatrix} 100 \\ 100 \\ 100 \\ 010 \\ 010 \\ 001 \\ 001 \end{bmatrix} = \begin{bmatrix} 110 \\ 101 \\ 011 \\ 100 \end{bmatrix} = N\text{이고,}$$

$$\boldsymbol{r} = [22\ 2\ 1]^t \ \ \boldsymbol{k} = [322]^t$$

$$T = [25 18\ \ 26 8]^t \ \ B = [27\ 30\ 20]^t \ \ G = 87$$

이 됨을 확인할 수 있다.

정보행렬과 조정된 처리합계를 구해 보면 다음과 같다.

$$C = R - NK^{-1}N^t$$

$$= \begin{bmatrix} 2000 \\ 0200 \\ 0020 \\ 0001 \end{bmatrix} - \begin{bmatrix} 110 \\ 101 \\ 011 \\ 100 \end{bmatrix} \begin{bmatrix} 1/3 & 0 & 0 \\ 0 & 1/2 & 0 \\ 0 & 0 & 1/2 \end{bmatrix} \begin{bmatrix} 1101 \\ 1010 \\ 0110 \end{bmatrix}$$

$$= 1/6 \begin{bmatrix} 7 & -2 & -3 & -2 \\ -2 & 7 & -3 & -2 \\ -3 & -3 & 6 & 0 \\ -2 & -2 & 0 & 4 \end{bmatrix}$$

$$\boldsymbol{q} = T - NK^{-1}B$$

$$= \begin{bmatrix} 25 \\ 18 \\ 26 \\ 8 \end{bmatrix} - \begin{bmatrix} 110 \\ 101 \\ 011 \\ 100 \end{bmatrix} \begin{bmatrix} 1/3 & 0 & 0 \\ 0 & 1/2 & 0 \\ 0 & 0 & 1/2 \end{bmatrix} \begin{bmatrix} 27 \\ 30 \\ 20 \end{bmatrix} = \begin{bmatrix} 1 \\ -1 \\ 1 \\ -1 \end{bmatrix}$$

이제 분산분석표의 각 해당하는 값을 구해 보자. 다만 C^-는 SAS IML에서 구하여 계산하였다.

$$\boldsymbol{y}^t\boldsymbol{y} = 9^2 + 16^2 + 10^2 + 8^2 + 14^2 + 12^2 + 8^2 = 904$$

$$G^2/n = 77^2/7 = 847$$

$$SS_{blocks} = \frac{27^2}{3} + \frac{30^2}{2} + \frac{20^2}{2} - \frac{G^2}{n} = 46$$

$$SS_{tr} = \hat{\boldsymbol{\tau}}^t\boldsymbol{q} = \boldsymbol{q}^t C^- \boldsymbol{q} = 3.8333$$

$$SSE = SST - SS_{tr} - SS_{blocks} = 8.1667$$

위의 결과를 토대로 분산분석표를 만들어 보면 다음과 같다.

[표 4.2－5] [예 4.2－2]에 대한 분산분석표

변동요인	제 I 유형 제곱합	자유도	기대평균제곱	F
블록	$SS_{blocks} = 46$	$b-1=2$	$MS_{blocks} = 23$	
처리	$SS_{tr} = 3.8333$	$a-1=3$	$MS_{tr} = 1.2777$	0.1565
오차	$SSE = 8.1667$	$n-a-b+1=1$	$MSE = 8.1667$	
총변동	$SST = 58$	$n-1=6$		

F-값이 매우 적어 처리효과에 대한 귀무가설이 채택됨을 알 수 있다. 위의 결과를 얻기 위한 SPSS와 SAS 프로그램은 4.1절과 동일하다. 연습 삼아 SPSS를 활용하여 다음의 결과가 얻어지는 것을 각자 확인하기 바란다.

➤ [SPSS 결과물] 불완비블록계획 [예 4.2－2] 분산분석표

개체－간 효과 검정

종속변수: y

소스	제 I 유형 제곱합	자유도	평균제곱	F	유의확률
수정된 모형	49.833[a]	5	9.967	1.220	.593
절편	847.000	1	847.000	103.714	.062
blk	46.000	2	23.000	2.816	.388
trt	3.833	3	1.278	.156	.914
오차	8.167	1	8.167		
전체	905.000	7			
수정된 합계	58.000	6			

a. R 제곱 = .859 (수정된 R 제곱 = .155)

4.2.3 블록계획법의 효율성

가장 이상적인 계획은 물론 각 블록 내에서 모든 처리가 이루어져 비교 가능한 랜덤화완비블록계획(RCBD)일 것이다. RCBD은 제 I 유형 제곱합은 제 III 유형 제곱합과 같아서

$$SS(\tau|\mu,\beta) = SS(\tau|\mu),\ \ SS(\beta|\mu,\tau) = SS(\beta|\mu)$$

의 관계가 성립하여 다른 말로 표현하면 처리효과는 모형에 블록요인이 있는 여부에 상관없이 같아서, 처리에 대한 추정량과 블록에 대한 추정량은 독립이다. 이러한 경우 처리효과와 블록효과는 직교(orthogonal)한다고 한다.

실제적으로는 불완비블록계획은 직교블록계획이 되지 못하기 때문에 부득이 블록 간 분석(inter-block analysis)으로부터 정보를 보충해야만 한다. 그러나 이번 장에서는 블록의 효과가 제거된 블록 내 분석(intra-block analysis), 즉 블록의 정보행렬만을 다루기로 한다.

불완비블록계획법에서는 RCBD의 경우와는 다르게 각 블록에서 처리의 수가 제한을 받음으로 어떻게 주어진 처리를 블록에 효율적으로 배치하는 문제가 제기된다. 예로서 처리수준 $a=4$ (0, 1, 2, 3으로 나타냄)이고 각 처리반복수가 $3(r_1=r_2=r_3=r_4=3)$이고 블록의 크기가 2 $(k_1=\cdots=k_6=2)$로 같은 다음의 두 블록계획법을 고려해 보자.

▶예 4.2-3 $(a=4,\ b=6,\ r=3,\ k=2)$인 두 불완비블록계획의 예

계획 d_1 : (0 1) (0 2) (0 3) (1 2) (1 3) (2 3)

계획 d_2 : (0 0) (1 1) (1 2) (0 3) (2 3) (2 3)

$a,\ b,\ r_i,\ k_j$가 주어졌을 때 어떤 계획이 더 효율적이라고 할 수 있을까? 이번 절에는 주어진 계획의 효율성(efficiency)의 정도를 재는 기준을 제공하여 어느 계획이 더 효율적인지를 평가할 수 있는 기준을 제시한다. 단순화를 위하여 $r_1=r_2=\cdots=r_a=r$로서 a개의 처리반복수가 같고, $k_1=\cdots=k_b=k$로서 b개의 블록의 크기가 같은 블록계획($d;\ d\in D(a,\ b,\ r,\ k)$라고 표기하자)만을 고려하기로 한다. 위의 두 계획 d_1과 d_2는 $D(a,\ b,\ r,\ k)$에 속한다. 가장 쉽게 생각할 수 있는 기준은 주어진 블록계획 $d\in D(a,\ b,\ r,\ k)$에서 $\hat{\tau}_i-\hat{\tau}_j$의 분산이 어느 정도인가를 비교하는 방법일 것이다. 그러나 이러한 두 처리효과 $\binom{a}{2}$쌍의 차이에 대한 추정량의 분산은 각각 다르므로 $\hat{\tau}_i-\hat{\tau}_j$의 분산의 평균을 고려할 수 있겠다. a,b,r,k가 주어졌을 때 효율성이 높은 계획은 $\hat{\tau}_i-\hat{\tau}_j$의 분산의 평균이 적은 계획일 것이다. 가장 효율적인 계획은 당연히 RCBD이므로 한 계획의 $\hat{\tau}_i-\hat{\tau}_j$의 분산의 평균과 RCBD의 $\hat{\tau}_i-\hat{\tau}_j$의 분산의 평균 간의 비율을 계획의 효율성의 정도

를 측정하는 기준으로 사용할 수 있겠다. 즉, 블록계획 $d \in D(a,\ b,\ r,\ k)$의 평균효율(average efficiency), E_d는 아래와 같이 정의된다.

$$E_d = \frac{[RCBD\text{의 } \hat{\tau}_i - \hat{\tau}_j\text{의 분산의 평균}]}{[\text{불완비블록계획 } d\text{의 } \hat{\tau}_i - \hat{\tau}_j\text{의 분산의 평균}]} \qquad (4.2-17)$$

먼저 계획 d의 정보행렬 C_d의 형태를 보면 처리반복수가 r로 같고, 블록크기가 k로 같으므로 다음과 같이 구해진다.

$$C_d = R - NK^{-1}N^t = rI_a - \frac{1}{k}NN^t \qquad (4.2-18)$$

따라서 RCBD의 정보행렬은 $r = b,\ k = a$이고 빈도행렬 $N = J_{a\times b}$이므로 식 (4.2−18)로부터 다음과 같이 구해진다.

$$C_{RCBD} = r(I_a - \frac{1}{a}J_{a\times a}) \qquad (4.2-19)$$

이제 $\hat{\tau}_i - \hat{\tau}_j = \boldsymbol{a}^t\hat{\tau}$ (단, $\boldsymbol{a}^t = [0,0,\cdots,1,0,\cdots,0,-1,0,\cdots,0]$)일 때, $Var(\boldsymbol{a}^t\hat{\boldsymbol{\tau}}) = \boldsymbol{a}^t C_d^- \boldsymbol{a}\sigma^2$의 식을 이용하여 RCBD의 평균효율의 분자를 구해 보자. C의 일반역행렬로 $C^- = r^{-1}I_v$을 택하면 다음과 같이 $\hat{\tau}_i - \hat{\tau}_j$의 분산을 구할 수 있다.

$$Var(\boldsymbol{a}^t\hat{\tau}) = \boldsymbol{a}^t C_{RCBD}^- \boldsymbol{a}\,\sigma^2 = r^{-1}\boldsymbol{a}^t\boldsymbol{a}\,\sigma^2 = \frac{2}{r}\sigma^2 \qquad (4.2-20)$$

또한, $\binom{a}{2}$의 모든 (i,j)쌍에 대해 처리 효과의 차이의 추정량 $\hat{\tau}_i - \hat{\tau}_j$의 분산이 $\frac{2}{r}\sigma^2$로 같아서 평균의 분산 즉, E_d의 분자는 $\frac{2}{r}\sigma^2$로 구해진다.

다음으로 분모를 살펴보자. 이에 앞서 보조정리 하나를 소개한다.

[보조정리 4.3−1] 스펙트럴 분해

> $k\times k$ 대칭행렬 A는 다음과 같이 스펙트럴 분해(spectral decomposition)된다.
>
> $$\begin{aligned} A &= \lambda_1\boldsymbol{p}_1\boldsymbol{p}_1^t + \lambda_2\boldsymbol{p}_2\boldsymbol{p}_2^t + \cdots + \lambda_k\boldsymbol{p}_k\boldsymbol{p}_k^t \\ &= \sum_{i=1}^{k}\lambda_i\boldsymbol{p}_i\boldsymbol{p}_i^t,\ (\text{단, } \boldsymbol{p}_i^t\boldsymbol{p}_i = 1, i = 1,\cdots,k;\ \boldsymbol{p}_i^t\boldsymbol{p}_j = 0, i \neq j) \end{aligned}$$

여기서 λ_1, λ_2, $\cdots$, λ_k는 행렬 A의 고유값(eigenvalue)이고, $\boldsymbol{p}_1$, $\boldsymbol{p}_2$, $\cdots$, $\boldsymbol{p}_k$는 대응하는 정규직교(orthonormal) 고유벡터(eigenvector)이다. 위의 보조정리를 이용하여 주어진 블록계획 d에 대한 대칭행렬인 정보행렬 C_d를 표현하면

$$C_d = \sum_{i=1}^{a} \lambda_i \boldsymbol{p}_i \boldsymbol{p}_i^t$$

가 되는데, C_d의 계수는 최소한 한 고유값(λ_a라고 하자)은 0이 되고, C_d의 행의 합은 0이므로 대응하는 고유벡터는 $\boldsymbol{p}_a = (a^{-1/2})\boldsymbol{1}_a$이 된다. 그러므로

$$C_d^- = \sum_{i=1}^{a-1} \lambda_i^{-1} \boldsymbol{p}_i \boldsymbol{p}_i^t$$

로 표현된다.

$\boldsymbol{a}_{ij}$를 i번째 행이 1, j번째 행이 -1이고 나머지는 0인 $a \times 1$ 벡터로 놓으면

$$var(\hat{\tau}_j - \hat{\tau}_k) = \boldsymbol{a}_{jk}^t C_d^- \boldsymbol{a}_{jk} \sigma^2 = (\sigma^2) \sum_{i=1}^{a-1} \lambda_i^{-1} (\boldsymbol{a}_{jk}^t \boldsymbol{p}_i)^2 \qquad (4.2-21)$$

가 된다. 여기서 $e_i = \dfrac{\lambda_i}{r}$라고 하면, 이는 바로 $\dfrac{1}{r} C_d^-$의 고유값이 되는데, 이 값들을 **정준효율인자**(canonical efficiency factor)라고 한다. 이러한 정준효율인자의 값은 항상 1보다 적거나 같아서 비교하기 쉽다. 이제 식 (4.2−21)을 이용하여 식 (4.2−17)의 분모를 구해 보면,

$$\begin{aligned}
\text{분모} &= \frac{2}{a(a-1)} \sum\sum_{j<k} var(\hat{\tau}_j - \hat{\tau}_k) \\
&= \frac{2}{a(a-1)} (\sigma^2) \sum_{i=1}^{a-1} \lambda_i^{-1} [\sum\sum_{j<k} (\boldsymbol{a}_{jk}^t \boldsymbol{p}_i)^2] \\
&= \frac{2\sigma^2}{a(a-1)} \frac{1}{r} \sum_{i=1}^{a-1} e_i^{-1} [\sum\sum_{j<k} (\boldsymbol{a}_{jk}^t \boldsymbol{p}_i)^2] \\
&= \frac{2\sigma^2}{ra(a-1)} \sum_{i=1}^{a-1} e_i^{-1} [a \boldsymbol{p}_i^t \boldsymbol{p}_i - (\boldsymbol{p}_i^t \boldsymbol{1})^2] \\
&= \frac{2\sigma^2}{r} [\sum_{i=1}^{a-1} e_i^{-1} / (a-1)] \qquad (4.2-22)
\end{aligned}$$

식 (4.2－20)과 식 (4.2－22)를 이용하여 블록계획 d의 효율성 E_d 는 다음과 같이 다시 쓸 수 있다. 즉, 평균효율 E_d는 정준효율인자의 조화평균이 된다.

$$E_d = \frac{a-1}{\sum_{i=1}^{a-1} e_i^{-1}} \tag{4.2-23}$$

반복수가 다른 계획의 경우도 $R^{-1}C_d$의 0보다 큰 고유값들의 조화평균으로 E_d를 정의할 수 있다.

▶예 4.2－3 계속

계획 d_1과 d_2의 빈도행렬을 각각 N_1, N_2라고 놓으면,

$$N_1 = \begin{bmatrix} 1\,1\,1\,0\,0\,0 \\ 1\,0\,0\,1\,1\,0 \\ 0\,1\,0\,1\,0\,1 \\ 0\,0\,1\,0\,1\,1 \end{bmatrix}, \quad N_2 = \begin{bmatrix} 2\,0\,0\,1\,0\,0 \\ 0\,2\,1\,0\,0\,0 \\ 0\,0\,1\,0\,1\,1 \\ 0\,0\,0\,1\,1\,1 \end{bmatrix}$$

이고, 따라서 각 계획의 정보행렬 C_1, C_2는 다음과 같이 된다.

$$C_1 = rI_4 - \frac{1}{2}N_1N_1^t = \frac{1}{2}\begin{bmatrix} 3 & -1 & -1 & -1 \\ -1 & 3 & -1 & -1 \\ -1 & -1 & 3 & -1 \\ -1 & -1 & -1 & 3 \end{bmatrix}$$

$$C_2 = rI_4 - \frac{1}{2}N_2N_2^t = \frac{1}{2}\begin{bmatrix} 1 & 0 & 0 & -1 \\ 0 & 1 & -1 & 0 \\ 0 & -1 & 3 & -2 \\ -1 & 0 & -2 & 3 \end{bmatrix}$$

또한, $r^{-1}C_1, r^{-1}C_2$의 정준효율인자를 각각 e_{1i}, e_{2i}라고 하면, 0은 생략하고

$$e_{1i} = 2/3,\ 2/3,\ 2/3$$

$$e_{2i} = 0.872678,\ 0.333333,\ 0.127322$$

가 되어, 계획 d_1, d_2의 평균효율 E_{d_1}, E_{d_2}는 식 (4.2－23)에 의해

$$E_{d_1} = \frac{a-1}{\sum_{i=1}^{a-1} e_{1i}^{-1}} = \frac{3}{3 \times \frac{3}{2}} = \frac{2}{3}$$

$$E_{d_2} = \frac{a-1}{\sum_{i=1}^{a-1} e_{2i}^{-1}} = \frac{3}{(0.872678)^{-1} + (0.333333)^{-1} + (0.127322)^{-1}} = 0.25$$

가 되어 계획 d_1이 훨씬 더 효율적인 계획임을 알 수 있다. 위의 결과는 SAS IML을 이용하여 다음의 [SAS 프로그램 4.2−2]로도 구할 수 있다.

불완비블록계획법 SAS 사용절차 : 정보행렬과 정준효율인자

[SAS 프로그램 4.2−2] [예 4.2−3]의 두 블록계획의 정보행렬과 정준효율인자

```
PROC IML;
N1= { 1 1 1 0 0 0,
      1 0 0 1 1 0,
      0 1 0 1 0 1,
      0 0 1 0 1 1 };
N2= { 2 0 0 1 0 0,
      0 2 1 0 0 0,
      0 0 1 0 1 1,
      0 0 0 1 1 1 };
C1=3*I(4) - N1 * N1` / 2 ; PRINT C1 ;
C2=3*I(4) - N2 * N2` / 2 ; PRINT C2 ;
RC1=C1/3; RC2=C2/3;
CALL EIGEN(e1,p1,RC1); PRINT  e1;
CALL EIGEN(e2,p2,RC2); PRINT  e2;
```

➤ [SPSS 결과물] [예 4.2−3] 정보행렬과 정준효율인자

C1			
1.5	-0.5	-0.5	-0.5
-0.5	1.5	-0.5	-0.5
-0.5	-0.5	1.5	-0.5
-0.5	-0.5	-0.5	1.5

C2			
0.5	0	0	-0.5
0	0.5	-0.5	0
0	-0.5	1.5	-1
-0.5	0	-1	1.5

e1
0.6666667
0.6666667
0.6666667
-1.39E-17

e2
0.872678
0.3333333
0.127322
-1.75E-17

4.2.1절에서 주어진 BIBD의 분산분석표가 어떻게 구해졌는지 다시 살펴보자. BIBD의 일치행렬 NN^t의 각 원소를 λ_{ij}라고 하면,

$$\lambda_{ij} = \sum_{l=1}^{b} n_{il} n_{jl}$$

로 표시할 수 있어, $i \neq j$이면, λ_{ij}는 처리 i와 j가 동일 블록에 배치된 수를 의미한다. 우선 λ_{ij}를 원소로 갖는 NN^t의 형태를 살펴보면, $i \neq j$이면 그 값은 λ이고, $i = j$이면 처리 i를 포함하는 블록의 수가 되어 바로 처리 반복수 r이 된다. 그러므로 BIBD의 정보행렬은 다음과 같이 구해진다.

$$\begin{aligned} C_{BIBD} &= rI_a - \frac{1}{k}NN^t = rI_a - \frac{1}{k}\begin{bmatrix} r & \lambda & \lambda & \cdots & \lambda \\ \lambda & r & \lambda & \cdots & \lambda \\ & & \vdots & & \\ \lambda & \lambda & \cdots & \lambda & r \end{bmatrix} \\ &= rI_a - \frac{1}{k}[(r-\lambda)I_a + \lambda J_a] \\ &= (r - \frac{r-\lambda}{k})I_a - \frac{\lambda}{k}J_a \\ &= (\frac{r(k-1)+\lambda}{k})I_a - \frac{\lambda}{k}J_a \\ &= (\frac{\lambda(a-1)+\lambda}{k})I_a - \frac{\lambda}{k}J_a \text{ ([정리 4.2-2]의 (나)로부터)} \\ &= \frac{\lambda}{k}[aI - J] \end{aligned}$$

또한, C_{BIBD}의 0이 아닌 $(a-1)$개의 고유값은 $\frac{\lambda a}{k}$로서 같고, 따라서 BIBD의 평균효율 E_d는 $\hat{\tau}_i - \hat{\tau}_j$의 분산이 모든 (i,j)쌍에 대하여 같아서 바로 정준효율인자 $\frac{\lambda a}{rk}$가 됨을 알 수 있다. 예로서 [표 4.2-1]의 BIBD 중 $(a=4, b=4, k=3, r=3, \lambda=2)$의 평균효율 $E_{BIBD} = \frac{\lambda a}{rk} = \frac{2 \times 4}{3 \times 3} = 0.89$임을 확인할 수 있다.

다음으로, [표 4.2-2]에 나타난 BIBD의 처리제곱합을 구해 보자. BIBD의 경우, $C^{-}_{BIBD} = \frac{k}{\lambda a}I_a$를 이용하여 처리제곱합 SS_{tr}을 구하면 다음과 같다.

$$SS_{tr} = \hat{\tau}^t q = q^t C_d^- q = q^t(\frac{k}{\lambda a} I_a)q = \frac{k}{\lambda a} q^t q$$

$$= \frac{k}{\lambda a}(T - \frac{1}{k}NB)(T - \frac{1}{k}NB)^t \text{ (식 (4.2-12)로부터)}$$

$$= \frac{k}{\lambda a}\sum_{i=1}^{a}(y_{i.} - \frac{1}{k}\sum_{j=1}^{b} n_{ij}y_{.j})^2$$

또한, 식 (4.2－16)으로부터

$$\hat{\tau} = C_{BIBD}^- q = \frac{k}{\lambda a} q$$

가 된다. q_i를 q의 i번째 값, 즉 i번째 처리에 대한 조정된 합이라고 하면

$$q_i = y_{i.} - \frac{1}{k}\sum_{j=1}^{b} n_{ij}y_{.j}$$

로 나타낼 수 있어, i번째 처리효과 τ_i의 한 추정량은 다음과 같이 구해진다.

$$\hat{\tau_i} = \frac{k}{\lambda a}(y_{i.} - \frac{1}{k}\sum_{j=1}^{b} n_{ij}y_{.j}) = \frac{k}{\lambda a} q_i$$

위의 결과는 4.2.1절에서 미리 주어졌던 것을 상기하라.

앞에서 살펴본 BIBD가 존재하기 위해서는 λ가 정수가 되어야 하는데 매우 강한 조건이 되어 존재하더라도 때때로 많은 반복수를 요구한다. 예로서 $a = 8, k = 3$이면 $\lambda = \frac{r(k-1)}{a-1} = \frac{2r}{7}$과 $b = \frac{ar}{k} = \frac{8r}{3}$이 정수가 되기 위해 최소한의 반복수 $r = 21$이고, 블록의 수 $b = 56$이 되어야 하므로 현실적으로 불가능하다. 실제적으로는 모든 처리쌍의 $\hat{\tau_i} - \hat{\tau_j}$의 분산이 같다는 조건을 완화시킬 필요가 있다. 이렇듯 BIBD의 효율에는 미치지 못하지만 활용도를 높일 수 있는 계획으로 그룹분해계획법(group－divisible design; GDD)이 있다. 먼저 $a = mn$이고 n개의 처리들을 가지는 m그룹으로 나눌 수 있는 경우를 생각해 보자. 같은 그룹 안에 있는 처리들끼리는 첫 번째 동반관계(first associates)가 있고, 다른 그룹 안에 있는 처리들과는 두 번째 동반관계(second associates)가 있다고 한다. 이와 같이 모든 처리들은 첫 번째 동반관계가 있는 처리들과는 λ_1번, 두 번째 동반관계가 있는 처리들과는 λ_2번 블록 내에 배치되는 계획을 GDD라고 한다. m개의 그룹별로 각 n개의 처리들을 배치하는 그룹분해동반체계(group－divisible association scheme)에 따라 얻어지는 GDD가 달라진다. GDD는 부분적균형불완비블록계획법(partially balanced incomplete block designs; PBIBD)으로 확대된다. PBIBD의 블록 내 분석 및 설계에 관한 자세한 내용은 P.W.M.John(1971)이나 박동권(1995)을 참고하기 바란다.

최적(optimal)계획을 찾기 위한 연구가 활발히 진행되어 왔는데 그 기준은 다음과 같이 여러 가지가 있다. 우선 앞에서 살펴본 기준인 평균효율을 최소로 하는 계획을 A-최적(A-optimal) 계획이라고 한다. 이 밖에도 최소의 e_i를 최대로 하는(즉 $\hat{\tau}_i - \hat{\tau}_j$의 최대 분산을 최소화하는) 계획을 E-최적, $\prod_{i=1}^{a-1} e_i$을 최대로 하는(즉 신뢰구역의 체적(volume of confidence region)을 최소로 하는) 계획을 D-최적계획이라 하고, A-, D-, E-최적이 동시에 만족되는 계획을 총체적 최적(universally optimal)계획이라고 한다. 또한 위의 최적계획을 구하기 어려운 경우, 단계적으로 먼저 $\sum_{i=1}^{a-1} e_i$를 최대로 하는 계획을 선택하고 다음으로 그 중 $\sum_{i=1}^{a-1} e_i^2$을 최소로 하는 (M,S)-최적계획이 있다.

연습문제

01 BIBD를 설계하는 방법에는 여러 가지 방법이 있다. 그 중 가장 쉽고 단순한 두 방법을 소개하면 아래와 같다.

> 방법 1 : 각 블록은 처리 $\{1,2,\cdots,a\}$ 중 k개를 택하는 $\binom{a}{k}$의 부분집합의 하나로 구성된다.
>
> 방법 2 : 한 BIBD가 주어졌을 때 이를 이용하여 처리 $\{1,2,\cdots,a\}$ 중 주어진 블록에 없는 처리들로 새로 구성하면 그 여(complementation)계획은 BIBD가 된다. 예로서 BIBD $\{(1\ 2\ 4)\ (2\ 3\ 5)\ (3\ 4\ 6)\ (4\ 5\ 7)\ (5\ 6\ 1)\ (6\ 7\ 2)\ (7\ 1\ 3)\}$의 여 계획은 $\{(3\ 5\ 6\ 7)\ (1\ 4\ 6\ 7)\ (1\ 2\ 5\ 7)\ (1\ 2\ 3\ 6)\ (2\ 3\ 4\ 7)\ (1\ 3\ 4\ 5)(2\ 4\ 5\ 6)\}$이다.

이때 다음에 답하라.

(1 - 1) 방법 1에 의해 만들어진 BIBD의 모수를 결정하라.

(1 - 2) 방법 2에 의해 구해진 BIBD의 모수들과 주어진 BIBD의 모수들 간의 관계식을 구하라.

02 한 제품의 강도(strength) y는 첨가되는 특수 물질의 함유량에 영향을 받는다고 한다. 이를 알아보기 위해 7개의 다른 함유량의 상태에서 실험하려고 한다. 그러나 하루에 단지 세 번의 실험이 가능하여 이에 따라 실험하여 얻어진 결과는 다음과 같다. 여기서 실험된 요일을 블록요인으로 간주한다.

함유량 (%)	요 일						
	월	화	수	목	금	토	일
1.0	114				120		117
1.5	126	120				119	
2.0		137	117				134
2.5	141		129	149			
3.0		145		150	143		
3.5			120		118	123	
4.0				136		130	127

(2-1) 적절한 모형을 세우고 행렬로 표시하라.

(2-2) 위의 모형은 BIBD인가? 그 이유를 정확하게 설명하라.

(2-3) 위의 자료에 관해 제 I 유형의 제곱합을 구할 경우 이에 대해 의미와 절차를 아는 대로 설명하라.

(2-4) 빈도행렬(Incidence matrix)을 구하라.

(2-5) (2－1)에서 세워진 모형에서 모수들은 추정가능한가? 그 이유를 설명하고 이에 대한 해결책을 제시하라.

03 한 제품의 완성도 y(100점 기준)는 열처리에서의 온도에 영향을 받는다고 한다. 이를 알아보기 위해 네 다른 온도에서 실험하여 아래의 결과를 얻었다. 그러나 한 공장에서는 하루에 단지 세 번의 실험이 가능하여 이에 따라 실험하여 얻어진 결과는 다음과 같다. 여기서 실험된 네 공장(1, 2, 3, 4)을 블록요인으로 간주한다.

온도	공 장			
(℃)	1	2	3	4
1000	70	60	50	
1100	80	65		80
1200	90		55	85
1300		75	60	90

적절한 모형을 세우고 행렬로 표시하라. 또한 BIBD인지를 판단하라.

04 4종류의 자동차에 대한 연비율을 알아보기 위해 3종류의 연료별로 블록을 구성한 랜덤화완비블록계획을 활용하여 실험을 실시하였다. 다음의 분산분석(ANOVA) 결과에 근거하여 다음 물음에 답하라.

(4 - 1) 분산분석표를 완성하라.

요인	자유도	제곱합	평균제곱합	F-값
블록		2.541		
처리방법			1.005	
오차				╳
전체		6.856	╳	╳

(4 - 2) 3개의 블록들(연료) 간에 차이가 없는지를 유의수준 5%에서 검정하라.

(4 - 3) 4가지 처리방법(자동차) 간에 차이가 없는지를 유의수준 1%에서 검정하라.

(4 - 4) (4−3)의 결과 사후검정이 필요한가? 필요한 경우 Tukey의 최소유의차가 $\alpha=0.05$에서 3으로 주어졌다고 할 때 이 값을 이용하여 사후분석을 행하려고 한다면 어떤 절차를 필요로 하는지 간략하게 서술하라.

(4 - 5) 적절한 모형을 세우고 행렬의 형태로 나타내라.

(4 - 6) SS(ⓐ|ⓑ)는 ⓑ라는 요인(혹은 요인들)이 이미 모형에 있을 때, 요인(혹은 요인들) ⓐ가 포함됨에 따라 추가로 설명 가능한 (처리)제곱합이라고 표기할 때, 이 표기방법에 의해 제 I 유형 블록제곱합과 처리제곱합을 표기하라.

05 한 화학자는 화학 공정의 반응 시간이 촉매에 영향을 받는다고 생각하여 네 종류의 촉매를 택하여 네 다른 공장(블록으로 간주)에서 실험을 하였다. 그런데 각 공장에서는 용량 때문에 세 개의 촉매만을 사용할 수 있다고 한다. 어떻게 실험을 계획해야 가장 효율적인 결과를 얻을 수 있는가? 실험을 설계하고 그렇게 택한 계획이 왜 효율적인가를 자세히 설명하라.

06 네 가지 영어 교육방법(1, 2, 3, 4라고 하자)의 효과를 대학 신입생을 대상으로 비교하는 실험을 설계하려 한다. 그런데 대학교에 따라 교육방법의 효과가 차이가 있다고 생각되어 선택된 네 학교를 블록으로 간주하기로 하였다(블록 B_1, B_2, B_3, B_4라고 하자). 각 대학교에서는 시설 측면에서 볼 때 학교별로 3가지 교육방법만을 택해 교육시킬 수 있다고 한다. 각 교육방법은 3번씩 동일하게 사용되기를 원한다.

(6-1) 어떻게 실험을 계획해야 가장 효율적인 결과를 얻을 수 있을까? 실험을 예시한 것처럼 설계하고 그렇게 택한 계획이 왜 효율적인가를 자세히 설명하라.

(예시)$B_1:(1,1,2)\;\; B_2:(1,2,4)\;\; B_3:(2,3,4)\;\; B_4:(3,3,4)$

(6-2) 공식 $C=R-NK^{-1}N^t$를 이용하여 위에서 구한 블록계획의 정보행렬을 구하라. 구해진 정보행렬의 특징을 설명하라.

07 다음은 6종류의 다이어트 식품의 효과를 분석하기 위하여 10종류의 토끼들로부터 태어난 같은 배(litter)의 새끼들로부터 임의로 각각 3마리씩 뽑아 6종류의 다이어트 식품을 먹인 결과의 실험자료이다. 여기서 배를 블록요인으로 간주한다.

(단위: 온스)

처리 (식품)	블록(토끼의 배)										처리합
	1	2	3	4	5	6	7	8	9	10	
1	−	40.1	−	44.9	−	−	45.2	44.0	−	37.3	211.5
2	32.6	38.1	−	−	−	37.3	40.6	−	30.6	−	179.2
3	35.2	40.9	34.6	43.9	40.9	−	−	−	−	−	195.5
4	−	−	37.5	−	37.3	−	37.9	−	27.5	42.3	182.5
5	−	−	−	40.8	32.0	40.5	−	38.5	20.6	−	172.5
6	42.2	−	34.3	−	−	42.8	−	51.9	−	41.7	212.9
블록합	110.0	119.1	106.4	129.6	110.2	120.6	123.7	134.4	78.7	121.3	1154

(7-1) BIBD인가? (a, k, b, r, λ)를 각각 구하고 이를 근거로 주장을 정당화하라.

(7-2) 6종류의 다이어트 식품 효과의 차이가 있는지를 검정하기 위해 제 I 유형 제곱합을 사용하려고 한다. 그 과정을 약술하라.

5장 공분산분석

앞에서는 비슷한 속성을 가진 실험단위들을 동일 블록 내에 처리함으로서 실험의 정도(precision)를 높일 수 있는 블록계획법에 관해 알아보았다. 실험오차를 줄이는 또 하나의 분석방법으로 **공분산분석**(analysis of covariance; ANCOVA)이 있다. 이 방법은 통제가능하지 않은 장해요인이 존재하고, 반응변수와 선형관계가 있을 때 적합하다.

예로서 한 교사는 세 가지 다른 교육방법을 통해 교육을 시킨 후 방법들 간에 차이가 있는지를 알아보려고 한다. 이를 위해 연령과 현재 학력이 비슷한 학생들을 택하여 교육방법들에 따라 교육시킨 후 시험을 보아 최종성적을 구했다. 이때 교사는 경험으로 보아 지능지수(I.Q.)가 최종성적에 선형적으로 영향을 미쳐서, 지능지수가 높은 학생은 그렇지 않은 학생들과 비교해서 최종성적이 더 큰 폭으로 올라갈 것이라고 생각한다. 교사는 학생들의 지능지수를 교육 전에 미리 조사해 두었다. 여기서 지능지수를 **공변수**(covariate)라고 한다. 공변수는 임의로 조절할 수 없고 반응변수(최종성적)와 함께 주어져서 처리요인의 효과를 보다 효율적으로 높이는 장해요인이 된다. 따라서 이 예시에는 지능지수에 의해 조정된(adjusted) 최종점수를 구한 후 분석하는 공분산분석 방법이 단순한 분산분석보다 더 적합하다고 할 수 있다. 이러한 공분산분석 모형은 분산분석과 회귀분석 모형이 결합된 모형이 된다.

5.1 공분산분석의 유형

y_{ij}는 i번째 처리의 j번째 반응값, τ_i를 i번째 처리효과, β를 반응변수 y와 공변수 x의 선형회귀계수, x_{ij}를 실험단위 처리 이전에 알고 있는 공변수의 측정값이라고 했을 때, 다음의 두 가지 공분산분석 모형을 고려할 수 있다.

$$(\text{모형 I}):\ y_{ij} = \mu + \tau_i + \beta x_{ij} + \epsilon_{ij}$$

$$(\text{모형 II}):\ y_{ij} = \mu + \tau_i + \beta_i x_{ij} + \epsilon_{ij}$$

모형 I는 단일 처리요인과 단일 공변수의 선형성을 동시에 고려한 공분산분석 모형이다. 모형의 구조가 나타나 있는 [그림 5.1−1(가)]에서의 직선은 처리별 회귀방정식을 나타낸다. 그림에서 보듯 절편만 차이가 날 뿐 기울기는 같음을 알 수 있다. 기울기 β가 같다는 것은 각 처리별 반응값과 공변수 간의 선형관계가 같음을 의미한다. 만약 반응값과 공변수 간의 선형관계가 없다면 공분산분석 모형은 i번째 처리에서 공변수에 영향을 받지 않는 [그림 5.1－1(나)]의 일원배치모형으로 줄어든다. 모형 I에서는 기울기가 같으므로 주어진 x에 상관없이 두 처리효과 τ_i와 τ_j의 차이는 두 직선의 차이인 $\tau_i - \tau_j$로 일정하다. 따라서 두 처리효과 간에 차이가 없으려면 두 직선은 반드시 일치해야 한다.

다음으로 처리별로 기울기가 다른 공분산분석 모형 II인 [그림 5.1－1(다)]를 보면 두 직선의 기울기가 달라서 처리효과의 차이는 x에 의존함을 알 수 있다. 이러한 경우는 처리별로 각각의 회귀방정식을 구한 후 비교하는 것이 좋다.

이해를 돕기 위해 가상의 자료를 선택해 보자. 먼저 자료가 [그림 5.1－2(가)]와 같이 퍼져 있다고 하면 [그림 5.1－2(나)]와 같이 기울기가 같은 모형 I에 적합하다. 반면에 [그림 5.1－3(가)]의 자료는 [그림 5.1－3(나)]에서 볼 수 있듯이 모형 II의 공분산분석 모형에 적합시키는 것이 좋다. 단, 공변수의 선택은 매우 중요해서 실험 전에 선택된 공변수가 반응값과 아무런 선형관계가 없으면 공분산분석의 효과는 기대할 수 없다.

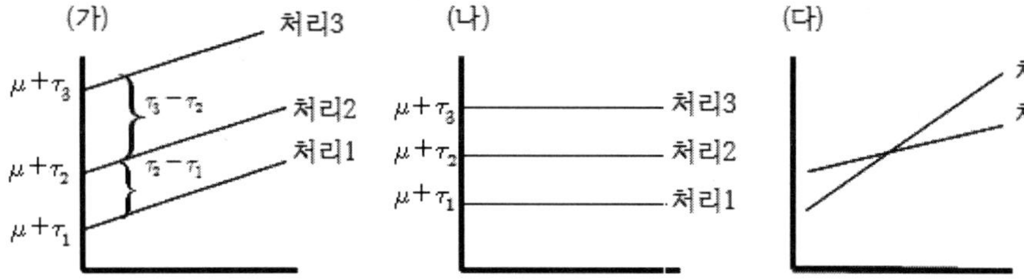

[그림 5.1－1] 공분산분석 모형의 비교

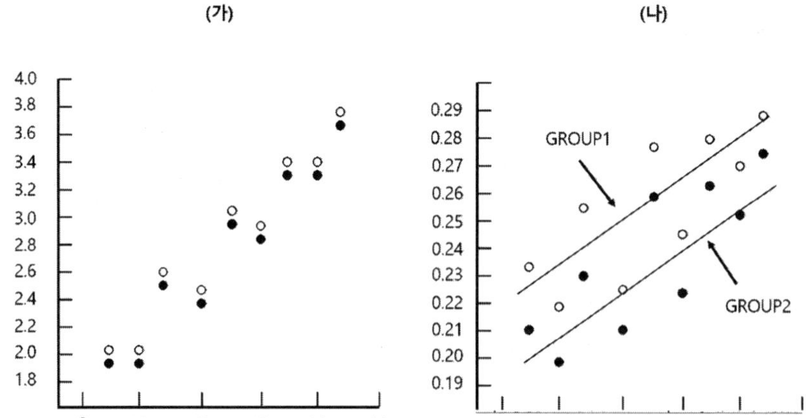

[그림 5.1－2] 모형 I에 적합한 자료

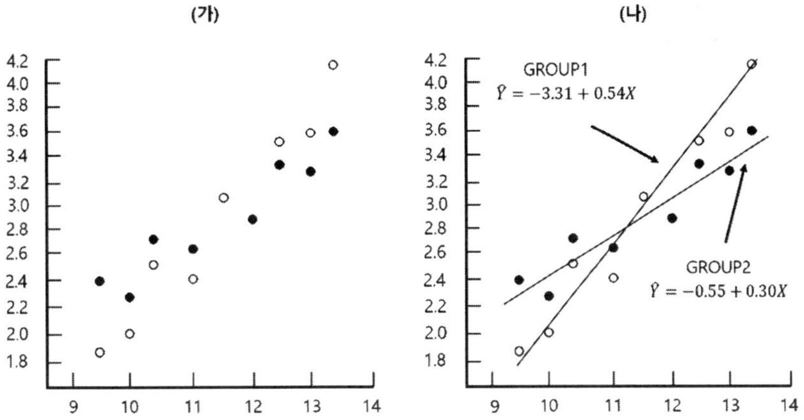

[그림 5.1 – 3] 모형 II에 적합한 자료

모형 I과 II는 공변수가 하나이고 처리요인의 수가 하나인 모형이다. 이러한 공분산분석 모형은 다음과 같이 여러 모형으로 확대될 수 있다.

$$(\text{모형 III}):\ y_{ij} = \mu + \tau_i + \gamma_j + \beta x_{ij} + \epsilon_{ij}$$

$$(\text{모형 IV}):\ y_{ij} = \mu + \tau_i^{(1)} + \tau_j^{(2)} + (\tau_i^{(1)}\tau_j^{(2)})_{ij} + \beta x_{ij} + \epsilon_{ij}$$

$$(\text{모형 V}):\ y_{ij} = \mu + \tau_i + \beta_1 x_{ij}^{(1)} + \beta_2 x_{ij}^{(2)} + \epsilon_{ij}$$

γ_j를 블록요인이라고 할 때, 모형 III은 하나의 공변수와 하나의 처리요인을 갖는 랜덤화완비블록계획에 의한 공분산분석 모형이다. 모형 IV는 처리요인이 둘이고 공변수의 수가 하나인 공분산분석 모형이고, 모형 V는 두 개의 공변수와 단일 처리요인을 갖는 공분산분석 모형이다. 다음 절에서는 모형 I에 대한 공분산분석을 다룬다.

5.2 일요인 공분산분석

모형 I에서 반복수가 n으로 같고 (반복수가 다른 경우도 거의 동일한 과정을 거쳐 쉽게 확대될 수 있다.) 오차항은 평균 0이고 분산이 σ^2인 정규분포를 따른다고 가정하자. 실험단위들이 2장에서 설명한 바와 같이 랜덤화에 의해 배치되었다고 했을 때 자료는 다음과 같이 정리될 수 있다.

[표 5.2 – 1] 단일 공변수를 갖는 일요인 공분산분석 모형의 자료구조

처리	반복	평균
1	$(x_{11},y_{11}),(x_{12},y_{12}),\cdots,(x_{1n},y_{1n})$	$(\overline{x}_{1.},\overline{y}_{1.})$
2	$(x_{21},y_{21}),(x_{22},y_{22}),\cdots,(x_{2n},y_{2n})$	$(\overline{x}_{2.},\overline{y}_{2.})$
$\vdots$	$\vdots$	$\vdots$
a	$(x_{a1},y_{a1}),(x_{a2},y_{a2}),\cdots,(x_{an},y_{an})$	$(\overline{x}_{a.},\overline{y}_{a.})$
		$(\overline{x}_{..},\overline{y}_{..})$

다음과 같이 모형 $\boldsymbol{y}= X\boldsymbol{\theta}+ \boldsymbol{\epsilon}$을 설정하자.

$$\boldsymbol{y}=\begin{bmatrix} y_{11} \\ \vdots \\ y_{1n} \\ \vdots \\ y_{a1} \\ \vdots \\ y_{an} \end{bmatrix},\ X=\begin{bmatrix} 1\,1\,0\cdots 0\; x_{11} \\ \vdots \\ 1\,1\,0\cdots 0\; x_{1n} \\ \vdots \\ \vdots \\ \vdots \\ 1\,0\,0\cdots 1\; x_{a1} \\ \vdots \\ \vdots \\ 1\,0\,0\cdots 1\; x_{an} \end{bmatrix},\ \boldsymbol{\theta}=\begin{bmatrix} \mu \\ \tau_1 \\ \vdots \\ \tau_a \\ \beta \end{bmatrix}$$

$$X^tX = \begin{bmatrix} N & n & n & \cdots & n & x_{..} \\ n & n & 0 & \cdots & 0 & x_{1.} \\ & & & \vdots & & \\ n & 0 & 0 & \cdots & n & x_{a.} \\ x_{..} & x_{1.} & x_{2.} & \cdots & x_{a.} & \sum_{i=1}^{a}\sum_{j=1}^{n}x_{ij} \end{bmatrix}$$

가 되어서 정규방정식 $(X^tX)\boldsymbol{\theta}= X^t\boldsymbol{y}$은 다음과 같이 된다.

$$N\hat{\mu}+ n\hat{\tau}_1 +\cdots+ n\hat{\tau}_a + \hat{\beta}x_{..} = y_{..} \tag{5.2-1}$$

$$n(\hat{\mu}+ \hat{\tau}_i)+ \hat{\beta}x_{i.} = y_{i.}\ (i = 1,\cdots,a) \tag{5.2-2}$$

$$\sum_{i=1}^{a}x_{i.}(\hat{\mu}+ \hat{\tau}_i)+ \hat{\beta}\sum_{i=1}^{a}\sum_{j=1}^{n}x_{ij}^2 = \sum_{i=1}^{a}\sum_{j=1}^{n}x_{ij}y_{ij} \tag{5.2-3}$$

식 (5.2−2)로부터

$$\widehat{\mu+\tau_i} = \overline{y}_{i.} - \hat{\beta}\overline{x}_{i.} \tag{5.2-4}$$

이 되고 식 (5.2−3)에 대입하면,

$$n\sum_{i=1}^{a}\overline{x}_{i.}(\overline{y}_{i.} - \hat{\beta}\overline{x}_{i.}) + \hat{\beta}\sum_{i=1}^{a}\sum_{j=1}^{n}x_{ij}^2 = \sum_{i=1}^{a}\sum_{j=1}^{n}x_{ij}y_{ij}$$

가 되어서 β에 관해 풀면, β는 추정가능하고

$$\hat{\beta} = \frac{\sum_{i=1}^{a}\sum_{j=1}^{n}x_{ij}y_{ij} - n\sum_{i=1}^{a}\overline{x}_{i.}\overline{y}_{i.}}{\sum_{i=1}^{a}\sum_{j=1}^{n}x_{ij}^2 - n\sum_{i=1}^{a}\overline{x}_{i.}^2}$$

$$= \frac{\sum_{i=1}^{a}\sum_{j=1}^{n}(x_{ij} - \overline{x}_{i.})(y_{ij} - \overline{y}_{i.})}{\sum_{i=1}^{a}\sum_{j=1}^{n}(x_{ij} - \overline{x}_{i.})^2} \tag{5.2-5}$$

로 구해진다. 반면에 식 (5.2−2)의 합은 식 (5.2−1)로 줄어들어 μ와 τ_i는 각각은 추정가능하지 않으나 $(\mu+\tau_i)$는 추정가능하다. 또한, 모수 τ_i의 추정가능함수의 형태는 공변수가 없다고 가정했을 때의 모형과 일치한다.

처리효과의 차이에 대해 검정하기 위해 제 I 유형의 제곱합을 구해 보자. 우도비검정을 행하기 위해 처리효과를 무시한 축소모형은

$$\omega : y_{ij} = \mu + \beta^* x_{ij} + \epsilon_{ij}$$

로 구해져 단순회귀모형이 된다. 이 경우 β^*와 μ에 대한 최소제곱추정량은 다음과 같이 구해진다.

$$\widehat{\beta^*} = \frac{\sum_{i=1}^{a}\sum_{j=1}^{n}x_{ij}y_{ij} - N\overline{x}_{..}\overline{y}_{..}}{\sum_{i=1}^{a}\sum_{j=1}^{n}x_{ij}^2 - N\overline{x}_{..}^2}$$

$$= \frac{\sum_{i=1}^{a}\sum_{j=1}^{n}(x_{ij} - \overline{x}_{..})(y_{ij} - \overline{y}_{..})}{\sum_{i=1}^{a}\sum_{j=1}^{n}(x_{ij} - \overline{x}_{..})^2}$$

$$\hat{\mu} = \overline{y}_{..} - \widehat{\beta^*}\overline{x}_{..}$$

따라서 단순회귀모형의 회귀제곱합 $SSR = SS(\beta|\mu)$은

$$SSR = SS(\beta|\mu) = SST - \sum_{i=1}^{a}\sum_{j=1}^{n}[y_{ij} - \hat{\mu} - \widehat{\beta^*} x_{ij}]^2$$

$$= \sum_{i=1}^{a}\sum_{j=1}^{n}(y_{ij} - \bar{y}_{..})^2 - \sum_{i=1}^{a}\sum_{j=1}^{n}[y_{ij} - \bar{y}_{..} - \widehat{\beta^*}(x_{ij} - \bar{x}_{..})]^2$$

$$= \frac{[\sum_{i=1}^{a}\sum_{j=1}^{n}(x_{ij} - \bar{x}_{..})(y_{ij} - \bar{y}_{..})]^2}{\sum_{i=1}^{a}\sum_{j=1}^{n}(x_{ij} - \bar{x}_{..})^2}$$

로 구해지고 완전모형의 오차제곱합 $SS_\Omega = SSE$는

$$SSE = \sum_{i=1}^{a}\sum_{j=1}^{n}[y_{ij} - \widehat{\mu + \tau_i} - \hat{\beta} x_{ij}]^2$$

$$= \sum_{i=1}^{a}\sum_{j=1}^{n}[y_{ij} - \bar{y}_{i.} - \hat{\beta}(x_{ij} - \bar{x}_{i.})]^2$$

$$= \sum_{i=1}^{a}\sum_{j=1}^{n}(y_{ij} - \bar{y}_{i.})^2 - \widehat{\beta^2}\sum_{i=1}^{a}\sum_{j=1}^{n}(x_{ij} - \bar{x}_{i.})^2$$

$$= \sum_{i=1}^{a}\sum_{j=1}^{n}(y_{ij} - \bar{y}_{i.})^2 - \frac{[\sum_{i=1}^{a}\sum_{j=1}^{n}(x_{ij} - \bar{x}_{i.})(y_{ij} - \bar{y}_{i.})]^2}{\sum_{i=1}^{a}\sum_{j=1}^{n}(x_{ij} - \bar{x}_{i.})^2}$$

가 된다. 또한, SSE에 대한 자유도는 $N-$계수$(X) = N - a - 1$이다.

우리의 관심이 되는 가설은 'H_0 : 모든 τ_i는 같다'이다. 이는 앞에서 설명되었듯이 각 처리별 회귀식이 정확히 일치함을 의미한다. 추가로 공변수와 반응값의 선형관계의 여부에 대한 검정인 'H_0 : $\beta = 0$'도 관심의 대상이 된다. 귀무가설이 채택된다는 것은 공변수가 최종으로 얻어진 반응값에 영향을 주지 못함을 의미한다. 이제 가설을 검정해 보자. 절차는 불완비블록계획에서와 같이 공변수에 의해 조정된 후 처리효과를 구하는 제 I 유형 제곱합을 이용하기로 한다. 먼저 공변수 x만을 고려한 제곱합을 $SSR = SS(\beta|\mu)$라고 하자. 다음으로 x에 의해 조정된(adjusted) 처리제곱합을 $SS_{tr} = SS(\tau|\mu, \beta)$라고 하자. SS_{tr}은 $SS_{tr} = SS(\tau|\mu, \beta) = SS_\omega - SSE = SST - SSR - SSE$을 이용하여 구할 수 있다. 위의 결과들은 [표 5.2−2]에 정리되어 있다.

[표 5.2－2] 공변수에 의해 조정된 처리효과에 대한 제 I 유형의 제곱합

변동요인	제 I 유형의 제곱합	자유도
공변수	$SSR = SS(\beta \mid \mu) = \dfrac{[\sum_{i=1}^{a}\sum_{j=1}^{n}(x_{ij}-\overline{x}_{..})(y_{ij}-\overline{y}_{..})]^2}{\sum_{i=1}^{a}\sum_{j=1}^{n}(x_{ij}-\overline{x}_{..})^2}$	1
처리요인	$SS_{tr} = SS(\tau \mid \mu, \beta)$ $= SST - SSE - SSR$	$a-1$
오차	$SSE = \sum_{i=1}^{a}\sum_{j=1}^{n}(y_{ij}-\overline{y}_{i.})^2 - \dfrac{[\sum_{i=1}^{a}\sum_{j=1}^{n}(x_{ij}-\overline{x}_{i.})(y_{ij}-\overline{y}_{i.})]^2}{\sum_{i=1}^{a}\sum_{j=1}^{n}(x_{ij}-\overline{x}_{i.})^2}$	$a(n-1)-1$
총변동	$SST = \sum_{i=1}^{a}\sum_{j=1}^{n}(y_{ij}-\overline{y}_{..})^2$	$an-1$

'H_0 : 모든 τ_i는 같다'를 검정하려고 하면 $F = \dfrac{MS_{tr}}{MSE}$가 $F_{(\alpha, a-1, a(n-1)-1)}$의 값보다 크면 귀무가설을 기각한다. 또한 공변수와 반응값의 선형관계에 대한 검정인 'H_0 : $\beta = 0$'을 검정하려면 $\dfrac{MSR}{MSE}$과 $F_{(\alpha, 1, a(n-1)-1)}$을 비교하면 된다. 예를 들어보자. 다음의 예는 Packard와 Boardman의 논문 'Physiolical Zoology, 61(1), 1－9'에서 주어진 자료를 이용하였다.

▶예 5.2－1 다음의 예는 snapping 거북이(북아메리카 하천의 자라 비슷한 거북이)의 알에 대해 실험한 결과이다. 두 실험 그룹(알들이 놓여 있는 하층부의 물 함유량에 따라 다른)에 대해 8개씩의 수정란이 랜덤하게 배치되었다. 그 후 이 알들을 부화(hatching)시켜서 무게를 측정했다. 부화 전 알들의 무게(egg mass)는 10.223 g ~ 12.533 g이고 두 처리(그룹)별 평균($\overline{x}_{1.} = 11.457$, $\overline{x}_{2.} = 11.520$)과 분포가 비슷하다. 부화 후 갓 깨어난 새끼를 얼려서 죽이고, 붙어 있는 노른자위는 떼어낸다. 죽은 새끼를 오븐 50℃에서 말린 후 무게(dry mass)를 잰다. 여기서 처리(그룹)가 부화된 거북이의 무게(dry mass)에 영향을 주는지를 알고 싶다. 얻어진 자료는 다음과 같다.

[표 5.2 – 3] 공분산분석 원자료 및 조정된 자료

	알의 무게(g) x_{ij}	말린 후의 무게(g) y_{ij}	조정된 말린 후의 무게 $y_{ij}(adj)$
처리 1	10.223	1.184	1.437
	11.184	1.371	1.432
	12.251	1.676	1.524
	11.922	1.662	1.575
	11.485	1.509	1.510
	11.625	1.539	1.512
	11.303	1.481	1.518
	11.662	1.417	1.382
평균	$11.457 = \overline{x}_{1.}$	$1.480 = \overline{y}_{1.}$	$1.486 = \overline{y}_{1.}(adj)$
처리 2	11.415	1.364	1.379
	11.684	1.508	1.469
	11.668	1.535	1.499
	11.322	1.387	1.420
	12.553	1.522	1.309
	12.213	1.502	1.357
	10.814	1.256	1.391
	10.493	1.230	1.429
평균	$11.520 = \overline{x}_{2.}$	$1.413 = \overline{y}_{2.}$	$1.407 = \overline{y}_{2.}(adj)$
전체평균	$\overline{x}_{..} = 11.4885$	$\overline{y}_{..} = 1.4465$	

공분산분석 SPSS 사용절차

① [그림 5.2−1]과 같이 자료를 입력한 후, [그림 5.2−2]와 같이 메뉴의 [분석(A)] → [일반선형모형(G)] → [일변량(U)]을 선택한다.

② [그림 5.2−3]과 같이 왼쪽 변수목록란에서 [종속변수(D)]에는 [말린후의무게], [고정요인(F)]에 [처리], [공변량(C)]에 [알의무게]를 선택한다.

③ 다음으로 [모형]을 탭으로 이동하여 분석 모형을 설정한다. 본 예시에서는 교호작용을 고려하지 않으므로 [사용자 정의(C)]를 설정하고 [항설정]에서 [주효과]를 누르고 [알의무게]와 [처리]를 순서적으로 선택하여 [그림 5.2−4]와 같이 입력한다. (주의할 점은 공변수가 먼저 모형에 포함되어야 하므로 변수 알의무게와 처리의 입력 순서가 다르면 안 된다.)

④ 다음으로 [그림 5.2−4]와 같이 [제곱합]을 [제 I 유형]을 선택하고 [계속]을 누르면 분석결과로 다음의 분산분석표를 얻을 수 있다.

	처리	알의무게	말린후의무게	변수
1	1	10.223	1.184	
2	1	11.184	1.371	
3	1	12.251	1.676	
4	1	11.922	1.662	
5	1	11.485	1.509	
6	1	11.625	1.539	
7	1	11.303	1.481	
8	1	11.662	1.417	
9	2	11.415	1.364	
10	2	11.684	1.508	
11	2	11.668	1.535	
12	2	11.322	1.387	
13	2	12.553	1.522	
14	2	12.213	1.502	
15	2	10.814	1.256	
16	2	10.493	1.230	

[그림 5.2 − 1] 공분산분석 자료

[그림 5.2 − 2] 일반선형모형

[그림 5.2 − 3] 변수 입력

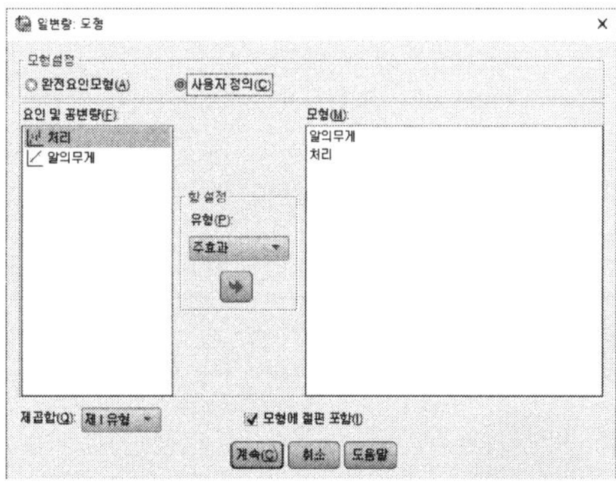

[그림 5.2 − 4] 모형 입력

➤ [SPSS 결과물] 공분산분석 분산분석표

개체-간 효과 검정

종속변수: 말린후의무게

소스	제 I 유형 제곱합	자유도	평균제곱	F	유의확률
수정된 모형	.248[a]	2	.124	29.993	.000
절편	33.475	1	33.475	8086.224	.000
알의무게	.223	1	.223	53.885	.000
처리	.025	1	.025	6.101	.028
오차	.054	13	.004		
전체	33.777	16			
수정된 합계	.302	15			

a. R 제곱 = .822 (수정된 R 제곱 = .794)

추가적인 기능

위에서 구해진 결과에 대한 해석을 좀 더 용이하게 하기 위해 다음의 절차를 추가할 수 있다.

⑤ 반응변수 [말린후의 무게]와 공변수 [알의무게]의 산점도(Scatter Plot)를 구한다. [그림 5.2−5]와 같이 메뉴바에서 [그래프(G)] → [레거시 대화 상자] → [산점도/점도표] → [단순산점도]를 누르고, [그림 5.2−6]과 같이 선택하면 [그림 5.2−7]의 산포도를 얻을 수 있다.

⑥ 모수들의 추정값을 얻기 위해 일변량 분석 대화상자에서 [옵션]을 누르면 옵션 대화상자가 나타나는데 여기서 [그림 5.2−8]처럼 [모수 추정값(T)]을 누르면 모수에 대한 추정값이 다음과 같이 구해진다.

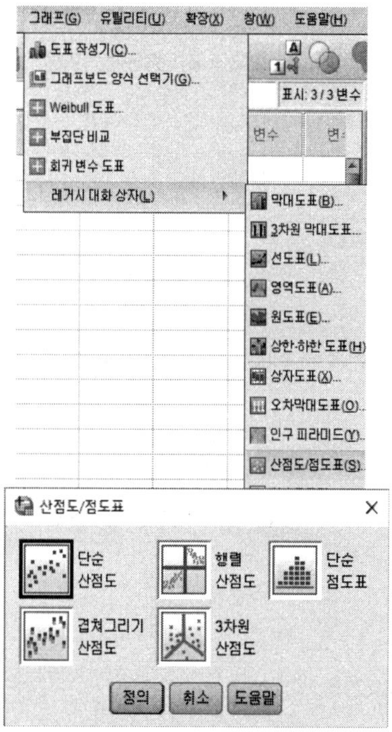

[그림 5.2 − 5] 산점도/점도표

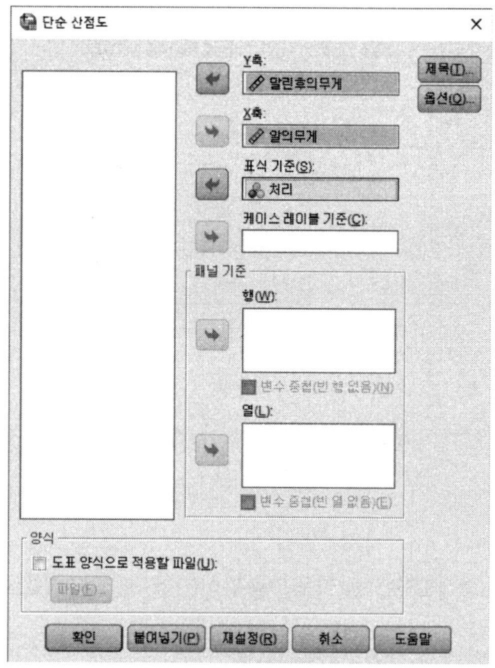

[그림 5.2 − 6] 모형 입력

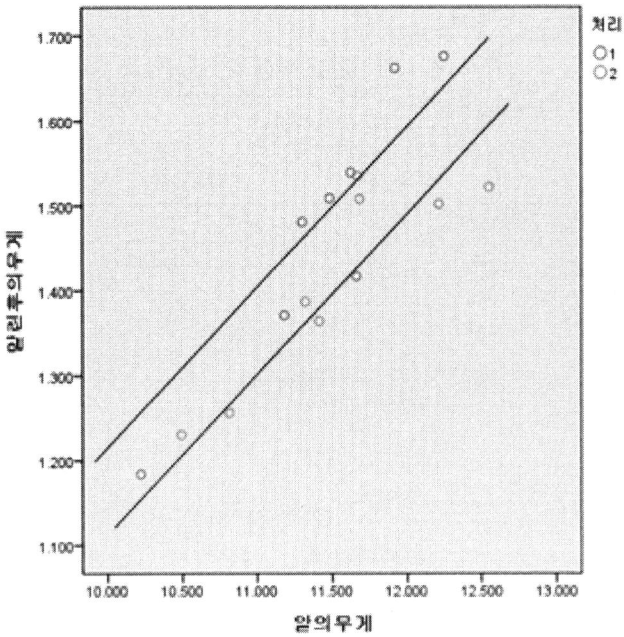

[그림 5.2 – 7] 산포도

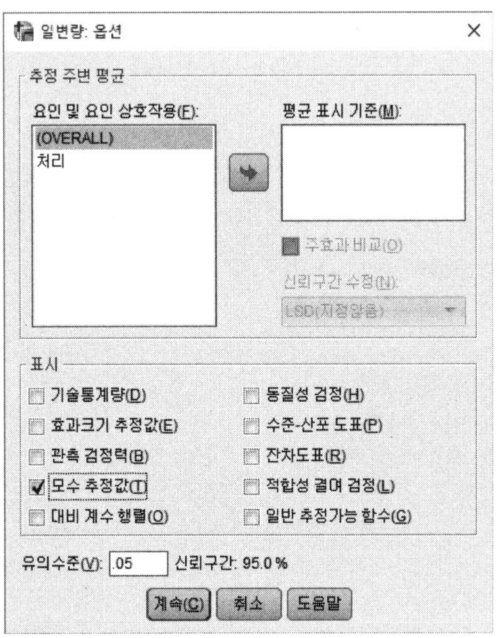

[그림 5.2 – 8] 일반요인 옵션 대화상자

➤ [SPSS 결과물] 모수 추정값

모수 추정값

종속변수: 말린후의무게

모수	B	표준오차	t	유의확률	95% 신뢰구간 하한	95% 신뢰구간 상한
절편	-.896	.310	-2.887	.013	-1.566	-.225
알의무게	.200	.027	7.461	.000	.142	.258
[처리=1]	.080	.032	2.470	.028	.010	.149
[처리=2]	0[a]	.	.	.	.	.

a. 현재 모수는 중복되므로 0으로 설정됩니다.

✚ 통계적 해석

▶ **공변수의 효과에 대한 유의성검정**: 공변수와 반응변수 간의 선형관계 유무에 대한 검정 'H_0 : $\beta = 0$'을 해 보자. 분산분석표를 보면

$$F = \frac{SS(\beta|\mu)/1}{MSE} = \frac{0.223}{0.054/13} = 53.885$$

이고, p-값은 0.000으로 매우 적어서 강하게 귀무가설을 기각하여 선형관계가 있다고 할 수 있다. 따라서 공변수의 선택은 의미가 있다고 할 수 있다.

▶ **주효과에 대한 유의성검정**: 위의 결과에 따라 공변수에 의해 조정된 후 처리효과에 대한 검정 'H_0 : 모든 τ_i는 같다'를 보기 위해 분산분석표를 보면

$$F = \frac{MS_{tr}}{MSE} = \frac{0.025}{0.054/13} = 6.101$$

이고, p-값은 0.028로 구해져 $\alpha = 0.05$하에서 유의한 차이가 인정된다.

▶ **처리별 공분산분석 모형의 추정**: 모수 추정값을 보면 $\hat{\beta} = 0.200$, $\hat{\tau_1} = 0.08$, $\hat{\tau_2} = 0$으로 구해져 있다. 앞에서 언급했듯이 τ_1과 τ_2는 추정가능하지 않아 SPSS에서는 $\hat{\tau_2} = 0$으로 놓고 추정하였다. 식 (5.2−2)로부터 $\hat{\tau_2} = 0$으로 대입하면 $\mu = \overline{y}_{2.} - \hat{\beta}\overline{x}_{2.} = 1.413 - 0.200 \times 11.520 = -0.895$로 구해져서 처리 1, 2에 대한 모형은 다음과 같이 추정된다.

처리 1 : $\hat{y_1} = -0.895 + 0.080 + 0.200x_1 = -0.815 + 0.200x_1$

처리 2 : $\hat{y_2} = -0.895 + 0.200x_1$

두 회귀방정식이 [그림 5.2−7]에 그려져 있다.

▶ **주목할 점**: 추가로 공변수를 무시한 일원배치모형에 의해 처리효과에 대한 검정 'H_0 : 모든 τ_i는 같다'를 행하면 p-값은 0.36(각자 구해 보고 확인할 것)으로 두 처리효과에 대한 유의적인 차이를 인정할 수 없다. 이는 공변수 효과가 있을 때 공변수를 고려하지 않은 경우 처리효과의 결과가 다를 수 있음을 보여주는 좋은 예가 된다.

5.3 조정된 처리평균을 이용한 공분산분석

앞 절에서 설명한 절차는 실제로는 다음의 절차로 부연하여 설명할 수 있다. 결론적으로 요약하면 일요인분산분석에서 각 처리평균을 비교했듯, 공분산분석에서는 실제로는 공변수에 의해 **조정된 처리평균**을 비교함으로서 분석을 행하게 된다. $\mu^* = \mu - \beta\overline{x}_{..}$ 라고 놓으면 공분산분석 모형은 다음의 식으로 변형할 수 있다.

$$y_{ij} = \mu + \tau_i + \beta x_{ij} + \epsilon_{ij} = \mu^* + \tau_i + \beta(x_{ij} - \overline{x}_{..}) + \epsilon_{ij} \qquad (5.3-1)$$

모수의 추정값은 식 (5.2−4)로부터 $\widehat{\mu^* + \tau_i} = \overline{y}_{i.} - \hat{\beta}(\overline{x}_{i.} - \overline{x}_{..})$로 구해지고 조정된 처리평균(adjusted treatment mean) $\overline{y}_{i.}(adj)$는 다음과 같이 정의된다.

$$\overline{y}_{i.}(adj) = \overline{y}_{i.} - \hat{\beta}(\overline{x}_{i.} - \overline{x}_{..}) \qquad (5.3-2)$$

각각의 반응값 y_{ij}도 같은 맥락으로 다음과 같이 조정될 수 있다.

$$y_{ij}(adj) = y_{ij} - \hat{\beta}(x_{ij} - \overline{x}_{..})$$

이렇게 조정되었을 때 기울기 β가 0보다 크면 [그림 5.3−1]과 같이 평균보다 적은 공변수의 조정된 반응값은 상향 조정되고 큰 값은 하향 조정되는 효과가 있다.

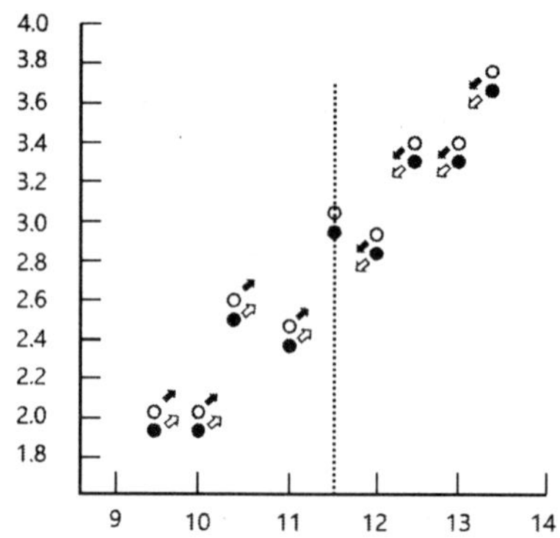

[그림 5.3 – 1] 조정된 공변수값의 효과

두 조정된 평균의 차이는 $\overline{y}_{i.}(adj) - \overline{y}_{j.}(adj) = \hat{\tau}_i - \hat{\tau}_j$로 구해져서 두 요인 수준 효과의 차이가 된다. [표 5.2−3]의 자료에서 처음 두 열은 원래 주어진 공변수와 반응값을 의미한다. 세 번째 열은 각 반응값이 위와 같이 공변수에 의해 조정된 값이 구해져 있다. 또한, 각 처리별 조정된 평균은 다음과 같이 구해진다.

$$\overline{y}_{1.}(adj) = \overline{y}_{1.} - \hat{\beta}(\overline{x}_{1.} - \overline{x}_{..}) = 1.480 - 0.2(11.457 - 11.4885) = 1.486$$

$$\overline{y}_{2.}(adj) = \overline{y}_{2.} - \hat{\beta}(\overline{x}_{2.} - \overline{x}_{..}) = 1.413 - 0.2(11.52 - 11.4885) = 1.407$$

정리하면 공분산분석에서는 실제로는 $\overline{y}_{i.}(adj)$을 비교함으로서 분석을 행하게 된다. 다음은 $\overline{y}_{i.}(adj)$를 직접 비교하는 SAS 절차를 보여준다.

공분산분석 모형의 SAS 사용절차

[SAS 프로그램 5.3 – 1] [예 5.2 – 1]를 이용한 공분산분석

```
DATA ex5_2_1;
INPUT FAC X Y @@;
CARDS;
1 10.223 1.184 1 11.184 1.371 1 12.251 1.676 1 11.922 1.662
1 11.485 1.509 1 11.625 1.539 1 11.303 1.481 1 11.662 1.417
2 11.415 1.364 2 11.684 1.508 2 11.668 1.535 2 11.322 1.387
2 12.553 1.522 2 12.213 1.502 2 10.814 1.256 2 10.493 1.230
;
RUN;
PROC GLM DATA=ex5_2_1;
CLASS FAC;
```

```
MODEL Y= X FAC/ SS1 solution;
lsmeans fac/stderr tdiff pdiff;
RUN;
/* 기울기의 동질성검정 - 요인과 공변수의 교호작용 추가 */
PROC GLM DATA=ex5_2_1;
CLASS FAC;
MODEL Y= FAC X FAC*X ;
RUN;
```

➤ [SAS 결과물] 공분산분석 분산분석표와 모수 추정

The GLM Procedure

Dependent Variable: Y

Source	DF	Sum of Squares	Mean Square	F Value	Pr > F
Model	2	0.24832726	0.12416363	29.99	<.0001
Error	13	0.05381668	0.00413974		
Corrected Total	15	0.30214394			

R-Square	Coeff Var	Root MSE	Y Mean
0.821884	4.448229	0.064341	1.446438

➤ [SAS 결과물] 제 I 유형의 제곱합과 분산분석표

Source	DF	Type I SS	Mean Square	F Value	Pr > F
X	1	0.22306920	0.22306920	53.88	<.0001
FAC	1	0.02525806	0.02525806	6.10	0.0281

Parameter	Estimate		Standard Error	t Value	Pr > |t|
Intercept	-.8956085304	B	0.31026321	-2.89	0.0127
X	0.2003956972		0.02685950	7.46	<.0001
FAC 1	0.0795750773	B	0.03221543	2.47	0.0281
FAC 2	0.0000000000	B	.	.	.

The GLM Procedure
Least Squares Means

FAC	Y LSMEAN	Standard Error	H0:LSMEAN=0	H0:LSMean1=LSMean2	
			Pr > |t|	t Value	Pr > |t|
1	1.48622504	0.02276384	<.0001	2.47	0.0281
2	1.40664996	0.02276384	<.0001		

➤ [SAS 결과물] 기울기에 대한 동일성검정 결과

Source	DF	Type III SS	Mean Square	F Value	Pr > F
FAC	1	0.00921730	0.00921730	2.58	0.1344
X	1	0.23899052	0.23899052	66.82	<.0001
X*FAC	1	0.01089503	0.01089503	3.05	0.1065

✚통계적 해석(SAS 결과 추가)

▶ **기울기 동일성검정** : 실제로는 기울기의 동일성검정이 필요하지만 지금까지 앞에서 다룬 공분산모형 I은 처리수준에 관계없이 기울기가 같다는 가정에서 시작하였다. 여기서는 동일 기울기 검정에 대한 SAS의 절차를 소개한다. SPSS에서는 [사용자 정의(C)]를 선택하는 대신 [완전요인모형(A)]를 선택하면 동일한 결과를 얻을 수 있다. 동일성검정을 위해서는 [SAS 프로그램 5.3−1]에서 보듯 요인과 공변수의 교호작용을 모형에 추가함으로서 검정할 수 있다. 이는 기울기가 같은 경우 교호작용이 유의하지 않다고 검정될 것이기 때문이다. 결과물을 보면 교호작용 X*FAC의 유의성(p-값$=0.1065$)이 인정되지 않아 앞에서 보인 것처럼 교호작용을 무시한 수준별 기울기가 같은 모형 I을 사용한 절차를 따르면 된다.

▶ **주효과에 대한 유의성검정** : [SAS 프로그램 5.3−1]에서 보듯 SAS의 GLM 절차에서 LSMEANS 문장을 지정하면 $\overline{y}_{i.}(adj)$이 출력되는데 위의 SAS 결과물에 $\overline{y}_{1.}(adj)=1.486$, $\overline{y}_{2.}(adj)=1.407$로 구해져 있다. 또한, 귀무가설 $H_0 : LSMean1 = LSmean2$로 표현하여 조정된 처리수준 간의 차이에 대한 검정을 행하였다. p-값은 0.028로 구해져 $\alpha=0.05$하에서 유의한 차이가 인정되는 결과는 당연히 앞에서와 정확하게 일치된다.

연습문제

01 공장용 아교를 만드는 네 종류 방식 간의 차이를 보기 위해 실험이 행해졌다. 아교의 장력 강도는 두께와 관계되어 있다. 각 제조 방식으로부터 강력(y)과 두께(x)에 대한 5개씩의 반응값이 구해졌다. 다음의 자료를 분석하고 결론을 도출하라.

제조방식							
1		2		3		4	
y	x	y	x	y	x	y	x
46.5	13	48.7	12	46.3	15	44.7	16
45.9	14	49.0	10	47.1	14	43.0	15
49.8	12	50.1	11	48.9	11	51.0	10
46.1	12	48.5	12	48.2	11	48.1	12
44.3	14	45.2	14	50.3	10	48.6	11

02 어느 고등학교에서 두 명의 수학교사를 채용하기 위하여 신문에 수학교사 채용공고를 내었더니 세 명이 지원하였다. 이들의 능력을 평가하기 위해 실험을 실시하였다. 미적분학에 대한 사전지식이 없는 18명의 학생들을 랜덤하게 각 교사 후보자에게 6명씩 배당하고, 일정 시간 가르치게 한 후 시험을 실시하여 성적을 산출하였다. 추가로 각 학생의 지능지수가 성적에 영향을 줄 것이라고 판단하여 지능지수를 기록하여 두었다. 정리된 자료는 아래와 같다.

교사후보 1		교사후보 2		교사후보 3	
지능지수	성적	지능지수	성적	지능지수	성적
119	85	121	86	130	95
125	88	127	88	122	93
117	84	117	85	117	90
123	88	119	86	121	94
118	87	118	85	120	92
125	87	130	91	119	92

(2-1) 적절한 모형을 설정하라. 어떤 가정이 필요한가?

(2-2) 각 처리에서의 추정된 모형식을 써라.

(2-3) 교사후보 간 차이가 있는지를 검정하라. 귀하가 수학교사 채용위원이라면 어느 후보를 추천하겠는가? 왜 그런가?

03 다음은 세 종류의 처리를 비교하기 위한 공분산분석 실험의 결과이다. 다음의 물음에 답하라.

개체-간 효과 검정

종속변수 : 반응값

소스	제 I 유형 제곱합	자유도	평균제곱	F	유의확률
수정 모형	4.911	3	1.637	17.898	.000
절편	15.539	1	15.539	169.900	.000
공변수	4.803	1	4.803	52.512	.000
처리	.108	2	5.409E-02	.591	.561
오차	2.378	26	9.146E-02		
합계	22.828	30			
수정 합계	7.289	29			

모수 추정값

종속변수	모수	B
반응값	절편	−1.183
	공변수	1.973
	[처리=1]	−.129
	[처리=2]	−.143
	[처리=3]	0

(3-1) 처리 1에 관한 모형을 추정하라.

(3-2) 처리효과와 공변량의 효과가 있는지를 검정하되 제 I 유형의 제곱합의 개념으로 설명하라.

04 섬유제품의 강도(y)가 제품을 생산하는 세 종류의 기계에 따라 차이가 있는지를 알아보려 한다. 섬유제품의 강도는 원사 두께에도 영향을 받는다고 한다. 기계에 따라 섬유제품의 강도에 차이가 있는지를 검정하기 위해 다음의 절차를 수행하라. 다음은 원사의 두께를 먼저 측정한 다음 기계로 제품을 만들어 강도를 측정한 결과이다.

기계 1		기계 2		기계 3	
두께	강도	두께	강도	두께	강도
20	36	22	40	21	35
25	41	28	48	23	37
24	39	22	39	26	42
25	42	30	45	21	34
32	32	28	44	15	32

(4 - 1) 적절한 모형을 설정하라.

(4 - 2) 위에서 설정된 모형에 따라 기계의 차이가 섬유제품의 강도에 영향을 미치는지를 검정하라.

(4 - 3) 만약 두께를 무시한 일원배치법을 행하면 검정 결과는 달라지는가? 그렇다면 위의 결과와 비교하여 종합적인 결론을 내어 보아라.

(4 - 4) 먼저 측정된 두께가 25일 때 기계 2를 사용하면 섬유제품의 강도를 얼마로 예측할 수 있는가?

05 다음의 심리점수 자료는 20명의 사람을 10명씩 두 개의 집단으로 나눈 다음, 집단 1(대조군)에는 기존의 방법으로 교육을 실시하고 집단 2(실험군)에는 새로운 방법으로 교육을 실시한 후 특별한 심리검사를 통해 점수(y)를 얻은 것이다. 그런데 자료를 보면 나이가 증가함에 따라 심리검사 점수가 커지는 경향이 있는 것을 볼 수 있다. 주관심사는 두 군의 교육방법의 차이가 심리검사 점수에 영향을 미치는가 하는 점이다. 다음의 자료를 보고 분석하여라.

집단 1	나이	31	28	25	34	39	26	30	26	31	23
	심리점수	30	0	10	40	55	20	65	5	40	0
집단 2	나이	36	33	31	29	41	36	32	33	27	32
	심리점수	65	50	90	25	99	60	25	80	5	99

(5 - 1) 적절한 모형을 설정하라.

(5 - 2) 위에서 설정된 모형에 따라 교육 방법의 차이가 심리검사의 점수에 영향을 미치는지를 검정하라.

(5 - 3) 만약 나이를 무시한 일원배치법을 행하면 검정 결과는 달라지는가? 그 이유를 설명하라.

(5 - 4) 나이가 30세인 사람이 새로운 방법으로 교육을 받았을 때 심리검사 점수를 얼마로 예측할 수 있을까?

6장 요인실험법

요인은 최적 목표에 따라 망목특성(nominal-the-best; 반응값이 목표치에 가까울수록 좋은 경우), 망대특성(larger-the-best; 반응값이 크면 클수록 좋은 경우), 망소특성(smaller-the-better; 성능치가 적으면 적을수록 좋은 경우) 등으로 구별할 수 있다. 대부분 과학적 혹은 공학적 조사의 중요 목적 중 하나는 요인들의 특성에 맞춰 최적의 처리조합을 찾는 것이다. 쉽게 생각할 수 있는 방법은 먼저 경험적으로 가장 중요한 요인을 찾아서 조사하고, 다음으로 수준의 변화를 주어 조사를 계속한다. 이후 필요시 다른 요인을 찾고 동일한 과정을 되풀이하여 만족한 결과를 얻을 때까지 계속한다. 이는 한 주요 요인을 고정하여 변화를 주어 최적점을 찾고, 다시 다른 요인으로 옮겨 조금씩 변화를 주는 절차를 반복하는 OFAT(one-factor-at-a-time) 방법이라고 한다.

3장에서는 완전랜덤화에 의한 2요인, 3요인-실험법을 다루고 요인들 간의 교호작용에 관해 설명하였다. 이를 k-요인으로 확대하여 각 요인들의 수준별 처리조합에서 행하는 실험을 요인실험(factorial experiment)이라고 한다.

OFAT 방법은 아래와 같은 이유로 요인실험에 비해 비효율적인 방법이라고 할 수 있다.

1. 정확한 요인효과를 위해서는 더 많은 실험횟수가 요구된다.
2. 교호작용효과를 추정할 수 없다.
3. 분석에서 얻어진 결과를 보편적이라고 할 수 없다.
4. 최적의 처리조합을 놓칠 수 있다.

k-요인실험법의 모형은 다음과 같다. 여기서는 모든 처리조합이 n번 반복되는 균형자료를 고려한다.

$$\begin{aligned} y_{ij\ldots l} &= \mu + A_i + B_j + (\text{나머지 주효과(main effect)}) \\ &\quad + (\text{모든 이차 교호작용(two-factor interactions)}) + \cdots \\ &\quad + (k\text{-차 교호작용(high order interactions)} + \epsilon_{ij\ldots l} \end{aligned}$$

$$i = 1, \cdots, a_1;\, j = 1, \cdots, a_2;\, l = 1, \cdots, n$$

정리하면 k-요인실험법의 모형은 k개의 요인$(A, B, C, \cdots)$들이 각각 수준 $a_i (i = 1, \cdots, k)$를 가진 실험이다. f_i가 동일수준 a_i를 갖는 요인의 수, m을 수준의 수가 다른 요인의 수라고 할 때, 요인실험법을 $a_1^{f_1} \times a_2^{f_2} \times \cdots \times a_q^{f_m}$ $(\sum_{i=1}^{m} f_i = k)$로 표기하기로 한다. 이 경우 총 처리조합은 $\prod_{i=1}^{k} a_i$개가 된다. 예로서 $2^2 \times 3$ 요인실험법이란 두 요인은 수준의 수가 2이고 하나의 요인은 수준의 수가 3임을 의미하여 $f_1 = 2, f_2 = 1, m = 2, k = 3$이다. 또한, 대표적으로 사용되는 2^k-요인실험은 k개의 요인들의 수준이 모두 2인 경우를 말한다.

요인은 보통 질적요인(qualitative factor)과 양적요인(quantitative factor)으로 구분된다. 질적요인이란 요인의 성질이 질적인 것이어서 수준이 종류로 표시되는 요인을 말한다. 예로서 남녀의 성별, 촉매의 종류 등과 같이 수량적으로 측정할 수 없는 요인을 의미한다. 반면에 양적요인이란 요인의 수준이 수량적으로 표시되는 요인으로서 온도, 습도 등의 요인을 일컫는다. 보통 각 처리의 수준은 부호화하여 0, 1, ...로 표시할 수 있고 양적요인은 숫자가 적을수록 낮은 수치를 갖는 수준을 의미한다. 예로서 양적요인이 온도이고 수준의 수가 3일 때 0, 1, 2로 표시하면 0의 수준은 가장 낮은 온도를, 1은 중간 온도를, 2는 가장 높은 온도를 뜻한다. 추가로 두 개의 수준을 갖는 또 하나의 양적요인인 습도를 택하여 0, 1로 표시한 후 두 요인의 처리조합을 고려하면 00은 낮은 온도와 낮은 습도에서 처리되는 처리조합을 의미한다. 이러한 표기에 따라 $2^2 \times 3$ 요인실험법의 총 처리조합은 {000, 001, 002, 010, 011, 012, 100, 101, 102, 110, 111, 112}로 표기할 수 있고 그 수는 $2^2 \times 3 = 12$가 된다.

이번 장에서는 p^k(p는 소수)-요인실험 중 $2^k, 3^k$-요인실험을 다루기로 한다. 모든 요인의 수준의 수가 동일하여 실험의 구도가 단순하고 분석이 용이하다. 경우에 따라 $p^m q^n$ 따위의 혼합실험이 사용되는데 다소 복잡한 접근이 필요하여 이 책에서는 다루지 않는다. 관심 있는 독자는 Wu와 Hamada(2000)의 책을 참조하기 바란다.

처리조합이 블록에 배치된 경우는 요인의 효과가 블록과 교락(confounding)되어 이 문제를 효율적으로 배치하여 해결해야 한다. 모든 처리조합에서 실험될 경우 실험의 수가 너무 커져 비용이나 시간 등을 고려할 때 부분만을 택하는 부분요인실험(fractional factorial experiments, FFD)이 행해진다.

6.1 2^k-요인실험

6.1.1 2^k-요인실험

요인실험 중 가장 널리 이용되는 실험은 k개의 요인이 각각 2, 3 수준인 2^k-, 3^k-요인실험이다. 이번 절에서는 먼저 2^k-완전요인실험에 관해 공부한다. 2^k-요인실험은 수준이 소수 2인 특수한 경우이다. 따라서 대수학(algebra)이 활용되어 비교적 선명한 결과가 얻어져서 전반적인 요인실험을 이해하기 쉽고 활용도가 가장 높다.

먼저 $k=2$이고 반복수가 각 처리조합별로 하나인 가장 단순한 2^2-요인실험을 생각해 보자. 이때 두 요인을 A, B라고 하고, 각각 요인의 수준을 0, 1(혹은 −, + / −1, +1)이라고 하면, 가능한 처리조합은 A_0B_0, A_1B_0, A_0B_1, A_1B_1로 표현할 수 있다. 단순화를 위하여 00, 10, 01, 11[혹은 (−,−), (+,−), (−,+), (+,+)]로 나타내기로 한다. 실험횟수가 $N=2^2$로 얻어진 반응값은 다음과 같이 표시할 수 있다. 예로서 표에서 y_{00}는 처리조합 A_0B_0에서 얻어진 반응값을 의미한다. 추정하려고 하는 모수의 수가 $(N-1)$과 같은 실험계획을 포화된(saturated) 계획이라고 하고, 반복수가 하나인 2^k-완전요인실험은 추정하려는 요인의 수가 2^k-1이 되어 포화된 계획이 된다.

[표 6.1－1] 반복수가 하나인 2^2-요인실험의 자료 구조

		요인 B	
		B_0	B_1
요인 A	A_0	y_{00}	y_{01}
	A_1	y_{10}	y_{11}

해석을 쉽게 하기 위해 때로는 처리조합의 다른 표기 방법을 쓰기도 한다. 예로써 한 요인의 수준이 '0'이면 아무것도 쓰지 않고 '1'이면 요인을 나타내는 알파벳의 소문자로서 표시하는 방법이다. 다만 처리조합 '(0, 0)'는 '(1)'로서 표기한다. 이러한 표기에 의한 2^2-요인실험의 처리조합은 $\{(1), a, b, c\}$로 표현할 수 있다. 이에 따라 2^3-요인실험의 처리조합을 두 가지로 표시해 보면 다음과 같다.

[표 6.1 – 2] 2^3-요인실험의 처리조합에 대한 두 가지 표기 방법

요인	A	B	C	$A \quad B \quad C$
	0	0	0	(1)
	1	0	0	a
	0	1	0	b
	1	1	0	ab
	0	0	1	c
	1	0	1	ac
	0	1	1	bc
	1	1	1	abc

[표 6.1－2]에 나타난 처리조합의 순서를 표준순서(standard order) 혹은 Yates 순서라고 한다. 식 (2.4－4)로부터 2^2-요인실험의 요인 A의 수준 $i(=0,\ 1)$에서의 처리효과의 추정량은 다음과 같이 구할 수 있다.

$$\widehat{A_0} = \bar{y}_{0.} - \bar{y}_{..} = \frac{y_{00}+y_{01}}{2} - \frac{y_{00}+y_{01}+y_{10}+y_{11}}{4}$$

$$\widehat{A_1} = \bar{y}_{1.} - \bar{y}_{..} = \frac{y_{10}+y_{11}}{2} - \frac{y_{00}+y_{01}+y_{10}+y_{11}}{4}$$

다음으로 A의 효과, $\hat{A}$은 두 수준의 평균 반응값의 차이로 생각할 수 있어

$$\hat{A} = \widehat{A_1} - \widehat{A_0} = \bar{y}_{1.} - \bar{y}_{0.} = \frac{y_{10}+y_{11}}{2} - \frac{y_{00}+y_{01}}{2} \tag{6.1－1}$$

라고 쓸 수 있다. 앞으로는 기호를 단순화시키기 위하여 식 (6.1－1)의 A의 효과는 y를 생략한 다음과 같은 식으로 나타내 보자.

$$2^2\text{-계획: } \hat{A} = \frac{1}{2}[(10+11)-(00+01)] \tag{6.1－2}$$

위의 식의 분자는 반응값 y_{ij}의 대비이므로 식 (6.1－2)를 $\frac{1}{2}$(대비$_A$)로 표기하기로 한다. 유사하게 B의 효과도 다음과 같이 쓸 수 있다.

$$2^2\text{-계획: } \hat{B} = \frac{1}{2}[(01+11)-(00+10)] \tag{6.1－3}$$

위의 두 식을 보면 A의 효과는 처리조합 두 자리 중 앞자리를 1과 0으로 고정시킨 후의 반응값의 합의 차이다. B의 효과는 처리조합 두 자리 중 뒷자리를 1과 0으로 고정시킨 후의 반응값의 합의 차이다. 이와 같은 맥락으로 2^3-요인계획의 A의 효과는 다음과 같이 나타낼 수 있다.

$$2^3\text{-계획}:\ \hat{A}=\frac{1}{2^{3-1}}[(100+101+110+111)-(000+001+010+011)] \qquad (6.1-4)$$

그렇다면 교호작용 AB의 효과는 어떻게 구해질까에 대해 생각해 보자. 3장에서 설명하였듯이 교호작용이 없다는 의미는 B의 수준을 고정하였을 때 A의 효과는 일정함을 의미한다. 따라서 2^2-계획의 교호작용 AB의 효과는 B의 1수준에서의 A의 효과와 0수준에서의 A의 효과의 차이로 정의할 수 있다. 즉, 교호작용 AB의 효과는 다음과 같이 나타낼 수 있다.

$$\begin{aligned}2^2\text{-계획}:\ \widehat{AB}&=\frac{1}{2}[(11-01)-(10-00)]\\&=\frac{1}{2}[(00+11)-(01+10)] \qquad (6.1-5)\end{aligned}$$

[표 6.1－1]를 보면 행의 합의 차이, 열의 합계의 차이, 대각선의 합의 차이는 각각 A의 효과, B의 효과, 교호작용 AB의 효과를 의미함을 알 수 있다.

위의 결과로부터 2^3-요인계획에서 교호작용 AB 혹은 ABC의 효과는 어떻게 나타낼 수 있을까? 더 나아가서 2^k-요인실험의 경우는? 이러한 문제의 답을 주기 위해 다시 2^2-계획으로 돌아가 보자. 식 (6.1－2), (6.1－3), (6.1－5)를 다시 다음과 같이 정리해 보자.

효과	00	01	10	11
A :	-1	-1	+1	+1
B :	-1	+1	-1	+1
AB :	+1	-1	-1	+1

나누어지는 수를 무시하면 A 효과와 B 효과에 대한 처리계수가 주어졌을 때 AB의 효과는 두 처리계수의 곱으로 나타남을 알 수 있다. 이를 계수표로 다시 정리하면 다음과 같다.

[표 6.1－3] 2^2－요인실험의 요인효과 계수표

처리조합	요인효과			
	I	A	B	AB
00	+	−	−	+
10	+	+	−	−
01	+	−	+	−
11	+	+	+	+

편의상 1은 생략하고 '−'와 '+'로 표기하였다. I는 모든 열이 '+'으로 구성되어 있어 열의 합은 총합계에 해당한다. 위에서 보듯 AB의 효과에 대한 계수는 A의 효과의 계수와 B의 효과의 계수의 곱으로 구할 수 있다.

위와 동일한 절차로서 2^3－요인실험의 요인효과도 다음과 같이 구해진다.

[표 6.1－4] 2^3－요인실험의 요인효과 계수표

처리조합	요인효과							
	I	A	B	AB	C	AC	BC	ABC
000	+	−	−	+	−	+	+	−
100	+	+	−	−	−	−	+	+
010	+	−	+	−	−	+	−	+
110	+	+	+	+	−	−	−	−
001	+	−	−	+	+	−	−	+
101	+	+	−	−	+	+	−	−
011	+	−	+	−	+	−	+	−
111	+	+	+	+	+	+	+	+

예로서 [표 6.1－4]에서 교호작용 AB의 효과는 A 효과와 B 효과의 계수의 곱으로 표시되어 AB열에 나타난 '+' 반응값의 합에서 '−' 반응값의 차로 구해져서 다음과 같이 구해진다.

$$2^3\text{-계획}:\ \widehat{AB}=\frac{1}{4}[(000+110+001+111)-(100+010+101+011)]$$

위의 [표 6.1－4]를 보면 I열을 제외한 각각의 계수열의 +, − 수준이 각각 4번씩 균형 있게 나타나고 (+,−), (+,+), (−,+), (−,−)쌍의 수준조합이 각각 두 번씩 나타나 모든 계수열은 서로 직교함을 볼 수 있다. 직교(orthogonality)란 두 수준의 조합이 동일한 수로 나타난다는 것을 의미한다. 또한 위의 배열을 직교배열표(orthogonal array)라고 한다. 직교배열표의 경우 두 열

의 곱은 다른 열을 생성한다. 예로서 $B^2=I$이고, $AB\times B=AB^2=A$가 된다.

반복수가 n인 요인실험일 때는 각 처리조합에서의 반응값의 합으로 대치하면 된다. 예로서 식 (6.1−2)에서의 처리조합 00의 의미는 $y_{00.}$이며 분모가 2 대신 $2n$으로만 바뀐다. 종합하여 반복수가 n인 2^k-요인실험에서 교호작용 $AB\cdots K$에 대한 효과는 해당 열에 나타난 '+' 반응값의 합에서 '−' 반응값의 합의 차, 즉 대비$_{AB\ldots K}$를 이용하면 다음과 같이 구해진다.

$$2^k\text{-계획 ;}\quad \widehat{AB\cdots K}=\frac{1}{n2^{k-1}}(\text{대비}_{AB\cdots K}) \qquad (6.1-6)$$

참고로 식 (6.1−6)에서 구한 방법은 6.3절에서 설명할 직교다항식을 이용한 분해와 일치한다. 예로서 2^2-요인실험의 요인 A의 효과는 아래와 같이 구할 수 있으며 식 (6.1−2)와 같다. 직교다항식에 의한 교호작용효과의 분해에 관한 자세한 내용은 6.3절에 설명되어 있다. 식에서 ⊗는 Kronecker 곱을 뜻한다.

$$\hat{A}=\frac{1}{2}\,[1\;1]\otimes[-1\;1]\;\;\boldsymbol{y}=[-1\;-1\;1\;1]\times\begin{bmatrix}y_{00}\\y_{01}\\y_{10}\\y_{11}\end{bmatrix}$$

$$=\frac{1}{2}[(10+11)-(00+01)]$$

또한, 대비$_{AB\cdots K}$를 이용하면 이에 대응하는 제곱합도 아주 간편하게 구할 수 있다. 예로서 $k=2$이고, $n=1$인 경우 주효과 A에 대한 제곱합 SS_A를 3장에서 구한 방법으로 구하면 다음과 같이 된다.

$$SS_A=\frac{N}{a}\sum_{i=1}^{a}(\bar{y}_{i.}-\bar{y}_{..})^2=\frac{2^2}{2}\{(\bar{y}_{0.}-\bar{y}_{..})^2+(\bar{y}_{1.}-\bar{y}_{..})\}^2$$

$$=2\{(\frac{y_{00}+y_{01}}{2}-\frac{y_{00}+y_{01}+y_{10}+y_{11}}{4})^2+(\frac{y_{10}+y_{11}}{2}-\frac{y_{00}+y_{01}+y_{10}+y_{11}}{4})^2\}$$

$$=\frac{1}{8}\{[00+01-(10+11)^2+10+11-(00+01)]\}^2$$

$$=\frac{1}{4}[10+11-(00+01)]^2$$

$$=\frac{1}{4}(\text{대비}_A)^2=\frac{1}{(\text{데이터의 수})}(\text{대비}_A)^2$$

이를 확대하여 2^k-요인실험에 적용하면 $SS_{AB\cdots K}$는 다음과 같다.

$$2^k\text{-계획 ; } SS_{AB\cdots K}=\frac{1}{n2^k}(\text{대비}_{AB\cdots K})^2 \tag{6.1-7}$$

각 열에 나타난 수를 −, + 대신에 0과 1로 표기하고 T_i를 $AB\cdots K$에 대응하는 열의 값이 i인 반응값의 합이라고 하면 식 (6.1−7)은 다음과 같이 표현된다.

$$SS_{AB\cdots K}=\frac{(T_1-T_0)^2}{\text{실험횟수}} \tag{6.1-8}$$

다음의 예는 3장에서 설명한 다원배치법으로 2^3-요인실험이다.

▶예 6.1−1 [예 3.5−1 계속] 2^3-요인실험법

각 요인은 함유량의 많고(수준 1), 적음(수준 0)으로 구분하여 각 처리조합당 3회씩 실험하였다. $2^3\times 3 = 24$의 총 처리조합에서 랜덤하게 실험하여 얻은 결과이다. [그림 6.1−1]에 각 처리조합에서의 처리합을 직육면체에 알기 쉽게 표시하였다. 예로서 조합 000의 반응값의 합은 258로 주어져 있다. A의 효과는 식 (6.1−4)로부터 직육면체의 옆 두 면의 차이이다. 같은 방법으로 B, C의 효과는 각각 앞면과 뒷면의 차이, 윗면과 아랫면의 차이 등으로 표현된다.

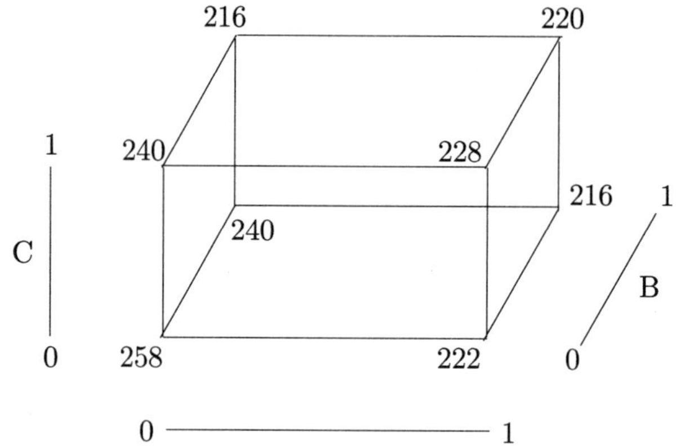

[그림 6.1−1] 처리합의 표현

[표 6.1−4]에 적용시키면 각 요인의 효과는 다음과 같다.

$$\hat{A}=\frac{1}{4n}[(100+110+101+111)-(000+010+001+011)]$$

$$=\frac{1}{12}[(222+216+228+220)-(258+240+240+216)]=-5.67$$

$$\hat{B} = \frac{1}{4n}[(010+110+011+111)] - (000+100+001+101)]$$

$$= \frac{1}{12}[(240+216+216+220) - (258+222+240+228)] = -4.67$$

$$\hat{C} = \frac{1}{4n}[(001+101+011+111)] - (000+100+010+110)]$$

$$= \frac{1}{12}[(240+228+216+220) - (258+222+240+216)] = -2.67$$

$$\widehat{AB} = \frac{1}{4}[(000+110+001+111) - (100+010+101+011)]$$

$$= \frac{1}{12}[(258+216+240+220) - (222+240+228+216)] = 2.33$$

$$\widehat{AC} = \frac{1}{4n}[(000+010+101+111) - (100+110+001+011)]$$

$$= \frac{1}{12}[(258+240+228+220) - (222+216+240+216)] = 4.33$$

$$\widehat{BC} = \frac{1}{4n}[(000+100+011+111) - (010+110+001+101)]$$

$$= \frac{1}{12}[(258+222+216+220) - (240+216+240+228)] = -0.67$$

$$\widehat{ABC} = \frac{1}{4n}[(100+010+001+111) - (000+110+101+011)]$$

$$= \frac{1}{12}[(222+240+240+220) - (258+216+228+216)] = 0.33$$

효과가 큰 요인으로는 A, B, AC 등이 있다고 할 수 있다. 식 (6.1−8)을 이용하여 각 제곱합을 구할 수 있다. 예로서 요인 A의 처리제곱합 SS_A는 다음과 같이 구해진다.

$$SS_A = \frac{1}{n2^k}(\text{대비}_A)^2 = \frac{1}{n2^k}(T_1 - T_0)^2$$

$$= \frac{1}{24}[(100+110+101+111) - (000+010+001+011)]^2 = 192.67$$

나머지 제곱합도 같은 방법으로 구할 수 있는데 종합된 분산분석표와 결과에 대한 해석은 3.5절에 자세히 나타나 있다.

6.1.2 2^k-요인실험에 대한 블록계획법

2^k-완전요인의 경우 요인의 수가 많으면 처리조합의 수가 과다하게 커져서 실제로 실험하는 데 어려움이 따른다. 예로서 2^7-요인실험은 각 처리조합의 반복수를 하나로 국한하여도 128번의 실험을 필요로 한다. 이와 같이 완전랜덤화에 의한 실험을 하려면 시간과 비용이 많이 든다는 문제가 있다. 이러한 문제를 해결하기 위해 실험횟수를 늘리지 않고 블록으로 나누어 동질적인 환경 내에서 제한적인 랜덤화를 통해 처리조합을 배치하는 경우와 처리조합 중 일부분을 선택하여 실험을 행하는 부분요인실험 등이 연구의 대상이 된다. 먼저 이번 장에서는 블록에 처리조합을 배치하여 실험하는 블록계획법을 살펴보자.

교락(confounding)이란 처리조합을 블록에 효율적으로 배치하기 위해 이용되는 요인실험계획의 한 기법이다. 이번 절에서는 2^k-요인실험의 2^q 블록에 배치(따라서 각 블록의 크기는 동일하게 2^{k-q})하는 방법을 고려하기로 한다. 먼저 2^2-요인실험을 두 블록($2^q=2$)에 배치하는 계획을 생각해 보자. 실험의 수를 줄인 상황을 고려하여 처리조합별 반복수는 한 번인 포화된 요인실험을 고려하기로 한다. 2^2-요인실험의 요인의 총 자유도는 3이어서 자유도 1인 세 요인효과와 블록효과 모두를 추정할 수 없다. 이러한 점을 고려하여 다음의 블록계획 d_1을 살펴보자.

d_1 : 블록 1 : (00 11)

블록 2 : (01 10)

β_k를 k번째 블록효과라고 하면, 모형과 행렬모형은 다음과 같다.

$$y_{ijk} = \mu + A_i + B_j + AB_{ij} + \beta_k + \epsilon_{ij} \ (0 \le i,\ j \le 1,\ k=1,2)$$

$$\begin{bmatrix} y_{001} \\ y_{012} \\ y_{102} \\ y_{111} \end{bmatrix} = \begin{bmatrix} 1\,1\,0\,1\,0\,1\,0\,0\,0\,1\,0 \\ 1\,1\,0\,0\,1\,0\,1\,0\,0\,0\,1 \\ 1\,0\,1\,1\,0\,0\,0\,1\,0\,0\,1 \\ 1\,0\,1\,0\,1\,0\,0\,0\,1\,1\,0 \end{bmatrix} \begin{bmatrix} \mu \\ A_0 \\ A_1 \\ B_0 \\ B_1 \\ AB_{00} \\ AB_{01} \\ AB_{10} \\ AB_{11} \\ \beta_1 \\ \beta_2 \end{bmatrix} + \epsilon \qquad (6.1-9)$$

모형 (6.1−9)의 모수를 추정하기 위하여 추가제약식 $\sum_i A_i = \sum_j B_j = \sum_k \beta_k = 0$, $\sum_i AB_{ij} = 0\,(j=0,1)$, $\sum_j AB_{ij} = 0\,(i=0,1)$을 주면 $A_0 = -A_1$, $B_0 = -B_1$, $AB_{01} = AB_{10} = -AB_{11} = -AB_{00}$, $\beta_1 = -\beta_2$이 성립하여 다음과 같이 표현된다.

$$\begin{bmatrix} y_{001} \\ y_{012} \\ y_{102} \\ y_{111} \end{bmatrix} = \begin{bmatrix} 1 & 1 & 1 & 1 & 1 \\ 1 & 1 & -1 & -1 & -1 \\ 1 & -1 & 1 & -1 & -1 \\ 1 & -1 & -1 & 1 & 1 \end{bmatrix} \begin{bmatrix} \mu \\ A_0 \\ B_0 \\ AB_{00} \\ \beta_1 \end{bmatrix} + \epsilon \qquad (6.1-10)$$

위 모형에서 계획행렬의 계수는 4이고 4번째 열과 5번째 열이 같으므로 AB_{00}와 β_1은 분리해서 추정할 수 없다. 정리하면 2^2-요인실험을 d_1과 같이 두 블록에 배치하면 주효과는 추정할 수 있지만 교호작용효과와 블록효과는 분리하여 추정할 수 없고 한 효과를 희생해야만 추정할 수 있다. 이와 같이 두 요인(혹은 그 이상)의 효과를 분리해서 추정할 수 없을 때 요인효과와 블록효과는 교락(confounded)되었다고 한다.

위의 경우를 6.1.1절에서 다룬 개념으로 다시 설명해 보자. 블록요인이 없다고 생각하면 앞에서의 요인효과는 다음과 같이 구해진다.

$$\hat{A} = \frac{1}{2}[11 + 10 - 01 - 00]$$

$$\hat{B} = \frac{1}{2}[11 + 01 - 10 - 00]$$

$$\widehat{AB} = \frac{1}{2}[11 + 00 - 10 - 01]$$

블록의 효과 $\hat{\beta}$는 블록 2와 블록 1의 반응값의 평균의 차이로 구할 수 있다. 따라서 AB의 효과는 바로 블록의 효과와 같아서 AB의 효과와 블록의 효과는 교락되어 있음을 알 수 있다.

반면에 블록에 다음과 같이 다른 처리조합을 취할 경우 같은 원리로 주요인 A가 블록과 교락되어 있음을 볼 수 있다.

d_2 : 블록 1 : (00 01)
블록 2 : (10 11)

그렇다면 어떤 배치가 더 효율적이라고 할 수 있는가? 특정한 요인효과에 선호도가 없다면 되도록 고차의 교호작용을 블록이 교락되는 계층적원리(hierarchical principle)에 따른 배치가 더 효율적이다. 따라서 배치 d_1을 선호하게 된다.

같은 원리로 블록이 둘인 2^3-요인실험을 고려했을 때, 최고차인 3차 교호작용 ABC가 블록과 교락되는 배치가 최선이기 때문에, 2^3-요인실험에서

$$\widehat{ABC} = \frac{1}{4}[111 + 001 + 010 + 100 \; - \; (000 + 110 + 101 + 011)]$$

$$= \frac{1}{4}[(\text{블록 2의 반응값의 합}) \; - \; (\text{블록 1의 반응값의 합})]$$

임을 이용하여 다음과 같이 3차 교호작용 ABC가 블록과 교락되도록 배치할 수 있다.

블록 1 : (000 110 101 011) 혹은 (−−−, ++−, +−+, −++)
블록 2 : (111 001 010 100) 혹은 (+++, −−+, −+−, +−−)

[표 6.1−5]를 보면 열 ABC의 부호가 '−'이면 블록 1에, '+'면 블록 2에 배치되었음을 볼 수 있다. 이는 생성자(generator) $\beta = ABC$에 의해 구해졌다고 표현할 수 있다. β는 블록효과를 나타낸다.

[표 6.1 − 5] 2^3-요인실험의 두 블록에 배치

처리조합	A	B	C	AB	AC	BC	ABC	블록
000	−	−	−	+	+	+	−	1
001	−	−	+	+	−	−	+	2
010	−	+	−	−	+	−	+	2
011	−	+	+	−	−	+	−	1
101	+	−	−	−	−	+	+	2
101	+	−	+	−	+	−	−	1
110	+	+	−	+	−	−	−	1
111	+	+	+	+	+	+	+	2

위의 내용을 좀 더 쉽게 알아보기 위해 생성자 $\beta = ABC$에 대응하는 식을 다음과 같이 표현해 보자. 여기서 x_i는 각 요인의 수준으로 0과 1을 이용한다.

$$L = x_1 + x_2 + x_3 = j(\text{mod}2), \; j = 0,1$$

여기서 $L=0$을 만족하는 처리조합은 블록 1에, $L=1$를 만족하는 처리조합은 블록 2에 배치하면 된다. 예로서 처리조합 110은 $1+1+0=0(\mathrm{mod}2)$가 되어 블록 1에 배치하면 된다. 최종으로 얻어지는 블록계획은 다음과 같아서 [표 6.1-5]에서 구한 결과와 같음을 알 수 있다. 처리조합 000을 포함한 블록을 주블록(principal block)이라고 한다.

블록 1 : (000 110 101 011)
블록 2 : (111 001 010 100)

일반화를 위해 이번에는 2^3-요인실험을 $2^2=4$개의 블록에 배치하는 경우를 생각해 보자. 여기서 세 블록변수를 β^1, β^2, β^3이라고 하고, 요인효과 중 블록과 교락되는 요인으로 AB와 BC를 선택한다. 이때 블록제곱합의 자유도가 3으로 자유도가 각각 하나인 AB와 BC 외에 추가로 블록과 교락된 나머지 교호작용은 $AB\times BC=AC$이다. 이러한 블록계획법은 다음의 블록생성자 또는 정의관계식으로 설계할 수 있다. $\beta^1\times\beta^1=I$가 됨을 기억하라.

$$\beta^1=AB,\ \beta^2=BC \tag{6.1-11}$$

혹은

$$I=\beta^1AB=\beta^2BC(=\beta^3AC) \tag{6.1-12}$$

식 (6.1-11)의 $\beta^1=AB$와 $\beta^2=BC$에 대응하는 식들은 다음과 같다.

$$L_1=x_1+x_2=j(\mathrm{mod}2),\ j=0,1$$
$$L_2=x_2+x_3=j(\mathrm{mod}2),\ j=0,1$$

가능한 L_1과 L_2의 조합은 (0, 0), (0, 1), (1, 0), (1, 1)의 네 가지로 각각을 만족하는 처리조합이 네 블록에 배치된다. 예로서 001은 $L_1=0,\ L_2=1$이 되어 블록 2에 배치된다. 이렇게 최종적으로 구해진 블록은 다음과 같고 [표 6.1-6]에 나타나 있다(블록의 번호는 바뀔 수 있음).

블록 1 : (000 111) ; $L_1=0,\ L_2=0$
블록 2 : (001 110) ; $L_1=0,\ L_2=1$
블록 3 : (011 100) ; $L_1=1,\ L_2=0$
블록 4 : (010 101) ; $L_1=1,\ L_2=1$

[표 6.1 - 6] 2^3 -요인실험의 네 블록에 배치

처리조합	A	B	C	$\beta^1(=AB)$	AC	$\beta^2(=BC)$	ABC	블록
000	−	−	−	+	+	+	−	1
001	−	−	+	+	−	−	+	2
010	−	+	−	−	+	−	+	4
011	−	+	+	−	−	+	−	3
100	+	−	−	−	−	+	+	3
101	+	−	+	−	+	−	−	4
110	+	+	−	+	−	−	−	2
111	+	+	+	+	+	+	+	1

2^3 -요인실험을 2^2 -블록에 배치하는 위의 예를 정리해 보면 다음과 같다. 두 블록변수 β^1, β^2로 정의하면, $(\beta^1, \beta^2)=(+,+)$, $(+,-)$, $(-,+)$, $(-,-)$에 따라 [표 6.1−6]처럼 배치할 수 있다. 2^3 -요인실험은 자유도가 7이 되어 3개의 요인은 블록과 교락된다. 따라서 나머지 한 블록효과의 교락구조도 알아야 한다. 앞 절차처럼 한 블록은 교호작용 AB와 두 번째 블록은 교호작용 AC와 교락되어 있고 나머지 블록은 $(\beta^3)=AB\times AC=BC$과 교락되어 있음을 볼 수 있다. 이 경우 AB, BC, AC가 교락된 요인이 된다. 위에서 식 L을 설정함에 있어서 AB와 BC를 이용하는 대신 AB와 AC를 이용하여도 같은 결과(대응하는 (L_1, L_2)의 쌍은 다를 수 있음)가 도출된다.

$$L_1 = x_1 + x_2 = j(\text{mod } 2),\ \ j=0,1$$

$$L_2 = x_1 + x_3 = j(\text{mod } 2),\ \ j=0,1$$

2^q -블록에 배치할 경우 추가로 교락되는 교호작용의 수는 (2^q-q-1)개이고, 총 교락된 요인의 수는 $q+(2^q-q-1)=2^q-1$개가 된다. AB와 BC를 택하는 대신 AB와 ABC를 택하면 추가로 교락된 교호작용은 주효과인 C가 된다. 주효과에 관한 정보를 상실하는 것이 2차 교호작용에 관한 정보를 잃어버리는 것보다 더 심각할 수 있기에 처음의 블록계획이 더 좋은 계획이라고 할 수 있다.

다음은 Wu와 Hamada(1990)에 의해 제시된 가장 효율적인 요인의 수가 7개 이하인 경우 2^k -요인실험을 2^q -블록에 배치하는 최소급변(minimum aberration; 6.1.3에서 설명) 블록계획의 블록생성자와 교락된 교호작용이 주어져 있다. 이 표를 이용하여 k와 q가 주어졌을 때 어떻게 각 블록에 처리조합이 배치되는지 구할 수 있을 것이다.

[표 6.1 – 7] 2^k-요인실험을 2^q-블록에 배치하는 블록계획법

k	q	블록생성자	교락된 교호작용
3	1	$\beta_1 = ABC$	ABC
3	2	$\beta_1 = AB$, $\beta_2 = AC$	AB, AC, BC
4	1	$\beta_1 = ABCD$	ABCD
4	2	$\beta_1 = ACD$, $\beta_2 = BCD$	AB, ACD, BCD
4	3	$\beta_1 = AB$, $\beta_2 = AC$, $\beta_3 = ABCD$	AB, AC, AD, BC, BD, CD, ABCD
5	1	$\beta_1 = ABCDE$	ABCDE
5	2	$\beta_1 = ABC$, $\beta_2 = BCDE$	ABC, ADE, BCDE
5	3	$\beta_1 = ACE$, $\beta_2 = BCE$, $\beta_3 = ABCD$	AB, CD, ACE, ADE, BCE, BDE, ABCD
5	4	$\beta_1 = ABCD$, $\beta_2 = ABCE$, $\beta_3 = ABDE$, $\beta_4 = ACDE$	짝수 효과의 모든 교호작용
6	1	$\beta_1 = ABCDEF$	ABCDEF
6	2	$\beta_1 = ABCD$, $\beta_2 = ABEF$	ABCD, ABEF, CDEF
6	3	$\beta_1 = ABC$, $\beta_2 = BCDE$, $\beta_3 = ACDF$	ABC, ADE, BDF, CEF, ABEF, ACDF, BCDE
6	4	$\beta_1 = ACF$, $\beta_2 = ABCD$, $\beta_3 = CDEF$, $\beta_4 = ABCDEF$	AB, CD, EF, ACE, ACF, ADE, ADF, BCE, BCF, BDE, BDF, ABCD, ABEF, CDEF, ABCDEF
6	5	$\beta_1 = ABCD$, $\beta_2 = ABCE$, $\beta_3 = ABDE$, $\beta_4 = ACDE$, $\beta_5 = ABCDEF$,	짝수 효과의 모든 교호작용
7	1	$\beta_1 = ABCDEFG$	ABCDEFG
7	2	$\beta_1 = ABEFG$, $\beta_2 = CDEFG$	ABCD, ABEFG, CDEFG
7	3	$\beta_1 = ABCD$, $\beta_2 = ABEF$, $\beta_3 = ACEG$	ABCD, ABEF, ACEG, ADFG, BCFG, BDEG, CDEF
7	4	$\beta_1 = ABDG$, $\beta_2 = ABCDG$, $\beta_3 = DEFG$, $\beta_4 = ABCDEFG$	ABC, ADE, AFG, BDF, BEG, CDG, CEF, ABEF, ABDG, ACDF, ACEG, BCDE, BCFG, DEFG, ABCDEFG

7	5	$\beta_1 = \text{ABCDF},\ \beta_2 = \text{ABCDG},$ $\beta_3 = \text{ABDEFG},\ \beta_4 = \text{ACDEFG},$ $\beta_5 = \text{BCDEFG}$	AB, AC, BC, DE, FG, ADF, ADG, AEF, AEG, BDF, BDG, BEF, BEG, CDF, CDG, CEF, CEG, ABDE, ABFG, ACDE, ACFG, BCDE, BCFG, DEFG, ABCDF, ABCDG, ABCEF, ABCEG, ABDEFG, ACDEFG, BCDEFG
7	6	$\beta_1 = \text{ABCDEF},\ \beta_2 = \text{ABCDEG},$ $\beta_3 = \text{ABCDFG},\ \beta_4 = \text{ABCEFG},$ $\beta_5 = \text{ABDEFG},\ \beta_6 = \text{ACDEFG}$	짝수 효과의 모든 교호작용

6.1.3 2^{k-p}-부분요인실험

요인실험법에서 요인의 수 k의 증가는 많은 실험횟수를 요구한다. 예로서 2^7-요인실험의 경우 처리조합별로 반복수를 한 번으로 제한하여도 128번의 실험을 필요로 한다. 실제로 7개의 요인이 동시에 연구 대상이 되는 것은 매우 흔하게 일어나는 일이다. 2^7-요인실험의 경우 주효과에 대한 자유도는 합쳐서 불과 7이고, 2차 교호작용에 대한 자유도는 $C_{7,2} = 21$이다. 반면 3차 이상의 교호작용에 대한 자유도는 100 가까이 된다. 따라서 의미가 상대적으로 적은 고차의 교호작용을 무시할 수 있다면, 실험횟수가 줄어들어도 주효과나 2차 교호작용 등 저차의 교호작용에 관한 정보를 얻을 수 있을 것이다. 이와 같이 모든 처리조합을 다 실험하는 완전요인실험(full factorial design)과는 다르게 그 부분만을 택하여 실험하는 요인실험을 **부분요인실험**(fractional factorial design)이라고 한다. k개의 요인의 수준이 모두 2이고 완전실험에서 일부를 택하여 실험에 사용된 실험수가 2^{k-p}이면 선택된 실험을 2^{k-p}-부분요인실험이라고 한다.

요인과 수준 그리고 실험횟수가 정해졌을 때 효율적인 부분실험을 위해 선택 기준을 필요로 한다. 8개의 처리조합을 가진 2^3-요인실험 중 4개의 처리조합을 택하여 실험하는 (즉, 반을 택하는) 부분요인실험(2^{3-1}-부분요인실험)을 생각해 보자. 한 예로 네 처리조합 100, 010, 001, 111을 택하여 실험했다고 가정하자.

[표 6.1 – 8] 2^{3-1}-요인실험의 요인효과 계수표

처리조합	요인효과							
	I	A	B	AB	C	AC	BC	ABC
100	+	+	−	−	−	−	+	+
010	+	−	+	−	−	+	−	+
001	+	−	−	+	+	−	−	+
111	+	+	+	+	+	+	+	+

A, B, C 주효과와 AB, BC, AC, ABC 교호작용효과의 추정량은 선택된 네 처리조합의 선형결합으로서 [표 6.1−8]로부터 다음과 같은 요인효과를 구할 수 있다.

$$\hat{A} = \frac{1}{2}[100+111-010-001]$$

$$\hat{B} = \frac{1}{2}[010+111-100-001]$$

$$\hat{C} = \frac{1}{2}[001+111-010-100]$$

$$\widehat{AB} = \frac{1}{2}[001+111-010-100]$$

$$\widehat{BC} = \frac{1}{2}[100+111-010-001]$$

$$\widehat{AC} = \frac{1}{2}[010+111-100-001]$$

$$\widehat{ABC} = \frac{1}{2}[010+111+100+001]$$

결과를 보면 A의 효과 = BC의 효과, B의 효과 = AC의 효과, C의 효과 = AB의 효과가 됨을 알 수 있다.

다시 말하면 선택된 2^{3-1}-부분요인실험은 [표 6.1−4]에서 요인 효과 ABC열에 '+'를 갖는 처리조합을 선택함으로서 얻어져서 A와 BC, B와 AC, C와 AB는 분리하여 추정할 수 없다. 이와 같이 분리하여 추정할 수 없는 두 요인을 **별명**(혹은 **교락**; aliased)되었다고 한다. 여기서 선택된 요인 ABC를 **단어**(word)라고 한다. ABC의 효과를 [표 6.1−8]에서 보면 선택된 모든 처리조합에 대한 계수가 '+'임을 확인할 수 있다. 이를 정의관계식(defining relation) 'I=단어' 형태로 표기하면 다음과 같다.

$$I = ABC \qquad (6.1-13)$$

한 요인효과와 교락된 요인효과를 얻기 위해 정의관계식에 요인효과를 곱하면 된다. 위의 경우에서 보면

$$A\text{의 별명}= A\times I= A(ABC)= A^2BC= BC$$

$$B\text{의 별명}= B\times I= B(ABC)= AB^2C= AC$$

$$C\text{의 별명}= C\times I= C(ABC)= ABC^2= AB$$

가 되어 같은 결과가 나옴을 알 수 있다.

위의 결과를 보면 부분요인실험의 경우 주효과도 부득이 어느 요인과는 교락되나 될 수 있으면 고차의 교호작용과 교락되도록 처리조합을 선택해야 할 것이다. 이러한 기준을 일반화하여 **해상도**(resolution)라고 하고 정의한다. 한 부분요인실험에서 어떤 k차 요인효과도 $(R-k)$차보다 적은 요인효과와는 교락되지 않으면 해상도 R을 갖는다고 한다. 가장 많이 이용되는 해상도는 $R=$ III, IV, V인데, 이를 다시 설명하면 다음과 같다.

- 해상도 III : 해상도 III을 갖는 실험에서 주효과는 다른 주효과와는 교락되지 않으며, 주효과는 2차 교호작용과, 2차 교호작용끼리는 서로 교락된다. 따라서 2차 교호작용 이상을 무시하면 모든 주효과를 추정할 수 있다.
- 해상도 IV : 해상도 IV를 갖는 실험에서 주효과는 다른 주효과나 2차 교호작용과는 교락되지 않으며, 2차 교호작용끼리는 서로 교락된다. 따라서 3차 교호작용 이상을 무시하면 모든 주효과를 추정할 수 있다.
- 해상도 V : 해상도 V를 갖는 실험에서 주효과는 다른 주효과나 2차 교호작용과는 교락되지 않으며, 2차 교호작용은 다른 2차 교호작용과 교락되지 않으며 3차 교호작용과는 교락된다. 따라서 3차 교호작용 이상을 무시하면 모든 주효과와 2차 교호작용을 추정할 수 있다

위에서처럼 $I=ABC$의 정의관계식을 지니는 2^{3-1}-부분요인실험은 해상도 III임을 알 수 있다. 이러한 실험을 2_{III}^{3-1}로 표기하기로 하자. 해상도가 크면 클수록 효율적인 실험이기에 될 수 있으면 해상도가 높은 실험을 선택해야 한다.

일반화하여 2^{k-p}-부분실험은 k개의 요인의 총 처리조합 2^k를 $\frac{1}{2^p}$로 줄여 실험된 처리조합수가 2^{k-p}번이 되도록 줄인 실험이다. 부분요인실험의 설계에는 여러 가지 방법이 있겠으나 가장 쉬운 방법으로는 요인의 수가 $(k-p)$개만으로 구성된 완전요인실험을 이용하여 구하는 다음의 접근 방법을 들 수 있다.

우선 요인의 수가 $(k-p)$인 2^{k-p}인 완전요인실험을 $2^{k-p}\times(k-p)$행렬로 나타낸다. 각 행은 $(k-p)$개의 요인만을 취급한 처리조합으로 구성된다. 다음 p개의 생성자(generator)를 통하여 위의 행렬에 p개의 열을 붙이면 구하고자 하는 부분실험이 설계된다. 이렇듯 선택된 부분실험은 **직교배열표**가 된다. 생성자의 형태는 '요인 = 단어'이고, 이들 생성자로부터 정의관계식이 구해진다. 이러한 정의관계식에 나타난 '단어'들로부터 교락구조를 얻을 수 있고, 따라서 해상도도 구해진다.

예를 들어보자. 먼저 2^{4-1}-부분요인실험을 설계해 보자. 첫 단계로서 이번에는 각 열의 수를 0과 1을 사용하여 요인이 셋((A, B, C)라고 하자)인 2^3-완전실험에 대한 다음의 8×3 처리조합 행렬을 구한다.

처리조합	A	B	C
000	0	0	0
001	0	0	1
010	0	1	0
011	0	1	1
100	1	0	0
101	1	0	1
110	1	1	0
111	1	1	1

다음 단계로 $p=1$개의 생성자를 $D=ABC$로 선택해 보자. 여기서 $ABCD$는 단어이고 정의관계식은 $I=ABCD$이다. $D=ABC$는 열 D는 열 A, B, C에 나타난 값의 합의 나머지 $(\text{mod}2)$로 구해짐을 의미한다. 따라서 최종적으로 구해진 처리조합은 다음과 같다.

[표 6.1-9] 정의관계식 $I=ABCD$에 의한 2_{IV}^{4-1}-부분실험

실험번호	A	B	C	$D=ABC$
1	0	0	0	0
2	0	0	1	1
3	0	1	0	1
4	0	1	1	0
5	1	0	0	1
6	1	0	1	0
7	1	1	0	0
8	1	1	1	1

즉, 총 가능 처리조합 중 (0000, 0011, 0101, 0110, 1001, 1010, 1100, 1111)의 $2^{4-1}=8$개가 최종적으로 선택되었다. 정의관계식 $I=ABCD$로부터 A는 BCD, B는 ACD 등 주효과는 3차 교호작용과 교락되어 있어 2_{IV}^{4-1}-부분실험이 된다. I는 모두 0인 열을 뜻한다. 0과 1을 '−'와 '+'로 표시했을 때의 D 열은 A, B, C에 해당하는 부호의 곱으로 나타나고 I는 모든 부호가 '+'인 열을 뜻한다. 두 표기 방법 중 편한 표기를 택하면 된다.

생성자를 바꾸면 요인 D의 수준이 달리 선택되어 최종으로 선택된 처리조합도 물론 달라진다. 예로서 만약 $D=AB$의 생성자를 택하면 D열은 {0 0 1 1 1 1 0 0}이 되어 (0000, 0010, 0101, 0111, 1001, 1011, 1100, 1110)의 8개가 최종적으로 선택된다. 이때 A와 B가 교락되어 있어 해상도가 떨어지므로 위의 경우보다 효율적이지 못한 실험이 된다.

다음 예로서 단어를 $ABCE$와 $BCDF$인 2_{IV}^{6-2}-부분실험을 설계해 보자. 생성자는 $E=ABC$와 $F=BCD$가 되어 열 E는 열 A, B, C에 나타나는 값의 합으로, 열 F는 열 B, C, D에 나타나는 값의 합을 의미한다. 따라서 [표 6.1−10]과 같이 설계된다. $ABCE$와 $BCDF$의 교호작용은 $ABCE \times ADEF = BCDF$가 되어

$$I = ABCE = BCDF = ADEF \qquad (6.1-14)$$

의 정의관계식이 성립되고 $\{I, ABCE, BCDF, ADEF\}$를 정의대비부분그룹(defining contrast subgroup)이라고 한다. 정의대비부분그룹의 총 단어의 수는 $(2^p-1)=3$개로 생성에 필요한 $p=2$개의 단어 외에 추가된 단어의 수는 $(2^p-p-1)=1$개이고, 부분실험의 교락군은 $(2^{k-p}-1)=15$개(식 (6.1−14) 정의관계식을 포함하면 16군)로 별명구조는 다음과 같다.

$$\begin{aligned}
A &= BCE = DEF = ABCDF \\
B &= ACE = CDF = ABDEF \\
C &= ABE = BDF = ACDEF \\
D &= BCF = AEF = ABCDE \\
E &= ABC = ADF = BCDEF \\
F &= BCD = ADE = ABCEF \\
AB &= CE = ACDF = BDEF \\
AC &= BE = ABDF = CDEF \\
AD &= EF = BCDE = ABCF \\
AE &= BC = DF = ABCDEF \\
AF &= DE = BCEF = ABCD
\end{aligned}$$

$$BD = CF = ACDE = ABEF$$
$$BF = CD = ACEF = ABDE$$
$$ABD = CDE = ACF = BEF$$
$$ABF = CEF = ACD = BDE$$

교락구조를 보면 주효과는 3차 이상의 요인과, 2차 요인은 2차 이상의 요인과 교락된 해상도 IV 실험임을 알 수 있다.

[표 6.1-10] 정의관계식 $I = ABCE = BCDF$에 의한 2_{IV}^{6-2}-부분실험

실험번호	A	B	C	D	$E = ABC$	$F = BCD$
1	0	0	0	0	0	0
2	1	0	0	0	1	0
3	0	1	0	0	1	1
4	1	1	0	0	0	1
5	0	0	1	0	1	1
6	1	0	1	0	0	1
7	0	1	1	0	0	0
8	1	1	1	0	1	0
9	0	0	0	1	0	1
10	1	0	0	1	1	1
11	0	1	0	1	1	0
12	1	1	0	1	0	0
13	0	0	1	1	1	0
14	1	0	1	1	0	0
15	0	1	1	1	0	1
16	1	1	1	1	1	1

위와는 다른 생성자들을 선택하면 해상도가 달라질 수 있다. 그렇다면 k와 p가 주어졌을 때 해상도의 최댓값 $R_{\max}$가 얼마인지 알아야 한다. 여기서는 Fujii(1976)가 구한 값을 소개한다. 2^{k-p}-실험에서의 $R_{\max}$는 p에 의존하며 다음의 등식과 부등식을 만족한다.

$$\begin{aligned} R_{\max} &= k & p = 1 \text{일 경우} \\ &= [\frac{2k}{3}] & p = 2 \text{일 경우} \\ &= 2^{p-1}q & m = 0,\ 1 \text{일 경우} \end{aligned} \quad (6.1-15)$$

$$\le\ 2^{p-1}q + [\frac{2^{p-2}(m-1)}{2^{p-1}-1}] \quad m = 2,3,\ \cdots,\ (2^{p-1}-1)\text{일 경우}$$

$$\le\ 2^{p-1}q + [\frac{m}{2}] \quad m = 2^{p-1},\ \cdots,\ 2^p - 2\text{일 경우}$$

단, $k = q(2^p - 1) + m,\ 0 \le m \le (2^p - 2)$, q는 정수이며 $[x]$는 x보다 크지 않은 정수값을 나타낸다. 위의 관계식을 보면 $p = 1$일 때의 $R_{max} = k$이므로 예로서 2^{3-1}-실험의 경우 R_{max} =3(=III), 2^{4-1}-실험의 경우 $R_{max} = 4$(=IV)임을 알 수 있다. 또한 앞에서 정의관계식 $I = ABCE = BCDF$에 의해 구해진 2^{6-2}-실험의 경우 $R_{max} = [\frac{2 \times 6}{3}] = 4$이므로 위에서 선택한 부분실험은 최대해상도를 가진다. $p = 3$인 경우를 보면 $k = 7q + m$을 만족하여서 예로서 2^{7-3}-실험의 경우 $q = 1, m = 0$이 되어 R_{max}=4(IV)가 되고, 2^{10-3}-실험의 경우 $q = 1,\ m = 3$이 되어 R_{max}의 상한값은 5(=V)가 된다. 실제로 2^{10-3}-실험의 경우 생성자를 $H = ABCG,\ J = ACDE,\ K = ACDF$로 택하면 해상도 V인 2_{V}^{10-3}-부분실험이 설계된다.

부분요인실험에 대한 분산분석은 교락구조를 보고 신중하게 해야 한다. 교락된 요인들은 모형에 함께 추정할 수 없다. 또한 주요 요인 하나를 모형에 포함시키면 나머지 교락된 요인들은 모형에서 제외되어야 한다. 예로서 생성자 $I = ABCD$를 이용한 2^{4-1}-부분실험을 고려해 보자. 선택된 부분실험의 교락구조는 다음과 같다.

$$A = BCD \quad B = ACD \quad C = ABD \quad D = ABC$$
$$AB = CD \quad AC = BD \quad AD = BC$$

따라서 해상도 IV가 되어 3차 교호작용을 무시하면 모든 주효과를 추정할 수 있고, 교락된 2차 교호작용을 무시하면 일부 2차 교호작용도 추정할 수 있다. 위에서 실험의 수를 줄이기 위해 처리조합의 반복수를 1로 하면 2^{4-1}-부분요인실험은 추정이 필요한 요인의 수가 총 실험의 수에서 하나 적은 $2^3 - 1$인 포화된 실험이 된다. 여기서 오차의 제곱합은 0이 되어 오차항을 추정할 수 없다. 따라서 먼저 각 요인효과를 추정한 후 정규확률지(normal probalility plot) 등을 이용 유의한 요인효과를 찾아 모형에 포함시키고 유의하지 않은 효과의 자유도와 제곱합은 오차항에 포함시켜 분석을 하게 된다. 한 가지 예로서 다음의 분산분석표를 들 수 있다.

[표 6.1 − 11] 생성자 $D=ABC$에 의한 2_{IV}^{4-1}-부분실험의 분산분석표

변동요인	자유도
$A(=BCD)$	1
$B(=ACD)$	1
$C(=ABD)$	1
$D(=ABC)$	1
$AB(=CD)$	1
오차항$(=AC+AD)$	2

분산분석표에서 각 요인효과와 제곱합은 식 (6.1−8)의 형태를 취하여 다음과 같이 구해진다.

$$\widehat{AB\cdots K}=\frac{1}{n\times 2^{k-p-1}}(\text{대비}_{AB\ldots K})$$

$$SS_{AB\ldots K}=\frac{1}{n\times 2^{k-p}}(\text{대비}_{AB\ldots K})^2$$

이제 생성자들이 주어지면 부분실험되는 처리조합을 구할 수 있을 것이다. 그렇다면 k와 p가 주어졌을 때 어떤 생성자들을 사용해야 최대해상도 혹은 그 이상의 기준을 만족하는 부분실험을 설계할 수 있는지 알아보자. 해상도는 부분실험을 선별하는 데 중요한 기준이 됨을 앞서 확인하였다. 문제는 해상도가 같은 부분실험이 유일하지 않다는 점이다. 다시 말하면 해상도가 같다고 모두 동일한 효율을 지니는 실험계획으로 취급하는 것은 문제가 된다. 이러한 문제를 해결하기 위해 Fries와 Hunter(1980)는 동일한 해상도를 가지는 실험을 구분하는 기준을 제시하였다.

[표 6.1 − 12] 동일한 해상도 IV를 갖는 2^{7-2}-부분요인실험의 세 가지 경우

부분실험	d_1	d_2	d_3
생성자	$F=ABC,\ G=BCD$	$F=ABC,\ G=ADE$	$F=ABCD,\ G=ABCE$
정의관계식	$I=ABCF=BCDG$ $=ADFG$	$I=ABCF=ADEG$ $=BCDEFG$	$I=ABCDF=ABCEG$ $=DEFG$
교락된 2차 교호작용들 (삼차 이상은 무시)	$AB+CF$	$AB+CF$	$DE+FG$
	$AC+BF$	$AC+BF$	$DF+EG$
	$AD+FG$	$AD+EG$	$DG+EF$
	$AG+DF$	$AE+DG$	
	$BD+CG$	$AF+BC$	
	$BG+CD$	$AG+DE$	
	$AF+BC+DG$		

위의 [표 6.1－12]를 보면 세 계획이 모두 해상도 IV의 2^{7-2}-부분요인실험이다. 그러나 3차 이상의 요인효과를 무시하면 2차 교호작용이 다른 2차 교호작용과 교락된 수가 $d_1 > d_2 > d_3$ 순으로 나타난다. 교락된 수가 적으면 적을수록 2차 교호작용의 정보의 손실이 적은 것을 의미하기 때문에 d_3가 가장 효율적인 계획이라고 할 수 있다. 다른 각도에서 조명하면 세 계획 d_1, d_2, d_3의 정의관계식에 나타난 정의대비(단어)의 길이를 보면 각각 (4, 4, 4), (4, 4, 6), (4, 5, 5)가 되어서 단어길이 4가 나타난 수가 가장 적은 d_3 계획이 가장 효율적이라고 정의할 수 있다. 이러한 계획을 **최소급변계획**(minimum aberration design)이라고 한다. 이러한 최소급변계획은 위의 예에서도 보듯이 해상도의 자연스럽게 확장된 개념이라고 할 수 있다. 부분실험을 설계할 때 우선 최대해상도($R_{\max}$)를 구하고 다음 단계로서 최소급변계획을 구한다.

이러한 최소급변계획의 설계는 많은 수학을 필요로 하여 이 책의 수준을 넘어서므로 여기서는 그 유도 과정을 생략한다. 자세한 내용을 원하는 독자는 Wu와 Chen(1992)의 논문을 참조하기 바란다. 다만 부분실험을 원하는 실험자들을 위하여 $p=2,3,4,5$($p=1$인 경우는 $I=AB\cdots K$로 정의관계식을 세우면 되므로 표에서는 생략되어 있음)이고 실험횟수가 128 이하인 최소급변 2^{k-p}-부분실험에 의한 처리조합을 구할 수 있는 생성자를 다음 표에서 제공한다. 이제 생성자만 주어지면 처리조합을 구할 수 있을 것이다. 이렇게 구한 부분처리조합은 앞서 설명했듯이, 해상도를 세분화한 기준으로 가장 효율적인 선택이다.

[표 6.1－13] 2^{k-p}-최소급변계획

$p=2$

요인의 수 k	해상도	총 실험횟수	생성자
3	II	$2^{3-2}=2$	$B=A,\ C=A$
4	II	$2^{4-2}=4$	$C=A,\ D=AB$
5	III	$2^{5-2}=8$	$D=AB,\ E=BC$
6	IV	$2^{6-2}=16$	$E=ABC,\ F=BCD$
7	IV	$2^{7-2}=32$	$F=ABC,\ G=BCDE$
8	V	$2^{8-2}=64$	$G=ABCD,\ H=CDEF$
9	VI	$2^{9-2}=128$	$H=ABCDE,\ I=CDEFG$

$p=3$

요인의 수 k	해상도	총 실험횟수	생성자
4	II	$2^{4-3}=2$	$B=A,\ C=A,\ D=A$
5	II	$2^{5-3}=4$	$C=B,\ D=AC,\ E=AB$

6	III	$2^{6-3}=8$	$D=AB,\ E=AC,\ F=BC$
7	IV	$2^{7-3}=16$	$E=ABC,\ F=BCD,\ G=ACD$
8	IV	$2^{8-3}=32$	$F=BCE,\ G=BDE,\ H=ABCD$
9	IV	$2^{9-3}=64$	$G=CDF,\ H=ADEF,\ I=BCEF$
10	V	$2^{10-3}=128$	$H=ADEF,\ I=BDEG,\ J=ACEGH$

$p=4$

요인의 수 k	해상도	총 실험횟수	생성자
5	II	$2^{5-4}=2$	$B=A,\ C=A,\ D=A,\ E=A$
6	II	$2^{6-4}=4$	$C=A,\ D=B,\ E=AB,\ F=AB$
7	III	$2^{7-4}=8$	$D=AB,\ E=AC,\ F=BC,\ G=ABC$
8	IV	$2^{8-4}=16$	$E=ABC,\ F=ABD,\ G=ACD,\ H=BCD$
9	IV	$2^{9-4}=32$	$F=ABCD,\ G=ABCE,\ H=BDE,$ $I=CDE$
10	IV	$2^{10-4}=64$	$G=BCDE,\ H=BCDF,\ I=ACEF,$ $J=ADEF$
11	V	$2^{11-4}=128$	$H=CDEF,\ I=ACDEG,\ J=ABDFG,$ $K=BEFG$

$p=5$

요인의 수 k	해상도	총 실험횟수	생성자
6	II	$2^{6-5}=2$	$B=A,\ C=A,\ D=A,\ E=A,\ F=A$
7	II	$2^{7-5}=4$	$C=B,\ D=AB,\ E=AB,\ F=AC,\ G=AB$
8	III	$2^{8-5}=8$	$D=BC,\ E=AD,\ F=AB,\ G=AC,$ $H=BF$
9	III	$2^{9-5}=16$	$E=ABCD,\ F=AE,\ G=BE,\ H=CE,$ $I=DE$
10	IV	$2^{10-5}=32$	$F=BCDE,\ G=ABF,\ H=ACF,\ I=BCH,$ $J=AEF$
11	IV	$2^{11-5}=64$	$G=CDEF,\ H=ABCG,\ I=CDH,\ J=AFH,$ $K=EFJ$
12	V	$2^{12-5}=128$	$H=CDEFG,\ I=ABEH,\ J=ABDG,$ $K=BFGH,\ L=DGIK$

다음으로 생각할 수 있는 실험계획은 2^{k-p}-부분실험을 2^q 블록에 배치하는 경우이다. 이는 앞에서 설명한 블록과의 교락, 요인효과 간의 교락을 동시에 고려한 실험계획이라고 할 수 있는데 이론적으로 조금 어려운 면이 있어 본 책에서는 생략하기로 한다. 자세한 내용을 원하는 독자는 Zhang과 Park(2000)의 논문을 참조하기 바란다.

다음의 SAS 프로그램은 2_{IV}^{6-2}의 한 부분요인실험의 선택과 교락구조를 보여 준다.

부분요인실험 SAS 사용절차

➤ PROC FACTEX 절차

```
PROC FACTEX ;                                    ← ①
FACTORS factors / NLEV= a ;                      ← ②
SIZE DESIGN= N                                   ← ③
MODEL RESOLUTION= R ;                            ← ④
EXAMINE DESIGN ALIASING CONFOUNDING;             ← ⑤
```

① Factorial Experiment Design을 제공한다.

② 요인들의 이름과 요인의 수(NLEV)를 지정해준다.

③ 실험의 크기를 지정해준다. FRACTION 명령어를 통해 실험의 크기가 1/p이 되도록 지정할 수 있다.

④ MODEL RES 명령어는 부분요인실험의 해상도를 지정해준다. RES=MAXIMUM 명령어를 통해 최대해상도를 지정할 수도 있다.

⑤ 선택된 처리조합, 교락구조, 생성자 등이 출력된다.

[SAS 프로그램 6.1-2] 2_{IV}^{6-2}-부분요인실험의 설계

```
PROC FACTEX ;
FACTORS a b c d e f / NLEV= 2 ;
SIZE DESIGN= 16 ;
MODEL RESOLUTION= 4 ;
EXAMINE DESIGN ALIASING CONFOUNDING;
RUN;
```

[SAS 프로그램 6.1－2] 2_{IV}^{6-2}－부분요인실험의 설계 결과

FACTEX 프로시저

설계 포인트						
실험 회수	a	b	c	d	e	f
1	-1	-1	-1	-1	-1	-1
2	-1	-1	-1	1	1	1
3	-1	-1	1	-1	1	1
4	-1	-1	1	1	-1	-1
5	-1	1	-1	-1	1	-1
6	-1	1	-1	1	-1	1
7	-1	1	1	-1	-1	1
8	-1	1	1	1	1	-1
9	1	-1	-1	-1	-1	1
10	1	-1	-1	1	1	-1
11	1	-1	1	-1	1	-1
12	1	-1	1	1	-1	1
13	1	1	-1	-1	1	1
14	1	1	-1	1	-1	-1
15	1	1	1	-1	-1	-1
16	1	1	1	1	1	1

FACTEX 프로시저

별칭 구조
a
b
c
d
e
f
a*b = e*f
a*c = d*f
a*d = c*f
a*e = b*f
a*f = b*e = c*d
b*c = d*e
b*d = c*e

FACTEX 프로시저

요인 교락 규칙
e = b*c*d
f = a*c*d

✚ 통계적 해

▶ **생성자** : 각 요인의 두 수준으로 －1, 1을 사용하였다. 결과물 '요인 교락 규칙'을 보면 $E = BCD$, $F = ACD$로 생성되어 '설계 포인트'에 선택된 16개의 처리조합이 나타나 있다. 예로서 결과물에서 다섯 번째 '실험 횟수'는 a,b,c,d열의 가능 2^4개의 조합 중 $(-1\ 1\ -1\ -1)$로 선택되고 e열은 b,c,d열의 곱으로 1, f열은 a,c,d열의 곱으로 －1이 되어 최종적으로 $(-1\ 1\ -1\ -1\ 1\ -1)$이 선택되었다. 나머지 15개의 처리조합도 같은 방법으로 설계되었음을 볼 수 있다.

▶ **별칭(별명) 구조** : 정의관계식은 $I = BCDE = ACDF = ABEF$로 구해진다. 주효과의 별명 구조를 보기 위해 예로서 정의관계식에 주효과 A를 곱하면 $A = ABCDE = CDF = BEF$가 되어 3차 이상의 교호작용을 무시하면 주효과 A는 어떤 주효과나 2차 교호작용과도 교락되지 않아 '별칭 구조'에 아무 교락된 요인 효과도 나타나지 않음을 볼 수 있다. 이제 2차 교호작용을 살펴보면 예로서 정의관계식에 AB를 곱하면 $AB = ACDE = BCDF = EF$가 되어 3차 이상의 교호작용을 무시하면 AB 교호작용과 교락된 2차 교호작용은 EF가 됨을 '별칭 구조'에서 볼 수 있다. 나머지 별명구조도 같은 원리로 구할 수 있다.

▶ **해상도** : 별명구조로부터 주효과는 다른 주효과 혹은 2차 교호작용과는 교락되지 않으나 2차 교호작용끼리는 교락되어 구하기 원하는 기준인 해상도 IV가 됨을 알 수 있다.

6.2 3^k-요인실험

6.2.1 3^k-요인실험

k개 요인의 수준이 모두 3인 3^k-요인실험을 생각해 보자. 이번 절에서 다루는 내용은 p^k-요인실험으로 자연스럽게 확장이 가능하다. 예를 들어 $k=2$인 3^2-실험의 경우 각각 수준을 0, 1, 2라고 놓으면 가능한 9개의 처리조합은 2^k-요인실험과 유사하게 (0, 0), (0, 1), (0, 2), (1, 0), (1, 1), (1, 2), (2, 0), (2, 1), (2, 2)로 표현할 수 있다. 주효과의 자유도는 2, 2차 교호작용의 자유도는 2^2, 3차 교호작용의 자유도는 2^3 등이 된다. 처리조합별 반복수가 n이라면 총 실험수는 $n \times 3^k$개이고 오차에 대한 자유도는 $3^k(n-1)$이다.

3^k-요인실험의 제곱합은 두 가지 방법으로 분해될 수 있다. 하나는 2^k-요인실험처럼 자유도가 1을 가지는 직교다항식을 이용한 직교분해이다. 이 방법은 요인의 효과를 검정하는 데 보다 용이하게 해석할 수 있으며 6.3절에서 다루기로 한다.

이번 절에서 다루게 되는 두 번째 방법은 블록과의 교락, 부분실험의 선택 등을 보다 체계화하기 위해 3^k-요인실험의 경우 분해된 교호작용의 제곱합의 자유도가 주효과의 제곱합의 자유도 2와 일치되도록 분해하는 방법이다. 이 방법은 직교라틴방격법에 기초하고 있는데 자세한 언급은 생략하기로 한다. 분해된 제곱합들을 각 요인에 $(3-1)$까지의 차수(power) 형태인 $A^{l_1}B^{l_2}C^{l_3}\cdots(0 \le l_i \le 2)$로 표기하자. 다만 편의상 처음 나타나는 문자의 차수는 1로만 표기한다. 예로서 $k=3$인 3^3-요인실험의 경우 자유도 4인 $A \times B$와 자유도 8인 $A \times B \times C$를 각 자유도가 2를 갖도록 직교분해한 후 기호로 표시하면 다음과 같다. 혼동을 피하기 위해 분해되기 전의 교호작용효과의 기호는 ×를 넣어 표현하였다.

[표 6.2-1] 3^3-요인실험의 교호작용의 분해

교호작용	분해 성분
$A \times B$	AB, AB^2
$A \times B \times C$	ABC, ABC^2, AB^2C, AB^2C^2

이러한 분해는 분석의 관점에서 볼 때 어떤 특별한 의미를 주는 것은 매우 어렵다. 다만 실험의 교락이나 부분실험 등 보다 복잡한 설계를 하는 데 매우 유용하게 이용된다. 이제 위에서 정의한 분해에 대응하는 제곱합을 구해 보자.

주효과를 포함한 분해된 요인효과의 합 $A^{l_1}B^{l_2}C^{l_3}\cdots$을 다음과 같이 정의하자.

$$(A^{l_1}B^{l_2}C^{l_3}\ldots)_i = l_1x_1 + l_2x_2 + \cdots + l_kx_k = i(\text{mod } 3)$$

를 만족하는 $x_1x_2, \cdots, x_k$로부터의 반응값의 합계 (6.2−1)

여기서 x_i는 주어진 처리조합에 나타나는 i-번째 요인의 수준을 나타내며, (mod 3)는 (*modulus* 3)의 약어로서 값이 3 이상이 되면 3으로 나눈 나머지 값을 나타낸다. $A^{l_1}B^{l_2}C^{l_3}\cdots$에 대응하는 제곱합 $SS_{A^{l_1}B^{l_2}C^{l_3}\cdots}$는 자유도 $(3-1)$을 가지고 식 (2.3−1)을 확대하여 다음과 같이 구해진다. 단, G는 반응값의 총합이고 $\dfrac{G^2}{n3^k}$는 보정계수(corrected factor)이다. 반복수 $n=1$인 경우를 다루고 있지만 다음의 식은 $n>1$인 경우에도 적용된다.

$$SS_{A^{l_1}B^{l_2}C^{l_3}\cdots} = \frac{\sum_{i=0}^{2}(A^{l_1}B^{l_2}C^{l_3}\cdots)_i^2}{n3^{k-1}} - \frac{G^2}{n3^k} \quad (6.2-2)$$

교호작용의 제곱합과 자유도는 분해된 제곱합과 대응하는 자유도의 합이 됨은 물론이다.

▶예 6.2−1 $n=2$인 3^2-요인실험의 교호작용의 분해

반복수가 둘인 3^2-요인실험 결과 얻어진 자료는 다음과 같다. 두 요인은 양적요인이라고 가정하자.

반복1		반복2	
처리조합	y	처리조합	y
00	8	00	9
01	6	01	8
02	4	02	5
10	10	10	12
11	10	11	8
12	5	12	4
20	9	20	10
21	6	21	6
22	3	22	4

위의 결과로 얻어진 각 반응값의 합계와 평균을 정리하면 다음과 같다.

$y_{0..} = 40,\ y_{1..} = 49,\ y_{2..} = 38,\ y_{.0.} = 58,\ y_{.1.} = 44,\ y_{.2.} = 25,\ y_{...} = 127$

$\bar{y}_{0..} = 6.67,\ \bar{y}_{1..} = 8.17,\ \bar{y}_{2..} = 6.33,\ \bar{y}_{.0.} = 9.67,\ \bar{y}_{.1.} = 7.33,\ \bar{y}_{.2.} = 4.17,\ \bar{y}_{...} = 7.06$

식 (6.2−1)에 의해 $(A)_i$, $(B)_i$, $(AB)_i$, $(AB^2)_i$는 다음과 같이 정의된다.

$(A)_i = \{x_1 = i\}$를 만족하는 처리조합 x_1x_2의 반응값의 총합

$= A_iB_0 + A_iB_1 + A_iB_2,\ i = 0,1,2$

$(B)_i = \{x_2 = i\}$를 만족하는 처리조합 x_1x_2의 반응값의 총합

$= A_0B_i + A_1B_i + A_2B_i,\ i = 0,1,2$

$(AB)_i = x_1 + x_2 = i(\text{mod } 3)$을 만족하는 처리조합 x_1x_2의 반응값의 총합

$(AB^2)_i = x_1 + 2x_2 = i(\text{mod } 3)$을 만족하는 처리조합 x_1x_2의 반응값의 총합

이제 제곱합 중 대표로 주효과에 대한 제곱합 SS_A와 분해된 교호작용 제곱합 SS_{AB^2}을 구해 보자. 예로서 $(A)_0 = 00 + 01 + 02 = 17 + 14 + 9 = 40$, $(AB^2)_0 = 00 + 11 + 22 = 17 + 18 + 7 = 42$로 구해진다. 비슷한 방법으로 $(A)_1$, $(A)_2$, $(AB^2)_1$, $(AB^2)_2$를 구할 수 있다. 식 (6.2−2)을 이용하면

$$SS_A = \frac{(A)_0^2 + (A)_1^2 + (A)_2^2}{2 \times 3} - \frac{G^2}{2 \times 3^2} \tag{6.2−3}$$

$$= \frac{[(17+14+9)^2 + (22+18+9)^2 + (19+12+7)^2]}{6} - \frac{127^2}{18} = 11.44$$

$$SS_{AB^2} = \frac{(AB^2)_0^2 + (AB^2)_1^2 + (AB^2)_2^2}{6} - \frac{G^2}{18}$$

$$= \frac{[42^2 + 43^2 + 42^2]}{6} - \frac{127^2}{18} = 0.11$$

유사한 방법으로 $SS_{AB} = 5.45$로 구해진다. 따라서 자유도가 4인 2차 교호작용 제곱합 $SS_{A \times B}$는 다음과 같이 분해된다.

$$SS_{A \times B} = SS_{AB} + SS_{AB^2} = 5.45 + 0.11 = 5.56$$

양적요인의 경우 주효과는 추세검정을 위한 자유도가 1인 제곱합으로 분해할 수 있는데 2.7절에서 주어진 식 (2.7−12)를 이용하여 주효과 A의 제곱합을 일차효과와 이차효과로 직교분해하면 다음과 같다.

$$SS_{A_L} = (1^2+1^2)\times 6\times[(\bar{y}_{2..}-\bar{y}_{0..})^2/2]$$
$$= 2\times 6\times[(6.33-6.67)/2]^2 = 0.33$$
$$SS_{A_Q} = [1^2+(-2)^2+1^2]\times 6\times[\frac{(\bar{y}_{2..}-2\bar{y}_{1..}+\bar{y}_{0..})}{6}]^2$$
$$= 36[\frac{(6.67-2\times 8.19+6.33)}{6}]^2 = 11.11$$

B의 제곱합도 같은 방법으로 분해한 후 얻어진 결과를 종합하여 분산분석표를 만들면 다음 [표 6.2−2]와 같다.

[표 6.2 − 2] [예 6.2−1]에서 직교분해에 의한 분산분석표

변동요인	제곱합	자유도	기대평균제곱	F	p−값
A	$SS_A = 11.44$	2	$MS_A = 5.72$	6.09	0.0215
일차효과	$SS_{A_L} = 0.33$	1	$MS_{A_L} = 0.33$	0.35	0.5671
이차효과	$SS_{A_Q} = 11.11$	1	$MS_{A_L} = 11.11$	11.82	0.0075
B	$SS_B = 91.44$	2	$MS_B = 48.64$	16.51	0.0001
일차효과	$SS_{B_L} = 90.75$	1	$MS_{B_L} = 90.75$	96.54	0.0001
이차효과	$SS_{B_Q} = 0.69$	1	$MS_{B_L} = 0.69$	0.73	0.4134
교호작용 AB	$SS_{A\times B} = 5.56$ $SS_{AB} = 5.45$ $SS_{AB^2} = 0.11$	4 2 2	$MS_{A\times B} = 1.39$	1.48	0.2890
오차	$SSE = 8.50$	9	$MSE = 0.94$		
총변동	$SST = 116.94$	17			

결과를 보면 교호작용효과는 없고, 두 요인 A, B의 주효과는 유의적이고 A는 일차효과가 있으며, B는 이차효과가 유의하다.

6.2.2 3^k-요인실험에 대한 블록계획법

두 분해된 효과의 곱을 일반화된 교호작용(generalized interaction)이라고 한다. 이 때 요인의 승의 차수는 (mod 3)으로 줄어든다. 다만 처음 나타나는 요인의 차수가 1이 아닌 경우, 1이 되도록 고쳐주는 것이 편리하다. 예로서 3^3-요인실험의 경우 $A^3 = B^3 = C^3 = 1$을 이용하면 AB^2C와 AC^2의 일반화된 교호작용은 다음과 같다.

$$AB^2C \times AC^2 = A^2B^2C^3 = A^2B^2$$

또한, A^2B^2 스스로의 일반화된 교호작용은

$$A^2B^2 \times A^2B^2 = (A^2B^2)^2 = AB$$

가 되어 결국 AB^2C와 AC^2의 일반화된 교호작용은 AB가 된다.

반복수가 하나이고 3^k-요인실험이 b블록에 배치되는 요인실험의 경우 $(b-1)$의 자유도가 손실된다. 따라서 $(b-1)$의 자유도는 반드시 교락된 요인으로부터 보충되어야 한다. 앞에서 정의한 분해된 요인의 자유도는 2이므로 $(b-1)/2$개의 요인이 블록과 교락되어야 한다. 계획의 원칙은 덜 관심 있는 요인 $(b-1)/2$개를 선택하여 블록과 교락되도록 처리조합을 블록에 배치하면 된다. 블록의 수를 $b = 3^q$라고 했을 때, 각각이 서로의 일반화된 교호작용이 아닌 요인의 수는 q이고 따라서 자유도 2이고 일반화된 교호작용의 수는 자동적으로 다음과 같이 구해진다.

$$\frac{(b-1)}{2} - q = \frac{3^q - 1}{2} - q \qquad (6.2-4)$$

두 분해된 요인이 블록과 교락되어 있으면 일반화된 교호작용도 교락된다. 교락의 절차를 단계별로 정리해 보자

[단계 1] : 서로가 일반화된 교호작용이 아닌 요인 q개를 선택하여 각각의 정의관계식을 다음과 같이 설정한다.

$$I = A^{l_1}B^{l_2}C^{l_3}\cdots$$

[단계 2] : [단계 1]의 각 정의관계식에 대응하는 식을 설정한다. 설정된 식의 수는 q개의 요인별로 각각 3개씩이 된다.

$$L = l_1x_1 + l_2x_2 + \cdots + l_kx_k = j \ (\text{mod}3), \ j = 0, 1, 2 \qquad (6.2-5)$$

[단계 3] : [단계 2]에서 나온 식들 중 q개를 선택하는 경우의 수는 3^q개가 되어 각각은 하나의 블록과 연결되어 생성된다.

예를 들어 3^3-요인실험을 3^2개의 블록에 배치했을 때 [단계 1]로 블록과 교락되기를 원하는 요인으로 AB와 AC를 선택했다고 하자. [단계 2]로 대응하는 식은 다음과 같다.

$$L_1 = x_1 + x_2 = j(\mathrm{mod}3),\ j = 0,1,2$$

$$L_2 = x_1 + x_3 = j(\mathrm{mod}3),\ j = 0,1,2$$

[단계 3]으로 가능한 L_1과 L_2의 조합은 (0,0), (0,1), (0,2), (1,0), (1,1), (1,2), (2,0), (2,1), (2,2)의 9가지로 각각을 만족하는 처리조합이 9개의 블록에 배치된다. 예로서 110은 $L_1 = 2$, $L_2 = 1$이 되어 블록 8에 배치된다. 이렇게 최종 구해진 블록은 다음과 같다.

블록 1 : (000 211 122) ; $L_1 = 0, L_2 = 0$

블록 2 : (001 120 212) ; $L_1 = 0, L_2 = 1$

블록 3 : (002 121 210) ; $L_1 = 0, L_2 = 2$

블록 4 : (010 102 221) ; $L_1 = 1, L_2 = 0$

블록 5 : (011 100 222) ; $L_1 = 1, L_2 = 1$

블록 6 : (012 101 220) ; $L_1 = 1, L_2 = 2$

블록 7 : (020 112 201) ; $L_1 = 2, L_2 = 0$

블록 8 : (021 110 202) ; $L_1 = 2, L_2 = 1$

블록 9 : (022 111 200) ; $L_1 = 2, L_2 = 2$

자유도 2를 가지는 $\frac{(3^2-1)}{(3-1)} - 2 = 2$개의 일반화된 교호작용은 다음과 같이 구해진다.

$$AB \times AC = A^2BC = AB^2C^2,$$

$$AB \times (AC)^2 = A^3BC^2 = BC^2$$

위와 같이 반복수가 하나인 요인실험에 대한 분산분석은 다음의 절차로 구하면 된다.

[단계 1] : 교락되지 않은 제곱합과 자유도는 블록이 없는 것으로 간주하고 구한 일반적인 3^k-요인실험과 같다.

[단계 2] : 블록과 교락된 요인은 먼저 앞에서 설명한 방법으로 제곱합을 구한 후 블록요인의 제곱합으로 합쳐서 표기한다.

[단계 3] : 오차의 자유도는 0이므로 고차의 교호작용효과를 택하여 제곱합과 자유도를 오차항에 합친다.

위에서 3^3 -요인실험을 3^2개의 블록에 배치할 때 AB와 AC를 교락시켜 9개의 블록에 배치한 3^3 -요인실험의 분산분석표의 형태는 다음과 같다. 단, 3차 교호작용효과는 오차항에 합쳐 분석하는 경우를 생각해 보았다.

[표 6.2 – 3] 반복수가 하나이고 블록의 수가 9인 3^3 -요인실험의 분산분석표

변동요인		자유도
블록$(=AB+AC+BC^2+AB^2C^2)$		8
주효과	A	2
	B	2
	C	2
2차 교호작용효과	$A \times B$	
	AB	0
	AB^2	2
	$B \times C$	
	BC	2
	BC^2	0
	$A \times C$	
	AC	0
	AC^2	2
3차 교호작용효과	$A \times B \times C$	
	ABC	0
	ABC^2	0
	AB^2C	0
	AB^2C^2	0
오차$(=ABC+ABC^2+AB^2C)$		6
총변동		26

▶예 6.2-2 포화된 (반복수가 하나) 블록의 수가 3인 3^3-요인실험

한 사회학자는 대학을 졸업한 사람들을 대상으로 사회적응력을 평가하는 시험을 실시하였다. 시험에 포함된 세 요인은 다음과 같다.

A : 졸업한 대학교의 수준	하=0, 중=1, 상=2
B : 집안 환경	하=0, 중=1, 상=2
C : 졸업 성적	하=0, 중=1, 상=2

예로서 처리조합 222는 우수한 대학을 우수한 성적으로 졸업한 집안이 넉넉한 졸업생을 의미한다. 3^3개의 처리조합은 하루에 다 시험을 볼 수 없어 9개씩 처리조합을 나누어 3일(세 블록)에 걸쳐 치러졌다. 시험 결과는 다음과 같다.

블록1:	**처리조합**	000	101	202	012	110	211	021	122	220
	시험성적	174	183	185	163	168	213	175	186	201
블록2:	**처리조합**	002	100	201	011	112	210	020	121	222
	시험성적	193	207	205	164	176	216	187	168	221
블록3:	**처리조합**	001	102	200	010	111	212	022	120	221
	시험성적	186	175	191	184	193	215	197	182	207

먼저 어떤 요인이 블록과 교락되어 있는지를 밝혀야 한다. 이제 식

$$L = x_1 + ux_2 + vx_3 = 0(\mathrm{mod}3)$$

을 고려해 보자. 101은 블록 1에 속하므로 $1 + u \times 0 + v \times 1 = 0(\mathrm{mod}3)$이 된다. 따라서 $v = 2$가 된다. 또한, 110도 블록 1에 속하므로 $1 + u \times 1 + v \times 0 = 0(\mathrm{mod}3)$이 되어 $u = 2$가 된다. 다른 처리조합들도 위의 식에 따라 블록에 배치됨을 확인할 수 있어 AB^2C^2는 블록과 교락되어 있다. 그러므로 식 (6.2-1)에 의해

$$SS_{blocks} = SS_{AB^2C^2} = \frac{[(1648)^2 + (1737)^2 + (1730)^2]}{9} - \frac{5115^2}{27} = 544.2222$$

가 된다. 다른 교호작용은 블록과 교락되어 있지 않으므로 분해 없이 구하면(SAS " MODEL $y = block\ A\ B\ C\ A*B\ A*C\ A*C$ "를 사용하여 각자 확인하기 바란다) 아래와 같다. 분산분석표에서 오차항은 3차 교호작용 $A \times B \times C$에서 블록과 교락된 AB^2C^2를 제외한 결과가 나타난다. 따라서 오차항의 자유도는 8에서 교락된 자유도 2를 뺀 6이 된다.

[표 6.2－4] [예 6.2－2]에 대한 분산분석표

변동요인	제곱합	자유도	기대평균제곱	F	p-값
블록($=AB^2C^2$)	544.22	2			
A	3712.67	2	1856.33	14.42	0.0051
B	62.89	2	31.44	0.24	0.7938
C	20.22	2	10.11	0.08	0.9241
$A\times B$	1295.78	4	323.94	2.52	0.1497
$A\times C$	239.78	4	59.94	0.47	0.7574
$B\times C$	616.89	4	154.22	1.20	0.4001
오차	772.22	6	128.70		

위의 분산분석 결과를 보면 요인 A만의 유의적인 차이가 인정됨을 알 수 있다.

6.2.3 3^{k-p}-부분요인실험

3^{k-p}-부분요인실험은 2^{k-p}-부분요인실시법의 경우와 거의 유사하게 구할 수 있다. 차이점은 2^{k-p}－실험의 생성을 위한 단어는 자유도 1인 요인으로 구성되지만 3^{k-p}-실험에서는 자유도가 2인 요인으로 구성된다는 것이다. 생성자의 수는 p, 단어의 수는 $\frac{3^p-1}{2}$, 일반화된 교호작용의 수는 $\frac{3^p-2p-1}{2}$가 된다. 일반적으로 r이 소수일 때 r^{k-p}-부분실험의 단어의 수는 $\frac{r^p-1}{r-1}$개가 된다. 예를 들어 먼저 $p=1, k=3$인 3^{3-1}-실험을 설계해 보자. 3차 교호작용 $A\times B\times C$의 직교분해된 요인 ABC, AB^2C, ABC^2, AB^2C^2 중 어떤 것을 선택해도 좋다. 여기서 단어로서 AB^2C^2를 선택해 보자. 앞에서 행한 절차를 그대로 밟으면 되어서 3^2-완전실험에 $C=AB^2$를 만족하는 열을 붙이면 된다. 생성자 $C=AB^2$(또는 정의관계식 $I=AB^2C^2$로 표시)는 C열이 A열에 B열을 2배한 후 더한 합(mod 3)으로 나타남을 의미한다. 그 결과는 다음 표와 같이 되어 처리조합 {000, 012, 021, 101, 110, 122, 202, 211, 220}이 선택된다.

[표 6.2－5] 정의관계식 $I=AB^2C^2$에 의한 3^{3-1}_{III}-부분실험

실험횟수	A	B	$C=AB^2$
1	0	0	0
2	0	1	2

3	0	2	1
4	1	0	1
5	1	1	0
6	1	2	2
7	2	0	2
8	2	1	1
9	2	2	0

위에서 구한 부분요인실험은 다음의 식을 만족하는 $3^2=9$개의 처리조합으로 구성된다.

$$L = x_1 + 2x_2 + 2x_3 = 0\,(\mathrm{mod}\,3) \qquad (6.2-6)$$

실제로는

$$L = x_1 + 2x_2 + 2x_3 = j\,(\mathrm{mod}\,3) \qquad (6.2-7)$$

의 식을 이용하여 $j=0,1,2$ 중 하나를 택하여 처리조합을 구할 수 있으나 위에서처럼 $j=0$을 택하는 것이 가장 일반적이다. 이러한 결과는 3^3-실험을 AB^2C^2과 교락된 3개의 블록으로 나눈 후 그 중 하나의 블록을 선택한 결과와 동일하다.

교락구조를 살펴보면 정의관계식은 $I=AB^2C^2(=A^2BC)$가 되어

$$A = ABC = BC$$
$$B = AC^2 = ABC^2$$
$$C = AB^2 = AB^2C$$
$$AB = AC = BC^2$$

의 관계가 성립하고 요약하면 A는 BC, ABC와, B는 AC^2, ABC^2와, C는 AB^2, AB^2C와, AB는 AC, BC^2과 교락되어 있음을 알 수 있다. 주효과가 2차 요인효과와 교락되어 해상도 III의 부분실험임을 알 수 있다. 2차 이상의 요인효과를 무시해야 주효과를 구할 수 있는 복잡한 교락구조를 지닌 실험임을 알 수 있다. 위의 경우 A, B, C, AB의 네 군으로 묶어지는데 일반적으로 교락군을 $\frac{3^{k-p}-1}{3-1}=\frac{3^{3-1}-1}{2}=4$군으로 묶을 수 있다.

하나의 예를 더 들어 보자. 생성자가 $C = A^2B^2$와 $D = AB$인 3^{4-2}-부분실험을 고려해 보자. 관계식은

$$L = x_1 + x_2 + x_3 = 0(\text{mod}3)$$

$$L = x_1 + x_2 + 2x_4 = 0(\text{mod}3)$$

이고, 처리조합은 (0000, 1112, 0121, 0212, 1021, 2012, 1200, 2100, 2221)이 된다. 위 생성식에 대응하는 정의관계식은 $I = ABC = ABD^2$이고 $\frac{3^p - 2p - 1}{2} = 2$개의 일반화된 교호작용은 다음과 같이 구해진다.

$$I = (ABC)(ABD^2) = A^2B^2CD^2 = ABC^2D,$$

$$I = (ABC)(ABD^2)^2 = CD^4 = CD$$

따라서, 이 부분실험의 정의대비부분군은 다음의 정의관계식으로 구성된다.

$$I = ABC = CD = ABC^2D = ABD^2$$

$$(= A^2B^2C^2 = C^2D^2 = A^2B^2CD^2 = A^2B^2D)$$

교락군은 $\frac{3^{4-2} - 1}{3 - 1} = 4$개로서 다음과 같이 된다. 세 번째 교락군을 보면 주효과 C와 D가 교락되어 있어 해상도 II의 아주 비효율적인 계획으로 실제로는 적용하기 어려운 부분요인계획이라고 할 수 있다.

$$A = AB^2C^2 = ACD = AB^2CD^2 = AB^2D = BC = AC^2D^2 = BC^2D = BD^2$$

$$B = AB^2C = BCD = AB^2C^2D = AB^2D^2 = AC = BC^2D^2 = AC^2D = AD^2$$

$$C = ABC^2 = CD^2 = ABD = ABCD^2 = AB = D = ABCD = ABC^2D^2$$

$$AB^2 = AC^2 = AB^2CD = ACD^2 = AD = BC^2 = AB^2C^2D^2 = BCD^2 = BD$$

다음은 SAS를 이용하여 3^{4-2}-부분요인실험을 구하였다. 결과를 보면 위에서 예로 택한 부분실험에 비해 효율적인 해상도가 III인 부분요인실험이 제공됨을 알 수 있다.

SAS 사용절차

[SAS 프로그램 6.2-2] 3^{4-2}-부분요인실험의 설계

```
PROC FACTEX ;
FACTORS a b c d / NLEV= 3 ;
SIZE DESIGN= 9 ;
MODEL RESOLUTION= MAXIMUM ;
EXAMINE DESIGN ALIASING CONFOUNDING;
RUN;
```

[SAS 프로그램 6.2-2] 3^{4-2}-부분요인실험의 설계 결과

FACTEX 프로시저

요인 교락 규칙
c = (2*a)+(2*b)
d = a+(2*b)

FACTEX 프로시저

설계 포인트				
실험 회수	a	b	c	d
1	-1	-1	-1	-1
2	-1	0	1	1
3	-1	1	0	0
4	0	-1	1	0
5	0	0	0	-1
6	0	1	-1	1
7	1	-1	0	1
8	1	0	-1	0
9	1	1	1	-1

FACTEX 프로시저

별칭 구조
a = (2*b)+(2*c) = b+d = c+(2*d)
(2*a) = b+c = (2*b)+(2*d) = (2*c)+d
b = (2*a)+(2*c) = a+(2*d) = c+d
(2*b) = a+c = (2*a)+d = (2*c)+(2*d)
c = (2*a)+(2*b) = a+d = b+(2*d)
(2*c) = a+b = (2*a)+(2*d) = (2*b)+d
d = a+(2*b) = (2*a)+c = b+(2*c)
(2*d) = (2*a)+b = a+(2*c) = (2*b)+c

✚ 통계적 해석

▶ **생성자**: 요인 교락 규칙을 보면 생성자가 $C= A^2B^2$, $D= AB^2$으로 주어져 있어 부분요인실험의 생성은 다음의 두 식으로 구해진다.

$$L = x_1 + x_2 + x_3 = 0 \text{ mod}(3),\ L = x_1 + 2x_2 + 2x_4 = 0 \text{ mod}(3)$$

▶ **부분요인실험**: 먼저 각 요인의 세 수준을 (0, 1, 2)라고 하면 부분요인실험은 위에서 주어진 식을 만족하는 처리조합으로 구성된다. 다음으로 세 수준을 각각 (−1, 0, 1)로 대체하면 결과물 '설계 포인트'에 선택된 3^2개의 처리조합이 구해진다. 예로서 세 번째 '실험 회수'의 처리조합은 (−1, 1, 0, 0)으로 (0, 2, 1, 1)로 대체하면 위에서 주어진 생성식을 만족함을 알 수 있다.

▶ **별명구조** : 생성식에 대응하는 정의관계식은 $I = ABC = AB^2D^2$이고, $I = (ABC)(AB^2D^2) = AC^2D$와 $I = (ABC)(AB^2D^2)^2 = BC^2D^2$의 일반화된 교호작용을 포함하면 정의관계식은 $I = ABC = AB^2D^2 = AC^2D = BC^2D^2 (= A^2B^2C^2 = A^2BD = A^2CD^2 = B^2CD)$이 된다. 정의관계식에 A를 곱하면 $A = AB^2C^2 = ABD = ACD^2 = ABC^2D^2 = BC = BD = CD^2 = AB^2CD$으로 요인 A의 별명구조가 구해지고 3차 교호작용을 무시하여 교락구조를 나타내면 $A = BC = BD = CD^2$으로 결과물 '별칭 구조'의 첫 줄에 나타나 있다. 결과에 나타난 나머지 요인의 별명구조도 같은 방법으로 구할 수 있다.

▶ **해상도** : 별명구조로부터 주효과는 다른 주효과와는 교락되지 않으나 2차 교호작용과 교락되어 SAS 프로그램에서 요구되는 maximum 해상도는 III이 됨을 알 수 있다.

이 책에서는 최소급변 3^{k-p}-부분실험과 블록계획을 구할 수 있는 생성자를 제공하지 않는다. 관심 있는 독자는 Wu와 Hamada(2000)의 250쪽부터의 표를 참조하기 바란다.

6.3 직교다항식과 교호작용효과의 직교분해

이번 장에서는 p^k-요인실험의 교호작용을 분해하고 그 의미를 살펴보기로 한다. 보통 두 가지 방법으로 분해를 한다. 하나는 2.7절에서 사용한 직교다항계수를 이용한 분해이고 다른 하나는 6.2.3절에서 이미 다룬 정의대비를 이용한 분해이다. 이번 장에서는 설명력이 높은 직교다항식을 이용한 분해에 대하여 살펴보기로 한다.

2.7절에서 설명했던 직교다항식을 복습해 보면 단일 요인효과에 대한 $(a-1)$차 다항회귀모형(polynomial regression model)은 $p_m(x_i) = x_i^m$으로 놓으면 다음과 같이 표현된다.

$$
\begin{aligned}
y_i &= \beta_0 p_0(x_i) + \beta_1 p_1(x_i) + \beta_2 p_2(x_i) + \cdots + \beta_{a-1} p_{a-1}(x_i) + \epsilon_i \\
&= \beta_0 + \beta_1 x_i + \beta_2 x_i^2 + \cdots + \beta_{a-1} x_i^{a-1} + \epsilon_i \\
&= \alpha_0 + \alpha_1 w_1(x_i) + \alpha_2 w_2(x_i) + \cdots + \alpha_{a-1} w_{a-1}(x_i) + \epsilon_i
\end{aligned}
$$

α_m를 m차 직교다항회귀계수라고 한다. $w_m(x)$는 차수 m인 직교다항이고, x에 값이 주어지면 직교다항계수가 되며, $\sum_{i=1}^{a} w_u(x_i) w_s(x_i) = 0, (u \neq s)$의 성질을 만족한다.

α_m는 $w_{m+1}(x_i),\cdots,w_{a-1}(x_i)$의 항이 모형에 포함되었는지의 유무와 관계없이 일정하다. 일반화하여 P를 (i,j)번째 칸의 값이 $p_j(x_i)=x_i^j$인 $a\times a$ 행렬이라고 하면 다항회귀모형은

$$\begin{aligned} y &= P\beta + \epsilon = PHH^{-1}\beta + \epsilon \\ &= W\alpha + \epsilon \end{aligned} \tag{6.3-1}$$

로 다시 쓸 수 있다. (6.3－1) 모형을 일변수 직교다항모형(single factor orthogonal polynomial model)이라고 한다.

이제 요인의 수가 하나가 아니고 k개인 경우를 일반화하여 보자. 식 (6.3－1)의 직교다항모형을 k-요인으로 확대하여 다음과 같이 쓸 수 있다. 여기서 ⓧ는 Kronecker 곱을 의미한다.

$$\begin{aligned} & y = X_w\theta + \epsilon, \\ & X_w = W_1 \otimes W_2 \otimes \cdots \otimes W_k,\ \ \theta = \alpha_1 \otimes \alpha_2 \otimes \cdots \otimes \alpha_k \end{aligned} \tag{6.3-2}$$

위의 모형을 먼저 3^2-요인실험(요인 A,B)을 고려하여 전개해 보자. 다음 표에는 3^2-요인실험에 대한 직교다항식의 계획행렬이 주어져 있다.

[표 6.3－1] 3^2-요인실험에 대한 직교다항식의 계획행렬

$$X_w = W_1 \otimes W_2 = \begin{bmatrix} 1 & -1 & 1 \\ 1 & 0 & -2 \\ 1 & 1 & 1 \end{bmatrix} \otimes \begin{bmatrix} 1 & -1 & 1 \\ 1 & 0 & -2 \\ 1 & 1 & 1 \end{bmatrix}$$

$$= \begin{bmatrix} 1 & -1 & 1 & -1 & 1 & -1 & 1 & -1 & 1 \\ 1 & 0 & -2 & -1 & 0 & 2 & 1 & 0 & -2 \\ 1 & 1 & 1 & -1 & -1 & -1 & 1 & 1 & 1 \\ 1 & -1 & 1 & 0 & 0 & 0 & -2 & 2 & -2 \\ 1 & 0 & -2 & 0 & 0 & 0 & -2 & 0 & 4 \\ 1 & 1 & 1 & 0 & 0 & 0 & -2 & -2 & -2 \\ 1 & -1 & 1 & 1 & -1 & 1 & 1 & -1 & 1 \\ 1 & 0 & -2 & 1 & 0 & -2 & 1 & 0 & -2 \\ 1 & 1 & 1 & 1 & 1 & 1 & 1 & 1 & 1 \end{bmatrix} \tag{6.3-3}$$

또한, $\alpha_1=[\alpha_1^0,\alpha_1^L,\alpha_1^Q]^t$, $\alpha_2=[\alpha_2^0,\alpha_2^L,\alpha_2^Q]^t$라고 놓으면,

$$\begin{aligned} \theta &= \alpha_1 \otimes \alpha_2 \\ &= [\alpha_1^0\alpha_2^0,\alpha_1^0\alpha_2^L,\alpha_1^0\alpha_2^Q,\alpha_1^L\alpha_2^0,\alpha_1^L\alpha_2^L,\alpha_1^L\alpha_2^Q,\alpha_1^Q\alpha_2^0,\alpha_1^Q\alpha_2^L,\alpha_1^Q\alpha_2^Q]^t \end{aligned}$$

로 쓸 수 있다. 여기서 이해를 쉽게 하기 위해 $\alpha_i^0(i=1,2)$를 생략하여 표현하면 $\alpha_0(=\alpha_1^0\alpha_2^0)$는 절편, α_1^L은 A 요인의 일차효과(A_L), α_2^L은 B 요인의 일차효과(B_L), α_1^Q은 A 요인의 이차효과

(A_Q), α_2^Q는 B 요인의 이차효과(B_Q), $\alpha_1^L\alpha_2^L$은 AB 교호작용 중 A의 일차효과$\times B$의 일차효과($A_{L\times L}$), $\alpha_1^L\alpha_2^Q$은 AB 교호작용 중 A의 일차효과$\times B$의 이차효과($A_{L\times Q}$), $\alpha_1^Q\alpha_2^L$은 AB 교호작용 중 A의 이차효과$\times B$의 일차효과($A_{Q\times L}$), $\alpha_1^Q\alpha_2^Q$는 AB 교호작용 중 A의 이차효과 $\times B$의 이차효과($A_{Q\times Q}$)에 대응하는 직교다항계수를 각각 나타낸다. 위의 정리된 기호를 이용하면 편의상 각 처리조합의 반복수가 하나라고 할 때 3^2-요인실험인 직교다항식 (6.3−2)은 다음과 같이 쓸 수 있다.

$$\boldsymbol{y}=\begin{bmatrix} y_{00}\\ y_{01}\\ y_{02}\\ y_{10}\\ y_{11}\\ y_{12}\\ y_{20}\\ y_{21}\\ y_{22}\end{bmatrix}=\begin{bmatrix} 1 & -1 & 1 & -1 & 1 & -1 & 1 & -1 & 1\\ 1 & 0 & -2 & -1 & 0 & 2 & 1 & 0 & -2\\ 1 & 1 & 1 & -1 & -1 & -1 & 1 & 1 & 1\\ 1 & -1 & 1 & 0 & 0 & 0 & -2 & 2 & -2\\ 1 & 0 & -2 & 0 & 0 & 0 & -2 & 0 & 4\\ 1 & 1 & 1 & 0 & 0 & 0 & -2 & -2 & -2\\ 1 & -1 & 1 & 1 & -1 & 1 & 1 & -1 & 1\\ 1 & 0 & -2 & 1 & 0 & -2 & 1 & 0 & -2\\ 1 & 1 & 1 & 1 & 1 & 1 & 1 & 1 & 1\end{bmatrix}\begin{bmatrix}\alpha_0\\ \alpha_2^L\\ \alpha_2^Q\\ \alpha_1^L\\ \alpha_1^L\alpha_2^L\\ \alpha_1^L\alpha_2^Q\\ \alpha_1^Q\\ \alpha_1^Q\alpha_2^L\\ \alpha_2^Q\alpha_2^Q\end{bmatrix}+\boldsymbol{\epsilon} \tag{6.3−4}$$

혹은

$$\begin{aligned} E(y) &= \alpha_0+\alpha_1^L w_1(x_1)+\alpha_1^Q w_2(x_1)+\alpha_2^L w_1(x_2)+\alpha_2^Q w_2(x_2)\\ &\quad +\alpha_1^L\alpha_2^L w_1(x_1)w_1(x_2)+\alpha_1^L\alpha_2^Q w_1(x_1)w_2(x_2)\\ &\quad +\alpha_1^Q\alpha_2^L w_2(x_1)w_1(x_2)+\alpha_1^Q\alpha_2^Q w_2(x_1)w_2(x_2) \end{aligned} \tag{6.3−5}$$

계획행렬 X_w는 직교행렬이므로 $X_w^{-1}=X_w^t$가 되어서 $\boldsymbol{y}=X_w\theta+\boldsymbol{\epsilon}$의 최소제곱추정량 직교다항회귀계수 $\hat{\theta}$는 다음과 같이 구해진다.

$$\hat{\theta}=(X_w^t X_w)^{-1}X_w^t\boldsymbol{y}=X_w^t\boldsymbol{y} \tag{6.3−6}$$

$$X_w^t=\begin{bmatrix} 1 & 1 & 1 & 1 & 1 & 1 & 1 & 1 & 1\\ -1 & 0 & 1 & -1 & 0 & 1 & -1 & 0 & 1\\ 1 & -2 & 1 & 1 & -2 & 1 & 1 & -2 & 1\\ -1 & -1 & -1 & 0 & 0 & 0 & 1 & 1 & 1\\ 1 & 0 & -1 & 0 & 0 & 0 & -1 & 0 & 1\\ -1 & 2 & -1 & 0 & 0 & 0 & 1 & -2 & 1\\ 1 & 1 & 1 & -2 & -2 & -2 & 1 & 1 & 1\\ -1 & 0 & 1 & 2 & 0 & -2 & -1 & 0 & 1\\ 1 & -2 & 1 & -2 & 4 & -2 & 1 & -2 & 1\end{bmatrix}=\begin{bmatrix} [\;1 & 1 & 1] \otimes [\;1 & 1 & 1]\\ [\;1 & 1 & 1] \otimes [-1 & 0 & 1]\\ [\;1 & 1 & 1] \otimes [\;1 & -2 & 1]\\ [-1 & 0 & 1] \otimes [\;1 & 1 & 1]\\ [-1 & 0 & 1] \otimes [-1 & 0 & 1]\\ [-1 & 0 & 1] \otimes [\;1 & -2 & 1]\\ [\;1 & -2 & 1] \otimes [\;1 & 1 & 1]\\ [\;1 & -2 & 1] \otimes [-1 & 0 & 1]\\ [\;1 & -2 & 1] \otimes [\;1 & -2 & 1]\end{bmatrix}$$

이에 따라 주어진 X_w^t 의 m-번째 행의 원소를 $r_{ij}^m(i,j=0,1,2)$이라고 할 때, 직교다항회귀계수 $\widehat{\alpha_1\alpha_2}$와 직교제곱합은 대응하는 m-번째 행을 선택하면 다음과 같다.

$$\widehat{\alpha_1\alpha_2}=\frac{(대비)}{n\sum_{i=0}^{2}\sum_{j=0}^{2}r_{ij}^2}=\frac{\sum_i\sum_j r_{ij}\overline{y}_{ij.}}{\sum_i\sum_j r_{ij}^2}=\frac{\sum_i\sum_j r_{ij}y_{ij.}}{n\sum_i\sum_j r_{ij}^2} \tag{6.3-7}$$

$$SS_{대비}=\frac{(대비)^2}{n\sum_i\sum_j r_{ij}^2}=\frac{(\sum_i\sum_j r_{ij}y_{ij.})^2}{n\sum_i\sum_j r_{ij}^2}=n\widehat{\alpha_1\alpha_2}^2\sum_i\sum_j r_{ij}^2 \tag{6.3-8}$$

▶예 6.3-1 [예 6.2-1 계속] $n=2$인 3^2-요인실험

식 (6.3-7)로부터 직교다항계수를 구하면 다음과 같다.

$$\widehat{\alpha_0}=\overline{y}_{..}=7.06$$

$$\hat{\alpha}_1^L=\frac{[-1\,0\,1]\otimes[1\,1\,1]}{2\times[(-1)^2+(-1)^2+(-1)^2+0^2+0^2+0^2+1^2+1^2+1^2]}\,\boldsymbol{y}$$

$$=\frac{1}{2\times6}[-1-1-1\,0\,0\,0\,1\,1\,1]\begin{bmatrix}y_{00}\\y_{01}\\y_{02}\\y_{10}\\y_{11}\\y_{12}\\y_{20}\\y_{21}\\y_{22}\end{bmatrix}$$

$$=\frac{1}{2\times6}\,[20+21+22-(00+01+02)]$$

$$=\frac{1}{2\times6}\,(19+12+7-17-14-9)$$

$$=-0.167$$

$$\hat{\alpha}_1^Q=\frac{1}{2\times18}[1-2\,1]\otimes[1\,1\,1]\;\boldsymbol{y}=-0.556$$

$$\hat{\alpha}_2^L = \frac{1}{2\times 6}\ [1\,1\,1]\otimes[-1\,0\,1]\ \boldsymbol{y} = -2.75$$

$$\hat{\alpha}_2^Q = \frac{1}{2\times 18}\ [1\,1\,1]\otimes[1\,-2\,1]\ \boldsymbol{y} = -0.139$$

$$\widehat{\alpha_1^L\alpha_2^L} = \frac{1}{2\times 4}[-1\,0\,1]\otimes[-1\,0\,1]\ \boldsymbol{y} = -0.5$$

$$\widehat{\alpha_1^L\alpha_2^Q} = \frac{1}{2\times 12}[-1\,0\,1]\otimes[1\,-2\,1]\ \boldsymbol{y} = 0.167$$

$$\widehat{\alpha_1^Q\alpha_2^L} = \frac{1}{2\times 12}[1\,-2\,1]\otimes[-1\,0\,1]\ \boldsymbol{y} = 0.25$$

$$\widehat{\alpha_1^Q\alpha_2^Q} = \frac{1}{2\times 36}[1\,-2\,1]\otimes[1\,-2\,1]\ \boldsymbol{y} = 0.139$$

[예 6.2−1]에 대한 SS_{A_L}과 SS_{A_Q}은 [표 6.2−2]에서 이미 구하였다. 이제 교호작용 AB를 직교대비로 분해해 보자. 식 (6.3−8)을 이용하면

$$SS_{AB_{L\times L}} = \frac{1}{2\times 4}[[-1\,0\,1]\otimes[-1\,0\,1]\boldsymbol{y}]^2$$

$$= 2\times 4\times(\widehat{\alpha_1^L\alpha_2^L})^2 = 2$$

가 되고, 같은 방법으로 나머지 직교분해된 제곱합은 다음과 같이 구해진다.

$$SS_{AB_{L\times Q}} = 0.67,\ SS_{AB_{Q\times L}} = 1.5,\ SS_{AB_{Q\times Q}} = 1.39$$

F, p-값 등은 다음의 SAS를 이용하여 완성하였다.

[표 6.3−2] [예 6.2−1]의 직교분해에 의한 분산분석표

변동요인	제곱합	자유도	기대평균제곱	F	p-값
A	$SS_A = 11.44$	2	$MS_A = 5.72$	6.09	0.0215
일차효과	$SS_{A_L} = 0.33$	1	$MS_{A_L} = 0.33$	0.35	0.5671
이차효과	$SS_{A_Q} = 11.11$	1	$MS_{A_L} = 11.11$	11.82	0.0075
B	$SS_B = 91.44$	2	$MS_B = 48.64$	16.51	0.0001
일차효과	$SS_{B_L} = 90.75$	1	$MS_{B_L} = 90.75$	96.54	0.0001
이차효과	$SS_{B_Q} = 0.69$	1	$MS_{B_L} = 0.69$	0.73	0.4134

교호작용 AB	$SS_{AB} = 5.56$	4	$MS_{AB} = 1.39$	1.48	0.2890
	$SS_{AB_{L\times L}} = 2$	1	$MS_{AB_{L\times L}} = 2$		
	$SS_{AB_{L\times Q}} = 0.67$	1	$MS_{AB_{L\times Q}} = 0.67$		
	$SS_{AB_{Q\times L}} = 1.5$	1	$MS_{AB_{Q\times L}} = 1.5$		
	$SS_{AB_{Q\times Q}} = 1.39$	1	$MS_{AB_{L\times L}} = 1.39$		
오차	$SSE = 8.50$	9	$MSE = 0.94$		
총변동	$SST = 116.94$	17			

SAS 사용절차

[SAS 프로그램 6.2-3] 직교대비 제곱합의 분해

```
DATA ex6_2_1;
INPUT A B response @@;
CARDS; data
PROC GLM DATA=6_2_1;
CLASS A B ;
MODEL RESPONSE= A B A*B ;
CONTRAST 'LL' A*B     1  0 -1  0 0 0 -1  0 1 ;
CONTRAST 'LQ' A*B*B  -1  2 -1  0 0 0  1 -2 1 ;
CONTRAST 'QL' A*A*B  -1  0  1  2 0 -2 -1 0 1 ;
CONTRAST 'QQ' A*A*B*B 1 -2  1 -2 4 -2 1 -2 1 ;
RUN ;
```

➤ [SAS 결과물] 직교대비 제곱합의 분해

The GLM Procedure

Dependent Variable: response

Source	DF	Sum of Squares	Mean Square	F Value	Pr > F
Model	8	108.4444444	13.5555556	14.35	0.0003
Error	9	8.5000000	0.9444444		
Corrected Total	17	116.9444444			

R-Square	Coeff Var	Root MSE	response Mean
0.927316	13.77390	0.971825	7.055556

Source	DF	Type I SS	Mean Square	F Value	Pr > F
A	2	11.44444444	5.72222222	6.06	0.0215
B	2	91.44444444	45.72222222	48.41	<.0001
A*B	4	5.55555556	1.38888889	1.47	0.2890

Source	DF	Type III SS	Mean Square	F Value	Pr > F
A	2	11.44444444	5.72222222	6.06	0.0215
B	2	91.44444444	45.72222222	48.41	<.0001
A*B	4	5.55555556	1.38888889	1.47	0.2890

Contrast	DF	Contrast SS	Mean Square	F Value	Pr > F
LL	1	2.00000000	2.00000000	2.12	0.1796
LQ	1	0.66666667	0.66666667	0.71	0.4226
QL	1	1.50000000	1.50000000	1.59	0.2393
QQ	1	1.38888889	1.38888889	1.47	0.2561

위의 결과들로부터 다음과 같은 직교다항식을 구할 수 있다.

$$\begin{aligned}\hat{y} &= 7.06 - 0.167\times 1\times (x_1-1) - 0.556\times 3\times [(x_1-1)^2 - (\frac{3^2-1}{12})] \\ &- 2.75\times 1\times (x_2-1) - 0.139\times 3\times [(x_2-1)^2 - (\frac{3^2-1}{12})] \\ &- 0.5\times 1\times (x_1-1)(x_2-1) + 0.167\times 1\times (x_1-1)\times 3\times [(x_2-1)^2 - (\frac{3^2-1}{12})] \\ &+ 0.25\times 1\times (x_2-1)\times 3\times [(x_1-1)^2 - (\frac{3^2-1}{12})] \\ &+ 0.139\times 3\times [(x_1-1)^2 - (\frac{3^2-1}{12})]\times 3\times [(x_2-1)^2 - (\frac{3^2-1}{12})]\end{aligned}$$

분산분석표를 보면 유의한 효과인 A_Q와 B_L만 포함한 직교다항식은 다음과 같다.

$$\hat{y} = 7.06 - 0.556\times 3\times [(x_1-1)^2 - (\frac{3^2-1}{12})] - 2.75\times 1\times (x_2-1)$$

이번에는 6.1절에서 다룬 2^k-요인실험에도 적용해 보자. 다음 표에는 2^3-요인실험에 대한 직교다항식의 계획행렬이 주어져 있다. 각 요인의 수준이 둘인 실험으로는 각 요인의 선형추세만 고려할 수 있다.

[표 6.3－3] 2^3－요인실험법에 대한 직교다항식의 계획행렬

$$X_w^t = \begin{bmatrix} 1_2^t \otimes 1_2^t \otimes 1_2^t \\ 1_2^t \otimes 1_2^t \otimes [-1\,1] \\ 1_2^t \otimes [-1\,1] \otimes 1_2^t \\ 1_2^t \otimes [-1\,1] \otimes [-1\,1] \\ [-1\,1] \otimes 1_2^t \otimes 1_2^t \\ [-1\,1] \otimes 1_2^t \otimes [-1\,1] \\ [-1\,1] \otimes [-1\,1] \otimes 1_2^t \\ [-1\,1] \otimes [-1\,1] \otimes [-1\,1] \end{bmatrix} = \begin{bmatrix} 1 & 1 & 1 & 1 & 1 & 1 & 1 & 1 \\ -1 & 1 & -1 & 1 & -1 & 1 & -1 & 1 \\ -1 & -1 & 1 & 1 & -1 & -1 & 1 & 1 \\ 1 & -1 & -1 & 1 & 1 & -1 & -1 & 1 \\ -1 & -1 & -1 & -1 & 1 & 1 & 1 & 1 \\ 1 & -1 & 1 & -1 & -1 & 1 & -1 & 1 \\ 1 & 1 & -1 & -1 & -1 & -1 & 1 & 1 \\ -1 & 1 & 1 & -1 & 1 & -1 & -1 & 1 \end{bmatrix}$$

또한 각 대비에 대한 제곱합의 자유도가 1이 되어 다음과 같이 직교다항식을 쓸 수 있다.

$$\boldsymbol{y} = \begin{bmatrix} y_{000} \\ y_{001} \\ y_{010} \\ y_{011} \\ y_{100} \\ y_{101} \\ y_{110} \\ y_{111} \end{bmatrix} = \begin{bmatrix} 1 & -1 & -1 & 1 & -1 & 1 & 1 & -1 \\ 1 & 1 & -1 & -1 & -1 & -1 & 1 & 1 \\ 1 & -1 & 1 & -1 & -1 & 1 & -1 & 1 \\ 1 & 1 & 1 & 1 & -1 & -1 & -1 & -1 \\ 1 & -1 & -1 & 1 & 1 & -1 & -1 & 1 \\ 1 & 1 & -1 & -1 & 1 & 1 & -1 & -1 \\ 1 & -1 & 1 & -1 & 1 & -1 & 1 & -1 \\ 1 & 1 & 1 & 1 & 1 & 1 & 1 & 1 \end{bmatrix} \begin{bmatrix} \alpha_0 \\ \alpha_C \\ \alpha_B \\ \alpha_{BC} \\ \alpha_A \\ \alpha_{AC} \\ \alpha_{AB} \\ \alpha_{ABC} \end{bmatrix} + \epsilon \qquad (6.3-9)$$

여기서 α_0는 절편, α_A은 A 요인의 효과, α_B은 B 요인의 효과, α_C은 C 요인의 효과, α_{AB}은 AB 교호작용의 효과, α_{AC}은 AC 교호작용의 효과 α_{BC}은 BC 교호작용의 효과, α_{ABC}은 ABC 교호작용의 효과에 대응하는 직교다항계수를 각각 나타낸다. 주어진 X_w^t 의 m－번째 행의 원소를 $r_{ijk}^m (i,\ j,\ k = 0,\ 1)$라고 할 때, 해당하는 직교다항회귀계수 $\hat{\alpha}$와 직교제곱합은 대비에 대응하는 m－번째 행을 선택하면 다음과 같다.

$$\hat{\alpha} = \frac{(\text{대비})}{n\sum_{i=0}^{1}\sum_{j=0}^{1}\sum_{k=0}^{1} r_{ijk}^2} = \frac{\sum_i\sum_j\sum_k r_{ikj}y_{ijk.}}{n \times 2^3} \qquad (6.3-10)$$

$$SS_{\text{대비}} = \frac{(\text{대비})^2}{n \times 2^3} = \frac{(\sum\sum\sum r_{ijk}y_{ijk.})^2}{n \times 2^3} = n\hat{\alpha}^2 \sum\sum\sum r_{ijk}^2 \qquad (6.3-11)$$

위의 결과는 6.1절에서 구한 $\widehat{AB\cdots K} = \frac{1}{n2^{k-1}}(대비_{AB\cdots K})$와 비교하면

$\alpha_{AB\cdots K} = \frac{\widehat{AB\cdots K}}{2}$가 됨을 알 수 있다. 예로서

$$\alpha_A = [\ 1\ \ -1\ \ -1\ \ 1\ \ 1\ \ -1\ \ -1\ \ 1\ ]\ \boldsymbol{y}\ /\ n \times 2^2$$
$$= [(100+101+110+111) - (000+001+010+011)]\ /\ 4n$$

이 되며, $\widehat{\alpha_A} = \frac{\widehat{A}}{2}$이고, $SS_A = n \times \widehat{\alpha_A^2} \times 2^3 = n \times \widehat{A}^2 \times 2$이 성립한다.

▶예 6.3-2 [예 6.1-1 계속] $n=3$인 2^3-요인실험

[예 6.1-1]에서 이미 구한 요인효과를 이용하면 쉽게 다음의 직교다항회귀계수를 추정할 수 있다.

$$\widehat{\alpha_A} = \frac{\widehat{A}}{2} = \frac{-5.67}{2} = -2.833, \quad \widehat{\alpha_B} = \frac{\widehat{B}}{2} = \frac{-4.67}{2} = -2.333,$$

$$\widehat{\alpha_C} = \frac{\widehat{C}}{2} = \frac{-2.67}{2} = -1.333, \quad \widehat{\alpha_{AB}} = \frac{\widehat{AB}}{2} = \frac{2.33}{2} = 1.167,$$

$$\widehat{\alpha_{AC}} = \frac{\widehat{AC}}{2} = \frac{4.33}{2} = 2.167, \quad \widehat{\alpha_{BC}} = \frac{\widehat{BC}}{2} = \frac{-0.67}{2} = -0.333,$$

$$\widehat{\alpha_{ABC}} = \frac{\widehat{ABC}}{2} = \frac{0.33}{2} = 0.167.$$

위에서 구해진 직교다항회귀계수를 이용하여 직교다항식을 구하면 다음과 같다. 예에서 사용한 수준값은 $x_i = 0$ 혹은 $x_i = 1$이다.

$$\hat{y} = 76.667 - 2.833 \times 2 \times (x_1 - \frac{1}{2}) - 2.333 \times 2 \times (x_2 - \frac{1}{2}) - 1.333 \times 2 \times (x_3 - \frac{1}{2})$$
$$+ 1.167 \times 4 \times (x_1 - \frac{1}{2})(x_2 - \frac{1}{2}) + 2.167 \times 4 \times (x_1 - \frac{1}{2})(x_3 - \frac{1}{2})$$
$$- 0.333 \times 4 \times (x_2 - \frac{1}{2})(x_3 - \frac{1}{2}) + 0.167 \times 8 \times (x_1 - \frac{1}{2})(x_2 - \frac{1}{2})(x_3 - \frac{1}{2})$$

위의 직교다항식을 일반다항모형으로 전개하면 다음과 같다.

$$\hat{y} = 86 - 12x_1 - 6x_2 - 6x_3 + 4x_1x_2 + 8x_1x_3 - 2x_2x_3 + 1.333x_1x_2x_3$$

예로서 산의 낮은 수준, 글리세롤의 높은 수준, 분말의 낮은 수준의 조합 010에서 케이크의 품질의 예측값은 $\hat{y} = 86 - 6 = 80$점이 된다. [예 6.1－1]의 분산분석표의 결과를 보면 유의수준 $\alpha = 0.05$하에서 요인 AB, BC, ABC가 비유의적으로 나타난다. 따라서 직교다항식에서 제외시키고 구한 직교다항식은 다음과 같다.

$$\begin{aligned}\hat{y} &= 76.667 - 2.833 \times 2 \times (x_1 - \frac{1}{2}) - 2.333 \times 2 \times (x_2 - \frac{1}{2}) - 1.333 \times 2 \times (x_3 - \frac{1}{2}) \\ &\quad + 2.167 \times 4 \times (x_1 - \frac{1}{2})(x_3 - \frac{1}{2}) \\ &= 85.333 - 10x_1 - 4.667x_2 - 7x_3 + 8.667x_1x_3\end{aligned}$$

실제로 자료의 수준값을 0과 1 대신 －1과 1로 사용하면 직교다항식이 다음과 같이 더욱 쉽게 표현된다.

$$\begin{aligned}\hat{y} &= 76.667 - 2.833x_1 - 2.333x_2 - 1.333x_3 \\ &\quad + 1.167x_1x_2 + 2.167x_1x_3 - 0.333x_2x_3 + 0.167x_1x_2x_3 \end{aligned} \tag{6.3-12}$$

이러한 이유로 다음은 SPSS와 SAS를 사용하여 [예 6.3－2] 2^3-요인실험의 수준값을 －1과 1로 사용하여 직교다항회귀계수를 추정하였다. SPSS는 '회귀분석' 명령어를 이용하였고, SAS는 'CLASS' 명령어를 없애고 일반선형모형에 적용하여 (6.3－12)의 직교다항식을 얻을 수 있다.

SPSS 사용절차 : 2^3-요인실험 직교다항계수의 추정

① [그림 6.3－1]과 같이 자료를 입력한 후, [그림 6.3－2]와 같이 메뉴의 [변환(T)] → [변수계산(C)]을 선택한다.

② [그림 6.3－3]과 같이 변수계산 대화상자에서 [목표변수(T)]에 변수 이름을, [숫자표현식(E)]에 [산], [글리세롤], [분말]의 조합을 통해 새로운 교호작용을 만들어 [그림 6.3－4]와 같은 결과를 얻을 수 있다.

③ 교호작용의 효과를 보기 위하여 회귀분석을 진행한다. 메뉴의 [분석(A)] → [회귀분석(R)] → [선형(L)]을 순차적으로 선택한다. [그림 6.3－5]와 같이 선형 회귀 대화상자에서 [종속변수(D)]에 Quality를 [블록(B)1/1]에 주효과와 새로 생성된 모든 교호작용 변수들을 선택하면 다음과 같은 결과를 얻을 수 있다.

	Acid	Glycerol	Powder	Quality
1	-1	-1	-1	84
2	-1	-1	-1	89
3	-1	-1	-1	85
4	1	-1	-1	75
5	1	-1	-1	75
6	1	-1	-1	72
7	-1	1	-1	80
8	-1	1	-1	82
9	-1	1	-1	78
10	1	1	-1	76
11	1	1	-1	69

[그림 6.3 – 1] 케이크 자료

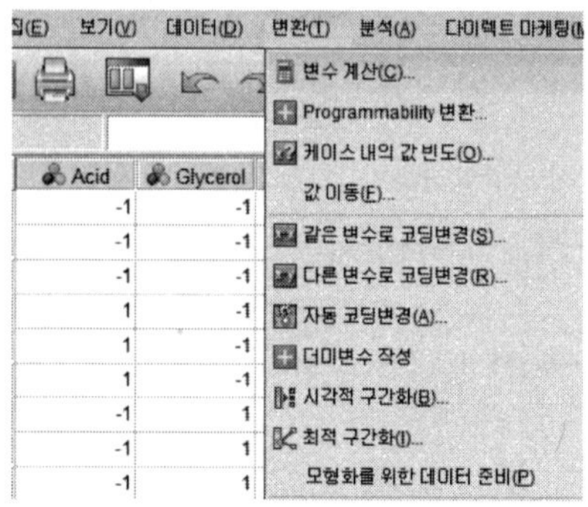

[그림 6.3 – 2] 변환

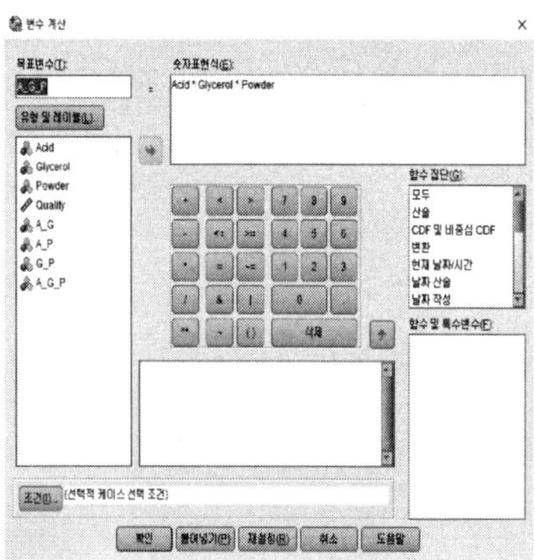

[그림 6.3 – 3] 변수 계산

A_G_P	A_G	A_P	G_P
-1	1	1	1
-1	1	1	1
-1	1	1	1
1	-1	-1	1
1	-1	-1	1
1	-1	-1	1
1	-1	1	-1
1	-1	1	-1
1	-1	1	-1
-1	1	-1	-1
-1	1	-1	-1
-1	1	-1	-1
1	1	-1	-1

[그림 6.3 – 4] 교호작용 생성

[그림 6.3 – 5] 선형 회귀

➤ [SPSS 결과물] 직교다항계수의 추정

계수[a]

모형		비표준화 계수 B	비표준화 계수 표준오차	표준화 계수 베타	t	유의확률
1	(상수)	76.667	.574		133.488	.000
	Acid	-2.833	.574	-.548	-4.933	.000
	Glycerol	-2.333	.574	-.451	-4.063	.001
	Powder	-1.333	.574	-.258	-2.322	.034
	A_G_P	.167	.574	.032	.290	.775
	A_G	1.167	.574	.226	2.031	.059
	A_P	2.167	.574	.419	3.772	.002
	G_P	-.333	.574	-.064	-.580	.570

a. 종속변수: Quality

SAS 사용절차 : 2^3-요인실험 직교다항계수의 추정

[SAS 프로그램 6.3-1] 직교다항회귀계수의 추정

```
DATA ex6_3_2;
INPUT Acid Glycerol Powder Quality @@;
CARDS;
-1 -1 -1 84 -1 -1 -1 89 -1 -1 -1 85
 1 -1 -1 75  1 -1 -1 75  1 -1 -1 72
-1  1 -1 80 -1  1 -1 82 -1  1 -1 78
 1  1 -1 76  1  1 -1 69  1  1 -1 71
-1 -1  1 78 -1 -1  1 79 -1 -1  1 83
 1 -1  1 75  1 -1  1 80  1 -1  1 73
-1  1  1 75 -1  1  1 70 -1  1  1 71
 1  1  1 70  1  1  1 74  1  1  1 76
;
RUN;
PROC GLM DATA= ex6_3_2 ;
MODEL Quality= Acid Glycerol Powder
Acid*Glycerol Acid*Powder Glycerol*Powder Acid*Glycerol*Powder;
RUN;
```

➤ [SAS 결과물] [예 6.3−2]의 직교다항회귀계수

Parameter	Estimate	Standard Error	t Value	Pr > |t|
Intercept	76.66666667	0.57433536	133.49	<.0001
Acid	-2.83333333	0.57433536	-4.93	0.0001
Glycerol	-2.33333333	0.57433536	-4.06	0.0009
Powder	-1.33333333	0.57433536	-2.32	0.0338
Acid*Glycerol	1.16666667	0.57433536	2.03	0.0592
Acid*Powder	2.16666667	0.57433536	3.77	0.0017
Glycerol*Powder	-0.33333333	0.57433536	-0.58	0.5697
Acid*Glycerol*Powder	0.16666667	0.57433536	0.29	0.7754

6.4 직교배열표

이미 언급했듯이 앞 절에서 설계된 2^{k-p}, 3^{k-p}-부분실험은 아주 유용하게 사용되는 직교배열표(orthogonal array)에 속한다, 직교배열표는 혼합 수준으로 확대할 수 있는데 여기서는 요인의 모든 수준이 동일한 대칭(symmetrical) 직교배열표에 관해서만 다루기로 한다. 직교배열표의 구성과 특징을 살펴보기 위해 먼저 다음의 하나를 택해 보자.

[표 6.4 − 1] $L_8(2^7)$ 직교배열표

실험번호	열번호							반응값
	1	2	3	4	5	6	7	
1	0	0	0	0	0	0	0	y_1
2	0	0	0	1	1	1	1	y_2
3	0	1	1	0	0	1	1	y_3
4	0	1	1	1	1	0	0	y_4
5	1	0	1	0	1	0	1	y_5
6	1	0	1	1	0	1	0	y_6
7	1	1	0	0	1	1	0	y_7
8	1	1	0	1	0	0	1	y_8
표준순서	a	b	ab	c	ac	bc	abc	

위의 직교배열표에서 우리는 한 중요한 특징을 발견할 수 있다. 첫 두 열에 요인 A, B를 각각 배치했다고 가정하면 두 열은

$$A_0\text{를 고정했을 때 } B_0\text{의 수}: B_1\text{의 수} = 2:2 = 1:1$$
$$A_1\text{를 고정했을 때 } B_0\text{의 수}: B_1\text{의 수} = 2:2 = 1:1$$

임을 볼 수 있어서 A 요인효과를 구하는 데 B 요인수준이 같은 비율로 균형 있게 비교됨을 볼 수 있다. 이러한 관계는 어떤 두 열을 택해도 그대로 적용된다. 이러한 원리를 직교화원리(principle of orthogonality)라고 한다. 직교의 의미는 각 열에 0과 1의 수가 반반씩 균형잡혀 사용되고, 또한 0을 '−1'로 1을 '+1'로 쓰면 두 열의 내적은 0이 된다는 것이다. 직교배열표의 수학적인 정의는 다음과 같다.

[정의 6−1] 직교배열표

> $0, 1, \cdots, (p-1)$의 숫자로 나열된 $N \times k$ 행렬 L의 어떤 $N \times 2$ 부분행렬에 대해서도 1×2 벡터가 빈도 λ로 똑같이 나타나면 이러한 배열표를 강도(strength) 2의 직교배열표라고 한다.

[표 6.4−1]에서 $N=8$, $k=7$이 되고 1×2 벡터 [0 0], [0 1], [1 0], [1 1]들은 어떤 두 열을 택해도 $\lambda = 2$번씩 나타남을 확인할 수 있다. 직교배열표의 크기는 기호로 $L_N(p^k)$으로 표시하는데, L자는 직교배열표를 처음에 Latin Square에 적용하면서 시작되었다. 여기서

$$N = \text{총 실험횟수}$$
$$p = \text{각 요인의 수준의 수}$$
$$k = \text{직교배열법의 열의 수}$$

를 의미한다.

특별히 $p=2$일 때 이용되는 대표적인 직교배열표는 실험횟수가 $N=2^m$이고 열의 수가 $k=2^m-1$인 $L_4(2^3)$, $L_8(2^7)$, $L_{16}(2^{15})$, $L_{32}(2^{31})$ 등이 있고 일부가 [표 6.4−1] ~ [표 6.4−3]에 주어져 있다. $L_N(2^k)$ 직교배열표의 경우 각 열은 각 하나의 자유도를 가지며, 주효과가 배치된 열을 제외한 나머지 열은 교호작용이나 오차항의 효과를 추정하는 데 사용된다.

$p=3$일 때 이용되는 대표적인 직교배열표는 실험횟수 $N=3^m$이고 열의 수가 $k=(3^m-1)/2$인 $L_9(3^4)$, $L_{27}(3^{13})$, $L_{81}(3^{40})$ 등이 있고 $L_9(3^4)$ 직교배열표가 [표 6.4−4]에 주어져 있다. $L_N(3^k)$ 직교배열표의 경우 각 열은 둘의 자유도를 가지며, 주효과가 배치된 열을 제외한 나머지 열은 6.2.1에서 설명한 분해된 교호작용이나 오차항의 효과를 추정하는 데 사용된다.

[표 6.4 – 2] $L_4(2^3)$ 직교배열표

실험번호	열번호		
	1	2	3
1	0	0	0
2	0	1	1
3	1	0	1
4	1	1	0

[표 6.4 – 3] $L_{16}(2^{15})$ 직교배열표

실험번호	열 번호														
	1	2	3	4	5	6	7	8	9	10	11	12	13	14	15
1	0	0	0	0	0	0	0	0	0	0	0	0	0	0	0
2	0	0	0	0	0	0	0	1	1	1	1	1	1	1	1
3	0	0	0	1	1	1	1	0	0	0	0	1	1	1	1
4	0	0	0	1	1	1	1	1	1	1	1	0	0	0	0
5	0	1	1	0	0	1	1	0	0	1	1	0	0	1	1
6	0	1	1	0	0	1	1	1	1	0	0	1	1	0	0
7	0	1	1	1	1	0	0	0	0	1	1	1	1	0	0
8	0	1	1	1	1	0	0	1	1	0	0	0	0	1	1
9	1	0	1	0	1	0	1	0	1	0	1	0	1	0	0
10	1	0	1	0	1	0	1	1	0	1	0	1	0	1	0
11	1	0	1	1	0	1	0	0	1	0	1	1	0	1	0
12	1	0	1	1	0	1	0	1	0	1	0	0	1	0	1
13	1	1	0	0	1	1	0	0	1	1	0	0	1	1	0
14	1	1	0	0	1	1	0	1	0	0	1	1	0	0	1
15	1	1	0	1	0	0	1	0	1	1	0	1	0	0	1
16	1	1	0	1	0	0	1	1	0	0	1	0	1	1	0

[표 6.4 – 4] $L_9(3^4)$ 직교배열표

실험번호	열번호			
	1	2	3	4
1	0	0	0	0
2	0	1	1	1
3	0	2	2	2
4	1	0	1	2
5	1	1	2	0

6	1	2	0	1
7	2	0	2	1
8	2	1	0	2
9	2	2	1	0
표준순서	a	b	ab	ab^2

[표 6.4 – 5] $L_{27}(3^{13})$ 직교배열표

실험번호	열번호												
	1	2	3	4	5	6	7	8	9	10	11	12	13
1	0	0	0	0	0	0	0	0	0	0	0	0	0
2	0	0	0	0	1	1	1	1	1	1	1	1	1
3	0	0	0	0	2	2	2	2	2	2	2	2	2
4	0	1	1	1	0	0	0	1	1	1	2	2	2
5	0	1	1	1	1	1	1	2	2	2	0	0	0
6	0	1	1	1	2	2	2	0	0	0	1	1	1
7	0	2	2	2	0	0	0	2	2	2	1	1	1
8	0	2	2	2	1	1	1	0	0	0	2	2	2
9	0	2	2	2	2	2	2	1	1	1	0	0	0
10	1	0	1	2	0	1	2	0	1	2	0	1	2
11	1	0	1	2	1	2	0	1	2	0	1	2	0
12	1	0	1	2	2	0	1	2	0	1	2	0	1
13	1	1	2	0	0	1	2	1	2	0	2	0	1
14	1	1	2	0	1	2	0	2	0	1	0	1	2
15	1	1	2	0	2	0	1	0	1	2	1	2	0
16	1	2	0	1	0	1	2	2	0	1	1	2	0
17	1	2	0	1	1	2	0	0	1	2	2	0	1
18	1	2	0	1	2	0	1	1	2	0	0	1	2
19	2	0	2	1	0	2	1	0	2	1	0	2	1
20	2	0	2	1	1	0	2	1	0	2	1	0	2
21	2	0	2	1	2	1	0	2	1	0	2	1	0
22	2	1	0	2	0	2	1	1	0	2	2	1	0
23	2	1	0	2	1	0	2	2	1	0	0	2	1
24	2	1	0	2	2	1	0	0	2	1	1	0	2
25	2	2	1	0	0	2	1	2	1	0	1	0	2
26	2	2	1	0	1	0	2	0	2	1	2	1	0
27	2	2	1	0	2	1	0	1	0	2	0	2	1

그렇다면 이제 어떻게 직교배열을 이용하여 부분실험을 할 수 있는지 살펴보기로 하자. 위의 표에서 첫 두 열에 요인 A, B를 각각 배치했다고 가정하면 셋째 열은 바로 두 열의 합(mod 2)이 된다. 따라서 셋째 열은 바로 교호작용 AB의 효과를 구할 수 있는 열이 된다. 이러한 관계를 쉽게 알기 위해 열의 순서가 표준순서(혹은 Yates 순서)에 따라 작성된 직교배열표를 사용하게 된다. 표준순서를 $p=2$와 3인 경우의 표준순서는 다음과 같다.

$$p=2;\ a\ b\ ab\ c\ ac\ bc\ abc\ d\ ad\ bd\ abd\ cd\ acd\ bcd\ abcd\ \cdots$$

$$p=3;\ a\ b\ ab\ ab^2\ c\ ac\ ac^2\ bc\ abc\ ab^2c^2\ bc^2\ ab^2c\ abc^2\ \cdots$$

각 열이 하나 혹은 둘의 자유도를 갖고 주효과와 교호작용 모두를 배치한다고 생각했을 때 표준순서에서 $a, b, c, \cdots$ 등은 A, B, C 등 요인을 알파벳 순서에 따라 배치되는 열에 대한 순서를 기호화한 것이다. 예로서 다음 두 직교배열표를 통해 설명해 보자.

$L_8(2^7)$ 직교배열법을 살펴보면 A를 첫째 열에 배치하고 B를 둘째 열에 배치하면 교호작용 AB는 반드시 셋째 열에 배치하여야 한다. 또 다른 예로서 A를 첫째 열에 배치하고 B를 셋째 열에 배치하면 첫째 열의 표준순서는 a이고 셋째 열의 표준순서는 ab가 된다. 여기서 $a^2=b^2=c^2=\cdots=I$의 관계를 이용하면 교호작용 AB는 $a\times ab=b$가 되고 표준순서가 b인 두 번째 열에 나타난다.

$L_9(3^4)$ 직교배열표의 경우 A를 첫째 열에 배치하고 B를 둘째 열에 배치하면 교호작용 AB는 표준순서가 ab, ab^2에 해당하는 3열과 4열로 분해되어 나타난다. 또 다른 예로서 A를 첫째 열에 배치하고 B를 셋째 열에 배치하면 $a^3=b^3=c^3=\cdots=I$의 관계를 이용하여 첫째 열의 표준순서는 a이고 셋째 열의 ab가 되어 교호작용 AB는 $a\times ab=a^2b=ab^2$, $a\times(ab)^2=a^3b^2=b^2=b$가 되어 표준순서가 b인 둘째 열과 표준순서가 ab^2인 넷째 열에 분해되어 나타난다.

각 열에 대한 제곱합을 구하기 위해 T_i를 열의 값이 i인 반응값의 합이라고 하면 $p=2$, $p=3$인 경우는 각각 식 (6.1−7)의 $SS_{AB\cdots K}=\dfrac{1}{n2^k}(\text{대비}_{AB\cdots K})^2$와 식 (6.2−2)의 $SS_{A^{l_1}B^{l_2}C^{l_3}\cdots}=\dfrac{\sum_{i=0}^{2}(A^{l_1}B^{l_2}C^{l_3}\cdots)_i^2}{n3^{k-1}}-\dfrac{G^2}{n3^k}$에 의해 다음과 같이 구해진다.

$$p=2;\ SS_{\text{열}}=\frac{(T_1-T_0)^2}{\text{실험횟수}} \tag{6.4−1}$$

$$p=3;\ SS_{열} = \frac{3(T_0^2 + T_1^2 + T_2^2)}{실험횟수} - \frac{(T_0 + T_1 + T_2)^2}{실험횟수} \qquad (6.4-2)$$

배치되지 않은 열은 합쳐서 오차항에 대한 제곱합이 된다. 이미 언급했듯이 $p=2$인 실험의 경우 각 열의 자유도는 1이고, $p=3$인 경우의 자유도는 2가 된다. 따라서 $p=3$인 실험에서 2차 교호작용의 배치를 위해서는 두 열이 필요하다. 만약에 교호작용 AB가 존재하지 않는다고 확실한 판단이 서면 셋째 열에 다른 요인 C를 배치할 수 있다. 그러나 이 경우 AB의 효과는 더 이상 추정할 수 없다. 따라서 실제로 교호작용효과가 없거나 무시하는 경우 주효과만을 열에 배치하게 된다. 직교배열표를 활용한 분석 절차는 다음과 같다.

[단계 1] : 효과를 알고자하는 주효과와 교호작용을 정한다.
[단계 2] : 적당한 직교배열표를 선택한다.
[단계 3] : 위에서 구한 직교배열표에 의해 주효과와 교호작용을 각 열에 배치한다.
[단계 4] : 실험을 행하고 식 (6.4−1)이나 (6.4−2)에 의해 분산분석을 행한다.

위와 같은 절차로 선택된 부분처리조합은 어떻게 열에 배치되느냐에 따라 다르게 된다. 예로서 교호작용을 무시한 A, B, C, D 네 요인을 배치하는 두 실험을 고려해 보자. 첫째는 표준순서에 따라 A, B, C, D를 각각 1, 2, 4, 7열에 배치하는 방법이고, 둘째는 A, B, C, D를 각각 1, 2, 3, 4열에 배치하는 방법이라 하자. 각각의 경우의 부분처리조합은 다음과 같다.

배치 1 : {0000 0011 0101 0110 1001 1010 1100 1111}
배치 2 : {0000 0001 0110 0111 1010 1011 1100 1101}

두 배치의 실험조건을 그림으로 표시하면 다음과 같은데 두 배치 모두 각 수준에서 반반씩 실험된 직교화원리가 유지됨을 볼 수 있다.

[그림 6.4 − 1] 두 배치의 부분실험조건

배치 1의 실험조건

		A_0		A_1	
		B_0	B_1	B_0	B_1
C_0	D_0	●			●
	D_1		●	●	
C_1	D_0		●	●	
	D_1	●			●

배치 2의 실험조건

		A_0		A_1	
		B_0	B_1	B_0	B_1
C_0	D_0	●			●
	D_1	●			●
C_1	D_0		●	●	
	D_1		●	●	

두 배치 모두 2^{4-1}-부분실험이지만 배치 1은 정의관계식 $I=ABCD$에 의해 설계된 해상도 IV인 실험인데 반해 배치 2는 해상도가 II로 매우 비효율적인 실험임을 알 수 있다. 따라서 교호작용효과의 추정이 필요한 경우 신중한 선택이 요구된다.

▶예 6.4−1 자동으로 제어되는 진공관 제작 공정 중, 진공관의 본체로부터 스프링이 부착된 피스톤을 분리시키는 부품 조립 과정에서 실패가 거듭되었다. 원인은 잘못된 설계에 있다. 이 연구에서 가장 중요하다고 여겨지는 성능특성치는 y이다. 여기에 본체로부터 피스톤을 분리하는 힘이 사용되어 y를 최대화하는 최적 공정의 조건을 찾으려고 한다. 이러한 실험을 위하여 5개의 요인과 두 2차 교호작용이 선택되었다. 각 요인의 수준은 2이며 요인들은 $L_8(2^7)$에 배치되었다. 각 요인의 수준은 다음과 같다.

	요인	수준 0	수준 1
A:	재료	M−270	M−90
B:	테이블 정지 시간	2.7초	2.2초
C:	납땜 인두 온도	410 F	주변 온도
D:	선반 지탱 압력	60파운드	80파운드
E:	도금 방법	음파	저항

교호작용으로 BC, CD를 택했을 때 직교배열표 $L_8(2^7)$에 배치한 후 분리되는 힘을 구한 실험 결과는 다음과 같다. 주효과 C, B, D, A, E를 각각 1, 2, 4, 6, 7열에 배치하여 교호작용 BC, CD는 각각 3, 5열에 배치됨을 볼 수 있다.

[표 6.4−6] [예 6.4−1]의 요인배치

요인배치	C	B	BC	D	CD	A	E		
	1	2	3	4	5	6	7	실험조건	반응값
1	0	0	0	0	0	0	0	$A_0B_0C_0D_0E_0$	73
2	0	0	0	1	1	1	1	$A_1B_0C_0D_1E_1$	86
3	0	1	1	0	0	1	1	$A_1B_1C_0D_0E_1$	109
4	0	1	1	1	1	0	0	$A_0B_1C_0D_1E_0$	100
5	1	0	1	0	1	0	1	$A_0B_0C_1D_0E_1$	89
6	1	0	1	1	0	1	0	$A_1B_0C_1D_1E_0$	52
7	1	1	0	0	1	1	0	$A_1B_1C_1D_0E_0$	51
8	1	1	0	1	0	0	1	$A_0B_1C_1D_1E_1$	76
표준순서	a	b	ab	c	ac	bc	abc		

최종 실험된 처리조합 {00000, 10011, 11001, 01010, 00101, 10110, 11100, 01111}은 생성자 $D=AB$와 $E=BCD$에 의해 구해진 2^{5-2}-부분실험이 된다. 그러나 교락구조가 분석에 사용되지는 않는다. 이러한 점이 간편하다는 의미에서 장점일 수 있으나, 일반적인 교락구조를 살펴 분석할 수는 없다.

다시 예로 돌아가서 먼저 주효과 A와 교호작용효과 BC의 효과를 추정하면 식 (6.4−1)에 의해 다음과 같이 구해진다.

$$\hat{A} = (\text{수준 1에서의 평균반응값}) - (\text{수준 0에서의 평균반응값})$$
$$= \frac{1}{4}\{(86+109+52+51) - \frac{1}{4}(73+100+89+76)\} = -10$$

$$\widehat{BC} = \frac{1}{4}\{(109+100+89+52) - (73+86+51+76)\} = 16$$

같은 방법으로 각 주효과와 교호작용효과를 구하면 다음과 같다.

[표 6.4−7] [예 6.4−1]의 요인효과

수 준	$\hat{C}$	$\hat{B}$	$\hat{D}$	$\hat{A}$	$\hat{E}$	$\widehat{BC}$	$\widehat{CD}$
0	92	75	80.5	84.5	69	71.5	77.5
1	67	84	78.5	74.5	90	87.5	81.5
$\overline{y}_{1.}-\overline{y}_{0.}$	−25	9	−2	−10	21	16	4

위의 효과를 보면 주효과로는 C, E가 y에 상대적으로 유의적인 효과를 나타냄을 볼 수 있고, 교호작용 BC는 유의한 효과를 보이나 CD는 아님을 알 수 있다. 이제 최적조건을 찾아보자. 특성치 y는 망대특성(larger-the-better)이므로 최적조건을 찾기 위해서는 y를 최대로 하는 조건을 찾아야 한다. 강한 효과를 나타내는 교호작용 BC에 대한 B_0C_0, B_0C_1, B_1C_0, B_1C_1의 평균효과를 구하면

$$\overline{B_0C_0} = \frac{73+86}{2} = 79.5$$

$$\overline{B_0C_1} = \frac{89+52}{2} = 70.5$$

$$\overline{B_1C_0} = \frac{109+100}{2} = 104.5$$

$$\overline{B_1C_1} = \frac{51+76}{2} = 63.5$$

가 되어서 B_1C_0가 추천된다. 또한, [표 6.4－7]로부터 E_1은 강하게 추천되고 A_0와 D_0는 상대적으로 약하게 추천되어 최종적으로 추천된 최적조건은

$$A_0B_1C_0D_0E_1$$

라고 할 수 있다. 그러나 A와 D의 경우 수준에 따른 차이가 상대적으로 적기에 상황에 따라 바뀔 수도 있다. 실제로는 어느 경우에도 재현성의 확인 과정을 거쳐 확인하는 것이 좋다.

분산분석표를 작성하여 위의 결과를 확인해 보자. 예로서 A의 변동에 대한 제곱합은 식 (6.4－1)에 의해

$$SS_A = \frac{1}{8}\{(86+109+52+51)-(73+100+89+76)\}^2$$

$$= 2(\hat{A})^2 = 200$$

이 된다. 분석을 행하기 위해서는 먼저 총자유도가 7인 $L_8(2^7)$ 직교배열표에서 모든 열에 자유도가 1인 요인을 배치시킨다. 이때 오차항의 자유도와 변동제곱합이 0이 되므로 덜 중요하다고 생각되는 요인을 오차에 합해야 한다. 주효과 D와 CD의 효과가 적으므로 오차에 합쳐서 분산분석표를 작성해 보면 다음과 같다.

[표 6.4－8] [예 6.4－1]의 분산분석표

변동요인	제곱합	자유도	F	$p-$
A	$SS_A = 200$	1	10.0	0.0871
B	$SS_B = 162$	1	8.1	0.1045
C	$SS_C = 1250$	1	62.5	0.0156
E	$SS_E = 882$	1	44.1	0.0219
BC	$SS_{BC} = 512$	1	25.6	0.0369
오차	$SSE = 40$	2		
총변동	$SST = 3046$	7		

위의 표에서 보듯 $\alpha = 0.05$하에서 주효과 C, E와 교호작용 BC의 유의한 차이가 인정된다고 할 수 있다.

$L_N(2^m)$ 직교배열표의 경우 N은 반드시 4의 배수여야 한다. Plackett and Burman(1946)에 의해 주어진 특별히 N이 4의 배수이지만 2의 승(power)은 아닌 직교배열표 $L_N(2^{N-1})$ 계획을 Plackett－Burman(PB) 계획이라고 한다. 다음 [표 6.4－9]에는 $L_{12}(2^{11})$ PB 계획이 주어져 있다. PB 계획의 장점은 실험횟수의 선택의 폭이 늘어났다는 점이다. $L_{12}(2^{11})$ PB 계획의 경우 실험횟수가 $2^4 = 16$가 어려운 경우 사용할 수 있다. 하지만 PB 계획은 매우 복잡한 교락구조를 가진다. 전통적으로는 복잡한 교락구조로 인해 단지 주효과만을 추정하는 데 이용된다. 두 처리요인이 독립적으로 혹은 완전교락되어 추정되면 이러한 계획을 정규계획(regular design)이라고 하는데 앞에서 정의관계식을 이용하여 교락구조를 구한 2^{k-p}이나 3^{k-p}-부분요인실험이 대표적인 정규계획이다. 그렇지 않은 계획을 비정규계획(nonregular design)이라고 하는데 특별히 $L_{12}(2^{11})$ PB 계획은 주효과와 2차 교호작용효과의 교락계수값이 1/3 또는 $-1/3$인 부분교락된 비정규계획이다. 따라서 $L_{12}(2^{11})$ PB 계획은 모든 열에 교호작용이 퍼져 있는 포화된(saturated) 계획이다. 만일 교호작용이 존재하면 결과는 옳지 못할 가능성이 높다고 할 수 있다.

[표 6.4－9] $L_{12}(2^{11})$; 12-run PB 계획

run	1	2	3	4	5	6	7	8	9	10	11
1	+	+	−	+	+	+	−	−	−	+	−
2	−	+	+	−	+	+	+	−	−	−	+
3	+	−	+	+	−	+	+	+	−	−	−
4	−	+	−	+	+	−	+	+	+	−	−
5	−	−	+	−	+	+	−	+	+	+	−
6	−	−	−	+	−	+	+	−	+	+	+
7	+	−	−	−	+	−	+	+	−	+	+
8	+	+	−	−	−	+	−	+	+	−	+
9	+	+	+	−	−	−	+	−	+	+	−
10	−	+	+	+	−	−	−	+	−	+	+
11	+	−	+	+	+	−	−	−	+	−	+
12	−	−	−	−	−	−	−	−	−	−	−

다구치(Genechi Taguchi)는 일본 공학박사로서 실무경험을 바탕으로 새로운 개념의 품질관리기법과 실험계획을 주창하였다. 이러한 실험계획은 산업 현장에의 적용이 그 간편성으로 인하여 많이 적용된 바 있다. 궁극적으로는 이러한 공학적인 개념과 효율의 극대화를 추구하는 과학적인 개념의 접목을 통하여 보다 효율적인 실험계획을 설계할 수 있을 것이다. 대표적인 개념으로는 다음과 같은 점들을 들 수 있다.

(1) 제품설계와 공정설계의 중요성 강조
(2) 손실개념의 도입
(3) 잡음요인(noise factor)의 인식
(4) 직교배열표를 이용한 부분실시
(5) 성능통계량으로서 신호 대 잡음비(signal-to-noise ratio)의 사용

앞에서 우리는 선택된 교호작용은 Yates 순서에 의하여 직교배열표의 열에 배치가 가능함을 보았다. 좀 더 쉽게 배치하기 위하여 사용되는 방법이 다구치에 의해 제안된 삼각행렬(triangular matrix)이나 선점도(linear graph)를 이용하는 방법이다. 특히 선점도는 눈으로 쉽게 보면서 배치할 수 있도록 그려진 그림이므로 많이 이용된다. 주어진 직교배열표로부터 어떤 선점도를 이용하느냐에 따라 해상도 등 효율의 차이가 발생하게 된다. 전문적인 지식이 없이는 어떤 선점도를 이용해야 좋은지 선택하기 어렵다. 이에 대한 하나의 해결책으로 Wu와 Chen(1992)은 2^k-부분요인실험에 있어서 해상도나 최소급변계획을 이용한 새로운 선점도를 작성하였다. 이 방면으로는 많은 연구가 요구되기 때문에 선점도를 비롯한 다구치 실험계획에 관한 자세한 내용은 생략하기로 한다.

연습문제

01 2^4-요인실험이 4개의 블록에서 실험될 경우 블록과 ABC, BCD가 교락되도록 배치된 처리조합을 구하라. 단 각 처리조합에 한 번씩만의 실험이 행해진다.

02 3^4-요인실험법에서 9번만의 실험을 하는 부분요인실험을 하려고 한다. AD^2과 BCD가 교락된 9개의 처리조합을 구하고 교락구조(aliasing scheme)를 적어보라.

03 A, B, C, D, E의 요인효과를 연구하는 2^{5-2}-부분요인실시법에서

$$e = 23.2 \quad ad = 16.9 \quad cd = 23.8 \quad bde = 16.8$$

$$ab = 15.5 \quad bc = 16.2 \quad ace = 23.4 \quad abcde = 18.1$$

로 자료가 얻어졌다.

(3-1) 생성자에 대한 정의관계식이 $I = ACE$, $I = BDE$임을 보여라.

(3-2) 위의 계획의 교락구조를 구하라.

(3-3) 주효과를 추정하라.

(3-4) 교호작용 AB와 AD를 오차항에 합하여 분산분석을 하라.

7장 반복측정자료의 분석

이 장에서는 지분계획법(nested design), 분할구계획법(split-plot design), 반복측정자료(repeated measure experiments)의 분석을 설명한다. 이 계획법들은 여러 가지 이유로 완전랜덤화를 제한하게 되어 형태상 서로 유사한 점이 많기 때문에 같은 장에서 다룰 것이다. 또한, 이러한 계획법들이 가지는 기초적인 원리와 그에 대한 이해를 주목적으로 내용을 전개하고자 한다.

7.1 지분계획법

7.1.1 지분계획법의 이해

요인 A와 B의 이요인실험에서 요인 A와 B의 모든 처리조합에서 실험이 가능할 때 두 요인 A와 B는 교차(crossed)되었다고 한다. 지금까지 우리는 요인들이 서로 교차된 경우만을 다루어 왔다. 반면에 만약 B의 처리수준 중 일부만 A의 수준과 실험이 가능하면, B는 A에 지분(B is nested in A; 가지쳐 나왔음)되었다고 정의한다. 지분계획법의 이해를 위해 다음의 예를 들어 보자.

▶예 7.1－1 이요인 지분계획법

어떤 회사는 세 곳의 다른 공급체로부터 유리를 만드는 기계를 수입하고 있다. 회사에서는 기계들의 성능에 차이가 있는지 알고자 한다. 각 기계는 기계별로 서로 다른 4개의 헤드(총 12개의 다른 헤드)를 통하여 유리를 만들어 내며, 각 헤드로부터 세 번씩 실험이 행해졌다고 하자.

위의 예에서 기계를 요인 A, 헤드를 요인 B라고 하면 다음의 [그림 7.1－1]은 [예 7.1－1]의 구조를 나타내고 있다. 여기서 기계를 블록처럼 취급하면 블록 내에서 헤드의 랜덤화가 이루어지는 형태로써, 제한적으로 랜덤화된 실험계획이라고 할 수 있다. 구조를 보면 요인 B의 특정 수준(헤드)은 오직 하나의 기계로부터만 제공된다. 따라서 요인 B는 요인 A에 지분되었음을 알 수 있다. 이러한 실험계획을 2단계 지분계획법(two-stage nested designs)이라고 한다.

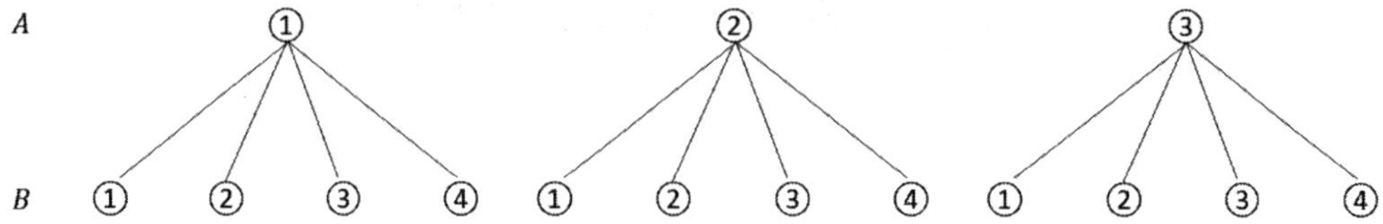

반응값											
y_{111}	y_{121}	y_{131}	y_{141}	y_{211}	y_{221}	y_{231}	y_{241}	y_{311}	y_{321}	y_{331}	y_{341}
y_{112}	y_{122}	y_{132}	y_{142}	y_{212}	y_{222}	y_{232}	y_{242}	y_{312}	y_{322}	y_{332}	y_{342}
y_{113}	y_{123}	y_{133}	y_{143}	y_{213}	y_{223}	y_{233}	y_{243}	y_{313}	y_{323}	y_{333}	y_{343}

[그림 7.1－1] 2단계 지분계획법의 구조

앞으로는 다음과 같은 표기 $B_{j(i)}$(혹은 $B_{(i)j}$)는 요인 B의 수준 j가 요인 A의 수준 i에 지분되었음을 나타내기로 한다. 이러한 표기에 따라 2단계 지분계획법으로 요인 A가 a개의 수준, 요인 B가 b개의 수준을 갖고 B가 A에 지분된 균형실험에 적합한 모형은 다음과 같다.

$$y_{ijk} = \mu + A_i + B_{j(i)} + \epsilon_{(ij)k}, \begin{cases} i = 1, \cdots, a \\ j = 1, \cdots, b \\ k = 1, \cdots, n \end{cases} \tag{7.1－1}$$

y_{ijk}는 A의 수준 i와 i에 지분된 B의 수준 j에서의 k번째 반응값을 나타내며 $B_{j(i)}$는 A의 수준 i에 지분된 B_j의 효과를 나타낸다. 반복수는 n으로 균형된 경우만 고려하기로 하자. 오차항 $\epsilon_{(ij)k}$(혹은 $\epsilon_{k(ij)}$)의 의미는 반복수는 A와 B의 수준의 조합에 지분되어 있다고 생각할 수 있겠다. B의 각 수준이 A의 모든 수준과 사용되지 않아서 교호작용을 추정할 수 없기 때문에 모형에서 빠져 있다. 요인의 수가 확대되었을 때 교차요인 간의 교호작용은 모형에 포함될 수 있다.

이번에는 확대하여 요인이 A, B, C로 셋인 3요인 지분계획법을 살펴보자. 다음 세 가지 모형을 고려해 볼 수 있다.

[모형 1] C는 B에 지분되고, B는 A에 지분된 경우, 3단계 지분계획법

$$y_{ijkl} = \mu + A_i + B_{(i)j} + C_{(ij)k} + \epsilon_{(ijk)l} \tag{7.1－2}$$

[모형 2] A와 B는 교차되고, C는 A와 B에 지분된 경우

$$y_{ijkl} = \mu + A_i + B_j + (AB)_{ij} + C_{(ij)k} + \epsilon_{(ijk)l} \tag{7.1－3}$$

[모형 3] A와 B는 교차되고, C는 B에는 지분되지만 A와는 교차된 경우

$$y_{ijkl} = \mu + A_i + B_j + (AB)_{ij} + C_{(j)k} + (AC)_{i(j)k} + \epsilon_{(ijk)l} \tag{7.1－4}$$

[모형 1]은 2단계에서 한 단계 더 나아간 3단계 지분계획법으로 구조는 [그림 7.1－1]에서 한 단계 더 가지 친 형태가 된다. [모형 2]와 [모형 3]은 다음의 예로서 설명해 보자.

▶예 7.1－2 3요인 지분계획법

당뇨병 환자의 치료에 좋은 두 약의 효과를 비교하기 위해 두 병원에서 환자를 택하여 총 8번의 실험을 하려 한다. 다음의 두 실험을 비교해 보자. √는 실험이 행해진 표시이다.

(가)

병원	환자	약 1	약 2
1	1	√	
	2	√	
	3		√
	4		√
2	1	√	
	2	√	
	3		√
	4		√

(나)

병원	환자	약 1	약 2
1	1	√	√
	2	√	√
2	1	√	√
	2	√	√

(가)의 실험을 보면 8명의 환자를 대상으로 각 환자당 두 약 중 하나의 약이 투여된 실험이다. 두 약은 두 병원 모두에서 사용되어 약과 병원은 교차되었고, 각 환자는 하나의 약만 투입되어 환자는 병원과 약에 지분되어 있음을 볼 수 있다. 따라서 [모형 2]에 해당한다.

(나)의 실험을 보면 4명의 환자를 대상으로 환자는 병원에 지분되어 있지만 약과는 교차되어 있고 병원은 약과 교차되어 있어 [모형 3]에 해당함을 알 수 있다. 특히 모든 환자에게 약이 반복적으로 측정된 반복측정자료의 한 예가 된다. 일반적인 반복측정자료의 구조와 분석에 관한 자세한 내용은 7.3절에서 다룰 것이다.

7.1.2 분산분석

먼저 2단계 지분계획법에 대한 분산분석을 해 보자. 일반적으로 요인 B가 요인 A에 지분되었을 때 $B_{j(i)} = B_j + (AB)_{ij}$로 나타낸다. 이를 이해하기 위해 총제곱합을 분해해 보면 다음과 같다.

$$SST = \sum_{i=1}^{a}\sum_{j=1}^{b}\sum_{k=1}^{n}(y_{ijk} - \bar{y}_{...})^2$$

$$= \sum_{i=1}^{a}\sum_{j=1}^{b}\sum_{k=1}^{n}[(\bar{y}_{i..} - \bar{y}_{...}) + (\bar{y}_{ij.} - \bar{y}_{i..}) + (y_{ijk} - \bar{y}_{ij.})]^2$$

$$= bn\sum_{i=1}^{a}(\bar{y}_{i..} - \bar{y}_{...})^2 + n\sum_{i=1}^{a}\sum_{j=1}^{b}(\bar{y}_{ij.} - \bar{y}_{i..})^2 + \sum_{i=1}^{a}\sum_{j=1}^{b}\sum_{k=1}^{n}(y_{ijk} - \bar{y}_{ij.})^2 \qquad (7.1-5)$$

식 (7.1−5)를 이요인(교차)실험의 대응하는 제곱합과 비교해 보면

$$SST = SS_A + SS_{B(A)} + SSE \tag{7.1−6}$$

로 쓸 수 있어 결국은 $SS_{B(A)}$의 자유도 $(abn-1)-(a-1)-ab(n-1)=a(b-1)$이 되고 다음과 같이 구해진다.

$$SS_{B(A)} = SS_A + SS_{AB} = n\sum_{i=1}^{a}\sum_{j=1}^{b}(\bar{y}_{ij.} - \bar{y}_{i..})^2$$

위의 내용들을 정리하여 분산분석표를 만들면 다음과 같다.

[표 7.1 − 1] 2요인 지분계획법의 분산분석표

변동요인	제곱합	자유도	평균제곱
A	SS_A	$a-1$	$MS_A = SS_A/a-1$
$B(A)$	$SS_{B(A)}$	$a(b-1)$	$MS_{B(A)} = SS_{B(A)}/a(b-1)$
오차항	SSE	$ab(n-1)$	$MSE = SSE/ab(n-1)$
총변동	SST	$abn-1$	

위의 제곱합들은 다음과 같이 구해진다.

$$SST = \sum_{i=1}^{a}\sum_{j=1}^{b}\sum_{k=1}^{n}(y_{ijk} - \bar{y}_{...})^2 = \sum_{i=1}^{a}\sum_{j=1}^{b}\sum_{k=1}^{n}y_{ijk}^2 - N\bar{y}_{...}^2$$

$$SS_A = bn\sum_{i=1}^{a}(\bar{y}_{i..} - \bar{y}_{...})^2 = bn\sum_{i=1}^{a}\bar{y}_{i..}^2 - N\bar{y}_{...}^2 \tag{7.1−7}$$

$$SS_{B(A)} = n\sum_{i=1}^{a}\sum_{j=1}^{b}(\bar{y}_{ij.} - \bar{y}_{i..})^2 = n\sum_{i=1}^{a}\sum_{j=1}^{b}\bar{y}_{ij.}^2 - bn\sum_{i=1}^{a}\bar{y}_{i..}^2$$

$$SSE = \sum_{i=1}^{a}\sum_{j=1}^{b}\sum_{k=1}^{n}(y_{ijk} - \bar{y}_{ij.})^2 = \sum_{i=1}^{a}\sum_{j=1}^{b}\sum_{k=1}^{n}y_{ijk}^2 - n\sum_{i=1}^{a}\sum_{j=1}^{b}\bar{y}_{ij.}^2$$

요인효과의 적절한 검정통계량은 요인이 고정효과요인인지 변량효과요인인지에 따라 달라진다. [표 7.1−2]에는 고정효과모형과 변량효과모형의 여러 경우에 대한 EMS가 증명 없이 주어져 있다(단, $\varphi_A = \dfrac{\sum_{i=1}^{a}A_i^2}{a-1}$, $\varphi_{B_{j(i)}} = \dfrac{\sum_{i=1}^{a}\sum_{j=1}^{b}B_{j(i)}^2}{a(b-1)}$).

[표 7.1 – 2] 2요인 지분계획법의 기대평균제곱

기대평균제곱	A 고정, B 고정	A 고정, B 변량	A 변량, B 변량
$E(MS_A)$	$\sigma^2 + bn\varphi_A$	$\sigma^2 + n\sigma_B^2 + bn\varphi_A$	$\sigma^2 + n\sigma_B^2 + bn\sigma_A^2$
$E(MS_{B(A)})$	$\sigma^2 + n\varphi_{B_{j(i)}}$	$\sigma^2 + n\sigma_B^2$	$\sigma^2 + n\sigma_B^2$
$E(MSE)$	σ^2	σ^2	σ^2

[표 7.1−2]에 의하면 A와 B가 고정요인이면 $H_0 : A_i = 0$은 $\frac{MS_A}{MSE}$, $H_0 : B_{j(i)} = 0$은 $\frac{MS_{B(A)}}{MSE}$에 의해 검정한다. 같은 원리로 A가 고정요인이고 B가 변량요인이면 $H_0 : A_i = 0$은 $\frac{MS_A}{MS_{B(A)}}$, $H_0 : \sigma_B^2 = 0$은 $\frac{MS_{B(A)}}{MSE}$에 의해 검정한다. 또한, A와 B가 변량요인이면 $H_0 : \sigma_A^2 = 0$은 $\frac{MS_A}{MS_{B(A)}}$, $H_0 : \sigma_B^2 = 0$은 $\frac{MS_{B(A)}}{MSE}$에 의해 검정한다.

일반적으로 다요인 지분계획법의 경우 다요인 교차계획법과 비교하여 교차요인에 대한 제곱합은 교차모형의 경우와 같이 구할 수 있고, 지분요인에 대한 제곱합은 요인제곱합과 관련된 교호작용제곱합의 합으로 구할 수 있다. 예를 들어 다음의 3요인 지분계획모형과 교차모형 삼원배치모형을 비교해 보자.

$$y_{ijkl} = \mu + A_i + B_j + (AB)_{ij} + C_{(j)k} + (AC)_{i(j)k} + \epsilon_{(ijk)l} \qquad (7.1-8)$$

$$y_{ijkl} = \mu + A_i + B_j + (AB)_{ij} + [C_k + (BC)_{jk}] + [(AC)_{ik} + (ABC)_{ijk}] + \epsilon_{ijkl} \qquad (7.1-9)$$

두 모형의 교차제곱합 SS_A, SS_B, SS_{AB}는 일치한다. 예로서 지분계획의 SS_A는 교차모형과 동일하게 다음과 같이 구해진다.

$$SS_A = nbc\sum_{i=1}^{a}(\overline{y}_{i...} - \overline{y}_{....})^2,\ \text{자유도 } (a-1)$$

반면에 지분된 제곱합 $SS_{C_{(j)k}}$는 다음과 같이 해당 요인제곱합과 교호작용제곱합의 합으로 구해짐을 알 수 있다.

$$SS_{C_{(j)k}} = SS_C + SS_{BC} = nab\sum_{k=1}^{c}(\overline{y}_{..k.} - \overline{y}_{....})^2 + na\sum_{j=1}^{b}\sum_{k=1}^{c}(\overline{y}_{.jk.} - \overline{y}_{.j..} - \overline{y}_{..k.} + \overline{y}_{....})^2$$

$$= na\sum_{j=1}^{b}\sum_{k=1}^{c}(\overline{y}_{.jk.} - \overline{y}_{.j..})^2 \qquad (7.1-10)$$

$SS_{C_{(j)k}}$에 대응하는 자유도도 요인의 자유도와 교호작용의 자유도의 합으로 구해져서 $(c-1)+(b-1)(c-1)=b(c-1)$이 된다. 유사하게 제곱합 $SS_{AC_{i(j)k}}=SS_{AC}+SS_{ABC}$로 구해지고 대응하는 자유도는 $(a-1)(c-1)+(a-1)(b-1)(c-1)=b(a-1)(c-1)$로 구해진다. 요인의 수가 증가하고 지분계획법의 형태가 복잡하여도 이러한 원리는 그대로 적용 가능하다. 다시 정리하여 요약하면 다음과 같다.

> (가) 오차제곱합과 교차요인의 제곱합은 교차모형의 제곱합과 동일하게 구해진다.
> (나) 지분요인의 제곱합은 해당 요인제곱합과 교차모형의 교호작용제곱합의 합으로 구해진다.
> (다) 고정요인과 변량요인의 선택에 따라 달라진 EMS를 근거로 검정통계량을 구한다.

▶예 7.1-3 3요인 지분계획법

한 건축사는 세 판매상으로부터 구입한 알루미늄 합금의 강도를 비교하고자 한다. 각 판매상은 1.0, 1.5, 2.0 cm의 크기를 가진 표준 막대(bar)안에 합금을 제공한다. 막대의 크기에 따라 용해 기술의 차이가 생겨 크기는 중요한 요인이 된다. 또한, 용해 작업은 각기 다른 히트(heat)에서 이루어진다. 각 판매상은 각기 다른 히트로부터 다른 크기의 막대에서 용해된 합금을 샘플로 두개씩 제공하였다. 얻어진 강도의 결과는 다음과 같다.

판매상		1			2			3		
히트		1	2	3	1	2	3	1	2	3
막대 크기	1cm	1.230	1.346	1.235	1.301	1.346	1.315	1.247	1.275	1.324
		1.259	1.400	1.206	1.263	1.392	1.320	1.296	1.268	1.315
	1.5	1.316	1.329	1.250	1.274	1.384	1.346	1.273	1.260	1.392
		1.300	1.362	1.239	1.268	1.375	1.357	1.264	1.265	1.364
	2.0	1.287	1.346	1.237	1.247	1.362	1.336	1.301	1.280	1.319
		1.292	1.382	1.215	1.215	1.328	1.342	1.262	1.271	1.323

여기서 막대크기 A와 판매상 B는 고정요인이고 히트 C는 변량요인이라고 가정하자. 위의 예는 [모형 3]의 예로서 지분모형을 다음과 같이 쓸 수 있다.

$$y_{ijkl}=\mu+A_i+B_j+(AB)_{ij}+C_{(j)k}+(AC)_{i(j)k}+\epsilon_{(ijk)l}$$

$$i=1,\ 2,\ 3;\ j=1,\ 2,\ 3;\ k=1,\ 2,\ 3;\ l=1,\ 2$$

위의 모형에 대한 분산분석을 행하기 위해서는 EMS를 구해야 하는데 조금 어려운 내용이 되지만 EMS의 형태는 추가제약식이 주어진 경우와 주어지지 않는 경우로 나눌 수 있다. 과거에 잘 알려진 Cornfield와 Tukey(1956)에 의해 제공된 알고리즘은 추가제약식이 주어진 경우이다.

반면에 SAS에서는 추가제약식이 없는 경우에 대한 *EMS*를 제공한다. 두 방법으로 구한 *EMS*가 항상 같지는 않다. 여기서는 편의상 SAS에서 주어지는 *EMS* 결과를 이용하여 분석하기로 한다. [예 7.1－3]에 대한 SAS 프로그램은 다음과 같다. SPSS는 생략하기로 한다.

지분계획법의 SAS 사용절차

SAS에서 지분계획법의 분산분석을 수행하는 방법으로 PROC GLM을 사용한다. 프로그램을 보면 변량요인을 포함한 삼원배치법에 대한 절차에서 지분요인의 입력 형태를 제외하면 거의 같음을 볼 수 있다.

➤ PROC GLM 절차 : 지분계획법

```
PROC GLM DATA=data-set;                          ← ①
CLASS factors;                                   ← ②
MODEL dependent =factors / options;              ← ③
MEANS factors /
        RANDOM factors                           ← ④
        TEST H=factors E=factors                 ← ⑤
RUN;
```

① 분산분석에 사용할 데이터셋 명(data-set)을 지정해준다.

② CLASS 명령어로 분산분석의 처리요인(factor)을 지정해준다.

③ MODEL 명령어로 분산분석을 수행할 모형을 설정해준다. MODEL 명령어의 구조는 반응변수＝처리요인 형태로 입력된다. 지분된 요인은 ( )로 표기되었다.

④ RANDOM 명령어는 변량요인을 지정한다.

⑤ TEST 명령어로 *F*-통계량의 분자, 분모를 *EMS*를 고려하여 지정해준다.

[SAS 프로그램 7.1－3] [예 7.1－3]의 분산분석

```
DATA ex7_1_3;
INPUT A B C response @@ ;
CARDS ;
   1 1 1 1.230 1 1 1 1.259 1 1 2 1.346 1 1 2 1.400 1 1 3 1.235 1 1 3 1.206
   1 2 1 1.301 1 2 1 1.263 1 2 2 1.346 1 2 2 1.392 1 2 3 1.315 1 2 3 1.320
   1 3 1 1.247 1 3 1 1.296 1 3 2 1.275 1 3 2 1.268 1 3 3 1.324 1 3 3 1.315
   2 1 1 1.316 2 1 1 1.300 2 1 2 1.329 2 1 2 1.362 2 1 3 1.250 2 1 3 1.239
   2 2 1 1.274 2 2 1 1.268 2 2 2 1.384 2 2 2 1.375 2 2 3 1.346 2 2 3 1.357
   2 3 1 1.273 2 3 1 1.264 2 3 2 1.260 2 3 2 1.265 2 3 3 1.392 2 3 3 1.364
   3 1 1 1.287 3 1 1 1.292 3 1 2 1.346 3 1 2 1.382 3 1 3 1.273 3 1 3 1.215
```

```
   3 2 1 1.247 3 2 1 1.215 3 2 2 1.362 3 2 2 1.328 3 2 3 1.336 3 2 3 1.342
   3 3 1 1.301 3 3 1 1.262 3 3 2 1.280 3 3 2 1.271 3 3 3 1.319 3 3 3 1.323 ;
RUN ;
PROC GLM DATA = ex7_1_3 ;
         CLASS  A B C ;
         MODEL response = A B A*B C(B) A*C(B) ;
        RANDOM C(B) A*C(B) ;
        TEST H=A*B E=A*C(B) ;
        TEST H=C(B) E=A*C(B) ;
        TEST H=A E=A*B ;
        TEST H=B E=C(B) ;
RUN ;
```

➤ [SAS 결과물] 3요인 지분계획법의 EMS와 분산분석표

SAS 시스템

The GLM Procedure

Source	Type III Expected Mean Square
A	Var(Error) + 2 Var(A*C(B)) + Q(A,A*B)
B	Var(Error) + 2 Var(A*C(B)) + 6 Var(C(B)) + Q(B,A*B)
A*B	Var(Error) + 2 Var(A*C(B)) + Q(A*B)
C(B)	Var(Error) + 2 Var(A*C(B)) + 6 Var(C(B))
A*C(B)	Var(Error) + 2 Var(A*C(B))

SAS 시스템

The GLM Procedure

Dependent Variable: response

Source	DF	Sum of Squares	Mean Square	F Value	Pr > F
Model	26	0.12498993	0.00480730	11.89	<.0001
Error	27	0.01091350	0.00040420		
Corrected Total	53	0.13590343			

R-Square	Coeff Var	Root MSE	response Mean
0.919697	1.543512	0.020105	1.302537

Source	DF	Type I SS	Mean Square	F Value	Pr > F
A	2	0.00252626	0.00126313	3.12	0.0601
B	2	0.00884859	0.00442430	10.95	0.0003
A*B	4	0.00237541	0.00059385	1.47	0.2391
C(B)	6	0.10020933	0.01670156	41.32	<.0001
A*C(B)	12	0.01103033	0.00091919	2.27	0.0373

Source	DF	Type III SS	Mean Square	F Value	Pr > F
A	2	0.00252626	0.00126313	3.12	0.0601
B	2	0.00884859	0.00442430	10.95	0.0003
A*B	4	0.00237541	0.00059385	1.47	0.2391
C(B)	6	0.10020933	0.01670156	41.32	<.0001
A*C(B)	12	0.01103033	0.00091919	2.27	0.0373

SAS 시스템

The GLM Procedure

Dependent Variable: response

Tests of Hypotheses Using the Type III MS for A*C(B) as an Error Term					
Source	DF	Type III SS	Mean Square	F Value	Pr > F
A*B	4	0.00237541	0.00059385	0.65	0.6402
C(B)	6	0.10020933	0.01670156	18.17	<.0001

Tests of Hypotheses Using the Type III MS for A*B as an Error Term					
Source	DF	Type III SS	Mean Square	F Value	Pr > F
A	2	0.00252626	0.00126313	2.13	0.2348

Tests of Hypotheses Using the Type III MS for C(B) as an Error Term					
Source	DF	Type III SS	Mean Square	F Value	Pr > F
B	2	0.00884859	0.00442430	0.26	0.7758

✚ 통계적 해석

▶ **검정 결과**: SAS에서는 우선적으로 모든 요인효과를 고정효과모형으로 간주한 분산분석표를 제공함을 기억해야 한다. 따라서 직접요인효과에 대한 검정을 하려면 SAS의 EMS 결과를 통하여 F-통계량의 분자, 분모를 지정하고 얻어진 분석 결과를 이용해야 한다. EMS 표에서 $Q(A, A*B)$는 $Q(A)+Q(A*B)$와 같다. EMS 결과를 보면 요인 $AC(B)$는 MSE, AB와 $C(B)$는 $MS_{AC(B)}$, A는 MS_{AB}를 각각 F-통계량의 분모로 사용해야 함을 알 수 있다. B의 경우 완전히 일치하지는 않지만 AB의 교호작용효과가 비유의적으로 검정되어 $Q(B, A*B) \doteq Q(B)$로 볼 수 있어 $MS_{C(B)}$를 F-통계량의 분모로 사용하여 분석하였다. $C(B)$의 자유도는 $b(c-1)=3 \cdot 2=6$, $AC(B)$의 자유도는 $b(a-1)(c-1)=3 \cdot 2 \cdot 2=12$로 구해진다.

(1) $H_0 : \sigma^2_{AC(B)}=0$

$\dfrac{MS_{AC(B)}}{MSE}=\dfrac{0.00091919}{0.00040420}=2.27$($p$-값=0.0373)로 구해져 $\alpha=0.05$ 하에서 귀무가설을 기각한다.

(2) H_0 : 모든 (i, j)에 대해서 $(AB)_{ij}$는 같다.

$\dfrac{MS_{AB}}{MS_{AC(B)}}=\dfrac{0.00059385}{0.00091919}=0.65$($p$-값$=0.6402$)로 구해져 귀무가설을 채택한다.

(3) $H_0 : \sigma^2_{C(B)}=0$

$\dfrac{MS_{C(B)}}{MS_{AC(B)}}=\dfrac{0.01670156}{0.00091919}=18.17$($p$-값 < 0.0001)로 구해져 귀무가설을 기각한다.

(4) $H_0 : A_1=A_2=A_3$

$\dfrac{MS_A}{MS_{AB}}=\dfrac{0.00126313}{0.00058385}=2.13$($p$-값$=0.2348$)로 구해져 귀무가설을 채택한다.

(5) $H_0 : B_1=B_2=B_3$

$\dfrac{MS_B}{MS_{C(B)}}=\dfrac{0.00442430}{0.01670156}=0.26$($p-$값$=0.7758$)로 구해져 귀무가설을 채택한다.

▶ **결과 종합**: 요인 $C(B)$는 대단히 유의하게 나타났으므로 변량요인인 히트 간에 강도가 심한 산포의 차이를 나타낸다고 결론지을 수 있다. 또한 $AC(B)$도 유의하므로 막대 크기와 히트 간의 교호작용이 인정된다. 다만 막대 크기와 판매상은 유의하지 않다. 결론적으로 히트에 의한 영향이 매우 큰 것으로 나타났다. 유의하게 판정된 분산성분은 다음과 같이 추정된다.

$$\hat{\sigma}^2_{C(B)} = \frac{MS_{C(B)} - MS_{AC(B)}}{6} = \frac{0.01670156 - 0.00091919}{6} = 0.0026$$

$$\hat{\sigma}^2_{AC(B)} = \frac{MS_{AC(B)} - MSE}{2} = \frac{0.00091919 - 0.00040420}{2} = 0.00026$$

7.2 분할구계획법

7.2.1 분할구계획법의 이해

분할구계획법(split-plot design)은 처음에 농업분야 실험에서 실험구(plot)를 주구(main plot)와 세구(sub-plot)로 분할(split)하여 요인을 배치하는 실험으로 시작되었다. 여러 형태의 분할구계획법이 가능한데 여기서는 가장 활용도가 높은 반복실험 분할구계획법에 관해 살펴보기로 한다. 예로서 지세가 비슷한 농지를 일정구획으로 몇 개의 주구로 나눈 후 각각의 주구에 서로 다른 관개 방법으로 물을 공급한다. 다음으로 각 주구를 몇 개의 세구로 다시 나눈 후 서로 다른 비료를 시비하여 수확량에 미치는 효과를 알아보기 위해 실험을 한다고 하자. 이러한 실험을 분할구계획법이라고 하는데 관개방법 A를 주처리(main treatment), 비료를 세구처리(subplot treatmenet)라고 한다. 먼저 주로 어떤 상황에서 실험구의 분할이 필요한가를 이해해야 한다. 예로서 요인 A, B의 3×4 요인실험을 생각해 보자. 이제 하루에 실험할 수 있는 수가 12번으로 정해져 있어 r일에 걸쳐 반복해서 실험한다고 하자. 앞에서 다룬 이요인실험의 전형적인 실험형태는 r일을 블록으로 간주하여 매일 블록(반복) 내에서 모든 12개의 처리조합을 완전랜덤하게 실험순서를 정해서 다음과 같은 구조로 실험될 것이다.

$$\begin{array}{ll} \text{반복 } 1: & (\ A_2B_1\ ,\cdots\ ,\ A_3B_2\ ) \\ \text{반복 } 2: & (\ A_3B_2,\ \cdots\ ,\ A_1B_1\ ) \\ & \quad\quad\vdots \\ \text{반복 } r: & (\ A_1B_1,\ \cdots\ ,\ A_3B_4\ ) \end{array}$$

그러나 위의 예와 같은 경우 매일 모든 처리조합의 완전랜덤화는 매우 비현실적이라고 할 수 있다. 이러한 경우 현실적으로 실험을 쉽게 수행하기 위해 먼저 임의로 선택된 농지(주구)에서 한 관개 방법을 임의로 선택하고 그 안에서 비료의 처리를 다시 랜덤하게 실험하는 상황을 생각할 수 있다. 이렇게 되면 매일 관개 방법과 비료를 동시에 변화시키며 행하는 실험에 비해 훨씬 수월함을 알 수 있다.

이렇듯 분할구계획법이란 제1요인의 a수준을 블록 내에서 a개의 주구에 랜덤하게 배치하고 각 주구를 b개의 세구로 분할하여 제2요인의 b수준을 각 주구 내에서 다시 랜덤으로 배치하고 ab개의 처리조합을 1회 실험하여 이와 같은 실험을 r회 반복하는 실험계획법이다. 결국 실험단위들은 주구 내에서만 랜덤화되었다. 분할구계획법은 주구에 배치된 요인이 주구와 교락되어 있고 주구의 효과에 영향을 받지만 세구에 배치된 요인이 주구와 교락되어 있지 않아서, 중요도가 떨어지거나 효과가 이미 밝혀진 요인을 주구에 배치하고 주관심이 되는 요인을 세구에 배치할 때 많이 이용되는 계획법이다. 다시 표현하면 블록(반복) 내에서 임의로 주구를 선택하고 한 요인 A를 랜덤하게 배치한 후 비교적 랜덤화가 쉬운 요인 B는 요인 A내에서 다시 랜덤화하는 계획을 분할구계획법이라고 한다. 이제 구체적으로 3×4 분할구계획법의 예를 들어보자.

▶예 7.2－1 분할구계획법

한 종이 제조 회사에서는 제조된 종이의 질긴 정도에 영향을 주는 두 요인의 효과에 관심이 있다. 한 요인은 세 가지 펄프의 준비방법(A)이고 다른 요인은 펄프를 굽는 네 가지 온도(B)이다. 따라서 두 요인의 처리조합은 12가 된다. 그러나 하루에 단지 12번 실험을 할 수 있다고 한다. 회사에서는 3일 동안 반복하여 실험하기로 하였다. 실험은 다음과 같이 행해졌다. 주구는 세 공장으로 한 공장에서는 한 벌(batch)의 펄프가 하나의 펄프 준비방법에 의해 생산된다. 생산된 한 벌의 펄프는 넷으로 나누어져 각각 다른 온도에서 구워진다. 이러한 절차를 3일간 되풀이한다.

실험절차를 요약하면 임의로 선택된 공장(주구)에서 한 펄프의 준비방법으로 생산된 한 벌의 펄프에 랜덤하게 온도를 변화해가면서 실험한 것이다. 따라서 펄프의 준비방법은 주구에 배치된 처리가 되고 온도는 세구에 배치된 처리가 된다. 이러한 구조는 [그림 7.2－1]에 처음 이틀간의 실험의 형태가 잘 나타나 있다(지면상 셋째 날은 생략되어 있다). 예를 들어 실험순서는 첫날 (R_1), 두 번째 펄프 준비방법(A_2)를 임의로 먼저 선택하고 다음으로 온도를 랜덤하게 선택하여 $A_2B_2, A_2B_1, A_2B_4, A_2B_3$ 순서로 실험이 행해졌음을 보여 준다.

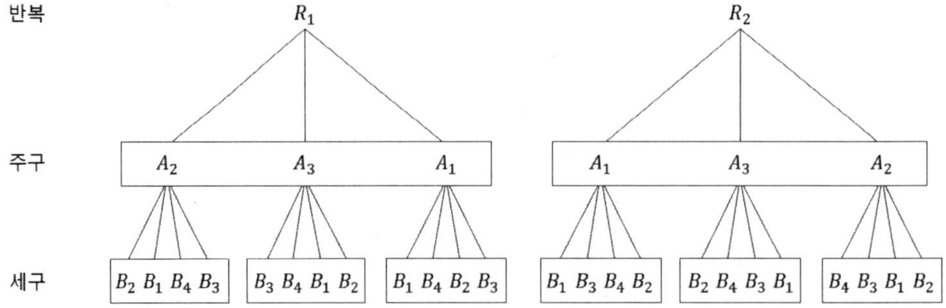

[그림 7.2－1] 분할구계획법의 구조

얻어진 결과는 다음과 같다. 위의 절차를 따라 실험하지 않고 펄프 준비방법과 온도의 조합을 완전랜덤화하여 실험하는 것은 효율성이나 비용 측면에서 볼 때 현실적으로 부적절하다고 할 수 있다. 이러한 결과를 수준 순서로 재배열하여 정리한 자료의 결과는 다음과 같다.

블록 (R)		1	2	3
펄프	준비방법 (A)	1 2 3	1 2 3	1 2 3
온도	200	30 34 29	28 31 31	31 35 32
(B)	225	35 41 26	32 36 30	37 40 34
	250	37 38 33	40 42 32	41 39 39
	275	36 42 36	41 40 40	40 44 45

정리하면 한 블록 내에 실험을 처리할 수 있는 a개의 주구로 나누어져 있다. 이러한 주구는 다시 b개의 세구로 분할된다. 요인 A는 주구에 배치되고, 요인 B는 세구에 배치된다. 지금까지 설명한 실험계획법은 분할이 한 번으로 끝나는 1단계 분할구계획법에 관해 다루었으나 이는 2단계 분할구계획법(split-split design)으로 확장될 수 있다. 이 경우 블록 내에서 두 번의 랜덤화에 대한 제한이 가해진다. 동일한 맥락으로 이해할 수 있기 때문에 더 이상의 언급은 생략한다.

7.2.2 분산분석

분할구계획법은 다음과 같이 모형화할 수 있다. 일반적으로 반복(블록)요인과 다른 요인의 교호작용은 무시한다. 반복요인의 교호작용을 무시할 수 없는 경우에는 다음의 모형에 교호작용항을 추가하여 분석해야 한다.

$$y_{ijk} = \mu + [A_i + R_k + \epsilon^w_{(ik)}] + [B_j + (AB)_{ij} + \epsilon^s_{(ijk)}] \tag{7.2-1}$$

여기서 $\epsilon^w_{(ik)}$는 주구오차(whole-plot error) 혹은 일차단위 오차로서 블록과 주구의 조합에서만 발생하여 제한된 랜덤화로부터 오는 오차를 의미한다. 또한, $\epsilon^s_{(ijk)}$는 세구오차(split-plot error) 혹은 이차단위 오차를 나타낸다. 위의 모형을 다음의 삼요인배치법(주의 : 반복을 하나의 요인으로 간주하고 교호작용을 고려하였기 때문에 오차항의 자유도는 0이 되어 추정이 불가능하다. 따라서 모형에 오차항을 생략하였다)

$$y_{ijk} = \mu + [A_i + R_k + (AR)_{ik}] + [B_j + (AB)_{ij} + (BR)_{jk} + (ABR)_{ijk}]$$

과 비교하면 다음의 관계가 성립함을 알 수 있다.

$$\epsilon^w_{(ik)} = (AR)_{ik} \ , \ \epsilon^s_{(ijk)} = (BR)_{jk} + (ABR)_{ijk}$$

이러한 관계식을 이용하면 다음의 분산분석표를 작성할 수 있다. 삼요인배치법의 각 제곱합은 [표 3.5−1]의 분산분석표를 참조하기 바란다.

세구에 배치된 요인들이 주구에 배치된 요인들에 비해 더 동질성(homogeneity)을 지니기 때문에 일반적으로 주구오차가 세구오차에 비해 크게 나타난다는 점을 기억해야 한다. 이렇듯 세구에 배치된 요인이 보다 정도 높게 비교될 수 있어 '관심이 있는 요인을 세구에 배치하는 것이 좋다'라는 원리를 뒷받침해 준다.

[표 7.2−1] 분할구계획법의 분산분석표

변동요인	제곱합	자유도
주구		
A	$SS_A = br\sum_{i=1}^{a}(\bar{y}_{i..} - \bar{y}_{...})^2$	$a-1$
R(블록)	$SS_R = ab\sum_{k=1}^{r}(\bar{y}_{..k} - \bar{y}_{...})^2$	$r-1$
주구오차	$SS_{\epsilon^w} = SS_{AR} = b\sum_{i=1}^{a}\sum_{k=1}^{r}(\bar{y}_{i.k} - \bar{y}_{i..} - \bar{y}_{..k} + \bar{y}_{...})^2$	$(a-1)(r-1)$
세구		
B	$SS_B = ar\sum_{j=1}^{b}(\bar{y}_{.j.} - \bar{y}_{...})^2$	$b-1$
AB	$SS_{AB} = r\sum_{i=1}^{a}\sum_{j=1}^{b}(\bar{y}_{ij.} - \bar{y}_{i..} - \bar{y}_{.j.} + \bar{y}_{...})^2$	$(a-1)(b-1)$
세구오차	$SS_{\epsilon^s} = SS_{BR} + SS_{ABR}$ $= a\sum_{j=1}^{b}\sum_{k=1}^{r}(\bar{y}_{.jk} - \bar{y}_{.j.} - \bar{y}_{..k} + \bar{y}_{...})^2$ $+ \sum_{i=1}^{a}\sum_{j=1}^{b}\sum_{k=1}^{r}[y_{ijk} - \bar{y}_{ij.} - \bar{y}_{i.k} - \bar{y}_{.jk}$ $+ \bar{y}_{i..} + \bar{y}_{.j.} + \bar{y}_{..k} - \bar{y}_{...}]^2$	$(b-1)(r-1)$ $+(a-1)(b-1)(r-1)$ $= a(b-1)(r-1)$
총변동	$SST = \sum_{i=1}^{a}\sum_{j=1}^{b}\sum_{k=1}^{r}(y_{ijk} - \bar{y}_{...})^2$	$abr-1$

보통은 반복요인을 변량요인으로 취급한다. 여기서는 A,B가 고정요인이라고 가정하고 오차항과 반복요인 R은 다음과 같이 가정한다.

$$\epsilon^w \sim N(0,\ \sigma_w^2)$$

$$\epsilon^s \sim N(0,\ \sigma_s^2)$$

$$R \sim N(0,\ \sigma_R^2)$$

위의 가정하에 EMS를 이용하여 검정을 행할 수 있다.

다음은 SAS를 이용하여 EMS를 구하고 이를 근거로 검정통계량을 지정하고 검정하는 절차와 결과를 보여준다. 결론적으로 주구에 배치된 주효과 A의 검정을 위한 F-통계량은 주구오차를 기준으로 하고, 세구에 배치된 효과 B와 AB는 세구오차를 기준으로 하면 된다.

분할구계획법의 분산분석 SAS 사용절차

[SAS 프로그램 7.2-1] [예 7.2-1]의 분산분석

```
DATA ex7_2_1;
        DO R=1 to 3;
                DO A=1 to 3;
                        DO B=1 to 4;
                                INPUT y@@; OUTPUT;
                        END;
                END;
        END;
CARDS;
30 35 37 36 34 41
38 42 29 26 33 36
28 32 40 41 31 36
42 40 31 30 32 40
31 37 41 40 35 40
39 44 32 34 39 45
;
RUN;
PROC GLM DATA=ex7_2_1;
        CLASS A B R;
        MODEL y = A R A*R B A*B B*R A*B*R ;
        RANDOM R A*R B*R A*B*R;
        TEST H=A  E=A*R;
        TEST H=B  E=B*R;
        TEST H=A*B  E=A*B*R;
RUN;
```

➤ [SAS 결과물] 3요인 분할구계획법의 EMS와 분산분석표

SAS 시스템

The GLM Procedure

Dependent Variable: y

Source	DF	Sum of Squares	Mean Square	F Value	Pr > F
Model	35	822.9722222	23.5134921	.	.
Error	0	0.0000000	.		
Corrected Total	35	822.9722222			

R-Square	Coeff Var	Root MSE	y Mean
1.000000	.	.	36.02778

Source	DF	Type I SS	Mean Square	F Value	Pr > F
R	2	77.5555556	38.7777778	.	.
A	2	128.3888889	64.1944444	.	.
A*R	4	36.2777778	9.0694444	.	.
B	3	434.0833333	144.6944444	.	.
A*B	6	75.1666667	12.5277778	.	.
B*R	6	20.6666667	3.4444444	.	.
A*B*R	12	50.8333333	4.2361111	.	.

Source	DF	Type III SS	Mean Square	F Value	Pr > F
R	2	77.5555556	38.7777778	.	.
A	2	128.3888889	64.1944444	.	.
A*R	4	36.2777778	9.0694444	.	.
B	3	434.0833333	144.6944444	.	.
A*B	6	75.1666667	12.5277778	.	.
B*R	6	20.6666667	3.4444444	.	.
A*B*R	12	50.8333333	4.2361111	.	.

SAS 시스템

The GLM Procedure

Source	Type III Expected Mean Square
R	Var(Error) + Var(A*B*R) + 3 Var(B*R) + 4 Var(A*R) + 12 Var(R)
A	Var(Error) + Var(A*B*R) + 4 Var(A*R) + Q(A,A*B)
A*R	Var(Error) + Var(A*B*R) + 4 Var(A*R)
B	Var(Error) + Var(A*B*R) + 3 Var(B*R) + Q(B,A*B)
A*B	Var(Error) + Var(A*B*R) + Q(A*B)
B*R	Var(Error) + Var(A*B*R) + 3 Var(B*R)
A*B*R	Var(Error) + Var(A*B*R)

SAS 시스템

The GLM Procedure

Dependent Variable: y

Tests of Hypotheses Using the Type III MS for A*R as an Error Term					
Source	DF	Type III SS	Mean Square	F Value	Pr > F
A	2	128.3888889	64.1944444	7.08	0.0485

Tests of Hypotheses Using the Type III MS for B*R as an Error Term					
Source	DF	Type III SS	Mean Square	F Value	Pr > F
B	3	434.0833333	144.6944444	42.01	0.0002

Tests of Hypotheses Using the Type III MS for A*B*R as an Error Term					
Source	DF	Type III SS	Mean Square	F Value	Pr > F
A*B	6	75.16666667	12.52777778	2.96	0.0520

✚ 통계적 해석

▶ **검정 결과** : 분산분석표를 보면 오차 σ^2을 추정할 수 없음을 알 수 있다. 따라서 EMS 결과에 따라 F-통계량의 분자, 분모를 주구오차와 세구오차로 지정하고 얻어진 결과는 다음과 같다.

(1) H_0 : 모든 (i,j)에 대해서 $(AB)_{ij}$는 같다.

$\dfrac{MS_{AB}}{MS_{ABR}} = 2.96$ (p-값 $= 0.052$)로 구해져 귀무가설을 채택한다.

(2) H_0 : 모든 A_i는 같다

$\dfrac{MS_{A}}{MS_{AR}} = 7.08$ (p-값 $= 0.0485$)로 구해져 귀무가설을 기각한다.

(5) H_0 : 모든 B_j는 같다

$\dfrac{MS_{B}}{MS_{BR}} = 42.01$ (p-값 $= 0.0002$)로 구해져 귀무가설을 기각한다.

▶ **결과 종합** : 요인 A(펄프준비방법)과 요인 B(온도)의 교호작용효과는 유의하지 않으며, 요인 A와 B는 유의하게 나타났다.

7.3 반복측정자료의 분산분석

7.3.1 반복측정자료와 구형성 가정

사회과학이나 행동과학에서의 실험단위(experimental units)는 흔히 사람(환자)이나 동물이 된다. 이와 같이 실험의 대상이 되는 실험단위를 개체(subject)라고 하는데, 이러한 개체들은 경험이나 환경 등 여러 가지 조건이 다르기 때문에 개체간의 변이(variability)는 MSE를 과다하게 하여 처리간의 차이를 감지하기 어렵게 된다. 이러한 문제의 해결을 위하여 동일 개체에 대하여 처리를 다르게 하거나 시점(time)을 2회 이상 반복하여 측정이 이루어지는 경우에 얻어진 자료를 반복측정(혹은 반복측도, repeated measures) 자료라고 한다. 반복측정으로 인해 반응값에 영향을 미치는 원인을 반복요인(처리)이라고 한다. 대표적인 반복요인으로는 시간, 농도 등이 있다. 이해를 돕기 위해 다음과 같이 예를 들어 설명해 보자.

한 혈압약의 효과를 실험한다고 가정하자. 약의 효과가 있는지를 보기 위해 약을 복용하기 전의 혈압과 약을 복용한 후의 혈압을 측정하였다. 만약에 랜덤하게 두 집단을 나누어 처음 집단은 대조(control)그룹으로 약을 복용하지 않은 사람들의 혈압을 재고, 다른 그룹은 처리그룹으로 약을 복용한 후 혈압을 측정하였다고 하자. 이 경우 두 집단의 개체는 물론 다르다. 이러한 실험의 분석으로는 일요인분산분석(이 경우는 두 처리만을 비교하므로 독립 이표본 t-검정으로도 분석할 수 있음)이 적당하다. 이 문제에서 우리는 다른 각도의 실험을 생각해 볼 수 있다. 개체(사람)간의 평상시 혈압에 차이가 있으므로 개체를 고정하고 혈압약 복용 전후의 혈압의 차이를 보는 것이 더 효율적이라 생각할 수 있다. 즉, 개체간에는 혈압의 차이가 존재하므로 각 개체들은 앞장에서 다룬 블록의 효과를 갖는다고 볼 수 있다. 따라서 개체를 줄이고 동일 개체에 대해 혈압약 복용 전후의 혈압을 반복으로 측정할 수 있겠다. 이와 같이 반복요인의 수준이 둘인 경우는 잘 알고 있는 대응(paired) t-검정으로 분석할 수 있다. 그러나 여기에서는 반복요인의 수준의 수가 둘 이상인 경우를 다루는 반복측정자료의 분산분석에 대해 다룬다.

반복측정자료의 분산분석은 처리들 간의 비교에 있어 개체내 변동을 분리하여 분석하게 되어 각각의 개체가 대조그룹(블록)의 역할을 함으로 비교성이 높은 장점을 지닌다. 즉, 개체간의 변이를 줄이기 위해 스스로가 블록이 된다는 의미가 있다. 다시 표현하면 총변동에서 변이가 심한 개체간 변동(between subjects variation)을 분리하여 반복요인의 변동을 보다 효율적으로 검정할 수 있도록 한 실험이 반복측정실험이다. 총변동은 개체간 변동과 개체내(within subjects) 변동으로 크게 나눌 수 있으며 개체내 변동은 다시 처리간의 변동과 오차 변동으로 분리할 수 있다. 결국 총변동에서 먼저 변동이 심한 개체간 변동을 분리해 낸 후, 상대적으로 변동이 적은 개체내 변동에서 반복처리요인의 효과를 검정하여 효율성을 높인 방법이라고 할 수 있다. 형태적으로는 랜덤화완비블록계획이라고 할 수 있으나 시간 변화에 따라 연속적으로 측정할 수밖에 없는 경우

등 실험의 성격상 처리순서를 일정하게 해야만 하는 경우에는 개체내에서 랜덤화가 제한받게 된다. 또한, 배치의 관점에서 보면 주구는 각 개체가 되고 세구는 반복요인이 되는 분할구계획법이라고 할 수 있다.

요인은 보통 질적요인(qualitative factor)과 양적요인(quantitative factor)으로 구분된다. 질적요인이란 수준이 종류로 표시되는 요인을 말한다. 예로서 남녀의 성별, 촉매의 종류 등과 같이 수량적으로 측정할 수 없는 요인을 의미한다. 반면에 양적요인이란 요인의 수준이 수량적으로 표시되는 요인으로서 온도, 습도 등의 요인을 말한다. 각 처리의 수준을 1, 2, 3, ... 등으로 표시한다면 양적요인인 경우 숫자가 적을수록 낮은 수치를 갖는 수준을 의미한다. 예로서 양적요인이 온도이고 수준의 수가 3으로서 1, 2, 3으로 표시하면 1의 수준은 가장 낮은 온도를, 2는 중간 온도를, 3은 가장 높은 온도를 나타낸다. 따라서 반복요인이 시간 등 양적자료일 경우 개체별로 랜덤화는 부득이 제한받게 된다. 또한, 해석상의 편이를 위해 가능하면 등간격(equally spaced)된 반복수준을 사용하는 것이 좋다. 반복측정자료의 분산분석은 반복요인이 양적요인과 질적요인의 경우 그 해석을 달리해야 한다. 질적요인의 경우 개체 내에서 랜덤화가 가능하고 분석의 목적도 처리수준 간의 비교로서 충분할 수 있는 반면 양적요인의 경우 처리수준 간의 차이의 비교와 더불어서 처리수준의 변화에 따른 추세가 주요 관심이 된다.

반복측정자료는 효율성을 높일 수 있는 실험계획이지만 주의해야 할 점도 있다. 대표적으로 전에 실험된 처리의 효과가 다음 처리의 효과에 영향을 미치는 이월효과(carry-over effect)가 발생할 수 있다는 점이다. 예로서 바로 전에 투입한 약의 효과가 남아 있는 경우나 다른 컴퓨터 시스템을 사용하는 데 있어서 전에 사용한 시스템에 관한 지식이 새로운 시스템의 사용에 영향을 주는 경우에 발생할 수 있다. 이러한 경우 가능하면 실험기간을 충분히 두어 해결하거나 이월효과를 직접 측정하는 교차계획법(cross-over design) 등을 통하여 해결을 시도한다.

반복측정자료의 분석 방법으로는 두 가지 접근방법이 가능하다. 첫 번째 방법은 지금까지 다룬 방법처럼 특정 선형모형으로부터 출발한 일변량(univariate)분석이고, 두 번째 방법은 각 개체로부터 얻어진 반복요인의 반응값들을 벡터로 취급하여 분석하는 다변량(multi-variate)분석이다. 일변량과 다변량 분석의 적용은 반응값 반복측정자료의 분석을 위해 중요한 가정인 구형성(sphericity) 가정의 충족 여부에 따른다.

구형성의 개념을 이해하기 위해 한 예를 들어 보자. 5명의 환자가 다음 [표 7.3−1]과 같이 세 종류의 약 처리를 받은 결과와 처리간 차이가 주어져 있다. 다음으로 처리간 차이의 분산이 비교되어 있다. 결과를 보면 처리 A와 처리 B의 차이의 분산(17)은 처리 A와 처리 C의 분산(10.3), 처리 B와 처리 C의 분산(10.3)보다 커서 구형성 가정이 만족되지 않을 수 있음을 볼 수 있다. 분산 간의 차이가 유의한지 검정하기 위해 Mauchly(1940)가 제안한 구형성 검정을 사용하여 검정한다. 위의 예의 구형성 검정을 가설로 표현하면 다음과 같다.

$$H_0: \sigma^2_{A-B} = \sigma^2_{A-C} = \sigma^2_{B-C} \text{ 대 } H_1: H_0 \text{ 가 사실이 아님}$$

[표 7.3 – 1] 구형성 가정의 이해

환자	약의 종류					
	A	B	C	$A-B$	$A-C$	$B-C$
1	30	27	20	3	10	7
2	35	30	28	5	7	2
3	25	30	20	−5	5	10
4	15	15	12	0	3	3
5	9	12	7	−3	2	5
분산				17	10.3	10.3

위에서 보듯 구형성 가정이 충족되면 개체내 처리(반복요인수준)간 모든 쌍의 차이의 분산이 같아서 처리간 공분산이 일정함을 의미한다. 구형성 가정을 만족하면 통계량 F는 유효하고 해석을 용이하게 한다. 반면에 구형성 가정이 만족되지 않으면 다변량분석을 하게 된다. 다변량분석은 공분산행렬에 아무런 가정이 없이도 가능하지만 F의 분모의 자유도가 떨어지게 된다. 그로 인해 개체의 수가 적은 경우 혹은 구형성 가정에서 크게 벗어나지 않는 경우에는 검정력이 매우 떨어진다. 반면에 구형성 가정이 만족되지 않은 경우 일변량분석을 하면 검정통계량 분산비는 정확하게 F-분포를 따르지 않게 되어 처리효과의 차이를 감지하는 능력인 검정력이 떨어지게 된다. 구형성 가정에 대한 좀 더 자세한 설명은 7.3.2절에 주어져 있다.

실제로는 되도록 해석을 용이하게 하기 위해 일변량분석을 선호하게 되는데 구형성 가정을 만족하지 않더라도 아주 크게 벗어나지 않는다면 어느 정도 자유도의 조정을 거쳐 일변량분석을 행할 수 있도록 유도하는 Greenhouse-Geisser(1959), Huynh-Feldt(1976) 방법 등이 있다. 이 방법들은 구형성 가정을 벗어나는 정도를 epsilon(ϵ)으로 표현하는데 구형성 가정을 완벽하게 만족하면 1로 구해지고, 1에서 멀어질수록 구형성 가정에서 점점 벗어남을 의미한다. 이 경우에는 분산분석표의 F-통계량의 분자와 분모에 ϵ을 곱하여 자유도를 좀 더 적게 조정한 후 일변량을 유지하여 분석을 실시한다. 정리하면 구형성 가정이 만족되면 일변량분석을, 벗어나더라도 조정이 가능하면 Greenhouse-Geisser 방법 등으로 조정된 일변량분석을, 크게 벗어나면 다변량분석을 하여 분석하게 된다. 반복요인효과의 검정을 위한 다변량분석 방법으로는 다변량 통계량 행렬의 고유값의 함수로 구해지는 Pillai의 트레이스(trace), Wilks의 람다(lambda), Hotelling의 트레이스, Roy의 최대근(maximum root) 등이 있다. 개체의 수가 커지면 위의 통계량들은 거의 같은 값으로 구해진다. 다변량분석에 관한 자세한 내용은 이 책의 범위를 넘어서게 되어 생략하기로 하고 다만 p-값을 이용하여 결론을 내리는 것으로 한정한다.

SPSS와 SAS에서는 실험의 결과로 구해진 반응값들을 벡터(vector)의 형태로 입력하여 반복측정자료를 분석한다. SPSS와 SAS에서는 일반선형모형-반복측도와 REPEATED 절차를 각각 사용하여 분석한다. 구형성 가정이 만족하는지 알기 위해서 Mauchly의 구형성 검정을 사용한다.

우리가 고려하게 될 반복측정자료는 반복요인의 수가 하나와 둘인 경우에 대해 분석한다. 물론 반복요인의 수가 늘어나도 확대하여 분석을 행할 수 있다. 반복요인 외에 집단간 요인이 없는 경우와 있는 경우로 나누어 고려한다. 집단간 요인이란 개체들을 구분하는 요인으로 여러 모집단을 뜻한다. 예로서 개체들이 남녀로 구분되어 있는 경우 성별로 나누어 고려한다면 집단간 요인이 된다. 정리하면 다음과 같다. 우리는 경우 ①, ②를 따로 나누어 다루고, 경우 ③과 ④는 합쳐서 분석하기로 한다.

(경우 ①) 집단간 요인이 없는 단일 반복요인 자료
(경우 ②) 집단간 요인이 있는 단일 반복요인 자료
(경우 ③) 집단간 요인이 없는 반복요인이 둘인 자료
(경우 ④) 집단간 요인이 있는 반복요인이 둘인 자료

7.3.2 단일 반복요인 자료

7.3.2.1 집단간 요인이 없는 경우

먼저 개체내 반복요인이 하나이고 집단간 요인은 없는 가장 단순한 형태의 반복측정자료(경우 ①)에 관해 다루어 보자. 여러 유형의 반복측정자료의 분석절차에 대한 다변량 방법을 이용한 해석은 매우 어려우므로 이제부터는 전반적인 이해를 위해 일변량 방법에 의해 설명한다. 이러한 방법은 지금까지 우리가 해왔던 방법이다. 반복요인이 하나인 경우 자료의 구조는 [표 7.3−2]와 같다.

[표 7.3 − 2] 집단간 요인이 없는 단일 반복요인 자료의 구조

개체	반복요인				
	1	2	⋯	a	합계
1	y_{11}	y_{12}	⋯	y_{1a}	$y_{1.}$
2	y_{21}	y_{22}	⋯	y_{2a}	$y_{2.}$
⋮	⋮	⋮		⋮	⋮
n	y_{n1}	y_{n2}	⋯	y_{na}	$y_{n.}$
수준별합계	$y_{.1}$	$y_{.2}$	⋯	$y_{.a}$	$y_{..}$

반복측정자료의 일변량분석은 원래 농업분야의 실험에서 자주 사용된 7.2절에서 다룬 분할구계획법에서 출발되었다. 여기서 주구는 덜 중요하다고 생각되는 개체가 되고, 세구는 반복요인이 된다. 이제 일변량분석에 맞게 모형화해 보자. 개체의 수를 n, 반복수준의 수를 a라고 할 때, $i(=1, \cdots, n)$-번째 개체에 $j(=1, \cdots, a)$-번째 반복수준에서 얻어진 반응값 y_{ij}를 다음과 같이 쓸 수 있다.

$$y_{ij} = \mu + s_i + \tau_j + \epsilon_{ij} \tag{7.3-1}$$

여기서 s_i는 개체 i의 효과, τ_j는 개체내 j-번째 반복수준효과를 나타낸다. 오차항은 평균이 0이고 분산이 σ^2인 정규분포에 따른다고 가정하자. 개체는 많은 개체를 포함한 모집단에서 추출된 표본이라고 생각할 수 있어 변량요인으로 간주하는 것이 일반적이다. 따라서 개체는 변량요인으로서 평균 0이고 분산이 σ_s^2인 정규분포에 따른다고 가정하자. 개체와 요인과의 교호작용은 주요관심이 아니어서 모형에서 생략되어 있다. 따라서 분산분석표의 형태는 개체 S가 변량요인으로 블록이 되는 랜덤화완비블록계획과 정확하게 일치하여 분산분석표는 [표 7.3−3]과 같이 작성된다. 표에서 SS_{subject}는 개체간의 효과에 대한 제곱합을 나타낸다. 검정통계량의 근거가 되는 EMS는 다음과 같이 구해진다.

$$E(MS_{\text{subject}}) = \sigma^2 + a\sigma_s^2$$

$$E(MS_{tr}) = \sigma^2 + \frac{n\sum_{j=1}^{a}\tau_j^2}{a-1}$$

$$E(MSE) = \sigma^2$$

[표 7.3 − 3] 집단간 요인이 없는 단일 반복요인 자료 분산분석표

변동요인	제곱합	자유도	F
개체간	$SS_{\text{subject}} = a\sum_{i=1}^{n}(\bar{y}_{i.} - \bar{y}_{..})^2$	$n-1$	MS_{subject}/MSE
개체내 처리	$SS_{tr} = n\sum_{j=1}^{a}(\bar{y}_{.j} - \bar{y}_{..})^2$	$a-1$	MS_{tr}/MSE
개체내 오차	$SSE = \sum_{i=1}^{n}\sum_{j=1}^{a}(y_{ij} - \bar{y}_{i.} - \bar{y}_{.j} + \bar{y}_{..})^2$	$(n-1)(a-1)$	
총변동	$SST = \sum_{i=1}^{n}\sum_{j=1}^{a}(y_{ij} - \bar{y}_{..})^2$	$an-1$	

반복측정자료에서의 동일 개체내에서의 처리된 반응값들은 상관관계가 존재하게 되어 y_{ij}와 $y_{ij'}$의 공분산은 0이 아니게 된다. 각 처리내 개체의 분산이 σ_s^2으로 같으면 i-번째 개체내에서의 $\boldsymbol{y}$의 공분산은 다음과 같이 표현된다.

$$
\begin{aligned}
cov(y_{ij}, y_{ij'}) &= cov(\mu + s_i + \tau_j + \epsilon_{ij}, \mu + s_i + \tau_j + \epsilon_{ij'}) \\
&= cov(s_i + \epsilon_{ij}, s_i + \epsilon_{ij'}) \\
&= \begin{cases} \sigma^2 + \sigma_s^2, i = i', j = j' \\ \sigma_s^2 \quad\quad , i = i', j \neq j' \\ 0 \quad\quad\ \ , i \neq i' \text{ (개체간)} \end{cases}
\end{aligned}
$$

다시 표현하면 i-번째 개체내에서의 반응값의 공분산행렬 M은 다음과 같다.

$$M = \sigma^2 I + \sigma_s^2 J \tag{7.3-2}$$

따라서 반응값 $\boldsymbol{y}$의 공분산행렬 $\Sigma_{\boldsymbol{y}}$는 식 (7.3－2)를 이용하면

$$
\begin{aligned}
\Sigma_{\boldsymbol{y}} &= I \otimes (\sigma^2 I + \sigma_s^2 J) \\
&= I \otimes M \\
&= \begin{bmatrix} M & 0 & 0 & \cdots & 0 \\ 0 & M & 0 & \cdots & 0 \\ & & \vdots & & \\ 0 & 0 & 0 & \cdots & M \end{bmatrix}
\end{aligned} \tag{7.3-3}
$$

로 표현된다. 이런 패턴의 행렬을 복합대칭행렬(compound symmetric matrix)이라고 하는데 반응값의 공분산행렬(혹은 상관계수행렬)이 복합대칭행렬의 구조를 지니면 구형성 가정이 충족되고 일변량분석을 그대로 적용할 수 있다.

그러나 이러한 가정이 만족되지 않는 경우, 즉 공분산행렬이

$$\Sigma_{\boldsymbol{y}} = \begin{bmatrix} M_1 & 0 & 0 & \cdots & 0 \\ 0 & M_2 & 0 & \cdots & 0 \\ & & \vdots & & \\ 0 & 0 & 0 & \cdots & M_a \end{bmatrix}, \ M_i \text{는 서로 다름} \tag{7.3-4}$$

의 형태를 지닐 경우 앞에서 구한 일변량분석을 통한 검정통계량 분산비는 정확하게 F-분포를 따르지 않게 되어 처리효과의 차이를 감지하는 능력인 검정력이 떨어지게 된다.

개체내 반복요인의 효과가 유의적인 것으로 나타나면 그 이유를 해석해야 할 것이다. 질적요인의 경우는 어떤 처리수준간에 차이가 나는지에 대한 대비검정이 필요하다. 대비검정의 목적은 주어진 기준시점과 비교하는 데 있다. 예로서 반복수준이 4일 때 마지막 시점과 다른 시점들 간의

차이의 검정, 즉 $H_0 : \tau_1 - \tau_4 = 0$, $H_0 : \tau_2 - \tau_4 = 0$, $H_0 : \tau_3 - \tau_4 = 0$을 할 수 있다. 대응하는 변환행렬은 다음과 같다.

$$\begin{bmatrix} 1 & 0 & 0 \\ 0 & 1 & 0 \\ 0 & 0 & 1 \\ -1 & -1 & -1 \end{bmatrix}$$

양적요인의 경우는 처리수준간의 차이의 비교와 더불어서 처리수준의 변화에 따른 반응값의 성장곡선의 관점에서 해석할 수 있다. 즉, 반복수준을 높였을 때 반응값의 증가가 있으면 직선효과(linear trend)나 곡선효과(quadratic trend) 등의 다항효과(polynomial trend)가 있는지를 검정해야 한다. 이러한 추세대비 검정은 2장에서 다룬 직교다항식을 이용한 직교대비를 이용하여 분석을 하게 된다. 다음의 예제를 통해 지금까지 설명한 내용들을 정리해 보자.

▶예 7.3-1 한 혈압약이 농도의 증가에 따라 혈압의 변화에 영향을 미치는지 알아보기 위해 12마리의 토끼를 실험대상으로 하여 약의 농도의 증가에 따른 혈압을 반복측정한 결과는 다음과 같다.

개체	약의 농도(%)					
	10	20	30	40	50	60
1	21	21	23	35	36	48
2	19	24	27	36	36	46
3	12	25	27	26	33	40
4	9	17	18	27	34	39
5	7	10	19	25	31	38
6	18	26	26	29	39	44
7	9	12	17	22	33	40
8	20	20	30	30	38	41
9	18	18	27	31	42	49
10	8	12	11	24	26	31
11	18	22	25	32	38	38
12	17	23	26	28	34	35

이 예는 각 개체에 농도를 높여가면서 반복측정한 단일 반복요인(농도) 자료이다. SPSS를 사용하여 벡터의 형태로 자료를 입력하는 일반선형모형-반복측도 절차를 이용하는 방법을 소개한다. 이 절차를 이용하면 일변량분석과 다변량분석 결과를 동시에 제공하여 준다.

단일 반복요인 자료 SPSS 사용절차 I : 벡터 자료 입력

① [그림 7.3－1]과 같이 자료를 입력한다. 자료가 벡터의 형태로 입력되었음을 볼 수 있다.

② 메뉴의 분석(A)에서 일반선형모형(G), 반복측도(R)을 선택하면 반복측도 요인 정의 대화상자가 나타난다.

③ 반복측도 요인 정의 대화상자에서는 개체내 요인들을 정의해야 한다. 요인의 이름을 농도로 정했다고 하면 개체-내 요인이름(W)에 농도를, 수준의 수(L)에 6을 넣고 [추가(A)]를 누른다. 반응변수(측도)를 정의하려면 측도 이름(N)에 혈압을 입력한 후에 [추가(A)]를 누르고, [정의(F)]를 누른다. 이러한 과정 중에 [그림 7.3－2]의 반복측도 요인 정의 대화상자가 만들어진다.

④ 새로 나온 반복측도 대화상자에서 개체내 변수들의 각 조합에 해당하는 변수들을 선택하여 [그림 7.3－3]과 같이 이동시킨다.

⑤ [확인]을 누르면 구형성 가정에 대한 검정 결과와 다변량 분석결과가 나타난다. 또한, 개체내와 개체간 효과 검정 분산분석표가 구해진다.

	농도1	농도2	농도3	농도4	농도5	농도6
1	21	21	23	35	36	48
2	19	24	27	36	36	46
3	12	25	27	26	33	40
4	9	17	18	27	34	39
5	7	10	19	25	31	38
6	18	26	26	29	39	44
7	9	12	17	22	33	40
8	20	20	30	30	38	41
9	18	18	27	31	42	49
10	8	12	11	24	26	31
11	18	22	25	32	38	38
12	17	23	26	28	34	35

[그림 7.3 – 1] 단일 반복요인 자료

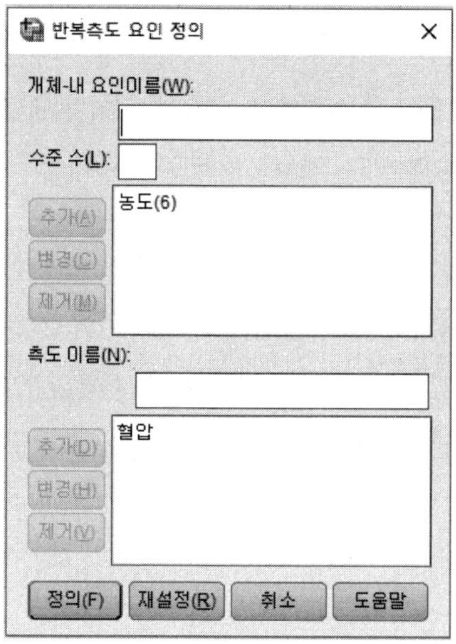

[그림 7.3 – 2] 반복측도 요인 정의 대화상자

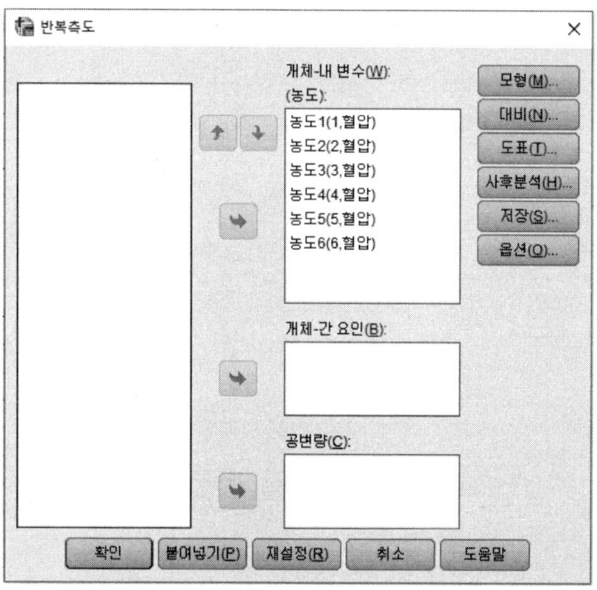

[그림 7.3 – 3] 반복측도 대화상자

➤ [SPSS 결과물] 구형성 검정, 다변량 검정, 개채내 효과 검정, 개체간 효과 검정

Mauchly의 구형성 검정[a]

측도: 혈압

개체-내 효과	Mauchly의 W	근사 카이제곱	자유도	유의확률	엡실런[b]		
					Greenhouse-Geisser	Huynh-Feldt	하한
농도	.241	12.953	14	.546	.632	.917	.200

정규화된 변형 종속변수의 오차 공분산행렬이 항등 행렬에 비례하는 영가설을 검정합니다.

a. Design: 절편
개체-내 계획: 농도

b. 유의성 평균검정의 자유도를 조절할 때 사용할 수 있습니다. 수정된 검정은 개체내 효과검정 표에 나타납니다.

다변량 검정[a]

효과		값	F	가설 자유도	오차 자유도	유의확률
농도	Pillai의 트레이스	.982	76.747[b]	5.000	7.000	.000
	Wilks의 람다	.018	76.747[b]	5.000	7.000	.000
	Hotelling의 트레이스	54.819	76.747[b]	5.000	7.000	.000
	Roy의 최대근	54.819	76.747[b]	5.000	7.000	.000

a. Design: 절편
개체-내 계획: 농도

b. 정확한 통계량

개체-내 효과 검정

측도: 혈압

소스		제 III 유형 제곱합	자유도	평균제곱	F	유의확률
농도	구형성 가정	5826.278	5	1165.256	137.121	.000
	Greenhouse-Geisser	5826.278	3.161	1842.961	137.121	.000
	Huynh-Feldt	5826.278	4.585	1270.857	137.121	.000
	하한	5826.278	1.000	5826.278	137.121	.000
오차(농도)	구형성 가정	467.389	55	8.498		
	Greenhouse-Geisser	467.389	34.775	13.440		
	Huynh-Feldt	467.389	50.430	9.268		
	하한	467.389	11.000	42.490		

개체-간 효과 검정

측도: 혈압
변환된 변수: 평균

소스	제 III 유형 제곱합	자유도	평균제곱	F	유의확률
절편	52056.889	1	52056.889	478.207	.000
오차	1197.444	11	108.859		

개체내 분산분석표와 개체간 분산분석표를 합쳐서 분산분석표를 정리해서 작성하면 다음과 같다.

[표 7.3－4] [예제 7.3－1] 분산분석표

변동요인	제곱합	자유도	평균제곱	F	p-값
개체간	1197.444	11	108.850	12.81	0.000
개체내 처리	5826.278	5	1165.256	137.12	0.000
개체내 오차	467.389	55	8.498		
총변동	7491.111	71			

✚ 통계적 해석

▶ **구형성 검정**: SPSS에서는 구형성 가정에 대한 귀무가설을 '정규화된 변형 종속변수의 오차 공분산행렬이 항등행렬에 비례한다'로 복합대칭성 검정을 표현하였음을 볼 수 있다. 일변량분석과 다변량분석 중 어떤 방법이 더욱 적합한지를 보기 위해 구형성 검정 결과를 먼저 본다. p-값은 0.546으로 매우 커서 구형성 가정이 성립됨을 볼 수 있다. 따라서 일변량분석 방법을 택하면 된다. 구형성 가정이 성립되었으므로 Greenhouse-Geisser을 이용한 구형성 가정의 조정은 물론 고려할 필요가 없으나 참고로 반복요인 농도와 오차의 자유도가 각각 $(a-1)\times\epsilon = 5\times 0.632 \doteq 3.161$, $a(n-1)\times\epsilon = 5(12-1)\times 0.632 \doteq 34.775$가 됨을 확인하기 바란다.

▶ **개체내 반복요인(농도)의 효과에 대한 유의성 검정**: 반복수준의 효과에 차이가 있는지를 보기 위해 일변량 분산분석표 [표 7.3－4]를 보면 F=137.121이고, p-값은 0.000으로 구해져서 유의한 차이가 인정된다. 참고로 다변량분석 검정 결과를 보면 F=76.747이 일변량분석에 비해 현저하게 적음을 볼 수 있다. 개체간 효과에 대한 분산분석 결과가 유의하다고 판명되었으나 주관심사는 아니다.

위에서 구한 결과를 보면 양적반복요인의 유의성을 더 자세히 살펴볼 필요가 있으므로 대비검정을 추가로 수행해야 한다.

단일 반복요인 자료 SPSS 사용절차 II: 대비 검정

⑥ 사후분석은 개체간 요인이 있을 때만 가능하여 여기서는 이용할 수 없다. 개체내 요인 수준 간의 사후분석에 해당되는 검정은 대비(contrast) 검정이다. 대비는 요인들의 수준들 간의 차이를 검정하는 데 사용된다. 사용할 수 있는 대비는 편차, 단순, 차분, Helmert, 반복, 다항이다. 편차대비와 단순대비의 경우 마지막 범주인지 또는 처음 범주인지 여부를 선택할

수 있다. 앞에서 설명한 것처럼 다항추세 검정과 기준시점과 나머지 다른 시점 간의 차이 검정이 가능하다. 먼저 농도는 양적 자료이므로 다항추세가 있는지를 검정해 보자. [그림 7.3−3]의 반복측도 대화상자에서 대비(N)... 를 선택한 후 대비 변경에서 다항을 누르고 변경(C) 을 하면 [그림 7.3−4]와 같이 된다. 계속(C) 을 누른 후 결과를 보면 추세검정을 위한 개체내 대비검정 결과를 얻을 수 있다.

⑦ 기준시점과의 차이를 보기 위해 ⑥번 절차를 사용하면 분석이 가능하다. 그 중 단순 대비에 관해서만 언급하기로 한다. 단순(마지막 L)을 선택하면 마지막 반복시점이 기준시점이 되고, 단순(첫 번째 R)을 사용하면 처음 시점이 기준시점이 된다. 여기서는 [그림 7.3−5]와 같이 단순(마지막 L)을 선택하면 [표 7.3−8]와 같은 기준시점 간의 차이를 위한 개체내 대비검정 결과를 얻을 수 있다. 어떤 처리 수준끼리 비교되는지를 보려면 [그림 7.3−3]으로 돌아간 후 옵션(O)... 을 누른 후 [그림 7.3−6]과 같이 변환행렬(A)을 선택하면 대응하는 변환행렬을 얻을 수 있다.

⑧ 다음으로 대화상자 하단의 도표(T)... 를 누르면 프로파일 도표 대화상자가 나오면 [그림 7.3−7]과 같이 수평축 변수(H)에는 농도를 선택한 후 추가(A) 를 누른 후 계속(C) 을 누른다. 그 결과 [그림 7.3−8]과 같은 농도의 증가에 따른 혈압의 증가를 알아보는 프로파일을 얻을 수 있다.

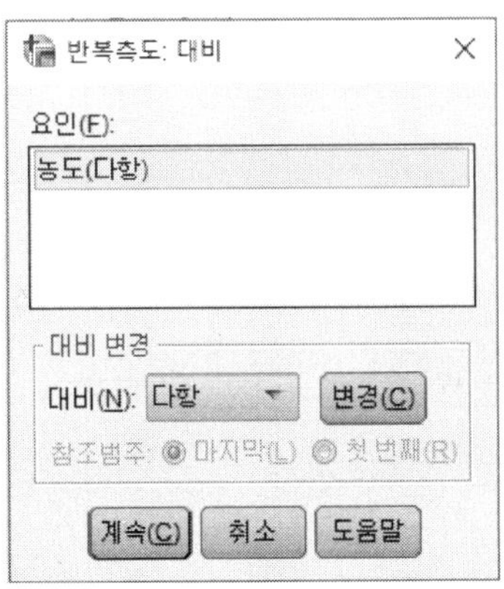

[그림 7.3−4] (추세)대비 대화상자

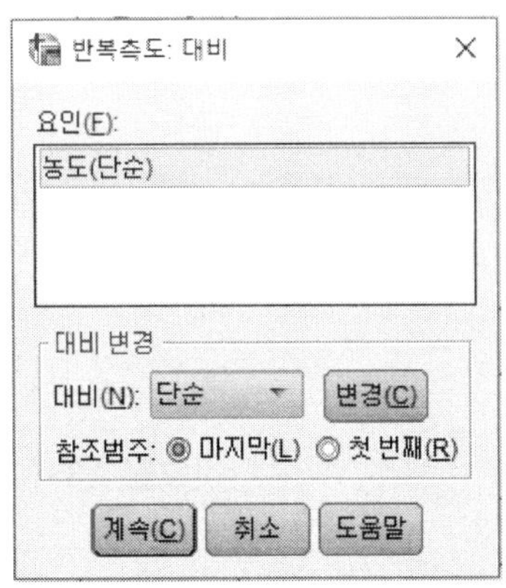

[그림 7.3−5] (기준시점)대비 대화상자

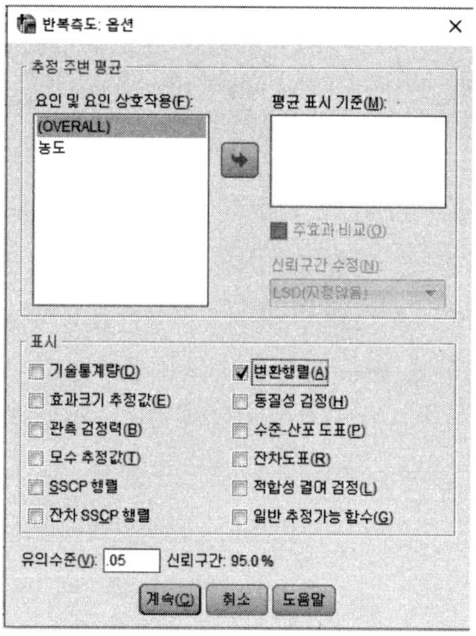

[그림 7.3 – 6] 옵션 대화상자

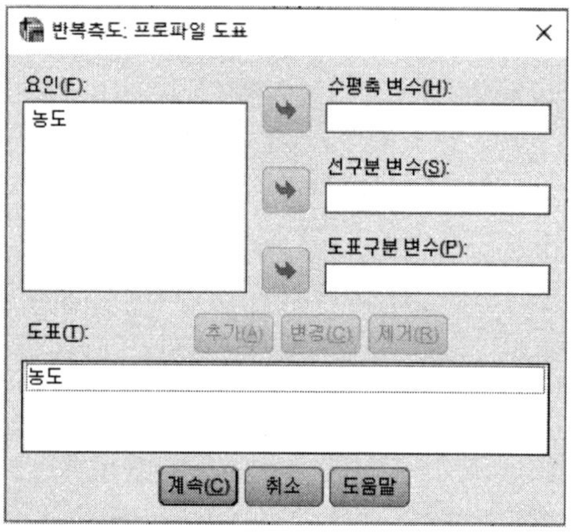

[그림 7.3 – 7] 프로파일 도표 대화상자

➤ [SPSS 결과물] 추세 대비 검정, 기준시점 대비 검정, 변환행렬

개체-내 대비 검정

측도: 혈압

소스	농도	제 III 유형 제곱합	자유도	평균제곱	F	유의확률
농도	선형	5782.876	1	5782.876	376.953	.000
	이차	36.191	1	36.191	6.090	.031
	삼차	.778	1	.778	.115	.741
	순서 4	5.503	1	5.503	1.033	.331
	순서 5	.929	1	.929	.102	.755
오차(농도)	선형	168.752	11	15.341		
	이차	65.368	11	5.943		
	삼차	74.661	11	6.787		
	순서 4	58.604	11	5.328		
	순서 5	100.004	11	9.091		

개체-내 대비 검정

측도: 혈압

소스	농도	제 III 유형 제곱합	자유도	평균제곱	F	유의확률
농도	수준 1 및 수준 6	8164.083	1	8164.083	388.906	.000
	수준 2 및 수준 6	5590.083	1	5590.083	158.925	.000
	수준 3 및 수준 6	3780.750	1	3780.750	146.309	.000
	수준 4 및 수준 6	1728.000	1	1728.000	106.787	.000
	수준 5 및 수준 6	396.750	1	396.750	34.029	.000
오차(농도)	수준 1 및 수준 6	230.917	11	20.992		
	수준 2 및 수준 6	386.917	11	35.174		
	수준 3 및 수준 6	284.250	11	25.841		
	수준 4 및 수준 6	178.000	11	16.182		
	수준 5 및 수준 6	128.250	11	11.659		

농도[a]

측도: 혈압

종속변수	농도				
	수준 1 및 수준 6	수준 2 및 수준 6	수준 3 및 수준 6	수준 4 및 수준 6	수준 5 및 수준 6
농도1	1	0	0	0	0
농도2	0	1	0	0	0
농도3	0	0	1	0	0
농도4	0	0	0	1	0
농도5	0	0	0	0	1
농도6	-1	-1	-1	-1	-1

a. 개체 내 요인에 대한 대비는 :
농도: Simple 대비입니다.

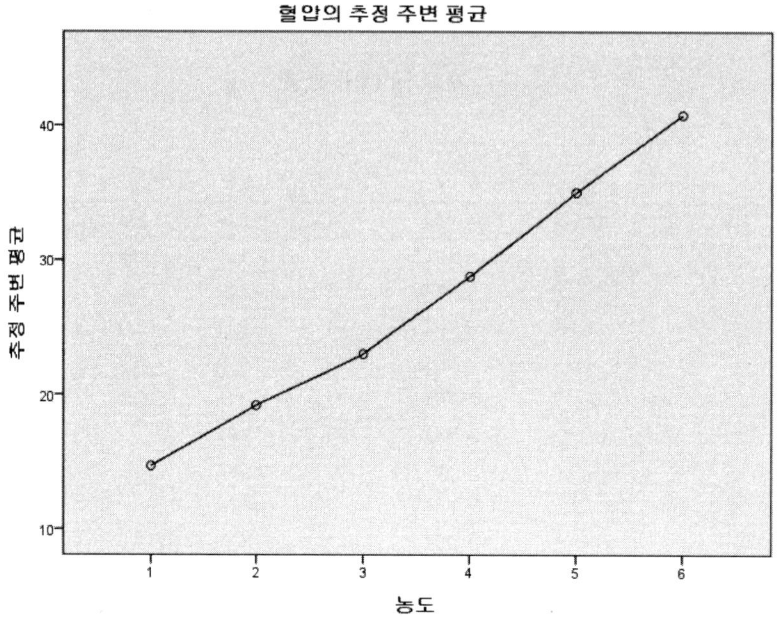

[그림 7.3 − 8] 농도 %의 증가에 따른 혈압의 증가 프로파일

✚ 추가적인 해석

▶ **추세 검정**: 위의 결과를 보면 반복처리효과가 유의적인 결과를 보이고 있다. 반복요인 농도는 양적 자료이므로 약의 농도가 높아질수록 개체들의 혈압의 평균이 직선 또는 곡선의 추세를 보이는지 여부가 중요하다. 먼저 [그림 7.3−8]을 보고 그 추세를 짐작해 보자. 그림을 보면 혈압이 약의 농도에 따라 선형적 혹은 약간의 곡선적으로 상승한다고 생각할 수 있다. 보다 정확하게 선형 또는 2차 추세가 있는지를 알기 위해 추세 대비 검정 결과를 보면 선형추세가 분명하게 나타나고(p-값$=0.000$, $F=376.953$), 약간의 곡선(p-값$=0.031$, $F=6.090$) 효과가 있음을 알 수 있다.

▶ **대비 검정**: 이 자료에서는 꼭 필요하지는 않지만 필요시 추가로 마지막 시점과 다른 시점들 간의 차이(변환행렬 참조)의 대비 검정을 행하였다. 모두 매우 유의적(p-값$=0.000$)으로 나타났다. 따라서 마지막 시점과 각 시점의 혈압은 차이가 있다고 결론지을 수 있다.

이제 SAS 프로그램을 소개한다. SPSS처럼 벡터 형태로 자료를 입력하여 수행하면 일변량과 다변량분석 결과가 동시에 구해진다. 결과는 SPSS 결과와 정확하게 일치하여 해석은 생략하기로 한다. 독자들이 각자 확인하기 바란다.

단일 반복요인 자료 SAS 사용절차 I : 벡터 자료 입력

➤ PROC GLM REPEATED 절차

```
PROC GLM DATA=data;                                  ← ①
CLASS factors;                                       ← ②
MODEL dependent =factors / options;                  ← ③
REPEATED factors(levels) / options;                  ← ④
RUN;
```

① 분산분석에 사용할 데이터(*data*)를 벡터 형태로 입력한다.

② CLASS 명령어로 집단간 요인이 있는 경우 요인(*factor*)을 지정해준다.

③ MODEL 명령어로 분산분석으로 수행할 모형을 설정해준다. MODEL 명령어의 구조는 반응변수 벡터(*dependent*) = 집단간 요인(*factor*) 형태로 입력된다.

④ REAPEATED 명령어로 반복요인과 수준(*factors(levels)*)을 지정한 후 POLYNOMIAL 명령어는 추세검정을, CONTRAST(n) 명령어는 시점 n을 기준으로 검정하는 대비검정을 수행한다. 이 밖에도 가능한 대비검정 옵션으로는 HELMERT, PROFILE 등이 있다. PRINTE 명령어는 다변량분석 결과 출력시 SSCP Matrix, 편상관분석, 구형성 가정의 결과를 포함한다.

[SAS 프로그램 7.3-1] [예 7.3-1]의 분산분석

```
DATA ex7_3_1 ;
INPUT drug1 drug2 drug3 drug4 drug5 drug6 ;
CARDS ;
          21  21  23  35  36  48
          19  24  27  36  36  46
          12  25  27  26  33  40
           9  17  18  27  34  39
           7  10  19  25  31  38
          18  26  26  29  39  44
           9  12  17  22  33  40
          20  20  30  30  38  41
          18  18  27  31  42  49
           8  12  11  24  26  31
          18  22  25  32  38  38
          17  23  26  28  34  35
;
RUN ;
PROC GLM DATA = ex7_3_1 ;
         MODEL drug1 -- drug6= / NOUNI ;
    /* 구형성 가정, 다변량 결과 /*
         REPEATED drug 6(0.1 0.2 0.3 0.4 0.5 0.6) /PRINTE ;
    /* 추세 검정 */
         REPEATED drug 6(0.1 0.2 0.3 0.4 0.5 0.6) POLYNOMIAL/SUMMARY NOM ;
```

```
    /* 마지막시점 기준 대비검정 */
        REPEATED drug 6(0.1 0.2 0.3 0.4 0.5 0.6) CONTRAST(6)/SUMMARY NOM ;
RUN ;
```

➤ [SAS 결과물] 벡터 자료 입력 : 구형성 검정, 다변량검정, 반복요인효과 검정, 추세검정

SAS 시스템

The GLM Procedure
Repeated Measures Analysis of Variance

Repeated Measures Level Information						
Dependent Variable	drug1	drug2	drug3	drug4	drug5	drug6
Level of drug	0.1	0.2	0.3	0.4	0.5	0.6

SAS 시스템

The GLM Procedure
Repeated Measures Analysis of Variance
Univariate Tests of Hypotheses for Within Subject Effects

Source	DF	Type III SS	Mean Square	F Value	Pr > F	Adj Pr > F	
						G - G	H - F
drug	5	5826.277778	1165.255556	137.12	<.0001	<.0001	<.0001
Error(drug)	55	467.388889	8.497980				

Greenhouse-Geisser Epsilon	0.6323
Huynh-Feldt Epsilon	0.9169

The GLM Procedure
Repeated Measures Analysis of Variance
Analysis of Variance of Contrast Variables

drug_N represents the nth degree polynomial contrast for drug

Contrast Variable: drug_1

Source	DF	Type III SS	Mean Square	F Value	Pr > F
Mean	1	5782.876190	5782.876190	376.95	<.0001
Error	11	168.752381	15.341126		

Contrast Variable: drug_2

Source	DF	Type III SS	Mean Square	F Value	Pr > F
Mean	1	36.19146825	36.19146825	6.09	0.0312
Error	11	65.36805556	5.94255051		

Contrast Variable: drug_3

Source	DF	Type III SS	Mean Square	F Value	Pr > F
Mean	1	0.77824074	0.77824074	0.11	0.7413
Error	11	74.66064815	6.78733165		

Contrast Variable: drug_4

Source	DF	Type III SS	Mean Square	F Value	Pr > F
Mean	1	5.50297619	5.50297619	1.03	0.3313
Error	11	58.60416667	5.32765152		

Contrast Variable: drug_5

Source	DF	Type III SS	Mean Square	F Value	Pr > F
Mean	1	0.9289021	0.9289021	0.10	0.7552
Error	11	100.0036376	9.0912398		

비교를 위하여 다변량 방법을 무시하고 4장에서 했듯이 개체를 블록으로 간주한 일변량분석 방법을 수행해 보자. 자료 입력 방법은 벡터 형태의 입력이 아니고 일변량분석을 위한 입력 방법이다. 물론 SPSS를 통하여 수행할 수도 있으나 내용의 중복을 피하기 위해 SAS 방법만 소개하기로 한다.

단일 반복요인 자료 SAS 사용절차 II : 일변량 분석

```
DATA ex7_3_1 ;
INPUT subject drug response @@ ;
CARDS ;
  1  1  21  1  2  21  1  3  23  1  4  35  1  5  36  1  6  48
  2  1  19  2  2  24  2  3  27  2  4  36  2  5  36  2  6  46
  3  1  12  3  2  25  3  3  27  3  4  26  3  5  33  3  6  40
  4  1   9  4  2  17  4  3  18  4  4  27  4  5  34  4  6  39
  5  1   7  5  2  10  5  3  19  5  4  25  5  5  31  5  6  38
```

```
   6   1  18   6   2  26   6   3  26   6   4  29   6   5  39   6   6  44
   7   1   9   7   2  12   7   3  17   7   4  22   7   5  33   7   6  40
   8   1  20   8   2  20   8   3  30   8   4  30   8   5  38   8   6  41
   9   1  18   9   2  18   9   3  27   9   4  31   9   5  42   9   6  49
  10   1   8  10   2  12  10   3  11  10   4  24  10   5  26  10   6  31
  11   1  18  11   2  22  11   3  25  11   4  32  11   5  38  11   6  38
  12   1  17  12   2  23  12   3  26  12   4  28  12   5  34  12   6  35
;
RUN ;
PROC GLM DATA = ex7_3_1 ;
         CLASS subject drug ;
         MODEL response = subject drug ;
         RANDOM subject ;
       RUN ;
```

➤ [SAS 결과물] 일변량분석 : 반복요인효과 검정

SAS 시스템

The GLM Procedure

Class Level Information		
Class	Levels	Values
subject	12	1 2 3 4 5 6 7 8 9 10 11 12
drug	6	1 2 3 4 5 6

Number of Observations Read	72
Number of Observations Used	72

SAS 시스템

The GLM Procedure

Dependent Variable: response

Source	DF	Sum of Squares	Mean Square	F Value	Pr > F
Model	16	7023.722222	438.982639	51.66	<.0001
Error	55	467.388889	8.497980		
Corrected Total	71	7491.111111			

R-Square	Coeff Var	Root MSE	response Mean
0.937608	10.84139	2.915129	26.88889

Source	DF	Type I SS	Mean Square	F Value	Pr > F
subject	11	1197.444444	108.858586	12.81	<.0001
drug	5	5826.277778	1165.255556	137.12	<.0001

Source	DF	Type III SS	Mean Square	F Value	Pr > F
subject	11	1197.444444	108.858586	12.81	<.0001
drug	5	5826.277778	1165.255556	137.12	<.0001

7.3.2.2 집단간 요인이 있는 경우

이번에는 집단간 요인이 있는 경우를 고려해 보자. 앞에서 언급했듯이 집단간 요인이란 남녀성별 또는 S-회사, L-회사 등 개체들을 구분하는 집단을 나타낸다. 실제로 모형에 포함된 요인은 반복요인 τ_j, 집단간 요인 G, 개체 효과 S, 반복요인과 집단간 요인의 교호작용 등이다. 자료의 구조는 [표 7.3−5]와 같다. 개체의 수는 표기의 편의를 위하여 n으로 균형된 경우로 한정하였으나 불균형자료로 확대할 수 있다. 다음 [예 7.3−2]는 집단간 개체의 수가 불균형인 자료이다.

[표 7.3 − 5] 집단간 요인이 있는 단일 반복요인 자료의 구조

집단간 요인	개체	반복요인			
		1	2	⋯	a
1	1	y_{111}	y_{121}	⋯	y_{1a1}
	2	y_{112}	y_{122}	⋯	y_{1a2}
	⋮	⋮	⋮	⋮	⋮
	n	y_{11n}	y_{12n}	⋯	y_{1an}
⋮	⋮	⋮	⋮	⋮	⋮
g	1	y_{g11}	y_{g21}	⋯	y_{ga1}
	2	y_{g12}	y_{g22}	⋯	y_{ga2}
	⋮	⋮	⋮	⋮	⋮
	n	y_{g1n}	y_{g2n}	⋯	y_{gan}

구조를 보면 각 개체들은 g집단 중 한 집단에만 속할 수 있기 때문에 각 개체는 집단간 요인의 한 수준에서만 실험대상이 된다. 즉, 각 개체는 집단간 요인에 지분(nested)되어 있다. 이러한 관점에서 위의 구조에 대한 모형은 다음과 같이 쓸 수 있다.

$$y_{ijk} = \mu + G_i + \tau_j + G_i \times \tau_j + S_{k(i)} + \epsilon_{ijk} \begin{cases} i = 1, \cdots, g \\ j = 1, \cdots, a \\ k = 1, \cdots, n \end{cases} \qquad (7.3-5)$$

여기서 G_i는 집단간 요인의 수준 i의 효과, τ_j는 반복요인의 수준 j의 효과, $S_{k(i)}$는 요인 G의 i-번째 수준에 지분된 k-번째 개체의 효과를 나타내고 변량요인으로 취급한다.

위의 반복측정모형을 앞에서 다룬 3요인 지분계획법 모형 (7.1−4)와 비교하면 개체와 집단간 요인의 교호작용 τS는 반복수가 하나여서 모형에서 빠져 있다. 따라서 집단간 요인이 있는 단일 반복측정자료 모형은 3요인 지분계획에서 반복수가 하나인 모형이라고 볼 수 있다. 이제 반복측정자료 모형에 대한 자세한 EMS나 제곱합들이 구해지는 과정은 생략하고 분산분석표만을 제공한다.

[표 7.3 − 6] 집단간 요인이 있는 단일 반복요인 자료 분산분석표

변동요인	제곱합	자유도	F 값
개체간			
집단간 요인	$SS_G = an\sum_{i=1}^{g}(\bar{y}_{i..} - \bar{y}_{...})^2$	$g-1$	$MS_G / MS_{\text{subject}}$
개체	$SS_{\text{subject}} = a\sum_{i=1}^{g}\sum_{k=1}^{n}(\bar{y}_{i.k} - \bar{y}_{i..})^2$	$g(n-1)$	
개체내			
처리	$SS_{tr} = gn\sum_{j=1}^{a}(\bar{y}_{.j.} - \bar{y}_{...})^2$	$a-1$	MS_{tr}/MSE
교호작용	$SS_{G\times tr} = n\sum_{i=1}^{g}\sum_{j=1}^{a}(\bar{y}_{ij.} - \bar{y}_{i..} - \bar{y}_{.j.} + \bar{y}_{...})^2$	$(g-1)(a-1)$	$MS_{G\times tr}/MSE$
오차	$SSE = \sum_{i=1}^{g}\sum_{j=1}^{a}\sum_{k=1}^{n}(y_{ij} - \bar{y}_{ij.} - \bar{y}_{i.k} + \bar{y}_{i..})^2$	$g(a-1)(n-1)$	
총변동	$SST = \sum_{i=1}^{g}\sum_{j=1}^{a}\sum_{k=1}^{n}(y_{ijk} - \bar{y}_{...})^2$	$gan-1$	

표에서 SS_{subject}는 지분된 개체의 효과를 나타내는 개체제곱합인데 우리의 관심의 대상이 아니다. 분산분석표는 개체간과 개체내를 분리하여 작성되었고 SPSS 결과물을 보면 개체간 분산분석표와 개체내 분산분석표로 나누어 제공한다. 주목할 점은 집단간 요인의 효과검정을 위한 제곱합 SS_G의 검정통계량 F의 분모가 MSE가 아니고, MS_{subject}인 것을 볼 수 있는데 이러한 이유로 SPSS의 개체간 분산분석표에는 SS_{subject}는 오차로 표기되어 나타난다. 반면에 개체내 오차제곱합 SSE는 개체내 반복요인의 오차제곱합이라는 의미로 개체내 분산분석표에는 오차(반복요인)으로 표기되어 있다. 주어진 분산분석표를 이용하여 다음의 가설들을 검정하게 된다.

① 개체내 반복요인과 집단간 요인 사이의 교호작용효과에 대한 유의성 검정:

$H_0: SS_{G_1 \times \tau_1} = \cdots = SS_{G_g \times \tau_a}$

② 개체내 반복요인의 효과에 대한 유의성 검정: $H_0: \tau_1 = \cdots = \tau_a$

③ 집단간 요인의 효과에 대한 유의성 검정: $H_0: G_1 = \cdots = G_g$

▶ **예 7.3-2** [박용규, 송혜양(1990)의 책에서 인용] 다음은 어린이들을 대상으로 나이에 따라 턱뼈가 커가는 정도를 조사한 자료이다. 나이가 커감에 따라 남녀 간의 차이가 있는지 그리고 어떤 성장 패턴을 보이는지에 관심이 있다.

성별	개체	나이			
		8세	10세	12세	14세
남	1	26.0	25.0	29.0	31.0
	2	21.5	22.5	23.0	26.6
	3	23.0	22.5	24.0	27.5
	4	25.5	27.5	26.5	27.0
	5	20.0	23.5	22.5	26.0
	6	24.5	25.5	27.0	28.5
	7	22.0	22.0	24.5	26.5
	8	24.0	21.5	24.5	25.5
	9	23.0	20.5	31.0	26.0
	10	27.5	28.0	31.0	31.5
	11	23.0	23.0	23.5	25.0
	12	21.5	23.5	24.0	28.0
	13	17.0	24.5	26.0	29.5
	14	22.5	25.5	25.5	26.0
	15	23.0	24.5	26.0	30.0
	16	22.0	21.5	23.5	25.0
여	1	21.0	20.0	21.5	23.0
	2	21.0	21.5	24.0	25.5
	3	20.5	24.0	24.5	26.0
	4	23.5	24.5	25.0	26.5
	5	21.5	23.0	22.5	23.5
	6	20.0	21.0	21.0	22.5
	7	21.5	22.5	23.0	25.0
	8	23.0	23.0	23.5	24.0
	9	20.0	21.0	22.0	21.5
	10	16.5	19.0	19.0	19.5
	11	24.5	25.0	28.0	28.0

나이는 반복요인이고 성별은 집단간 요인이 된다. 먼저 [표 7.3−7]의 각 수준별 평균을 보면 ([옵션(O)...]에서 기술통계량(D)를 선택하면 됨) 남녀 간의 턱의 길이가 조금 차이가 있어 보이고 남, 여 모두 나이가 증가함에 따라 턱의 길이가 늘어나는 경향이 있어 보인다. 더 자세한 분석을 위해 다음의 예제에 대한 SPSS 사용절차와 그 결과에 대한 해석을 해 보자. 대화상자 사용법은 이제 익숙할 것으로 기대되어 되도록 줄이고 필요한 그림만을 제시하였다.

[표 7.3 − 7] 수준별 평균값

기술통계량

	성별	평균	표준편차	N
나이8	1	22.875	2.4529	16
	2	21.182	2.1245	11
	전체	22.185	2.4343	27
나이10	1	23.813	2.1360	16
	2	22.227	1.9022	11
	전체	23.167	2.1573	27
나이12	1	25.719	2.6518	16
	2	23.091	2.3645	11
	전체	24.648	2.8176	27
나이14	1	27.475	2.0825	16
	2	24.091	2.4374	11
	전체	26.096	2.7673	27

[집단간 요인이 있는 단일 반복요인 자료] SPSS 사용절차 : 벡터 자료 입력

① [그림 7.3−9]과 같이 자료를 입력한다. 일부의 자료만을 나타내고 있다.

② 메뉴의 분석(A)에서 일반선형모형(G), 반복측도(R)을 선택하면 반복측도 요인 정의 대화상자가 나타난다. 개체내 요인들을 정의하기 위해 개체-내 요인이름(W)에 나이를, 수준의 수에 4를 넣고 [추가(A)]를 누르고, 다음으로 측도이름에 턱의길이를 입력한 후에 [추가(A)]를 누르고 [정의(F)]를 누른다.

③ 새로 나온 반복측정 대화상자에서 [그림 7.3−10]과 같이 나이8에서 나이12까지를 선택하여 개체-내 변수(W) 창으로 이동시킨다. 다음으로 개체-간 요인(B)(집단간)에는 성별을 선택하여 이동시킨다.

④ 대화상자 하단의 [도표(T)...]를 누르면 처리 근육별 프로파일을 작성할 수 있는 대화상자가 나온다. 새로 나온 프로파일 도표 대화상자에서 수평축 변수(H)에는 나이를, 선구분 변수(S)에는 성별을 이동시킨 후 [추가(A)]를 누른 후, [계속(C)]을 누른다. 대비에 관한 절차와 해석

은 앞 절의 내용과 같으므로 생략한다. 반복측정 대화상자로 다시 돌아온 후, 확인 을 누르면 구형성 가정, 다변량분석표, 개체내 분산분석표, 개체간 분산분석표를 얻을 수 있다.

	성별	나이8	나이10	나이12	나이14
1	1	26.0	25.0	29.0	31.0
2	1	21.5	22.5	23.0	26.6
3	1	23.0	22.5	24.0	27.5
4	1	25.5	27.5	26.5	27.0
5	1	20.0	23.5	22.5	26.0
6	1	24.5	25.5	27.0	28.5
7	1	22.0	22.0	24.5	26.5
8	1	24.0	21.5	24.5	25.5
9	1	23.0	20.5	31.0	26.0
10	1	27.5	28.0	31.0	31.5
11	1	23.0	23.0	23.5	25.0
12	1	21.5	23.5	24.0	28.0
13	1	17.0	24.5	26.0	29.5
14	1	22.5	25.5	25.5	26.0
15	1	23.0	24.5	26.0	30.0
16	1	22.0	21.5	23.5	25.0
17	2	21.0	20.0	21.5	23.0
18	2	21.0	21.5	24.0	25.5
19	2	20.5	24.0	24.5	26.0
20	2	23.5	24.5	25.0	26.5
21	2	21.5	23.0	22.5	23.5
22	2	20.0	21.0	21.0	22.5
23	2	21.5	22.5	23.0	25.0
24	2	23.0	23.0	23.5	24.0
25	2	20.0	21.0	22.0	21.5
26	2	16.5	19.0	19.0	19.5
27	2	24.5	25.0	28.0	28.0

[그림 7.3 – 9] 개체간 요인이 있는 단일 반복요인 자료

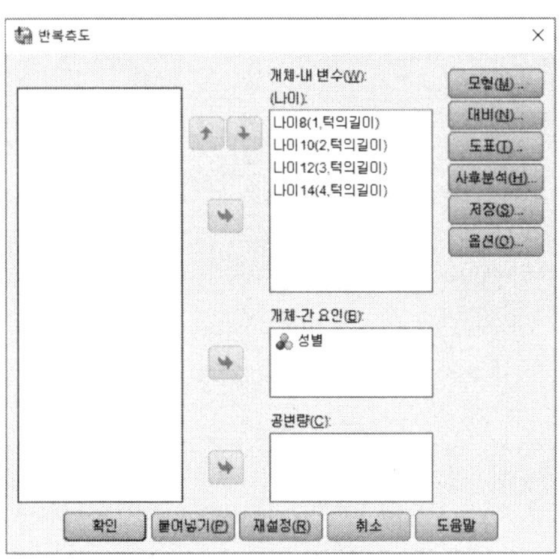

[그림 7.3 – 10] 반복측정 대화상자

➤ [SPSS 결과물] 구형성 가정, 다변량 검정, 개체내, 개체간 효과검정, 추세검정

Mauchly의 구형성 검정[a]

측도: 턱의길이

개체-내 효과	Mauchly의 W	근사 카이제곱	자유도	유의확률	엡실런[b] Greenhouse-Geisser	Huynh-Feldt	하한
나이	.737	7.235	5	.204	.868	1.000	.333

정규화된 변형 종속변수의 오차 공분산행렬이 항등 행렬에 비례하는 영가설을 검정합니다.

a. Design: 절편 + 성별
개체-내 계획: 나이

b. 유의성 평균검정의 자유도를 조절할 때 사용할 수 있습니다. 수정된 검정은 개체내 효과검정 표에 나타납니다.

다변량 검정[a]

효과		값	F	가설 자유도	오차 자유도	유의확률
나이	Pillai의 트레이스	.805	31.712[b]	3.000	23.000	.000
	Wilks의 람다	.195	31.712[b]	3.000	23.000	.000
	Hotelling의 트레이스	4.136	31.712[b]	3.000	23.000	.000
	Roy의 최대근	4.136	31.712[b]	3.000	23.000	.000
나이 * 성별	Pillai의 트레이스	.261	2.710[b]	3.000	23.000	.069
	Wilks의 람다	.739	2.710[b]	3.000	23.000	.069
	Hotelling의 트레이스	.353	2.710[b]	3.000	23.000	.069
	Roy의 최대근	.353	2.710[b]	3.000	23.000	.069

a. Design: 절편 + 성별
개체-내 계획: 나이

b. 정확한 통계량

개체-내 효과 검정

측도: 턱의길이

소스		제 III 유형 제곱합	자유도	평균제곱	F	유의확률
나이	구형성 가정	209.758	3	69.919	35.370	.000
	Greenhouse-Geisser	209.758	2.604	80.565	35.370	.000
	Huynh-Feldt	209.758	3.000	69.919	35.370	.000
	하한	209.758	1.000	209.758	35.370	.000
나이 * 성별	구형성 가정	14.079	3	4.693	2.374	.077
	Greenhouse-Geisser	14.079	2.604	5.407	2.374	.087
	Huynh-Feldt	14.079	3.000	4.693	2.374	.077
	하한	14.079	1.000	14.079	2.374	.136
오차(나이)	구형성 가정	148.260	75	1.977		
	Greenhouse-Geisser	148.260	65.090	2.278		
	Huynh-Feldt	148.260	75.000	1.977		
	하한	148.260	25.000	5.930		

개체-간 효과 검정

측도: 턱의길이
변환된 변수: 평균

소스	제 III 유형 제곱합	자유도	평균제곱	F	유의확률
절편	59122.382	1	59122.382	3914.370	.000
성별	140.654	1	140.654	9.312	.005
오차	377.598	25	15.104		

개체-내 대비 검정

측도: 턱의길이

소스	나이	제 III 유형 제곱합	자유도	평균제곱	F	유의확률
나이	선형	208.575	1	208.575	88.131	.000
	이차	.974	1	.974	.932	.343
	삼차	.209	1	.209	.083	.776
나이 * 성별	선형	12.189	1	12.189	5.150	.032
	이차	1.217	1	1.217	1.165	.291
	삼차	.673	1	.673	.267	.610
오차(나이)	선형	59.166	25	2.367		
	이차	26.128	25	1.045		
	삼차	62.966	25	2.519		

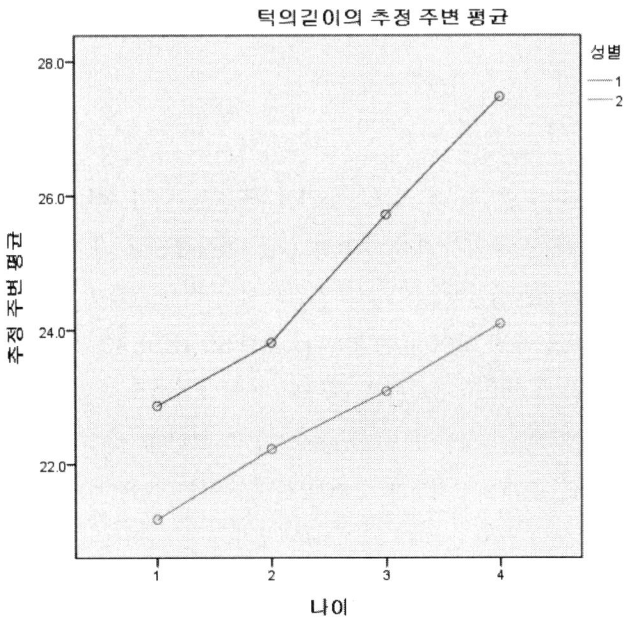

[그림 7.3 – 11] 나이의 증가에 따른 턱의 길이의 성별 증가 프로파일

✚ 통계적 해석

▶ **구형성 검정**: 구형성 검정 결과를 보면, p-값은 0.204으로 매우 커서 구형성 가정이 성립됨을 볼 수 있다. 따라서 일변량분석이 적합하다고 할 수 있다.

▶ **개체내 반복요인(나이)과 집단간 요인(성별)간의 교호작용효과에 대한 유의성검정**: 일변량 분석 결과를 보면 p-값은 0.077로 구해져 $\alpha=0.05$하에서 교호작용효과가 없다고 결론지을 수 있겠다. [그림 7.3−11]을 보더라도 두 직선이 어느 정도 평행을 유지하는 것으로 보여 이러한 결론을 보충하여 설명해준다. 참고로 다변량분석 결과(p-값$=0.069$)도 매우 유사하게 나타났음을 볼 수 있다.

▶ **집단간 요인(성별)의 효과에 대한 유의성 검정**: 개체간 분석 결과를 보면 p-값은 0.005로 구해져서 남녀 간의 턱의 길이의 성장 폭은 차이가 있다고 결론지을 수 있다. [그림 7.3−11]을 보더라도 이러한 주장이 맞음을 알 수 있다. 분산분석표에서 오차의 제곱합은 기호로 SS_{subject}로 나타냈었음을 기억하기 바란다.

▶ **개체내 반복요인(나이)의 효과에 대한 유의성 검정**: 앞에서 교호작용효과가 없다고 결론을 내렸으므로 반복요인효과를 검정할 수 있다. 반복수준의 효과에 차이가 있는지를 보기 위해 일변량분석 결과를 보면 $F=35.370$, p-값은 0.000으로 구해져 그 유의적인 차가 인정된다. 참고로 다변량분석 결과도 매우 유사하게 ($F=31.712$, p-값$=0.000$) 나타났음을 볼 수 있다.

▶ **추세검정**: 위의 결과를 보면 반복처리효과가 유의적인 결과를 보이고 있다. 반복요인 나이는 양적 자료이므로 관심은 나이가 들수록 턱의 길이가 커지는 정도가 직선 또는 그 이상의 추세를 보이느냐 하는 점이다. 먼저 [그림 7.3−11]을 보면 선형적 상승이 있어 보이며, 추세대비 검정 결과를 보면 선형추세(p-값$=0.000$, $F=88.131$)만이 있음을 알 수 있다.

다음은 [예 7.3−2]를 위한 SAS 프로그램이다. 자료를 벡터 형태로 입력하는 사용 절차 I과 직접 일변량 분석을 위한 사용절차 II가 주어져 있다. 독자들은 SAS 사용절차 I을 이용하면 된다. 여기서 SAS 사용절차 II를 제공하는 이유는 지금까지 우리가 다루어 왔던 선형모형에 의한 일변량분석 방법과 결국은 같음을 보이기 위함이다. 이런 이유로 SAS 사용절차 II는 참고사항으로 보면 되고 프로그램만 제공하고 결과물은 생략되어 있다. SAS 사용절차 II 방법을 사용하려면 프로그램 마지막 줄에 있는 집단간 요인(gender)의 효과를 직접 구할 수 있도록 H(가설, hypothesis)와 E(오차, error)를 지정해 주어야 한다. 물론 이러한 Option은 EMS를 미리 알고 있어 검정통계량의 분모와 분자를 미리 지정하는 절차이다. 사전에 모르는 경우는 EMS를 보고 분산분석표에서 검정통계량에 대응하는 분모와 분자를 찾아 검정하게 된다.

집단간 요인이 있는 단일 반복요인 자료 SAS 사용절차 I : 벡터 자료 입력

[SAS 프로그램 7.3-3] [예 7.3-2]의 분산분석

```
DATA ex7_3_2;
INPUT gender age8 age10 age12 age14 @@ ;
CARDS ;
1 26 25 29 31
      ...
2 24.5 25 28 28
;
RUN ;
PROC GLM DATA = ex7_3_2 ;
    CLASS  gender ;
    MODEL age8 - - age14 = gender / Nouni ;
      REPEATED age 4(8 10 12 14) POLYNOMIAL/
       /* NOM = no multivatiate 다변량 결과를 출력하지 않음 */
       SUMMARY NOM ;
   RUN ;
```

SAS 사용절차 I을 사용한 결과는 SPSS와 동일함을 각자 확인하기 바란다.

➤ [SAS 결과물 I] 구형성 가정, 반복요인, 집단간 요인검정, 반복요인 추세검정

The GLM Procedure
Repeated Measures Analysis of Variance

Repeated Measures Level Information				
Dependent Variable	age8	age10	age12	age14
Level of age4	8	10	12	14

Sphericity Tests				
Variables	DF	Mauchly's Criterion	Chi-Square	Pr > ChiSq
Transformed Variates	5	0.7371341	7.2349335	0.2037
Orthogonal Components	5	0.7371341	7.2349335	0.2037

The GLM Procedure
Repeated Measures Analysis of Variance
Tests of Hypotheses for Between Subjects Effects

Source	DF	Type III SS	Mean Square	F Value	Pr > F
gender	1	140.6540409	140.6540409	9.31	0.0053
Error	25	377.5983665	15.1039347		

The GLM Procedure
Repeated Measures Analysis of Variance
Univariate Tests of Hypotheses for Within Subject Effects

Source	DF	Type III SS	Mean Square	F Value	Pr > F	Adj Pr > F	
						G - G	H-F-L
age4	3	209,7584612	69,9194871	35,37	<,0001	<,0001	<,0001
age4*gender	3	14,0788315	4,6929438	2,37	0,0769	0,0865	0,0784
Error(age4)	75	148,2598722	1,9767983				

Greenhouse-Geisser Epsilon	0,8679
Huynh-Feldt-Lecoutre Epsilon	0,9777

The GLM Procedure
Repeated Measures Analysis of Variance
Analysis of Variance of Contrast Variables

age4_N represents the nth degree polynomial contrast for age4

Contrast Variable: age4_1

Source	DF	Type III SS	Mean Square	F Value	Pr > F
Mean	1	208,5750767	208,5750767	88,13	<,0001
gender	1	12,1887804	12,1887804	5,15	0,0321
Error	25	59,1659233	2,3666369		

Contrast Variable: age4_2

Source	DF	Type III SS	Mean Square	F Value	Pr > F
Mean	1	0,97449548	0,97449548	0,93	0,3435
gender	1	1,21708807	1,21708807	1,16	0,2908
Error	25	26,12791193	1,04511648		

Contrast Variable: age4_3

Source	DF	Type III SS	Mean Square	F Value	Pr > F
Mean	1	0,20888899	0,20888899	0,08	0,7757
gender	1	0,67296307	0,67296307	0,27	0,6098
Error	25	62,96603693	2,51864148		

집단간 요인이 있는 단일 반복요인 자료 SAS 사용절차 II : 일변량 분석

```
DATA ex7_3_2;
INPUT gender subject age length @@ ;
CARDS ;
  1   1  8  26.0  1   1  10  25.0  1   1  12  29.0  1   1  14  31.0
  1   2  8  21.5  1   2  10  23.0  1   2  12  23.0  1   2  14  26.6
  1   3  8  23.0  1   3  10  22.5  1   3  12  24.0  1   3  14  27.5
  1   4  8  25.5  1   4  10  27.5  1   4  12  26.5  1   4  14  27.0
  1   5  8  20.0  1   5  10  23.5  1   5  12  22.5  1   5  14  26.0
  1   6  8  24.5  1   6  10  25.5  1   6  12  27.0  1   6  14  28.5
  1   7  8  22.0  1   8  10  22.0  1   7  12  24.5  1   7  14  26.5
  1   8  8  24.0  1   8  10  21.5  1   8  12  24.5  1   8  14  25.5
  1   9  8  23.0  1   9  10  20.5  1   9  12  31.0  1   9  14  26.0
  1  10  8  27.5  1  10  10  28.0  1  10  12  31.0  1  10  14  31.5
  1  11  8  23.0  1  11  10  23.0  1  11  12  23.5  1  11  14  25.0
  1  12  8  21.5  1  12  10  23.5  1  12  12  24.0  1  12  14  28.0
  1  13  8  17.0  1  13  10  24.5  1  13  12  26.0  1  13  14  29.5
  1  14  8  22.5  1  14  10  25.5  1  14  12  25.5  1  14  14  26.0
  1  15  8  23.0  1  15  10  24.5  1  15  12  26.0  1  15  14  30.0
  1  16  8  22.0  1  16  10  21.5  1  16  12  23.5  1  16  14  25.0
  2   1  8  21.0  2   1  10  20.0  2   1  12  21.5  2   1  14  23.0
  2   2  8  21.0  2   2  10  21.5  2   2  12  24.0  2   2  14  25.5
  2   3  8  20.5  2   3  10  24.0  2   3  12  24.5  2   3  14  26.0
  2   4  8  23.5  2   4  10  24.5  2   4  12  25.0  2   4  14  26.5
  2   5  8  21.5  2   5  10  23.0  2   5  12  22.5  2   5  14  23.5
  2   6  8  20.0  2   6  10  21.0  2   6  12  21.0  2   6  14  22.5
  2   7  8  21.5  2   7  10  22.5  2   7  12  23.0  2   7  14  25.0
  2   8  8  23.0  2   8  10  23.0  2   8  12  23.5  2   8  14  24.0
  2   9  8  20.0  2   9  10  21.0  2   9  12  22.0  2   9  14  21.5
  2  10  8  16.5  2  10  10  19.0  2  10  12  19.0  2  10  14  19.5
  2  11  8  24.5  2  11  10  25.0  2  11  12  28.0  2  11  14  28.0
;
RUN ;
PROC GLM DATA = ex7_3_2 ;
    CLASS  gender age subject ;
    MODEL length = gender subject(gender) age gender*age ;
           RANDOM subject(gender) ;
         TEST H=gender E=subject(gender);
RUN ;quit;
```

7.3.3 반복요인이 둘인 자료

이번 절에서는 반복요인이 둘인 자료에 관해 살펴보자. 예를 들어서 약의 효과에 관한 실험에서 약의 농도와 시간을 달리하여 반복측정할 때 농도와 시간은 두 반복요인이 된다. 반복요인이 둘인 경우에도 집단간 요인이 없는 경우와 있는 경우로 구분할 수 있다. 여기서는 집단간 요인이 있는 경우만을 서술한다. 집단간 요인이 없는 경우는 모형이 줄어들어 더욱 쉽게 분석할 수 있다.

반복요인이 둘인 자료에 관해서 고려한다. 실제로 모형에 포함된 요인은 반복요인 A ,B와 교호작용 AB, 집단간 요인 G, 개체 요인 S와 반복요인과 집단간 요인의 교호작용 GA, GB, GAB 등이다. 자료의 구조는 [표 7.3−8]과 같다. 개체의 수는 표기의 편의를 위하여 n으로 균형된 경우로 한정하였으나 불균형자료로 확대할 수 있다.

[표 7.3−8] 집단간 요인이 있는 반복요인이 둘인 자료의 구조

		반복요인(A)		1	2	… …	a
		반복요인(B)		1 2 … b	1 2 … b	… …	1 2 … b
집단간 요인 G	1	개체	1	$y_{1111}\ y_{1121} \cdots y_{11b1}$	$y_{1211}\ y_{1221} \cdots y_{12b1}$	… …	$y_{1a11}\ y_{1a21} \cdots y_{1ab1}$
			2	$y_{1112}\ y_{1122} \cdots y_{11b2}$	$y_{1212}\ y_{1222} \cdots y_{12b2}$	… …	$y_{1a12}\ y_{1a22} \cdots y_{1ab2}$
			⋮	⋮	⋮	⋮ ⋮	⋮
			n	$y_{111n}\ y_{112n} \cdots y_{11bn}$	$y_{121n}\ y_{122n} \cdots y_{12bn}$	… …	$y_{1a1n}\ y_{1a2n} \cdots y_{1abn}$
	⋮	⋮	⋮	⋮	⋮	⋮ ⋮	⋮
	g	개체	1	$y_{g111}\ y_{g121} \cdots y_{g1b1}$	$y_{g211}\ y_{g221} \cdots y_{g2b1}$	… …	$y_{ga11}\ y_{ga21} \cdots y_{gab1}$
			2	$y_{g112}\ y_{g122} \cdots y_{g1b2}$	$y_{g212}\ y_{g222} \cdots y_{g2b2}$	… …	$y_{ga12}\ y_{ga22} \cdots y_{gab2}$
			⋮	⋮	⋮	⋮ ⋮	⋮
			n	$y_{g11n}\ y_{g12n} \cdots y_{g1bn}$	$y_{g21n}\ y_{g22n} \cdots y_{g2bn}$	… …	$y_{ga1n}\ y_{ga2n} \cdots y_{gabn}$

위의 자료에 대한 모형은 다음과 같이 쓸 수 있다.

$$y_{ijkl} = \mu + G_i + A_j + B_k + AB_{jk} + GA_{ij} + GB_{ik} + GAB_{ijk} + S_{l(i)} + \epsilon_{ijkl} \begin{cases} i = 1, \cdots, g \\ j = 1, \cdots, a \\ k = 1, \cdots, b \\ l = 1, \cdots, n \end{cases} \quad (7.3-6)$$

여기서 $G_i\,(i=1,\cdots,g)$는 집단간 요인의 수준 i의 효과, $A_j\,(j=1,\cdots,a)$는 반복요인 A의 수준 j의 효과, $B_k\,(k=1,\cdots,b)$는 반복요인 B의 수준 j의 효과 $S_{l(i)}$는 요인 G의 i-번째 수준에 지분된 l-번째 개체의 효과를 나타낸다. $S_{l(i)}$은 변량요인으로 취급한다. 고려된 교호작용은 반복요인간의 교호작용 AB, 집단간 요인과 반복요인의 교호작용 GA, GB와 3차 교호작용 GAB 등이다. 분산분석표를 이용하여 다음의 가설들을 검정하게 된다. 다만 분산분석표는 앞에서와 유사하여 생략하였고, 예제를 통해 분석하는 것으로 대신한다.

① 개체내 반복요인과 집단간 요인들 간의 교호작용효과에 대한 유의성 검정:

$$H_0:\ SS_{GAB_{111}} = \cdots = SS_{GAB_{gab}}$$

$$H_0:\ SS_{GA_{11}} = \cdots = SS_{GA_{ga}}$$

$$H_0:\ SS_{GB_{11}} = \cdots = SS_{GB_{gb}}$$

② 반복요인들 간의 교호작용효과에 대한 유의성 검정:

$$H_0:\ SS_{AB_{11}} = \cdots = SS_{AB_{ab}}$$

③ 개체내 반복요인들의 효과에 대한 유의성 검정:

$$H_0:\ A_1 = \cdots = A_a$$

$$H_0:\ B_1 = \cdots = B_b$$

④ 집단간 요인의 효과에 대한 유의성 검정:

$$H_0:\ G_1 = \cdots = G_g$$

▶예 7.3-3 [옥준영(2001) 석사학위논문에서 인용] 등장성 운동시 근육피로도를 평가하기 위해서 상하지의 대표적인 근육인 위팔 두갈래근과 가쪽 넓은근에 반복적으로 적용하여 근육피로도에 영향을 미치는 초기중앙주파수 값을 측정하였다. 이를 위해 연세대학교 원주캠퍼스의 학생 중에서 건강한 성인 20명(남자 10명, 여자 10명)을 택하여 20명 전원의 위팔 두갈래근과 가쪽 넓은근에 근전도 전극을 부착하고, 하루에 두 근육의 근전도 신호를 각각 측정하여 측정에 따른 초기중앙주파수를 구하였다. 초기중앙주파수는 근육 내의 속근 섬유의 비율과 관련되어 있고, 속근 섬유의 비율이 클수록, 피로가 쉽게 발생하며, 지구력이 떨어진다고 할 수 있다. 따라서 초기중앙주파수 값이 크면, 피로가 쉽게 발생할 가능성이 높아진다고 볼 수 있다. 각각의 대상자를 총 10일간 반복측정하여 초기중앙주파수를 비교하여 얻은 결과는 다음과 같다.

대상자 \ 측정횟수			1	2	3	4	5	6	7	8	9	10
위팔 두갈래근	남자 (10명)	대상자1	47.54	46.55	49.73	47.05	46.57	46.70	49.45	48.44	49.82	47.41
		대상자2	48.86	47.44	48.38	48.85	51.46	48.93	49.34	49.58	49.80	49.12
		대상자3	44.31	50.27	44.76	49.92	48.76	49.98	48.85	49.84	49.51	47.32
		대상자4	49.85	49.26	47.50	48.56	49.19	47.75	49.42	49.32	47.47	47.90
		대상자5	45.63	42.88	44.79	45.85	44.61	43.60	46.60	42.02	43.55	44.79
		대상자6	49.01	49.39	48.95	49.65	48.02	49.08	50.91	49.36	51.70	50.54
		대상자7	46.47	46.24	45.61	51.59	48.09	47.37	48.23	48.14	47.74	48.81
		대상자8	50.67	50.04	50.13	50.14	49.95	51.89	51.51	50.36	50.66	52.08
		대상자9	51.59	81.99	52.04	49.38	49.07	51.30	49.52	49.83	50.19	49.72
		대상자10	49.20	48.62	49.08	48.12	51.87	51.55	51.93	50.65	50.14	50.41
	여자 (10명)	대상자11	52.79	52.57	51.79	53.17	53.61	49.28	50.78	50.53	51.53	52.61
		대상자12	45.92	48.46	48.45	48.47	49.02	48.32	46.68	50.59	49.14	50.92
		대상자13	53.49	52.02	52.29	53.05	51.74	52.02	52.05	52.35	52.42	51.85
		대상자14	48.93	48.34	49.93	50.55	48.79	49.60	49.12	47.93	49.99	50.72
		대상자15	53.17	52.48	52.15	52.05	50.46	50.33	52.61	38.31	52.67	51.88
		대상자16	50.61	50.59	52.58	48.41	49.51	52.21	52.90	52.71	52.06	48.29
		대상자17	49.31	49.47	49.08	51.03	49.43	53.20	46.70	51.36	51.75	54.97
		대상자18	53.11	52.75	54.77	54.08	52.61	53.41	52.23	51.11	53.28	51.82
		대상자19	48.40	50.45	52.54	50.67	53.33	51.96	51.45	52.24	50.98	51.60
		대상자20	49.26	47.25	50.27	51.94	51.86	52.76	50.32	51.72	50.05	49.64
가쪽 넓은근	남자 (10명)	대상자1	49.49	47.46	46.08	49.50	46.23	49.45	45.95	55.08	50.79	47.78
		대상자2	38.91	52.99	51.14	52.34	52.34	51.84	49.98	52.01	52.02	52.26
		대상자3	46.48	49.50	49.54	51.43	53.14	50.10	50.43	49.39	52.33	50.18
		대상자4	50.18	52.27	50.71	49.25	51.25	51.74	48.39	50.98	49.72	51.35
		대상자5	50.00	47.25	50.77	52.75	48.19	47.96	46.77	49.14	51.99	52.49
		대상자6	51.76	51.83	52.16	50.42	50.55	51.78	50.63	51.38	52.02	51.83
		대상자7	49.34	51.50	52.26	44.20	44.40	47.00	51.59	46.48	49.86	47.30
		대상자8	53.34	52.45	54.22	50.75	50.66	52.85	52.29	50.94	52.26	52.33
		대상자9	51.31	54.17	50.27	50.04	52.86	51.55	50.53	52.24	51.41	52.43
		대상자10	51.60	51.58	52.98	48.93	52.55	54.29	52.80	50.69	53.17	52.03
	여자 (10명)	대상자11	53.11	49.34	47.27	49.48	54.06	53.87	52.04	52.20	49.39	50.06
		대상자12	54.73	49.70	51.27	54.97	51.10	51.47	53.76	53.48	54.35	53.04
		대상자13	51.81	49.77	50.13	52.90	51.98	52.22	50.34	50.57	49.93	39.04
		대상자14	51.84	51.06	49.53	53.33	51.82	53.67	53.99	53.68	54.42	53.92
		대상자15	51.22	51.61	52.02	51.23	81.45	51.32	51.06	51.67	51.75	51.01
		대상자16	50.98	50.93	37.48	52.07	50.86	51.47	51.37	47.24	48.69	47.93
		대상자17	47.15	49.47	50.70	50.03	54.70	51.05	48.30	49.15	50.60	49.04
		대상자18	51.85	48.69	49.11	52.89	49.97	51.14	52.68	50.39	52.54	52.70
		대상자19	49.51	47.58	49.26	47.34	50.56	52.01	50.35	51.96	52.39	51.40
		대상자20	50.79	54.27	52.06	52.86	52.63	52.87	44.73	51.55	52.90	48.92

위의 자료의 구조를 보면 반복요인이 둘로서 하나는 근육위치(위팔 두갈래근은 1로, 가쪽 넓은근은 2로 표기)이고, 다른 하나는 반복시점(수준은 1에서 10으로 표기)이다. 집단간 요인은 성별(남자는 1, 여자는 2로 표기)이다. 구조를 그려보면 다음과 같다.

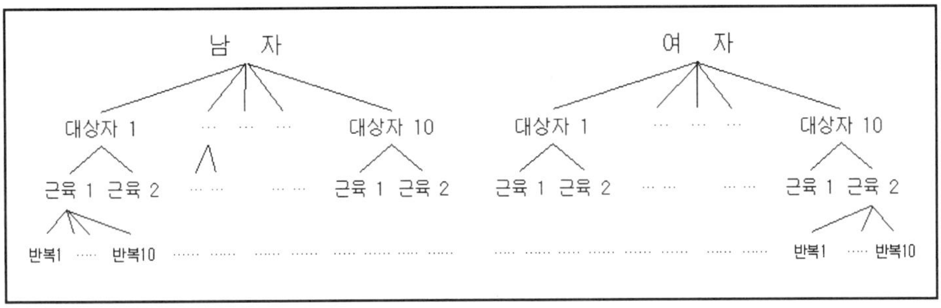

다음은 위의 예제를 분석하기 위한 SPSS 사용절차와 그 결과에 대한 해석이다. 절차 중 앞에서와 중복되는 대화상자는 지면을 줄이기 위해 생략하였다.

집단간 요인이 있는 반복요인이 둘인 자료 SPSS 사용절차

① [그림 7.3－12]와 같이 자료를 입력한다. 자료는 일부만 나타나 있다. 반복ij는 i-번째 근육위치와 j-번째 반복시점을 의미한다. 예로서 셋째 행의 반복14에 해당하는 값 49.92는 남자 대상자 3의 위팔 두갈래근의 넷째 날 측정된 주파수를 나타낸다.

② 메뉴의 분석(A)에서 일반선형모형(G), 반복 측도(R)을 선택하면 반복측정 대화상자가 나타난다. 반복 측도(R) 대화상자에서 개체-내 요인(W) 이름에 근육위치를, 수준의 수(L)에 2를 넣고 [추가(A)]를 누르고, 다시 개체-내 요인(W) 이름에 반복시점을, 수준의 수(L)에 10을 넣은 후 [추가(A)]를 누른다. 다음으로 측도 이름(N)에 주파수라고 입력한 후에 [추가(A)]를 누르고, [그림 7.3－13]의 상태에서 [정의(F)]를 누른다.

③ 새로 나온 반복측정 대화상자에서 반복11에서 반복210까지를 선택하여 개체-내 변수창으로 이동시킨 후 개체-간 요인(B)에는 성별을 선택하여 이동시키면 [그림 7.3－14]과 같이 나타난다.

④ 대화상자 하단의 [도표(T)...]를 누르면 위치 근육별 프로파일을 작성할 수 있는 대화상자가 나온다. 새로 나온 프로파일 도표 대화상자에서 수평축 변수(H)에는 반복시점을, 선구분 변수(S)에는 성별을, 도표구분 변수(P)에는 근육위치를 이동시킨 후 [추가(A)]를 누르고, [계속(C)]을 누른다. 다른 유형의 도표도 추가로 생성할 수 있다.

⑤ 반복측정 대화상자로 다시 돌아온 후, [확인]을 누르면 다음의 결과들을 얻을 수 있다.

	성별	반복11	반복12	반복13	반복14	반복15
1	1	47.54	46.55	49.73	47.05	46.57
2	1	48.86	47.44	48.38	48.85	51.46
3	1	44.31	50.27	44.76	49.92	48.76
4	1	49.85	49.26	47.50	48.56	49.19
5	1	45.63	42.88	44.79	45.85	44.61
6	1	49.01	49.39	48.95	49.65	48.02
7	1	46.47	46.24	45.61	51.59	48.09
8	1	50.67	50.04	50.13	50.14	49.95
9	1	51.59	81.99	52.04	49.38	49.07
10	1	49.20	48.62	49.08	48.12	51.87
11	2	52.79	52.57	51.79	53.17	53.61
12	2	45.92	48.46	48.45	48.47	49.02

[그림 7.3 – 12] 반복요인이 둘인 두 모집단의 반복측정 자료

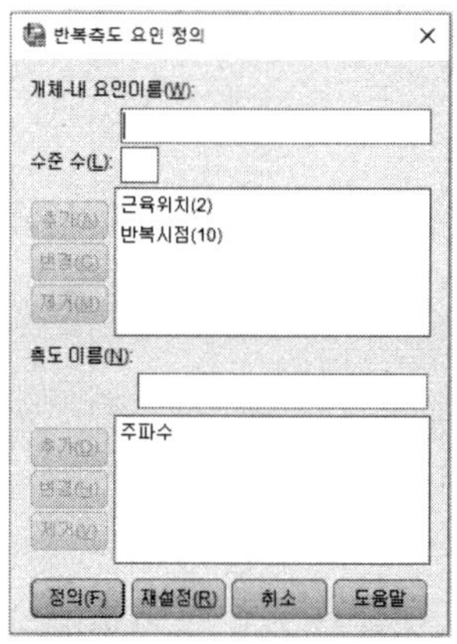

[그림 7.3 – 13] 반복측정 요인 정의 대화상자

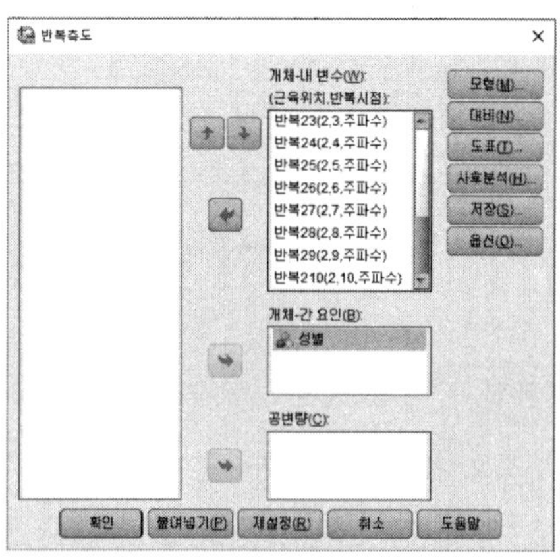

[그림 7.3 – 14] 반복측도 대화상자

➤ [SPSS 결과물] 구형성 가정, 다변량 검정, 개체내, 개체간 효과검정, 추세검정

Mauchly의 구형성 검정[a]

측도: 주파수

개체-내 효과	Mauchly의 W	근사 카이제곱	자유도	유의확률	엡실런[b] Greenhouse-Geisser	Huynh-Feldt	하한
근육위치	1.000	.000	0	.	1.000	1.000	1.000
반복시점	.002	92.392	44	.000	.433	.598	.111
근육위치 * 반복시점	.001	106.831	44	.000	.417	.570	.111

정규화된 변형 종속변수의 오차 공분산행렬이 항등 행렬에 비례하는 영가설을 검정합니다.

a. Design: 절편 + 성별
개체-내 계획: 근육위치 + 반복시점 + 근육위치 * 반복시점

b. 유의성 평균검정의 자유도를 조절할 때 사용할 수 있습니다. 수정된 검정은 개체내 효과검정 표에 나타납니다.

다변량 검정[a]

효과		값	F	가설 자유도	오차 자유도	유의확률
근육위치	Pillai의 트레이스	.171	3.703[b]	1.000	18.000	.070
	Wilks의 람다	.829	3.703[b]	1.000	18.000	.070
	Hotelling의 트레이스	.206	3.703[b]	1.000	18.000	.070
	Roy의 최대근	.206	3.703[b]	1.000	18.000	.070
근육위치 * 성별	Pillai의 트레이스	.077	1.499[b]	1.000	18.000	.237
	Wilks의 람다	.923	1.499[b]	1.000	18.000	.237
	Hotelling의 트레이스	.083	1.499[b]	1.000	18.000	.237
	Roy의 최대근	.083	1.499[b]	1.000	18.000	.237
반복시점	Pillai의 트레이스	.612	1.752[b]	9.000	10.000	.197
	Wilks의 람다	.388	1.752[b]	9.000	10.000	.197
	Hotelling의 트레이스	1.577	1.752[b]	9.000	10.000	.197
	Roy의 최대근	1.577	1.752[b]	9.000	10.000	.197
반복시점 * 성별	Pillai의 트레이스	.525	1.227[b]	9.000	10.000	.375
	Wilks의 람다	.475	1.227[b]	9.000	10.000	.375
	Hotelling의 트레이스	1.104	1.227[b]	9.000	10.000	.375
	Roy의 최대근	1.104	1.227[b]	9.000	10.000	.375
근육위치 * 반복시점	Pillai의 트레이스	.726	2.940[b]	9.000	10.000	.054
	Wilks의 람다	.274	2.940[b]	9.000	10.000	.054
	Hotelling의 트레이스	2.646	2.940[b]	9.000	10.000	.054
	Roy의 최대근	2.646	2.940[b]	9.000	10.000	.054
근육위치 * 반복시점 * 성별	Pillai의 트레이스	.743	3.213[b]	9.000	10.000	.042
	Wilks의 람다	.257	3.213[b]	9.000	10.000	.042
	Hotelling의 트레이스	2.891	3.213[b]	9.000	10.000	.042
	Roy의 최대근	2.891	3.213[b]	9.000	10.000	.042

a. Design: 절편 + 성별
개체-내 계획: 근육위치 + 반복시점 + 근육위치 * 반복시점

b. 정확한 통계량

개체-내 효과 검정

측도: 주파수

소스		제 III 유형 제곱합	자유도	평균제곱	F	유의확률
근육위치	구형성 가정	88.031	1	88.031	3.703	.070
	Greenhouse-Geisser	88.031	1.000	88.031	3.703	.070
	Huynh-Feldt	88.031	1.000	88.031	3.703	.070
	하한	88.031	1.000	88.031	3.703	.070
근육위치 * 성별	구형성 가정	35.623	1	35.623	1.499	.237
	Greenhouse-Geisser	35.623	1.000	35.623	1.499	.237
	Huynh-Feldt	35.623	1.000	35.623	1.499	.237
	하한	35.623	1.000	35.623	1.499	.237
오차(근육위치)	구형성 가정	427.886	18	23.771		
	Greenhouse-Geisser	427.886	18.000	23.771		
	Huynh-Feldt	427.886	18.000	23.771		
	하한	427.886	18.000	23.771		
반복시점	구형성 가정	78.443	9	8.716	.952	.482
	Greenhouse-Geisser	78.443	3.898	20.124	.952	.438
	Huynh-Feldt	78.443	5.386	14.563	.952	.456
	하한	78.443	1.000	78.443	.952	.342
반복시점 * 성별	구형성 가정	123.895	9	13.766	1.504	.151
	Greenhouse-Geisser	123.895	3.898	31.785	1.504	.212
	Huynh-Feldt	123.895	5.386	23.002	1.504	.192
	하한	123.895	1.000	123.895	1.504	.236
오차(반복시점)	구형성 가정	1483.271	162	9.156		
	Greenhouse-Geisser	1483.271	70.163	21.140		
	Huynh-Feldt	1483.271	96.954	15.299		
	하한	1483.271	18.000	82.404		
근육위치 * 반복시점	구형성 가정	66.778	9	7.420	.874	.550
	Greenhouse-Geisser	66.778	3.752	17.799	.874	.479
	Huynh-Feldt	66.778	5.126	13.028	.874	.504
	하한	66.778	1.000	66.778	.874	.362
근육위치 * 반복시점 * 성별	구형성 가정	109.201	9	12.133	1.429	.180
	Greenhouse-Geisser	109.201	3.752	29.107	1.429	.236
	Huynh-Feldt	109.201	5.126	21.304	1.429	.220
	하한	109.201	1.000	109.201	1.429	.247
오차(근육위치*반복시점)	구형성 가정	1375.429	162	8.490		
	Greenhouse-Geisser	1375.429	67.532	20.367		
	Huynh-Feldt	1375.429	92.266	14.907		
	하한	1375.429	18.000	76.413		

개체-간 효과 검정

측도: 주파수

변환된 변수: 평균

소스	제 III 유형 제곱합	자유도	평균제곱	F	유의확률
절편	1017956.897	1	1017956.897	29845.194	.000
성별	165.521	1	165.521	4.853	.041
오차	613.942	18	34.108		

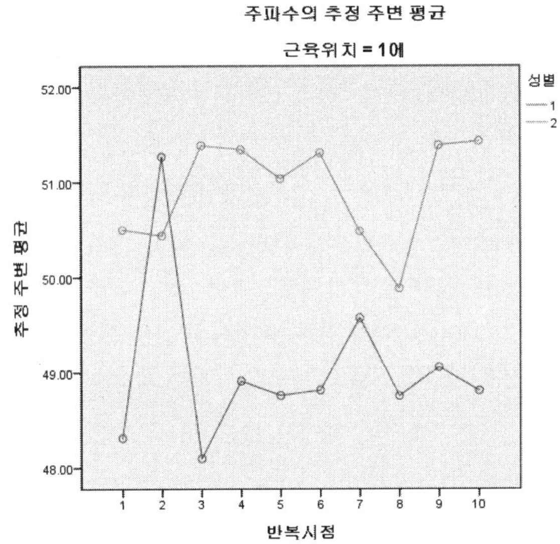

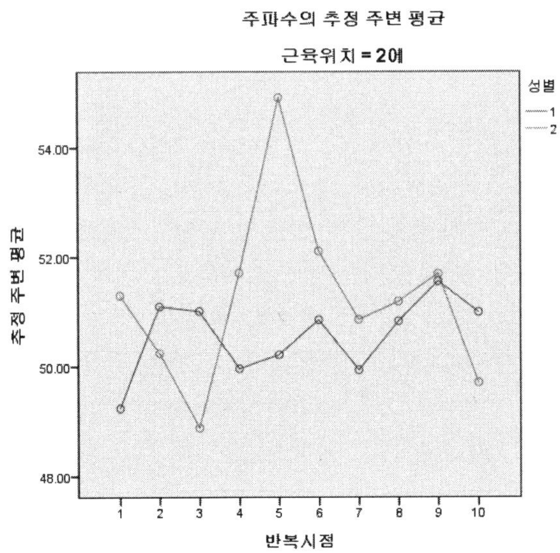

[그림 7.3 – 15] 근육위치별 반복시점과 성별의 교호작용 프로파일

✚ **전반적인 자료의 이해**

위의 예제와 같은 유형의 문제는 먼저 [그림 7.3－15]의 프로파일을 통해 전반적으로 자료를 이해하고 예상되는 결론을 생각해 보는 것이 좋다. 다음 단계로 좀 더 세밀한 검정을 한 후 비교 해석하여 종합적인 결론을 내리면 된다. 효과의 검정의 순서는 고차 교호작용효과를 먼저 검정하고, 다음으로 반복요인, 집단간 요인 등 주효과들을 검정하는 것이 해석적으로 용이하다.

① 각 근육위치에서 성별과 반복시점의 양상이 서로 달라 보인다. 즉, 성별과 근육위치와 반복시점 간의 3차 교호작용효과가 있어 보인다.

② 근육위치 1(위팔 두갈래근)의 경우 반복시점 2를 제외하고는 여성의 주파수가 높게 나타나고, 어느 정도 평행을 유지하고 있음을 볼 수 있어 교호작용이 없어 보이고, 근육위치 2(가쪽 넓은근)의 경우 시점 5를 제외하면 남녀 간의 차이가 적고 대체로 여성의 주파수가 높이 나타난다. 종합하면 성별과 반복시점 간의 교호작용효과는 없고, 성별의 차이는 있는 것으로 보인다.

③ 근육위치별로 성별 변화 양상을 보면 반복시점 3, 10의 경우를 제외하면 여성과 남성의 주파수의 대소가 바뀌지 않아서 성별과 근육위치시점 간의 교호작용은 없어 보인다. 또한, 근육위치 2의 여성의 주파수를 제외한 다른 경우는 반복시점 간 주파수가 비슷한 값으로 보여 전체적으로 반복시점 간 주파수의 차이는 없는 것으로 보인다.

④ 근육위치별로 반복시점 간 변화 양상은 [그림 7.3－15]의 남녀의 평균의 가상선을 생각하여 비교할 수 있다. 그러나 변화의 차이가 있는지를 판단하기 애매하므로 다음의 근육위치와 반복시점의 교호작용 검정을 통해 자세히 분석하는 편이 좋을 것이다.

✚ **통계적 해석**

▶ **구형성 검정** : 구형성 가정 결과인 p-값은 0.000으로 매우 적은 값이어서 구형성 가정이 성립되지 않음을 볼 수 있다. 따라서 다변량적으로 혹은 조정된 일변량적 방법으로 접근이 필요하다. 조정된 Greenhouse-Geisser에 의해 수정된 ϵ-값이 1에 가까울수록 검정력이 높아진다고 알려져 있는데 ϵ-값은 0.4보다 약간 큰 값으로 구해졌다. 아래의 해석은 다변량분석에 의해 구해진 p-값에 의해 검정한다. 참고로 (*)안에는 일변량분석 결과 중 Greenhouse-Geisser에 의해 조정된 p-값을 적어 비교할 수 있도록 하였다. 두 방법을 비교해 보면 교호작용효과 검정 결과에 상당한 차이가 있는 경우가 나타난다. 위에서 설명한 전반적인 해석 결과와 비교하면 다변량분석을 행할 때 거의 유사한 결과를 얻음을 확인할 수 있다.

▶ **반복요인들과 집단간 요인 성별의 3차 교호작용효과에 대한 유의성 검정** : p-값은 0.042(* 0.236)로 3차 교호작용효과가 있다. [그림 7.3－15]를 보면 알 수 있듯이 근육의 위치에 따라 남성과 여성의 주파수의 변동 패턴에는 상당한 차이가 있음을 알 수 있다. 따라서 원칙적으로는 근육의 각 위치별로 각각 분석하는 것이 바람직하다.

▶ **반복요인(근육위치, 반복시점)들과 집단간 요인(성별)의 교호작용효과에 대한 유의성 검정**
: 근육위치와 성별, 반복시점과 성별에 대한 p-값은 0.237(* 0.237), 0.375(* 0.212)으로 각각 구해져 교호작용효과가 없다고 결론지을 수 있다.

▶ **반복요인들간의 교호작용(근육위치×반복시점) 효과에 대한 유의성 검정**: p-값은 0.054(* 0.479)으로 구해져 교호작용효과가 어느 정도 유의적으로 보이나 $\alpha = 0.05$하에서 유의적인 효과를 인정할 수 없다.

▶ **집단간 요인(성별)의 효과에 대한 유의성 검정**: 개체간 분석 결과를 보면 p-값은 0.041, F =4.853으로 구해져서 초기주파수에 대한 남녀 간의 차이가 있다고 결론지을 수 있다. 참고적으로 남학생의 평균주파수는 49.8037(표준오차 0.413), 여학생의 평균주파수는 51.0901(표준오차 0.413)으로 구해졌다.

▶ **개체내 반복요인들의 효과에 대한 유의성 검정**: 앞에서 교호작용효과가 없다고 결론을 내렸으므로 반복요인효과를 검정할 수 있다. p-값은 0.197(* 0.438)로 구해져 반복시점 간의 유의적인 차가 전혀 인정되지 않는다. 따라서 추세검정은 의미가 없다. 또한, 근육위치에 대한 p-값은 0.070(* 0.070)으로 구해져 약간의 차이는 있으나 $\alpha = 0.05$하에서는 그 유의적인 차가 인정되지 않는다. 참고로 위팔 두갈래근에서의 평균주파수는 49.9777(표준오차 0.421), 가쪽넓은근에서의 평균주파수는 50.9161(표준오차 0.335)로 구해졌다.

다음은 SAS 사용절차이다. 결과는 SPSS와 동일함을 각자 확인하기 바란다.

집단간 요인이 있는 반복요인이 둘인 자료 SAS 사용절차

[SAS 프로그램 7.3-3] [예 7.3-3]의 분산분석

```
DATA ex7_3_3;
  INPUT gender tr1_ti1 tr1_ti2   · · ·  tr2_ti9 tr2_ti10 @@ ;
  CARDS ; 1 47.54 45.54  · · · 50.79 47.78   · · ·  ;
RUN ;
PROC GLM DATA = ex7_3_3 ;
    CLASS  gender ;
    MODEL tr1_ti1 -- tr2_ti10 = gender /NOUNI ;
    REPEATED trt 2(1 2), time 10(1 2 3 4 5 6 7 8 9 10)/
/* NOU = no univatiate 일변량 결과를 출력하지 않음 */
PRINTE NOU;
RUN;
```

➤ [SAS 결과물]

MANOVA Test Criteria and Exact F Statistics for the Hypothesis of no trt Effect H = Type III SSCP Matrix for trt E = Error SSCP Matrix S=1 M=-0.5 N=8					
Statistic	Value	F Value	Num DF	Den DF	Pr > F
Wilks' Lambda	0,82936937	3,70	1	18	0,0703
Pillai's Trace	0,17063063	3,70	1	18	0,0703
Hotelling-Lawley Trace	0,20573539	3,70	1	18	0,0703
Roy's Greatest Root	0,20573539	3,70	1	18	0,0703

MANOVA Test Criteria and Exact F Statistics for the Hypothesis of no trt*gender Effect H = Type III SSCP Matrix for trt*gender E = Error SSCP Matrix S=1 M=-0.5 N=8					
Statistic	Value	F Value	Num DF	Den DF	Pr > F
Wilks' Lambda	0,92314499	1,50	1	18	0,2367
Pillai's Trace	0,07685501	1,50	1	18	0,2367
Hotelling-Lawley Trace	0,08325345	1,50	1	18	0,2367
Roy's Greatest Root	0,08325345	1,50	1	18	0,2367

Sphericity Tests				
Variables	DF	Mauchly's Criterion	Chi-Square	Pr > ChiSq
Transformed Variates	44	0,0001855	127,13816	<0001
Orthogonal Components	44	0,0019416	92,392035	<0001

MANOVA Test Criteria and Exact F Statistics for the Hypothesis of no time Effect H = Type III SSCP Matrix for time E = Error SSCP Matrix S=1 M=3.5 N=4					
Statistic	Value	F Value	Num DF	Den DF	Pr > F
Wilks' Lambda	0,38808039	1,75	9	10	0,1974
Pillai's Trace	0,61191961	1,75	9	10	0,1974
Hotelling-Lawley Trace	1,57678572	1,75	9	10	0,1974
Roy's Greatest Root	1,57678572	1,75	9	10	0,1974

MANOVA Test Criteria and Exact F Statistics for the Hypothesis of no time*gender Effect H = Type III SSCP Matrix for time*gender E = Error SSCP Matrix S=1 M=3.5 N=4					
Statistic	Value	F Value	Num DF	Den DF	Pr > F
Wilks' Lambda	0.47531780	1.23	9	10	0.3753
Pillai's Trace	0.52468220	1.23	9	10	0.3753
Hotelling-Lawley Trace	1.10385558	1.23	9	10	0.3753
Roy's Greatest Root	1.10385558	1.23	9	10	0.3753

Sphericity Tests				
Variables	DF	Mauchly's Criterion	Chi-Square	Pr > ChiSq
Transformed Variates	44	0.0000974	136.67161	<.0001
Orthogonal Components	44	0.0007317	106.83138	<.0001

MANOVA Test Criteria and Exact F Statistics for the Hypothesis of no trt*time Effect H = Type III SSCP Matrix for trt*time E = Error SSCP Matrix S=1 M=3.5 N=4					
Statistic	Value	F Value	Num DF	Den DF	Pr > F
Wilks' Lambda	0.27426534	2.94	9	10	0.0541
Pillai's Trace	0.72573466	2.94	9	10	0.0541
Hotelling-Lawley Trace	2.64610423	2.94	9	10	0.0541
Roy's Greatest Root	2.64610423	2.94	9	10	0.0541

MANOVA Test Criteria and Exact F Statistics for the Hypothesis of no trt*time*gender Effect H = Type III SSCP Matrix for trt*time*gender E = Error SSCP Matrix S=1 M=3.5 N=4					
Statistic	Value	F Value	Num DF	Den DF	Pr > F
Wilks' Lambda	0.25697179	3.21	9	10	0.0416
Pillai's Trace	0.74302821	3.21	9	10	0.0416
Hotelling-Lawley Trace	2.89147773	3.21	9	10	0.0416
Roy's Greatest Root	2.89147773	3.21	9	10	0.0416

The GLM Procedure
Repeated Measures Analysis of Variance
Tests of Hypotheses for Between Subjects Effects

Source	DF	Type III SS	Mean Square	F Value	Pr > F
gender	1	165.5210903	165.5210903	4.85	0.0409
Error	18	613.9422025	34.1079001		

연습문제

01 [박성현(1992)의 책에서 인용]

공업소금을 생산하는 공장에서 각종의 산포를 추정할 목적으로 먼저 4일을 택하고, 매일 소금을 싣고 출하하는 트럭 중에 2대를 랜덤하게 선택하여 트럭 간의 염도의 산포를 알아보고, 마지막으로 트럭 내에서도 염도가 균일한가를 보기 위해 각 트럭에서 2삽씩의 소금을 랜덤하게 채취하였다. 그리고 각 삽의 소금에서 두 번씩 염도를 측정한 자료는 다음과 같다. 여기서 세 요인 모두는 확률요인이다. 적절한 모형을 세우고 분산분석을 하라.

일자		1		2		3		4	
트럭		1	2	1	2	1	2	1	2
삽	1	55.30	55.89	55.35	55.30	55.53	56.14	55.59	55.44
		55.33	55.82	55.39	55.38	55.55	56.12	55.53	55.45
	2	55.04	55.56	55.10	55.03	55.22	55.76	55.29	55.12
		55.05	55.54	55.06	54.94	55.20	55.84	55.34	55.15

02 [박성현(1992)의 책에서 인용]

다섯 회사에서 구입한 원료를 이용하여 가공방법에 대하여 실험하였다. 랜덤하게 선택된 원료구입 회사를 A_1, A_2, A_3, A_4, A_5라고 하고 가공방법을 B_1, B_2, B_3, B_4라고 하자. 가공공정의 편의상 우선 A_1 회사의 원료에 대하여 요인 B의 각 수준을 랜덤하게 실시하고 차례로 A_2, $\cdots$, A_5 회사에 대해 실험하였다. 이 실험전체를 2회 블록 반복하였다. 얻어진 자료는 생산성으로 다음과 같다. 분산분석을 하라.

반복 I

가공방법	회사				
	1	2	3	4	5
1	64	67	76	76	73
2	65	81	81	84	80
3	76	82	88	83	84
4	64	91	90	92	91

반복 II

가공방법	회사				
	1	2	3	4	5
1	73	67	68	76	64
2	76	82	67	80	69
3	81	80	76	81	75
4	78	95	89	85	85

03 다음의 표는 열 명의 대상자가 통증조절을 위하여 네 가지 치료를 받았다. 종속변수는 각 대상자가 인지한 통증정도에 대한 점수이다. 이 점수는 각 치료를 받은 후 한 번씩 총 네 번 측정되었다. 이를 보고 다음 물음에 답하라. 단 구형성 가정을 만족한다고 가정한다.

대상자	약물치료	웃음치료	접촉치료	기분전환
1	6	5	8	9
2	7	8	10	9
3	4	4	6	7
4	1	2	4	5
5	3	2	3	3
6	5	6	8	7
7	2	3	7	6
8	4	3	8	7
9	0	1	4	6
10	5	4	7	5

(3 - 1) 치료별로 차이가 있는지를 검정하라.

(3 - 2) 치료 방법 중 가장 중요한 방법은 약물치료로 알려져 있다. 약물치료 방법과 다른 치료 방법 간에 차이가 나는지를 적절한 대비를 선택하여 검정하라. (양적자료가 아님에 유의하라.)

04 다음 자료는 15마리의 실험용 쥐를 3집단으로 나누어 비타민 E를 집단2에는 소량을, 집단3에는 다량을 투여하여 1주 간격으로 몸무게(g)를 측정한 것이다. 단, 집단1은 통제집단으로 비타민 E를 투여하지 않았다.

개체	집단	주(시간)		
		투여 전	2주후	3주후
1	1	510	436	466
2	1	610	542	587
3	1	580	582	619
4	1	594	611	612
5	1	550	562	576
6	2	565	552	597
7	2	536	567	569
8	2	569	576	677
9	2	610	671	702
10	2	591	649	675
11	3	622	632	670
12	3	589	568	609
13	3	568	576	605
14	3	580	633	649
15	3	540	532	583

(4 - 1) 구형성 가정의 유의성을 검정하고 그 결과에 의해 반복측정 시점별로 차이가 있는지를 검정하라.

(4-2) 투여 시간이 길어질수록 어떤 추세가 나타나는가? 검정하고 프로파일을 그려 설명을 보충하라.

(4-3) 세 집단별로 몸무게 차이가 있는지 검정하라.

05 서로 다른 약의 효능과 시간의 경과에 따른 효능을 비교하고자 네 종류의 약품을 4개의 시점에서 측정한 자료는 다음과 같다. 여기서 시간은 반복요인이고, 약 종류는 집단간 요인이 된다. 반응변수는 혈중 히스타민 농도이다. 이 반복측정자료를 분석하기 위해 일변량분석을 실시하기로 하였다. 시간요인에 대한 추세 검정을 행하고 집단간 요인 검정을 행하라.

약 종류	개체	시간			
		1	2	3	4
A	1	0.04	0.20	0.10	0.08
	2	0.02	0.06	0.02	0.02
	3	0.07	1.40	0.48	0.24
	4	0.17	0.57	0.35	0.24
B	1	0.10	0.09	0.13	0.14
	2	0.12	0.11	0.10	0.11
	3	0.07	0.07	0.07	0.07
	4	0.05	0.07	0.06	0.07
C	1	0.03	0.62	0.31	0.22
	2	0.03	1.05	0.73	0.60
	3	0.07	0.83	1.07	0.80
	4	0.09	3.13	2.06	1.23
D	1	0.10	0.09	0.09	0.08
	2	0.08	0.09	0.09	0.10
	3	0.13	0.10	0.12	0.12
	4	0.06	0.05	0.05	0.05

06 무릎 부분에 통증을 느끼는 5명의 관절염 환자를 대상으로 새로운 진통제를 복용시킨 후 진통제의 효능을 관절부분의 운동범위를 나타내는 점수로 알아본다. 각 환자들은 첫 주에 1 mg 농도의 진통제를 복용한 후 2, 4, 6, 10시간마다 관절부분의 운동범위를 점수화하였고, 둘째 주에는 2 mg 농도를, 셋째 주에는 3 mg 농도의 진통제를 복용하고 같은 방식으로 여러 시간마다의 운동범위를 측정하여 약의 효능을 알아보았다. 실험 후 얻어진 결과는 다음과 같다.

	농도	1 mg	2 mg	3 mg
	시간	2 4 6 10	2 4 6 10	2 4 6 10
환자	1	23 31 33 19	33 41 48 43	47 50 48 53
	2	17 28 31 20	26 30 37 32	43 42 45 47
	3	27 37 40 27	38 44 49 33	58 56 60 61
	4	22 32 35 22	32 38 45 36	49 49 51 54
	5	25 30 34 23	33 39 43 35	51 53 57 55

농도와 시간의 변화에 따른 유의성을 검정하고 종합적으로 결론을 내려라.

07 당뇨병 환자의 치료에 좋은 두 약의 효과를 비교하기 위해 두 병원에서 환자를 택하여 총 8번의 실험을 하려고 한다. 다음의 두 실험을 비교해 보자. √는 실험이 행해진 표시이다.

실험계획 1

병원	환자	약1	약2
1	1	√	
	2	√	
	3		√
	4		√
2	1	√	
	2	√	
	3		√
	4		√

실험계획 2

병원	환자	약1	약2
1	1	√	√
	2	√	√
2	1	√	√
	2	√	√

두 모형에 대한 적절한 일변량 모형을 다음의 예와 같이 세워라.

(예 : $y_{ij} = \mu + A_i + B_j + \epsilon_{ij}$; A_i는 요인 A_i의 i-번째 효과, $i = 1, \cdots, 4$)

실험계획 1 : 실험계획 2 :

8장 반응표면분석

지금까지 실험자료의 분석은 주로 실험의 처리수준을 정하고 수준간 비교를 통해 유의적인 요인효과를 선별하는 과정을 통하여 이루어졌다. 얻어진 결과를 바탕으로 주어진 처리조합 중 최적의 조합을 찾게 된다. 하지만 때로는 요인들의 관심영역 전체에서 최적조건을 찾고 싶은 경우가 빈번히 발생한다. 이러한 분석을 위해 관심영역에서 반응변수를 예측하고 최적조건을 찾아가는 분석 방법을 반응표면분석(response surface methodology)이라고 한다. 즉 반응표면분석은 반응값과 여러 설명변수들 간의 관계를 탐구하는 통계학적 분석이라고 할 수 있다. 그 시작은 Box와 그의 동료들이 Imperial 화학회사에서 일하는 동안 화학적공정과 이와 관련된 변수들 간의 관계를 조사하는 과정에서 시작되었다(Box와 Wilson(1951) 참조). 이러한 반응표면방법의 개발이 필요했던 중요한 동기는 화학, 공학, 물리학과 같은 분야에서의 실험은 농학 분야에 비해 훨씬 빠르게 결과를 얻을 수 있다는 점과 양적 자료가 대부분이라는 점을 인식하기 시작하였던 것이다. 이러한 이유로 화학, 공학, 물리학과 같은 분야에서의 실험을 구성하기 위한 보다 효율적인 방법은 각 단계가 전 단계 실험에서 얻어진 결과를 바탕으로 하는 축차(sequential) 실험을 통해 탐색적(exploratory)으로 접근하는 방법이라는 결론에 이르게 되었다.

반응표면분석의 궁극적인 목적은 반응값에 영향을 주는 선별된 요인들의 최적수준(처리조합)을 실험을 통하여 찾는 일이다. 이를 위해서는 결국 관심영역에 속한 주어진 설명변수값의 반응값을 예측하는 모형, 즉 반응표면식(response surface model)을 추정해야 한다. 보통 이차모형을 가정하고 반응표면식을 추정하게 되는데, 과정을 간략히 서술하면 먼저 최적값이 존재할 것이라고 예상되는 좁은 영역을 택하여 실험을 실시한 후 일차모형에 적합시키고 최대경사법 등을 이용하여 최적조건 근처의 영역까지 실험을 진행한다. 최적조건 근처의 영역에서 이차모형을 가정하고 다시 적절한 실험계획을 택하여 반응표면식을 추정하고 이를 분석하여 최적의 처리조합을 찾는 일련의 과정을 반응표면분석이라고 할 수 있다. 1950년 초반에 반응표면분석이 소개된 이후로 많은 연구가 있어 왔는데 이 책에서는 가장 기본적인 개념과 기법을 설명할 것이다.

8.1 반응표면분석의 기초 개념

반응값 y가 k개의 설명변수 $x_1,\ x_2,\ \cdots,\ x_k$의 미지의 함수

$$y = f(x_1,\ x_2,\ \cdots,\ x_k) + \epsilon \tag{8.1-1}$$

로 표현될 때 x_i들의 값이 변함에 따라 $E(y)$의 값이 갖는 k차원 표면을 반응표면이라고 한다. 이러한 반응표면을 추론하는 분석을 반응표면분석이라고 한다. 반응표면분석의 중요한 목적 중의 하나는 반응값을 최적화(최대화 혹은 최소화)하는 설명변수들의 조건을 찾는 일이다. 예로서 어떤 화학반응(y)이 양적변수 온도(x_1)와 압력(x_2)에 의해 영향을 받는다고 하면 반응표면식은 다음과 같이 표현된다.

$$y = f(x_1,\ x_2) + \epsilon$$

반응값이 설명변수들 간의 선형함수로 표현될 것이라고 가정하면 다음의 일차모형(first-order model)이 선택된다.

$$y = \beta_0 + \beta_1 x_2 + \beta_2 x_2 + \ \cdots \ + \beta_k x_k + \epsilon \tag{8.1-2}$$

반면에 반응표면이 곡면(curvature)으로 표현될 것이라고 가정하면 다음의 이차모형이 이용된다.

$$y = \beta_0 + \sum_{i=1}^{k} \beta_i x_i + \sum_{i=1}^{k} \beta_{ii} x_i^2 + \sum_{i<j}^{k} \beta_{ij} x_i x_j + \epsilon \tag{8.1-3}$$

3차 이상의 모형은 거의 이용되지 않는다. 예로서 변수가 둘이면 일차모형과 이차모형은 각각 다음과 같이 표현된다.

$$E(y) = \beta_0 + \beta_1 x_1 + \beta_2 x_2 \tag{8.1-4}$$

$$E(y) = \beta_0 + \beta_1 x_1 + \beta_2 x_2 + \beta_{11} x_1^2 + \beta_{22} x_2^2 + \beta_{12} x_1 x_2 \tag{8.1-5}$$

반응표면식을 추정하기 위해서는 최소제곱법이 이용된다. 식 (8.1－4)와 (8.1－5)의 1, 2차 모형을 3차원 그래프로 그린 반응표면이 각각 [그림 8.1－1]과 같이 나타난다. 또한, 반응표면의 차수를 낮춰서 동일한 높이에 있는 점들을 연결하여 2차원 평면에 그린 그림을 반응등고선(contours of constant response)이라고 하는데 [그림 8.1－2]에 주어져 있다.

일차모형 이차모형

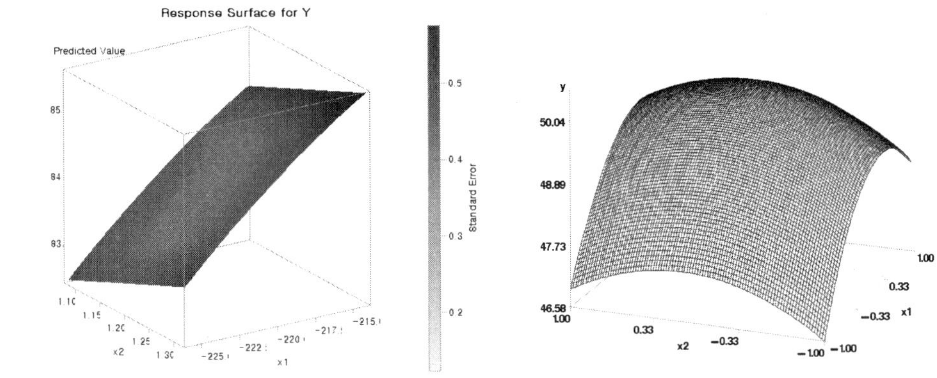

[그림 8.1 – 1] 반응표면

일차모형 이차모형

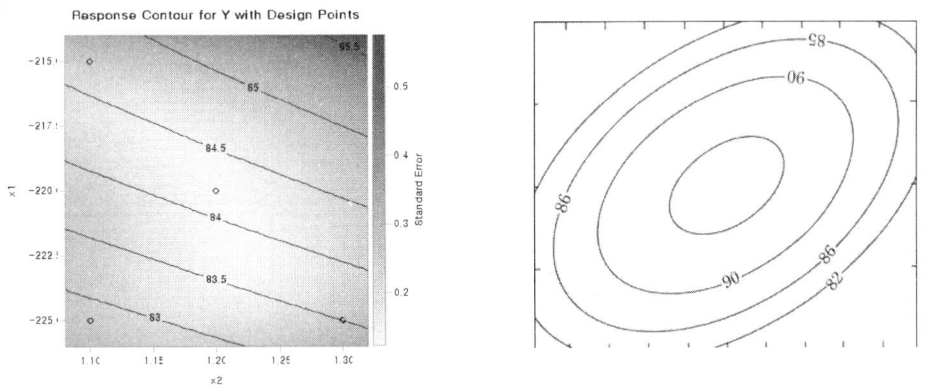

[그림 8.1 – 2] 반응등고선

최적의 처리조합을 찾기 위해서는 반응표면식을 효율적으로 추정해야 한다. 이를 위해 먼저 좁은 영역에서의 일차모형을 이용한다. 일차모형 근사방법은 설명변수의 전 범위에서는 부적절할 수 있으나 좁은 영역에서는 좋은 출발이 된다. 다음으로 앞에서도 언급되었듯이 축차적으로 실험을 반복하게 된다. 다시 말하면 좁은 영역에서 실험을 행한 후 이 결과를 보고 새로운 실험을 통해 다음으로 넘어가는 절차를 따른다. 이러한 축차적인 실험을 통하여 반응표면 위의 선택 영역에서 시작하여 먼저 일차모형에 적합시켜서 최적화를 이루는 최적 처리조합 근처의 영역을 찾고 다음으로 그 영역 위에서 이차모형에 적합시킨 후 그 결과를 이용하여 최종 최적치를 찾는 과정을 따르게 된다. 위의 내용들을 종합하면 최적치(최댓값이라고 하자)를 찾아가는 절차는 다음의 절차를 따르게 된다. 단 최적치가 하나만 있다고 가정하고 실험에 앞서 반응변수에 영향을 줄 것으로 생각되는 요인들을 선정한다.

[단계 1] : 좁은 흥미영역에서 효율적인 실험계획을 택하여 실험 후 일차모형에 적합시킨 후 최대경사(steepest ascent) 방향을 결정한다.

[단계 2] : 추가적으로 실험점을 택한 후 반응값이 증가를 멈출 때까지 그 방향으로 탐색을 진행한다.

[단계 3] : 최적이 존재하리라 예상되는 영역에서 이차모형에 적합한 실험점들을 선택하여 분석한 후 최적치를 구한다.

위의 과정을 따르는 데 있어 다음과 같은 의문점들이 발생한다.

1. 1, 2차모형의 적합을 효율적으로 행하기 위해 어떤 실험계획이 선택되어야 할까?
2. 최적치를 찾아 진행되는 방향은 어떻게 결정할 수 있는가?
3. 최적치를 어떻게 발견할 수 있는가?

이제 위에서 열거한 물음에 대한 대답을 하나씩 단계적으로 구해 보자.

8.2 반응표면계획법

적절한 실험계획에 의해 자료가 수집될 경우 위의 모형은 더욱 효율적으로 이용될 것이다. 이러한 반응표면계획법은 일차모형과 이차모형에 의해 분리해서 사용되는데 일차모형의 실험계획으로는 직교계획(orthogonal design) 중 2^k, 2^{k-p}-요인계획, 심플렉스(simplex) 계획 등이 있고, 2차모형의 실험계획으로는 3^k, 3^{k-p}-요인계획, 중심합성(central composite)계획, 회전(rotatable)계획 등이 이용된다.

8.2.1 일차모형 적합을 위한 실험계획법

식 (8.1－2)의 모형을 적합시킨다고 가정하자. 이 모형을 행렬로 표현하면 다음과 같다.

$$y = X\beta + \epsilon \tag{8.2-1}$$

여기서 총 실험횟수를 n이라고 하면

$$\beta = \begin{bmatrix} \beta_0 \\ \beta_1 \\ \vdots \\ \beta_k \end{bmatrix}, \quad X = \begin{bmatrix} 1 \ x_{11} \cdots x_{k1} \\ 1 \ x_{12} \cdots x_{k2} \\ \vdots \\ 1 \ x_{1n} \cdots x_{kn} \end{bmatrix}$$

이다. 여기서 모든 i에 대해서 회귀계수의 추정량 $\hat{\beta}_i$의 분산을 최소화할 수 있는 실험계획을 생각할 수 있다. $\hat{\beta}$의 공분산행렬은 $Cov(\hat{\beta})=(X^tX)^{-1}\sigma^2$이 성립하여 c_{ii}를 $(X^tX)^{-1}$의 대각원소라고 할 때 $var(\hat{\beta}_i)=\sigma^2 c_{ii}$임을 보일 수 있다. 이를 이용하면 (X^tX)의 비대각원소가 모두 0일 때(즉, 행렬 X의 서로 다른 열들의 내적이 모두 0이면) $\hat{\beta}_i$의 분산은 최소분산을 갖고 $\hat{\beta}_i$과 $\hat{\beta}_j$의 공분산은 0이 되는데 이러한 실험계획(즉, $X^tX=D$, D는 대각행렬)을 직교계획이라고 한다.

예로서 일차모형 $y=\beta_0+\beta_1x_1+\beta_2x_2+\beta_3x_3+\epsilon$을 적합하기 위해 8개의 실험점을 갖는 2^3-요인실험을 사용하면 계획행렬 X는 다음과 같고 2^3-요인실험은 직교계획이 됨을 알 수 있다.

$$X=\begin{bmatrix} 1 & -1 & -1 & -1 \\ 1 & 1 & -1 & -1 \\ 1 & -1 & 1 & -1 \\ 1 & 1 & 1 & -1 \\ 1 & -1 & -1 & 1 \\ 1 & 1 & -1 & 1 \\ 1 & -1 & 1 & 1 \\ 1 & 1 & 1 & 1 \end{bmatrix} \tag{8.2-2}$$

따라서, 2^k-요인계획이나 2^{k-p}-부분요인계획은 직교계획임을 쉽게 알 수 있다.

그러나 추가로 몇 개의 처리조합에서 반복실험이 없는 한 오차에 대한 추정은 불가능하다. 이러한 문제를 해결하기 위해 보통 직교계획에 덧붙여서 중심($x_i=0$, $i=1, \cdots, k$)에 몇 개의 실험점을 추가하여 실험한다. 이렇게 실험점을 추가해도 $\hat{\beta}_i$에는 영향을 주지 못하고 직교의 성질도 그대로 유지된다. 예를 하나 들어보자.

▶예 8.2-1 어떤 화학반응이 양적설명변수 반응시간(ξ_1)과 온도(ξ_2)에 따라 영향을 받는다고 하자. 이를 위해 반응 1시간, 2시간 후, 온도 150℃, 200℃에서 실험하려 한다. 그러나 실험오차의 분산을 추정하기 위해 중심에 하나의 실험점을 추가하기로 결정하였다. 두 양적요인의 주어진 수준은 다음과 같이 부호(code)화할 수 있다.

$$x_{11}=\frac{\xi_{11}-\bar{\xi}_1}{(2-1)/2}=\frac{1-1.5}{0.5}=-1,\ x_{12}=\frac{\xi_{12}-\bar{\xi}_1}{(2-1)/2}=\frac{2-1.5}{0.5}=1$$

$$x_{21}=\frac{\xi_{21}-\bar{\xi}_2}{(200-150)/2}=\frac{150-175}{25}=-1,\ x_{22}=\frac{\xi_{22}-\bar{\xi}_2}{(200-150)/2}=\frac{200-175}{25}=1$$

2^2-요인실험에 하나의 중심점을 추가한 5개의 실험(계획)점(design points)을 그래프에 그려 보면 [그림 8.2-1]과 같이 된다.

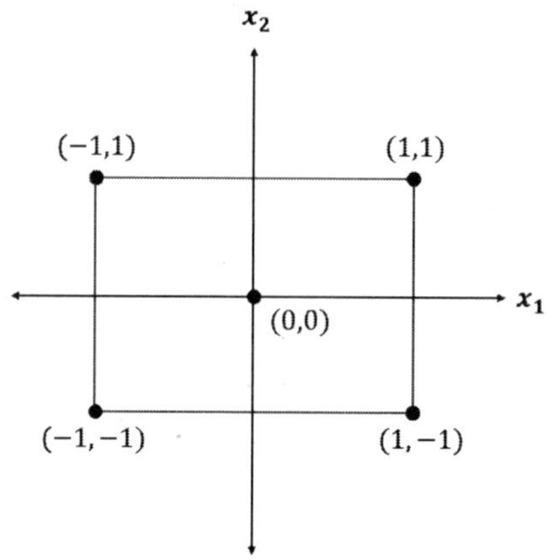

[그림 8.2-1] 하나의 중심점을 추가한 2^2-요인계획법

부호화변수를 사용하면 설명변수의 범위가 $-1 \le x_i \le 1$로 한정되어 반응표면식의 해석을 용이하게 하는 장점이 있다. 일반적으로 수준수가 $k > 3$인 경우 부호화를 위한 변환은 다음과 같다.

$$x_{ij} = \frac{\xi_{ij} - \bar{\xi}_i}{s_i}$$

여기서 s_i는 ξ_{ij}의 표준편차이다.

정리하면 일차모형의 회귀계수를 독립적으로 추정하기 위해 직교 일차모형을 위한 실험계획으로 2^k 혹은 2^{k-p}을 택하여 실험하되 실험오차를 추정하기 위해 중심점 몇 개를 추가한다. 모형은 부호화된 모형을 사용하며 필요 시 원래 변수값으로 변환하면 된다.

또 다른 선택할 수 있는 직교계획으로 심플렉스 계획(simplex design)이 많이 이용된다. 심플렉스계획은 $(k+1)$개 실험점, 즉 변수의 수보다 하나 많은 실험점을 갖는 계획이다. 기하학적 의미로 해석하면 k차원 좌표상에서 $(k+1)$개의 좌표를 갖는 정다면체(regular polyhedron)를 말한다. $k=2$이면 정삼각형이고, $k=3$이면 정사면체가 된다. 2, 3차원 공간에 대한 심플렉스 계획은 [그림 8.2-2]에 나타나 있다.

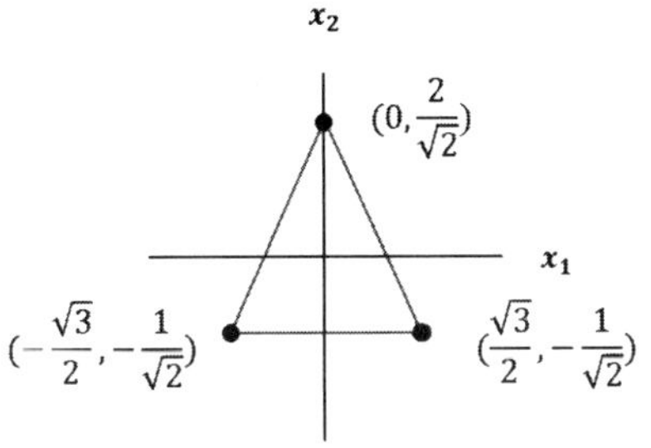

(a) $k=2$인 심플렉스 계획

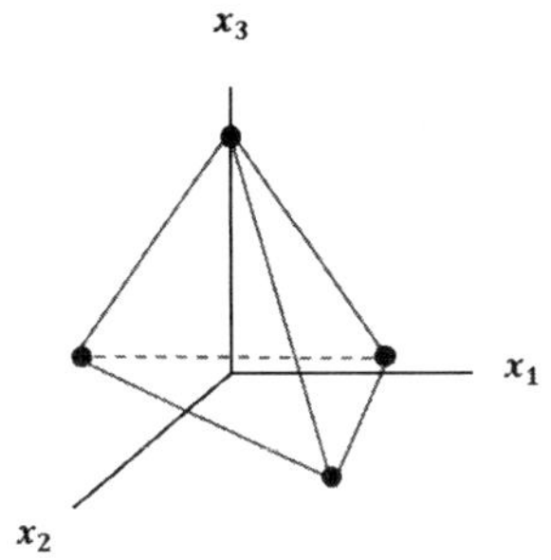

(b) $k=3$인 심플렉스 계획

[그림 8.2 – 2] (a) $k=2$, (b) $k=3$인 심플렉스계획

[그림 8.2−2 (a)] 심플렉스법의 계획행렬은

$$X=\begin{bmatrix} 1 & \sqrt{\frac{3}{2}} & -\frac{1}{\sqrt{2}} \\ 1 & -\sqrt{\frac{3}{2}} & -\frac{1}{\sqrt{2}} \\ 1 & 0 & \frac{2}{\sqrt{2}} \end{bmatrix} \qquad (8.2-3)$$

로 주어져서 $X^tX=3I_3$가 만족되어 직교계획이 됨을 볼 수 있다. 행렬 X의 첫 번째 행에서 1을 제외한 좌표가 한 실험점의 좌표를 나타낸다. 이와 같이 모든 심플렉스 계획은 직교계획이 된다. 요약하면 심플렉스 계획은 실험점을 $(k+1)$로 최소화하면서도 직교의 성질이 유지되는 장점을 지닌다. 여기서 실험점이 유일하지는 않다는 사실을 기억해야 한다. 예로서 $k=2$일 때 정삼각형을 뒤집으면(by changing the orientation) 쉽게 다른 심플렉스 계획을 만들 수 있다.

8.2.2 2차모형 적합을 위한 실험계획법

이차모형에 적합시키기 위해서는 반드시 요인의 수준이 3 이상이어야 한다. 만약 요인의 수준이 둘이면 이차효과를 추정할 수 없다. 우선적으로 수준을 부호화한 −1, 0, 1을 이용하여 사용한 3^k-요인계획이나 직교배열표에서 구할 수 있는 3^{k-p}-부분요인계획을 고려할 수 있다. 이러한 실험계획들은 앞에서 공부한 내용과 같아서 더 이상 언급하지 않겠다. 다만 이러한 계획의 선택에 있어 설명변수의 수가 커짐에 따라 실험횟수가 매우 빠르게 커져서 실용성이 떨어진다는 점을 유념해야 한다.

다른 대안으로 일차모형의 적합에 이용된 계획들을 이용하되 이차모형의 계수를 추정가능하도록 추가로 몇 개의 실험점을 더 택하는 계획을 생각할 수 있다. 대표적인 실험계획 중 하나가 중심합성계획(central composite design)이다. 중심합성계획은 2^k-요인실험점, $2k$개의 축점(axial points)과 중심점으로 구성된다. 예로서 중심점이 하나로 최소화된 $k=2$와 $k=3$인 경우에 대한 계획행렬은 다음과 같다. 단 첫 열은 모두 1이므로 생략하여 계획행렬 D로 나타내 보자.

$$D_{k=2} = \begin{bmatrix} -1 & -1 \\ -1 & 1 \\ 1 & -1 \\ 1 & 1 \\ 0 & 0 \\ -\alpha & 0 \\ \alpha & 0 \\ 0 & -\alpha \\ 0 & \alpha \end{bmatrix}, \quad D_{k=3} = \begin{bmatrix} -1 & -1 & -1 \\ -1 & -1 & 1 \\ -1 & 1 & -1 \\ -1 & 1 & 1 \\ 1 & -1 & -1 \\ 1 & -1 & 1 \\ 1 & 1 & -1 \\ 1 & 1 & 1 \\ 0 & 0 & 0 \\ -\alpha & 0 & 0 \\ \alpha & 0 & 0 \\ 0 & -\alpha & 0 \\ 0 & \alpha & 0 \\ 0 & 0 & -\alpha \\ 0 & 0 & \alpha \end{bmatrix} \qquad (8.2-4)$$

$k=2$인 경우에 대한 실험점은 $\alpha=\sqrt{2}$이면 중심점을 제외한 모든 점이 원을 따라 위치하게 되어 [그림 8.2-3]과 같고, $\alpha=1$이면 바로 3^2-요인실험이 된다. $k=3$인 경우도 유사하게 직육면체의 8개의 꼭지점들과 각 좌표축상의 점들로 그릴 수 있겠다.

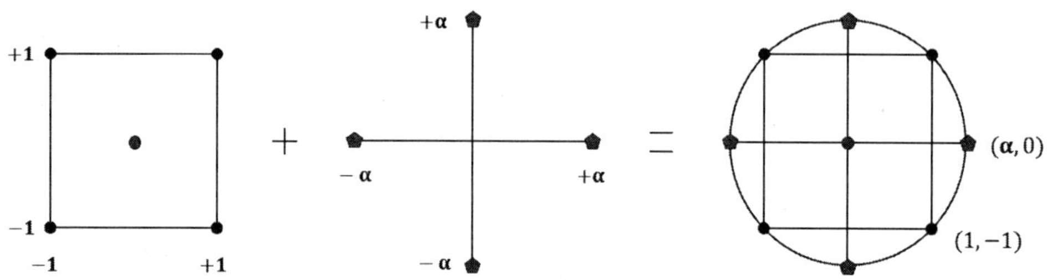

[그림 8.2-3] $k=2$인 중심합성계획

이러한 중심합성계획 중 2^k-요인실험을 사용하면 총 실험의 수가 2^k+2k+(중심점의 수)가 되는데 k가 커짐에 따라 3^k-요인실험에 비해 상당히 줄어들게 된다. 또한, 일차모형의 적합에서 사용되었던 실험점을 그대로 유지하고 새로운 실험점을 추가함으로서 축차적인 실험을 가능하게 하는 다른 장점을 지닌다. 또한 실험의 조건에 따라 자유로운 α의 선택에 따른 다양한 실험점의 선택이 가능하다. 특별히 직교의 성질이 유지되려면 α를 고정시켜야 하는데 다음의 표는 중심점이 하나일 때의 α의 값이 증명 없이 주어져 있다.

[표 8.2 – 1] 직교중심합성계획이 되는 α의 값

k	α
2	1.000
3	1.216
4	1.414
5	1.596
6	1.761
7	1.910
8	2.045

다음으로 많이 사용되는 계획으로 회전계획이 있다. 회전계획이란 $x_1, \cdots, x_k$에 의존하는 추정반응값 $\hat{y}$의 분산이 방향과는 상관없이 계획의 중심으로부터의 거리에만 영향을 받는 계획을 말한다. 이러한 성질은 중심점에 관하여 회전하여도 유지되어서 회전계획이라고 한다. 다시 말하면 회전계획에서는 중심으로부터 같은 거리에 있는 두 실험점에 대한 $\hat{y}$의 분산은 같다. 이러한 기준은 실험 전에 최적치에 관한 어떠한 정보도 없으므로 모든 방향이 동일하게 취급되어야 한다는 의미에서 중요한 계획의 선택 기준이 된다. 참고로 모든 일차모형 실험계획은 회전계획이다. 그러나 3^2-요인계획은 회전계획이 아니어서 이러한 기준에서 보면 좋은 선택이 되지 못한다.

$k=2$일 때의 가장 단순한 형태의 회전계획은 실험점을 원상에 배치하는 계획이다. 원상에 5개의 점이 있는 오각형(pentagon)계획, 6개의 점이 있는 육각형(hexagon)계획 등이 있고 [그림 8.2−4]와 같이 그려진다. 또한 중심합성계획이면서 동시에 회전계획도 되는 계획도 있다.

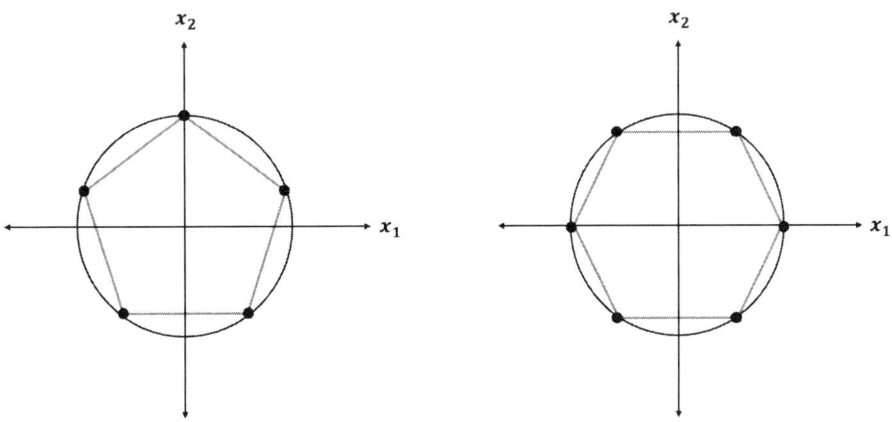

(a) 오각형계획 (b) 육각형계획

[그림 8.2 – 4] $k=2$인 회전계획

이 외에도 회전성을 확보하기 위해 사용되는 Box−Behnken 실험계획 등이 있는데 이 책에서는 다루지 않는다.

8.3 최대경사법

이번 절에서는 최적치를 찾아나가는 방법에 관해 설명한다. 실험이 처음 실시되는 좁은 영역에 최적치가 있기를 희망하지만 그렇지 않은 경우가 빈번히 발생한다. 이 경우 선택된 좁은 영역에서 일차모형에 적합시킨 후 축차적, 탐색적으로 빠르게 최적치를 찾아나가는 방법이 요구된다.

최대경사법(steepest ascent or descent method)이란 최대경사의 경로를 따라, 즉 반응값이 증가(또는 감소)하는 경로를 따라 축차적으로 진행하는 절차를 말한다. 적합된 일차모형을

$$\hat{y} = \hat{\beta}_0 + \sum_{i=1}^{k} \hat{\beta}_i x_i \tag{8.3−1}$$

로 쓰면 $\hat{y}$의 반응등고선은 [그림 8.1−2]에서 보듯 서로 평행이 된다. 회귀계수를 추정하기 위해서는 앞에서 설명한 일차모형의 실험계획을 택하면 된다. 최대경사의 방향은 $\hat{y}$이 가장 빠르게 증가하는 방향이다. 이 방향은 그림에서 반응등고선과 수직인 방향임을 볼 수 있다. 이렇듯 실험은 흥미영역의 중심에서 출발하여 등고선에 수직인 직선을 따라 최대경사 방향으로 진행된다.

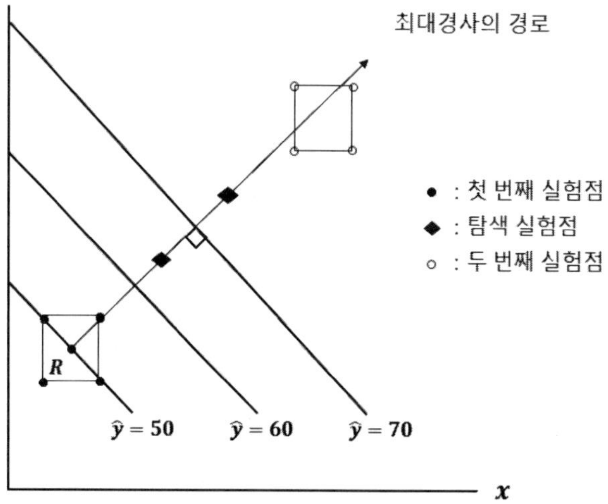

[그림 8.3−1] 일차모형 반응표면과 최대경사의 경로

위에서 이해된 경로를 정확하게 찾아보자. 처음 계획된 흥미영역 R의 중심에서 시작된다고 가정하자. 보통 흥미영역으로 많이 이용되는 것은

$$R_1 = [x\,;-1 \leq x_i \leq 1, i = 1,\, 2,\, \cdots,\, k] \tag{8.3-2}$$

$$R_2 = [x\,; x_1^2 + \ldots + x_k^2 \leq 1] \tag{8.3-3}$$

인데 $k=2$이면 R_1은 직사각형을, R_2는 원의 내부를 나타낸다. 이제 흥미영역의 중심 $(0,\, 0,\, \cdots,\, 0)$으로부터 거리 d만큼 떨어져 있는 실험점 중에서, 다시 표현하면 $\sum_{i=1}^{k} x_i^2 = d^2$의 제약조건하에서 $\hat{y}$을 최대로 하는 x_i를 구해 보자. 이렇게 구한 x_i에 의해 택해진 경로가 바로 최대경사 경로가 된다. 위의 제약조건하에서 원점으로부터 $\hat{y}$의 값이 최대로 변하는 방향을 구하기 위해 다음의 라그랑즈 승수(Lagrange multiplier)를 설정하자.

$$Q(x_1, x_2, \cdots, x_k) = \hat{\beta}_0 + \sum_{i=1}^{k} \hat{\beta}_i x_i - \lambda\left(\sum_{i=1}^{k} x_i^2 - d^2\right) \tag{8.3-4}$$

$$\frac{\partial\, Q}{\partial\, x_j} = \hat{\beta}_j - 2\lambda x_j = 0 \tag{8.3-5}$$

위의 식으로부터 만약에 $\lambda > 0$이면 $\dfrac{\partial\, Q}{\partial\, x_j^2} = -2\lambda < 0$ 이 되어 식 (8.3−4)로부터

$$x_j = \frac{\hat{\beta}_j}{2\lambda} \tag{8.3-6}$$

일 때 최댓값을 갖고 $\dfrac{1}{2\lambda}(\widehat{\beta_1}, \cdots, \hat{\beta}_k)$는 최대경사의 경로가 된다. 최대경사 직선상의 점이 회귀계수에 비례함을 볼 수 있다. 진행은 λ를 적절하게 선택함에 따라 쉽게 이루어질 수 있다. 보통 λ는 과거의 경험이나 다른 손쉬운 실용성에 따라 정한다. 탐색 실험반응치가 증가를 멈출 때까지 진행을 계속한다. 증가를 멈추면 지금까지 최적을 이룬 영역에서 다른 실험계획을 택하여 위의 절차를 되풀이한다. 다음의 예는 Myers(1971)에서 발췌하였다.

▶예 8.3−1 한 반응값을 최대화하는 x_1, x_2, x_3, x_4의 조건을 찾기 위해 반응표면분석을 하려고 한다. 이를 위해 처음 택한 실험계획은 정의관계식 $I = ABCD$에 의한 2^{4-1}−부분실험으로 하였다. 이에 따라 얻어진 반응값은 [표 8.3−1]과 같다.

[표 8.3－1] 일차모형 적합을 위한 자료

실제변수				기호화된 변수				반응값
ξ_1	ξ_2	ξ_3	ξ_4	x_1	x_2	x_3	x_4	y
10	1	25	75	−1	−1	−1	−1	62.0
10	1	35	85	−1	−1	1	1	57.0
10	2	25	85	−1	1	−1	1	62.2
10	2	35	75	−1	1	1	−1	64.7
15	1	25	85	1	−1	−1	1	61.8
15	1	35	75	1	−1	1	−1	64.5
15	2	25	75	1	1	−1	−1	69.0
15	2	35	85	1	1	1	1	66.3

회귀계수는 식 (2.1−9) $\hat{\beta} = (X^t X)^{-1} X^t \boldsymbol{y}$에 의해 구하면

$$\hat{\beta}_0 = 63.44,\ \hat{\beta}_1 = 1.9625,\ \hat{\beta}_2 = 2.1125,\ \hat{\beta}_3 = -0.3125,\ \hat{\beta}_4 = -1.6125$$

가 된다. 계산은 다음의 SAS REG 명령어를 이용하면 쉽게 구할 수 있다.

SAS 사용절차 : 일차모형의 회귀계수의 추정

[SAS 프로그램 8.3－1] [예 8.3－1]의 일차모형의 회귀계수의 추정

```
DATA ex8_3_1 ;
        INPUT x1 x2 x3 x4 y @@ ;
        CARDS ;
         -1  -1  -1  -1  62.0
         -1  -1   1   1  57.0
         -1   1  -1   1  62.2
         -1   1   1  -1  64.7
          1  -1  -1   1  61.8
          1  -1   1  -1  64.5
          1   1  -1  -1  69.0
          1   1   1   1  66.3
        ;
        RUN ;
/* PROC REG 이용 */
        PROC REG DATA=ex8_3_1 ;
         MODEL  y = x1 x2 x3 x4 ;
        RUN ;
```

위의 결과를 보면 x_1 방향으로 1.9625 진행에 따라 x_2 방향으로 2.1125 진행한다. 다른 변수에 대해서도 유사하게 해석할 수 있다. 이제 실험을 쉽게 하기 위해 ξ_1에 $\Delta_\xi = 1$의 증분을 주자. x_1에 $\Delta_{x_1} = 0.4$의 증분을 준 것과 동일하다. 따라서 경로에 의한 첫 좌표축의 값은 부호화된 값으로 볼 때 $+0.4$가 된다. 이 경우 식 (8.3－6)에 의해

$$\lambda = \frac{1.9625}{2(0.4)} = 2.453$$

이 된다. $\lambda = 2.453$을 식 (8.3－6)에 대입하면 x_2, x_3, x_4의 증분을 구할 수 있다. 이 값들을 다시 ξ_2로 환원시킬 수 있다. 예로서 $\xi_1 = 2.5x_1 + 12.5$가 된다. 또한, ξ_2의 증분은 $\Delta_{x_2} \times \frac{2-1}{2} = \frac{\widehat{\beta_2}}{2\lambda}(0.5) = 0.215$로 구해진다. 이 값들을 정리하면 다음의 [표 8.3－2]와 같다.

또한 반응값이 줄어들 때까지 원래의 영역에서 벗어난 네 실험점에서 추가적으로 탐색 실험을 하여 얻어진 반응값이 주어져 있다. 첫 실험의 반응값 평균 63.44에서 81.0까지 증가한 후 78.7로 감소하였다. 따라서 영역을 $\xi_1 = 20.5$, $\xi_2 = 3$, $\xi_3 = 27$, $\xi_4 = 67$에서 최대반응값을 얻었다. 이제 이 근처에 최댓값이 존재하리라 예상되므로 2차 실험구역을 설정하여 이차모형의 적합을 통한 최적치를 구하기 위해 [단계 3]을 진행한다.

[표 8.3－2] 최대경사 경로에 따른 좌표값

실험 단계	ξ_1	ξ_2	ξ_3	ξ_4	x_1	x_2	x_3	x_4	y
시작점	12.5	1.5	30	80	0	0	0	0	63.44
Δ	1.0	0.215	−0.319	−1.643	0.4	0.43	−0.0638	−0.3286	
시작점+ Δ	13.5	1.715	29.681	78.357	0.4	0.43	−0.0638	−0.3286	
시작점+2Δ	14.5	1.930	29.362	76.714	0.8	0.86	−0.1276	−0.6572	
시작점+3Δ	15.5	2.145	29.043	75.071	1.2	1.29	−0.1914	−0.9858	
시작점+4Δ	16.5	2.360	28.724	73.428	1.6	1.72	−0.2552	−1.3144	74.0
시작점+5Δ	17.5	2.575	28.405	71.785	2.0	2.15	−0.3190	−1.6430	
시작점+6Δ	18.5	2.790	28.086	70.142	2.4	2.58	−0.3828	−1.9716	77.0
시작점+7Δ	19.5	3.005	27.767	68.499	2.8	3.01	−0.4466	−2.3002	
시작점+8Δ	20.5	3.220	27.448	66.856	3.2	3.44	−0.5104	−2.6288	81.0
시작점+9Δ	21.5	3.435	27.129	65.213	3.6	3.87	−0.5742	−2.9574	78.7

8.4 정준분석

앞에서 언급하였듯이 최적치에 근접하면 이차모형에 적합시켜 최적치를 찾아 나서게 된다. 이러한 반응표면의 적합을 위하여 8.2절에서 소개한 실험계획을 이용하여 최소제곱추정량을 구할 수 있다. 그렇다면 어떻게 최적반응조건을 찾을 수 있는가를 생각해 보자.

문제를 이해하기 위해 설명변수가 하나인 이차모형을 먼저 살펴보면 적합된 반응표면식은

$$\hat{y}=\hat{\beta}_0+\hat{\beta}_1x+\hat{\beta}_{11}x^2 \tag{8.4-1}$$

로 쓸 수 있고 $\hat{y}$를 x에 관해 미분해서 0으로 놓고 풀면 다음과 같다.

$$\frac{\partial\,\hat{y}}{\partial\,x}=\hat{\beta}_1+2\hat{\beta}_{11}x=0 \tag{8.4-2}$$

위 식을 만족하는 실험점을 x_0라고 하면

$$x_0=-\frac{\hat{\beta}_1}{2\hat{\beta}_{11}} \tag{8.4-3}$$

에서 최적을 이루는 데 이 점을 **정상점**(stationary point)이라고 한다.

이를 k개의 설명변수로 확대하면 행렬을 이용하여 나타낼 수 있는데 식 (8.4−1) ~ (8.4−3)은 다음과 같이 일반화된다.

$$\hat{y}=\hat{\beta}_0+\boldsymbol{x}^t\hat{\boldsymbol{\beta}}+\boldsymbol{x}^tB\boldsymbol{x} \tag{8.4-4}$$

$$\frac{\partial\,\hat{y}}{\partial\,\boldsymbol{x}}=\hat{\boldsymbol{\beta}}+2B\boldsymbol{x}=0$$

$$\boldsymbol{x}_0=-\frac{1}{2}B^{-1}\hat{\boldsymbol{\beta}} \tag{8.4-5}$$

여기서 $\boldsymbol{x}=\begin{bmatrix}x_1\\x_2\\\vdots\\x_k\end{bmatrix},\quad \hat{\boldsymbol{\beta}}=\begin{bmatrix}\hat{\beta}_1\\\hat{\beta}_2\\\vdots\\\hat{\beta}_k\end{bmatrix},\quad B=\begin{bmatrix}\hat{\beta}_{11} & \hat{\beta}_{12}/2 & \hat{\beta}_{13}/2\cdots & \hat{\beta}_{1k}/2\\ & \hat{\beta}_{22} & \hat{\beta}_{23}/2\cdots & \hat{\beta}_{2k}/2\\ & & \cdots & \\ & (\text{대칭}) & \ddots & \\ & & & \hat{\beta}_{kk}\end{bmatrix}$

이다. 정상점 $\boldsymbol{x}_0$에서의 예측반응값 $\hat{y}_0$은 식 (8.4−5)를 식 (8.4−4)에 대입하면

$$\hat{y}_0=\hat{\beta}_0+\boldsymbol{x}_0^t\hat{\boldsymbol{\beta}}+\boldsymbol{x}_0^tB\boldsymbol{x}_0=\hat{\beta}_0+\frac{1}{2}\boldsymbol{x}_0^t\hat{\boldsymbol{\beta}} \tag{8.4-6}$$

로 줄어듦을 쉽게 알 수 있다. 정상점 $\boldsymbol{x}_0$는

(1) $\hat{y}$을 최대로 하는 점

(2) $\hat{y}$을 최소로 하는 점

(3) $\hat{y}$이 최대도 최소도 아닌 안장점(saddle point)

중 하나가 된다. 만약 정상점이 최대점이면 $\boldsymbol{x}_0$에서 멀어질수록 $\hat{y}$의 값이 작아지고 반면에 최소점이면 커지게 된다. 반면에 안장점은 말의 안장 모습을 닮아서 나온 용어로 $\boldsymbol{x}_0$에서 최대점과 최소점이 동시에 존재한다는 뜻으로 방향에 따라 멀어질수록 작아지기도 하고 커지기도 한다.

정상점 $\boldsymbol{x}_0$이 최대점, 최소점, 안장점 중 어디에 속하는지 알아내는 절차를 **정준분석**(canonical analysis)이라고 한다. 먼저 중심을 정상점 $\boldsymbol{x}_0$으로 이동시킨 후 기존의 좌표축을 적합된 반응표면의 주축(principal axes)과 평행을 이룰 때까지 회전시켜 보자. 예로서 변수가 둘일 때 [그림 8.4−1]과 같이 나타난다. 그림을 보면 중심이 정상점 $\boldsymbol{x}_0$로 이동하였고 새로운 변수 w_1과 w_2에 대응하는 좌표축이 만들어졌음을 볼 수 있다. 새로운 변수들의 관점에서

$$\hat{y} = \widehat{y_0} + \lambda_1 w_1^2 + \lambda_2 w_2^2 + \cdots + \lambda_k w_k^2 \qquad (8.4-7)$$

로 다시 쓸 수 있는데 여기서 $\{w_i\}$는 변환된 새로운 변수를 나타내며, $\{\lambda_i\}$는 상수이다. 식 (8.4−7)의 형태를 정준형(canonical form)이라고 한다. 정준형은 원래의 이차모형과는 다르게 서로 교호작용을 나타내는 이차항들이 포함되어 있지 않고 변환된 변수들의 제곱합으로만 표현되어 해석과 분석이 매우 용이하다.

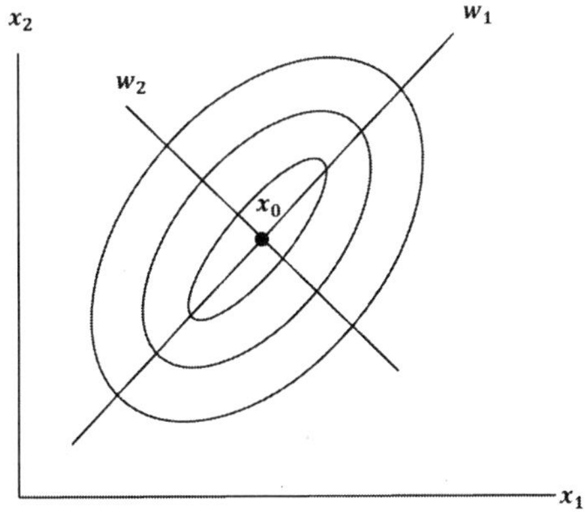

[그림 8.4−1] 이차모형의 정준형

이제 λ의 의미를 좀 더 살펴보기 위해 정준형이 나오는 과정을 유도해 보자. 먼저 중심 $(0,\cdots,0)$을 $\boldsymbol{x}_0$으로 이동하기 위해 선형좌표변환 $\boldsymbol{z} = \boldsymbol{x} - \boldsymbol{x}_0$하면 식 (8.4−4)는 다음과 같이 다시 표현할 수 있다.

$$\begin{aligned}\hat{y} &= \hat{\beta}_0 + (\boldsymbol{z}^t + \boldsymbol{x}_0{}^t)\hat{\beta} + (\boldsymbol{z}^t + \boldsymbol{x}_0{}^t)B(\boldsymbol{z} + \boldsymbol{x}_0) \\ &= \{\widehat{\beta_0} + \boldsymbol{x}_0^t\hat{\beta} + \boldsymbol{x}_0^t B\boldsymbol{x}_0\} + \boldsymbol{z}^t(\hat{\beta} + 2B\boldsymbol{x}_0) + \boldsymbol{z}^t B\boldsymbol{z} \\ &= \hat{y}_0 + \boldsymbol{z}^t[\hat{\beta} - 2B(B^{-1}\hat{\beta}/2)] + \boldsymbol{z}^t B\boldsymbol{z} \\ &= \hat{y}_0 + \boldsymbol{z}^t B\boldsymbol{z} \end{aligned} \tag{8.4−8}$$

여기서 모형 (8.4−8)이 정준형으로 줄어들기 위해서는 이차형식(quadratic form) $\boldsymbol{z}^t B\boldsymbol{z}$이 변수 w_1, $\cdots$, w_k의 제곱항만을 포함해야 한다. B는 대칭행렬이므로 B를 대각화하는 직교행렬 P $(P^tP = I_k)$가 존재해서 직교변환(orthogonal transformation)

$$\boldsymbol{z} = P\boldsymbol{w} \tag{8.4−9}$$

을 행하면 [보조정리 4.3−1]의 스팩트럴 분해로부터 다음과 같이 표현 된다.

$$\boldsymbol{z}^t B\boldsymbol{z} = \boldsymbol{w}^t P^t BP\boldsymbol{w} = \lambda_1 w_1^2 + \lambda_2 w_2^2 + \cdots + \lambda_k w_k^2 \tag{8.4−10}$$

여기서 $\lambda_1,\lambda_2,\cdots,\lambda_k$는 행렬 B의 고유값(eigen value)이 된다. 정준형을 보면 각각의 새로운 변수 w_i의 반응값에 대한 영향력은 각 고유값의 크기(절댓값)에 비례함을 볼 수 있다. 이렇게 정준형을 통하여 반응표면을 분석하는 통계 방법을 정준분석(canonical analysis)이라고 하며 구한 행렬 B의 고유값 $\lambda_1,\lambda_2,\cdots,\lambda_k$를 사용하여 정상점의 성격을 규명하게 된다. 고유값 λ_i값에 따라 2차형 반응표면을 다음과 같이 구분할 수 있다.

(i) 고유값 λ_i가 같은 부호를 갖는 경우 :

λ_i가 같은 부호를 가지면 등고선은 타원형태(elliptic system)로 그려진다. λ_i가 모두 양수이면 (즉, 행렬 B가 양정치(positive definite) 행렬이면) $\hat{y}$는 정상점에서 최소값을 갖고, λ_i가 모두 음수이면 정상점에서 최대값을 가진다. $|\lambda_i|$의 크기가 클수록 변환변수 w_1축으로 $\hat{y}$의 값이 증가(감소)폭이 크고 곡면의 경사가 급하다. [그림 8.4−2]는 설명변수가 둘로서 λ_1과 λ_2는 모두 음수이고 $|\lambda_1|$이 $|\lambda_2|$ 보다 큰 경우의 반응표면과 등고선을 나타낸다. 특히 등고선을 보면 정상점 $\boldsymbol{x}_0$에 가까워질수록 $\hat{y}$이 증가하여 정상점에서 최대가 됨을 알 수 있다.

(ii) 고유값 λ_i가 다른 부호를 갖는 경우:

λ_i의 부호가 섞여있으면 등고선은 쌍곡선형태(hyperbolic system)로 그려지며 정상점은 안장점이 된다. [그림 8.4－3]은 설명변수가 둘로서 $\lambda_1 > 0$, $\lambda_2 < 0$이며 $\boldsymbol{x}_0$에 가까이 갈수록 w_1축으로 $\hat{y}$의 값이 감소하고, w_2축으로 증가하는 등고선을 나타내며 정상점이 안장점이 된다.

(iii) 한 고유값이 다른 고유값에 비해 매우 작은 경우($\lambda_i \approx 0$인 경우):

위의 경우와는 다르게 특별히 하나 이상의 $\lambda_i \approx 0$인 경우는 다른 형태의 등고선이 그려진다. 예로서 설명변수가 둘이고 $\lambda_1 < 0$, $\lambda_2 < 0$인 경우를 고려해 보자. 이 경우 λ_1이 0으로 접근하면 타원 형태의 등고선은 w_2축을 따라 점점 빠르게 길게 늘어진다. 극단적으로 $\lambda_1 = 0$, $\lambda_2 < 0$이라고 하면 정준식 (8.4－11)은 $\hat{y} = \hat{y}_0 + \lambda_2 w_2^2$로 줄어든다. $\lambda_i \approx 0$인 경우의 반응표면 체계를 능형체계(ridge system)라고 하는데 정상(stationary)능형체계와 상승(rising)능형체계로 나눌 수 있다. 정상점이 관심영역 안에 있는지의 여부에 따라 나누어 생각할 수 있는데 관심영역에 정상점이 들어가 있는 경우 [그림 8.4－4]와 같이 그려지는 데 이러한 종류의 반응표면은 정상능형체계라고 한다. 정상점이 한 점이 아니고 선을 따라 무수히 존재함을 볼 수 있다. 반면에 [그림 8.4－5]는 상승능형체계로 정상점이 관심영역에서 벗어나 있어 w_2축 방향으로 계속 진행하는 체계이다. 상승능형체계의 최적점의 탐색은 일상적인 방법으로는 어렵고 범위를 좁혀 추가적인 실험을 행하여 찾아가는 탐색적 방법을 택하게 된다.

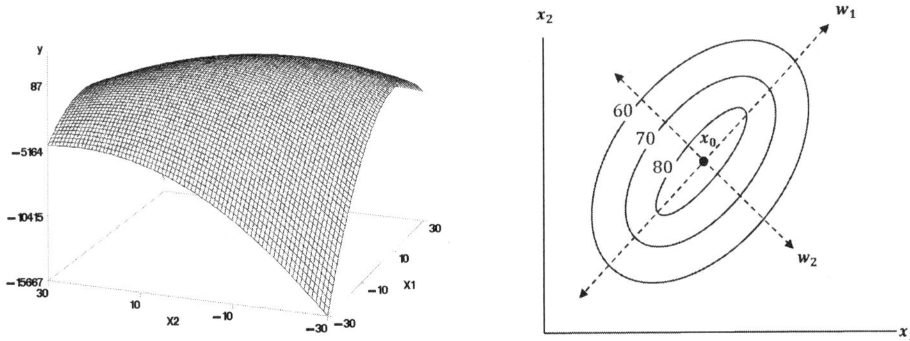

[그림 8.4－2] 최댓값의 경우

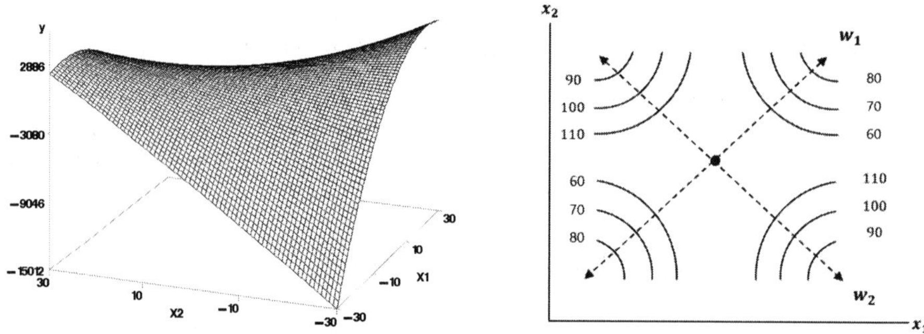

[그림 8.4 – 3] 안장점의 경우

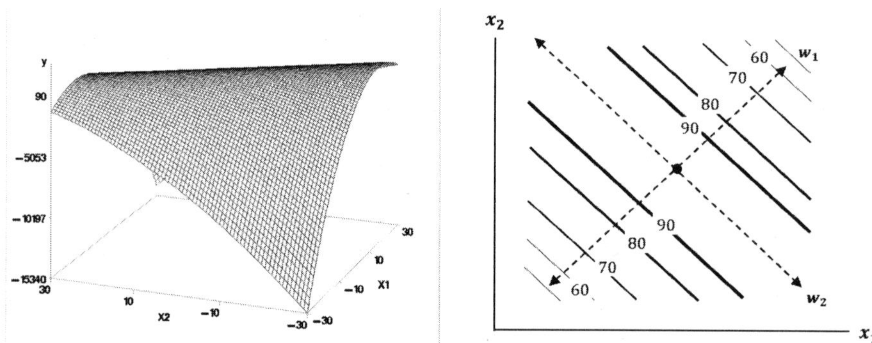

[그림 8.4 – 4] 정상능형조직

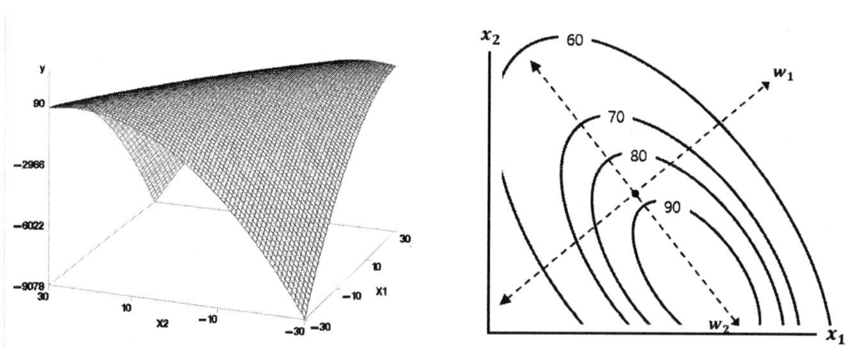

[그림 8.4 – 5] 상승능형조직

다음 자료는 λ_i가 모두 음수로 구해지고 최댓값을 갖는 예이다.

▶예 8.4－1 [예 8.2－1]의 상황을 분석하려고 한다. 이차모형의 적합을 위하여 중심에 다섯점을 추가한 $\alpha = \sqrt{2}$ 인 중심합성계획에 의해 실험한 결과 얻어진 반응값은 [표 8.4－1]과 같다.

[표 8.4 – 1] 이차모형 적합을 위한 자료

실제 변수		부호화된 변수		반응값
ξ_1	ξ_2	x_1	x_2	y
1	150	−1	−1	46.6
1	200	−1	1	47.2
2	150	1	−1	48.3
2	200	1	1	49.2
1.5	175	0	0	49.7
1.5	175	0	0	50.4
1.5	175	0	0	50.1
1.5	175	0	0	49.5
1.5	175	0	0	49.6
2.2071	175	1.4142	0	48.2
−2.2071	175	−1.4142	0	45.5
1.5	210.36	0	1.4142	48.4
1.5	−210.36	0	−1.4142	48.1

위의 자료를 부호화된 변수에 의해 이차모형에 적합시키면 다음과 같다.

$$\begin{aligned}\hat{y} &= 49.8600 + 0.9398x_1 + 0.2405x_2 - 1.4363x_1^2 - 0.7363x_2^2 + 0.075x_1x_2 \\ &= 49.8600 + \begin{bmatrix} x_1 & x_2 \end{bmatrix}\begin{bmatrix} 0.9398 \\ 0.2405 \end{bmatrix} + \begin{bmatrix} x_1 & x_2 \end{bmatrix}\begin{bmatrix} -1.4363 & 0.0375 \\ 0.0375 & -0.7363 \end{bmatrix}\begin{bmatrix} x_1 \\ x_2 \end{bmatrix} \\ &= \hat{\beta}_0 + \boldsymbol{x}_0^t\hat{\beta} + \boldsymbol{x}_0^t B\boldsymbol{x}_0\end{aligned}$$

이 경우 정상점은

$$\begin{aligned}\boldsymbol{x}_0 &= -\frac{1}{2}B^{-1}\hat{\beta} \\ &= -\frac{1}{2}\begin{bmatrix} -1.4363 & 0.0375 \\ 0.0375 & -0.7363 \end{bmatrix}^{-1}\begin{bmatrix} 0.9398 \\ 0.2405 \end{bmatrix} \\ &= \begin{bmatrix} 0.3319 \\ 0.1802 \end{bmatrix}\end{aligned}$$

로 구해지는데, 행렬 B의 고유값은 $\lambda_1 = -0.7343$, $\lambda_2 = -1.4383$로 구해져서 정상점은 바로 최대점이 된다. 식 (8.4−6)을 이용하면 정상점에서의 예측 최대반응값 $\hat{y}_0 = 50.0376$이 된다. 또한 정준형은

$$\hat{y} = 50.0376 - 0.7343w_1^2 - 1.4383w_2^2$$

로 표시된다. 정상점 $\boldsymbol{x}_0$에 대한 실제 변수값은

$$x_1 = 0.3319 = \frac{\text{시간}(\xi_1) - 1.5}{0.5}$$

$$x_2 = 0.1802 = \frac{\text{온도}(\xi_2) - 175}{25}$$

로부터 $\xi_1 = 1.6660$, $\xi_2 = 179.505$으로 구해진다. 위의 결과를 얻을 수 있는 SAS 프로그램은 아래와 같다.

정준분석 SAS 사용절차

➤ PROC RSREG 절차

```
PROC RSREG DATA=data-set;                    ← ①
MODEL dependent =factors / options;          ← ②
    RIDGE MIN RADIUS                         ← ③
RUN;
```

① 반응표면분석에 사용할 데이터셋 명(data-set)을 지정해준다.

② MODEL 명령어로 반응표면분석을 수행할 2차모형을 설정을 위한 설명변수를 입력한다. Options 명령어 중 NOCODE는 부호화 자료를 사용함을 의미한다. 또한, LACKFIT는 적합결여검정으로 아래에 설명하기로 한다.

③ RIDGE 명령어는 정준분석결과 중 능형체계의 결과를 보여 준다.

[SAS 프로그램 8.4−1] [예 8.4−1]의 정준분석; 정상점

```
DATA ex8_4_1 ;
        INPUT x1 x2 y ;
        CARDS ;
            -1        -1      46.6
            -1         1      47.2
             1        -1      48.3
```

```
         1        1     49.2
         0        0     49.7
         0        0     50.4
         0        0     50.1
         0        0     49.5
         0        0     49.6
    1.4142        0     48.2
   -1.4142        0     45.5
         0   1.4142     48.4
         0  -1.4142     48.1
         ;
         RUN ;
         PROC RSREG DATA = ex8_4_1 ;
              MODEL y = x1 x2 / NOCODE LACKFIT ;
              RIDGE MAX RADIUS = 0 TO 1.0 BY 0.1 ;
         RUN ;
```

➤ [SAS 결과물] 반응표면분석

The RSREG Procedure

Response Mean	48.523077
Root MSE	0.352480
R−Square	0.9651
Coefficient of Variation	0.7264

Regression	DF	Type I Sum of Squares	R−Square	F Value	Pr > F
Linear	2	7.528599	0.3023	30.30	0.0004
Quadratic	2	16.482281	0.6619	66.33	<.0001
Crossproduct	1	0.022500	0.0009	0.18	0.6832
Total Model	5	24.033380	0.9651	38.69	<.0001
Residual	**DF**	**Sum of Squares**	**Mean Square**	**F Value**	**Pr > F**
Lack of Fit	3	0.297697	0.099232	0.69	0.6022
Pure Error	4	0.572000	0.143000		
Total Error	7	0.869697	0.124242		
Parameter	**DF**	**Estimate**	**Standard Error**	**t Value**	**Pr > |t|**
Intercept	1	49.859998	0.157634	316.30	<.0001
x1	1	0.939802	0.124621	7.54	0.0001
x2	1	0.240535	0.124621	1.93	0.0949
x1*x1	1	−1.436265	0.133643	−10.75	<.0001
x2*x1	1	0.075000	0.176240	0.43	0.6832

x2*x2	1	−0.736252	0.133643	−5.51	0.0009
Factor	DF	Sum of Squares	Mean Square	F Value	Pr > F
x1	3	21.438171	7.146057	57.52	<.0001
x2	3	4.256149	1.418716	11.42	0.0044

➤ [SAS 결과물] 정준분석

Canonical Analysis of Response Surface

Factor	Critical Value
x1	0.331875
x2	0.180254
Predicted value at stationary point : 50.037625	

Eigenvalues	Eigenvectors	
	x1	x2
−0.734249	0.053341	0.998576
−1.438269	0.998576	−0.053341
Stationary point is a maximum.		

➤ [SAS 결과물] 능형분석

Estimated Ridge of Minimum Response for Variable y				
Radius	Estimated Response	Standard Error	Factor Values	
			x1	x2
0	49.859998	0.157634	0	0
0.100000	49.749162	0.157344	−0.097727	−0.021200
0.200000	49.610435	0.156539	−0.196619	−0.036619
0.300000	49.443559	0.155417	−0.296157	−0.047865
0.400000	49.248366	0.154320	−0.396055	−0.056037
0.500000	49.024742	0.153737	−0.496154	−0.061897
0.600000	48.772609	0.154300	−0.596361	−0.065981
0.700000	48.491911	0.156751	−0.696623	−0.068675
0.800000	48.182607	0.161865	−0.796908	−0.070263
0.900000	47.844666	0.170349	−0.897199	−0.070956
1.000000	47.478065	0.182731	−0.997482	−0.070917

✚ 통계적 해석

▶ **모형** : 선형성분과 이차성분이 모두 유의하지만 이차성분이 더욱 유의하여($p < 0.0001$) 이차모형이 적합함을 알 수 있다. 교호작용은 유의하지 않지만 보통 검정결과에 관계없이 포함시켜 사용한다. 최종 추정된 반응표면식은 다음과 같다.

$$\hat{y} = 49.8600 + 0.9398x_1 + 0.2405x_2 - 1.4363x_1^2 - 0.7363x_2^2 + 0.075x_1x_2$$

▶ **예측최댓값** : 정상점 $\boldsymbol{x}_0 = \begin{bmatrix} 0.3319 \\ 0.1802 \end{bmatrix}$에서 $\hat{y}_0$=50.037625로 예측된다.

▶ **고유값** : 두 고유값은 모두 음수로 구해져 정상점은 최대값(maximum)이 된다.

▶ **적합결여검정** : 중심점을 포함한 실험점이 2회 이상 반복실험하면 실험오차를 추정하여 선택된 모형(1, 2차모형)이 잘 적합되는지를 검정하는 적합결여(lack of fit)검정을 수행할 수 있다. 이를 위해 오차제곱합 SSE를 순수오차(pure error)제곱합 $SSPE$과 적합결여제곱합 $SSLF$로 분해($SSE = SSPE + SSLF$)하여 검정하게 된다. $SSPE$는 적합에 상관없이 반응값 자체의 제곱합인 반면, $SSLF$는 동일한 처리조합에 대응하는 반응값의 평균과 예측반응값의 평균의 차이에 대한 제곱합이라고 볼 수 있다.

$E(MSPE) = \sigma^2$가 항상 성립하지만 모형에 적합하지 않을수록 $E(MSLF) > \sigma^2$가 되어서 검정통계량 $F = \dfrac{MSLF}{MSPE}$의 값이 크면 적합결여가 있다는 귀무가설을 기각하게 된다. 위의 결과를 보면 p-값이 0.6022로 매우 커서 귀무가설을 채택하고 적합결여 없이 이차모형이 잘 적합되었다고 볼 수 있다.

▶ **능형분석** : 위의 결과로 최댓값을 가지는 정삼점을 찾을 수 있기 때문에 위의 경우에 능형분석은 필요 없지만, 다른 경우에 사용할 수 있도록 결과물을 첨부하였다.

다음에는 위의 정준분석에 대한 반응표면식과 반응등고선이 그려져 있다.

[SAS 프로그램 8.4-1] 반응표면식과 반응등고선

```
GOPTIONS reset=global gunit=pct border ftext=swissb htitle=4 htext=3
          colors=(black red blue) ctext=black ctitle=black;
 DATA ex8_4_1 ;
             DO x1 = -1 TO 1 BY 0.02 ;
                 DO x2 = -1 TO 1 BY 0.02 ;
     y = 49.86 + 0.9398*x1 + 0.2405*x2
          - 1.4363*x1**2  - 0.7363*x2**2 + 0.075*x1*x2 ;
             OUTPUT;
                   END ;
                        END ;
 RUN:

/* 반응표면 plot */
PROC G3D DATA= ex8_4_1 ;
```

```
        PLOT x2*x1 = y  ;
RUN ;

/* 반응등고선 plot */
PROC GCONTOUR DATA=ex8_4_1;
        PLOT x2*x1 = y;
RUN;
```

➤ [SAS 결과물] 반응표면식과 반응등고선

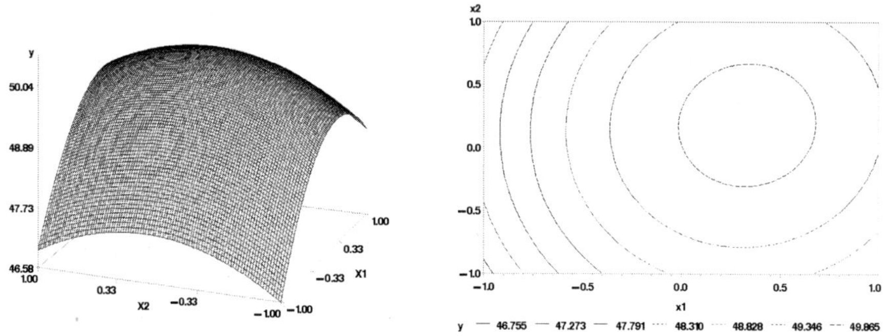

반응표면분석과 관련된 중요 과제로 진화적조업법(evolutionary operation; EVOP)과 혼합물 계획법(mixture design)이 있다. 여기서는 간단히 그 개념만을 소개하는 것으로 전체를 마감하려고 한다.

반응표면분석의 중요한 실제 적용의 하나는 실험실이 아닌 현장에서 공정이 진행되는 동안 상품을 어느 정도 정상적으로 만들어가면서 조직적으로 공정변수를 변화시켜 최적조건을 찾는 절차를 통하여 기존의 산업 공정의 성취도를 증가시키는 것이다. 이와 같은 공정의 효율성을 증가시키는 반응표면분석을 진화적 조합법이라고 한다. 수준의 폭에 조금씩 변화를 주어 반응의 민감도를 탐색하여 성취도를 증가시켜 나아가는 실험계획이라고 할 수 있다.

어떤 실험 상황에서는 반응값이 설명변수의 절대적인 값에 의존하지 않고 상대적인 값에 의존하게 된다. 예로서 합금의 강도는 구성된 물질의 비율의 함수라고 할 수 있다. 이와 같이 몇 개성분(components)의 혼합물(mixture)의 성질은 몇 개의 제약조건에 의해 표현될 수 있다. 만일 $X_1, \cdots, X_k$를 비율로서 측정된 k개의 설명변수라고 할 때 각 실험은

$$0 \le x_j \le 1, \ \sum_{j=1}^{k} x_j = 1 \tag{8.4-11}$$

의 제약조건을 만족해야 한다. 이러한 조건은 각 모수의 독립적 추정을 제한하는 특수한 형태의 실험계획이라고 할 수 있다. 제약조건 아래서 반응값에 영향을 주는 성분을 찾거나 최적반응조건을 찾는 등의 분석이 이루어진다.

연습문제

01 설명변수가 두 개인 경우 8.2장에서 소개된 실험계획들의 실험점에 대한 좌표를 구하라.

02 다음 실험계획을 일차모형에 적합시키고 최대경사 경로를 구하라. 이러한 실험계획을 무엇이라고 하는가?

x_1	x_2	x_3	y
0	$\sqrt{2}$	-1	66
$-\sqrt{2}$	0	1	70
0	$-\sqrt{2}$	-1	60
$\sqrt{2}$	0	1	80

03 [예 8.4−1]의 두 변수의 수준에서 다음의 육각형 회전계획을 실시하여 얻은 결과는 다음과 같다. 다음 물음에 답하라.

x_1	x_2	y
1	0	48.8
0.5	$\sqrt{3/4}$	54.7
−0.5	$\sqrt{3/4}$	45.2
−1	0	40.0
−0.5	$-\sqrt{3/4}$	43.2
0.5	$-\sqrt{3/4}$	50.3
0	0	45.8
0	0	59.2
0	0	47.6
0	0	48.4
0	0	50.9

(3 - 1) 이차모형에 적합시키고 정상점을 찾아라.

(3 - 2) 정준분석에서 요구되는 고유값들을 구하고 정준형를 적어 보라.

(3 - 3) 정준분석을 행하고 정상점의 성격을 규명하라.

(3 - 4) 등고선을 그려서 위에서 얻은 결론의 정당성을 입증하라.

(3 - 5) 부호화된 변수값을 실제 변수값으로 환원시키고 이에 따른 실제 정상점의 실험 조건을 구하라.

부록 주요 확률분포표

1 표준정규분포표

$\Pr(0 \leq Z \leq z)$

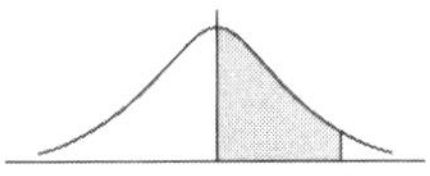

z	0.00	0.01	0.02	0.03	0.04	0.05	0.06	0.07	0.08	0.09
0.0	0.0000	0.0040	0.0080	0.0120	0.0160	0.0199	0.0239	0.0279	0.0319	0.0359
0.1	0.0398	0.0438	0.0478	0.0517	0.0557	0.0596	0.0636	0.0675	0.0714	0.0753
0.2	0.0793	0.0832	0.0871	0.0910	0.0948	0.0987	0.1026	0.1064	0.1103	0.1141
0.3	0.1179	0.1217	0.1255	0.1293	0.1331	0.1368	0.1406	0.1443	0.1480	0.1517
0.4	0.1554	0.1591	0.1628	0.1664	0.1700	0.1736	0.1772	0.1808	0.1844	0.1879
0.5	0.1915	0.1950	0.1985	0.2019	0.2054	0.2088	0.2123	0.2157	0.2190	0.2224
0.6	0.2257	0.2291	0.2324	0.2357	0.2389	0.2422	0.2454	0.2486	0.2517	0.2549
0.7	0.2580	0.2611	0.2642	0.2673	0.2704	0.2734	0.2764	0.2794	0.2823	0.2852
0.8	0.2881	0.2910	0.2939	0.2967	0.2995	0.3023	0.3051	0.3078	0.3106	0.3133
0.9	0.3159	0.3186	0.3212	0.3238	0.3264	0.3289	0.3315	0.3340	0.3365	0.3389
1.0	0.3413	0.3438	0.3461	0.3485	0.3508	0.3531	0.3554	0.3577	0.3599	0.3621
1.1	0.3643	0.3665	0.3686	0.3708	0.3729	0.3749	0.3770	0.3790	0.3810	0.3830
1.2	0.3849	0.3869	0.3888	0.3907	0.3925	0.3944	0.3962	0.3980	0.3997	0.4015
1.3	0.4032	0.4049	0.4066	0.4082	0.4099	0.4115	0.4131	0.4147	0.4162	0.4177
1.4	0.4192	0.4207	0.4222	0.4236	0.4251	0.4265	0.4279	0.4292	0.4306	0.4319
1.5	0.4332	0.4345	0.4357	0.4370	0.4382	0.4394	0.4406	0.4418	0.4429	0.4441
1.6	0.4452	0.4463	0.4474	0.4484	0.4495	0.4505	0.4515	0.4525	0.4535	0.4545
1.7	0.4554	0.4564	0.4573	0.4582	0.4591	0.4599	0.4608	0.4616	0.4625	0.4633
1.8	0.4641	0.4649	0.4656	0.4664	0.4671	0.4678	0.4686	0.4693	0.4699	0.4706
1.9	0.4713	0.4719	0.4726	0.4732	0.4738	0.4744	0.4750	0.4756	0.4761	0.4767
2.0	0.4772	0.4778	0.4783	0.4788	0.4793	0.4798	0.4803	0.4808	0.4812	0.4817
2.1	0.4821	0.4826	0.4830	0.4834	0.4838	0.4842	0.4846	0.4850	0.4854	0.4857
2.2	0.4861	0.4864	0.4868	0.4871	0.4875	0.4878	0.4881	0.4884	0.4887	0.4890
2.3	0.4893	0.4896	0.4898	0.4901	0.4904	0.4906	0.4909	0.4911	0.4913	0.4916
2.4	0.4918	0.4920	0.4922	0.4925	0.4927	0.4929	0.4931	0.4932	0.4934	0.4936
2.5	0.4938	0.4940	0.4941	0.4943	0.4945	0.4946	0.4948	0.4949	0.4951	0.4952
2.6	0.4953	0.4955	0.4956	0.4957	0.4959	0.4960	0.4961	0.4962	0.4963	0.4964
2.7	0.4965	0.4966	0.4967	0.4968	0.4969	0.4970	0.4971	0.4972	0.4973	0.4974
2.8	0.4974	0.4975	0.4976	0.4977	0.4977	0.4978	0.4979	0.4979	0.4980	0.4981
2.9	0.4981	0.4982	0.4982	0.4983	0.4984	0.4984	0.4985	0.4985	0.4986	0.4986
3.0	0.4987	0.4987	0.4987	0.4988	0.4988	0.4989	0.4989	0.4989	0.4990	0.4990

2 t-분포표

$\Pr\{t_{v,\alpha} > t\} = \alpha$

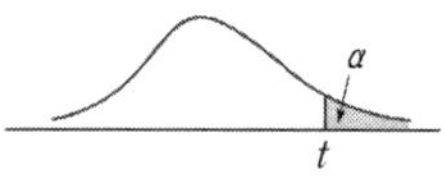

자유도 v	위 꼬리 확률 α				
	0.10	0.05	0.025	0.01	0.005
1	3.078	6.314	12.706	31.821	63.657
2	1.886	2.920	4.303	6.965	9.925
3	1.638	2.353	3.182	4.541	5.841
4	1.533	2.132	2.776	3.747	4.604
5	1.476	2.015	2.571	3.365	4.032
6	1.440	1.943	2.447	3.143	3.707
7	1.415	1.895	2.365	2.998	3.499
8	1.397	1.860	2.306	2.896	3.355
9	1.383	1.833	2.262	2.821	3.250
10	1.372	1.812	2.228	2.764	3.169
11	1.363	1.796	2.201	2.718	3.106
12	1.356	1.782	2.179	2.681	3.055
13	1.350	1.771	2.160	2.650	3.012
14	1.345	1.761	2.145	2.624	2.977
15	1.341	1.753	2.131	2.602	2.947
16	1.337	1.746	2.120	2.583	2.921
17	1.333	1.740	2.110	2.567	2.898
18	1.330	1.734	2.101	2.552	2.878
19	1.328	1.729	2.093	2.539	2.861
20	1.325	1.725	2.086	2.528	2.845
21	1.323	1.721	2.080	2.518	2.831
22	1.321	1.717	2.074	2.508	2.819
23	1.319	1.714	2.069	2.500	2.807
24	1.318	1.711	2.064	2.492	2.797
25	1.316	1.708	2.060	2.485	2.787
26	1.315	1.706	2.056	2.479	2.779
27	1.314	1.703	2.052	2.473	2.771
28	1.313	1.701	2.048	2.467	2.763
29	1.311	1.699	2.045	2.462	2.756
30	1.310	1.697	2.042	2.457	2.750
35	1.306	1.690	2.030	2.438	2.724
40	1.303	1.684	2.021	2.423	2.704
50	1.299	1.676	2.009	2.403	2.678
60	1.296	1.671	2.000	2.390	2.660
70	1.294	1.667	1.994	2.381	2.648
80	1.292	1.664	1.990	2.374	2.639
90	1.291	1.662	1.987	2.368	2.632
100	1.290	1.660	1.984	2.364	2.626
200	1.286	1.653	1.972	2.345	2.601
∞	1.282	1.645	1.960	2.326	2.576

3 χ^2 -분포표

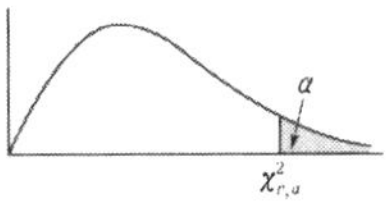

자유도	위 꼬리 확률									
	0.995	0.99	0.975	0.95	0.90	0.10	0.050	0.025	0.01	0.005
1	0.000	0.000	0.001	0.004	0.016	2.706	3.841	5.024	6.635	7.879
2	0.010	0.020	0.051	0.103	0.211	4.605	5.991	7.378	9.210	10.597
3	0.072	0.115	0.216	0.352	0.584	6.251	7.815	9.348	11.345	12.838
4	0.207	0.297	0.484	0.711	1.064	7.779	9.488	11.143	13.277	14.860
5	0.412	0.554	0.831	1.145	1.610	9.236	11.070	12.833	15.086	16.750
6	0.676	0.872	1.237	1.635	2.204	10.645	12.592	14.449	16.812	18.548
7	0.989	1.239	1.690	2.167	2.833	12.017	14.067	16.013	18.475	20.278
8	1.344	1.646	2.180	2.733	3.490	13.362	15.507	17.535	20.090	21.955
9	1.735	2.088	2.700	3.325	4.168	14.684	16.919	19.023	21.666	23.589
10	2.156	2.558	3.247	3.940	4.865	15.987	18.307	20.483	23.209	25.188
11	2.603	3.053	3.816	4.575	5.578	17.275	19.675	21.920	24.725	26.757
12	3.074	3.571	4.404	5.226	6.304	18.549	21.026	23.337	26.217	28.300
13	3.565	4.107	5.009	5.892	7.042	19.812	22.362	24.736	27.688	29.819
14	4.075	4.660	5.629	6.571	7.790	21.064	23.685	26.119	29.141	31.319
15	4.601	5.229	6.262	7.261	8.547	22.307	24.996	27.488	30.578	32.801
16	5.142	5.812	6.908	7.962	9.312	23.542	26.296	28.845	32.000	34.267
17	5.697	6.408	7.564	8.672	10.085	24.769	27.587	30.191	33.409	35.718
18	6.265	7.015	8.231	9.390	10.865	25.989	28.869	31.526	34.805	37.156
19	6.844	7.633	8.907	10.117	11.651	27.204	30.144	32.852	36.191	38.582
20	7.434	8.260	9.591	10.851	12.443	28.412	31.410	34.170	37.566	39.997
21	8.034	8.897	10.283	11.591	13.240	29.615	32.671	35.479	38.932	41.401
22	8.643	9.542	10.982	12.338	14.041	30.813	33.924	36.781	40.289	42.796
23	9.260	10.196	11.689	13.091	14.848	32.007	35.172	38.076	41.638	44.181
24	9.886	10.856	12.401	13.848	15.659	33.196	36.415	39.364	42.980	45.559
25	10.520	11.524	13.120	14.611	16.473	34.382	37.652	40.646	44.314	46.928
26	11.160	12.198	13.844	15.379	17.292	35.563	38.885	41.923	45.642	48.290
27	11.808	12.879	14.573	16.151	18.114	36.741	40.113	43.195	46.963	49.645
28	12.461	13.565	15.308	16.928	18.939	37.916	41.337	44.461	48.278	50.993
29	13.121	14.256	16.047	17.708	19.768	39.087	42.557	45.722	49.588	52.336
30	13.787	14.953	16.791	18.493	20.599	40.256	43.773	46.979	50.892	53.672
35	17.192	18.509	20.569	22.465	24.797	46.059	49.802	53.203	57.342	60.275
40	20.707	22.164	24.433	26.509	29.051	51.805	55.758	59.342	63.691	66.766
50	27.991	29.707	32.357	34.764	37.689	63.167	67.505	71.420	76.154	79.490
60	35.534	37.485	40.482	43.188	46.459	74.397	79.082	83.298	88.379	91.952
70	43.275	45.442	48.758	51.739	55.329	85.527	90.531	95.023	100.425	104.215
80	51.172	53.540	57.153	60.391	64.278	96.578	101.879	106.629	112.329	116.321
90	59.196	61.754	65.647	69.126	73.291	107.565	113.145	118.136	124.116	128.299
100	67.328	70.065	74.222	77.929	82.358	118.498	124.342	129.561	135.807	140.169
200	152.241	156.432	162.728	168.279	174.835	226.021	233.994	241.058	249.445	255.264

4 F-분포표

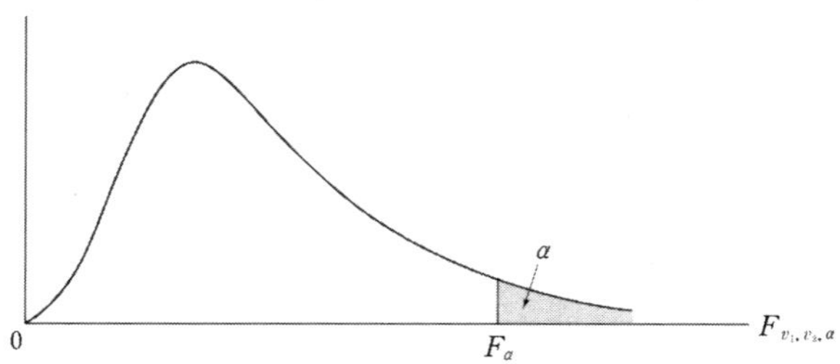

분모의 자유도 (v_2)	α	분자의 자유도(v_1)																	
		1	2	3	4	5	6	7	8	9	10	15	20	25	30	40	60	100	1000
1	.10	39.86	49.50	53.59	55.83	57.24	58.20	58.91	59.44	59.86	60.19	61.22	61.74	62.05	62.26	62.53	62.79	63.01	63.30
	.05	161.45	199.50	215.71	224.58	230.16	233.99	236.77	238.88	240.54	241.88	245.95	248.02	249.26	250.10	251.14	252.20	253.04	254.19
	.025	647.79	799.48	864.15	899.60	921.83	937.11	948.20	956.64	963.28	968.63	984.87	993.08	998.09	1001.40	1005.60	1009.79	1013.16	1017.76
	.01	4052.18	4999.34	5403.53	5624.26	5763.96	5858.95	5928.33	5980.95	6022.40	6055.93	6156.97	6208.66	6239.86	6260.35	6286.43	6312.97	6333.92	6362.80
2	.10	8.53	9.00	9.16	9.24	9.29	9.33	9.35	9.37	9.38	9.39	9.42	9.44	9.45	9.46	9.47	9.47	9.48	9.49
	.05	18.51	19.00	19.16	19.25	19.30	19.33	19.35	19.37	19.38	19.40	19.43	19.45	19.46	19.46	19.47	19.48	19.49	19.49
	.025	38.51	39.00	39.17	39.25	39.30	39.33	39.36	39.37	39.39	39.40	39.43	39.45	39.46	39.46	39.47	39.48	39.49	39.50
	.01	98.50	99.00	99.16	99.25	99.30	99.33	99.36	99.38	99.39	99.40	99.43	99.45	99.46	99.47	99.48	99.48	99.49	99.50
3	.10	5.54	5.46	5.39	5.34	5.31	5.28	5.27	5.25	5.24	5.23	5.20	5.18	5.17	5.17	5.16	5.15	5.14	5.13
	.05	10.13	9.55	9.28	9.12	9.01	8.94	8.89	8.85	8.81	8.79	8.70	8.66	8.63	8.62	8.59	8.57	8.55	8.53
	.025	17.44	16.04	15.44	15.10	14.88	14.73	14.62	14.54	14.47	14.42	14.25	14.17	14.12	14.08	14.04	13.99	13.96	13.91
	.01	34.12	30.82	29.46	28.71	28.24	27.91	27.67	27.49	27.34	27.23	26.87	26.69	26.58	26.50	26.41	26.32	26.24	26.14
4	.10	4.54	4.32	4.19	4.11	4.05	4.01	3.98	3.95	3.94	3.92	3.87	3.84	3.83	3.82	3.80	3.79	3.78	3.76
	.05	7.71	6.94	6.59	6.39	6.26	6.16	6.09	6.04	6.00	5.96	5.86	5.80	5.77	5.75	5.72	5.69	5.66	5.63
	.025	12.22	10.65	9.98	9.60	9.36	9.20	9.07	8.98	8.90	8.84	8.66	8.56	8.50	8.46	8.41	8.36	8.32	8.26
	.01	21.20	18.00	16.69	15.98	15.52	15.21	14.98	14.80	14.66	14.55	14.20	14.02	13.91	13.84	13.75	13.65	13.58	13.47
5	.10	4.06	3.78	3.62	3.52	3.45	3.40	3.37	3.34	3.32	3.30	3.324	3.21	3.19	3.17	3.16	3.14	3.13	3.11
	.05	6.61.	5.79	5.41	5.19	5.05	4.95	4.88	4.82	4.77	4.74	4.62	4.56	4.52	4.50	4.46	4.43	4.41	4.37
	.025	10.01	8.43	7.76	7.39	7.15	6.98	6.85	6.76	6.68	6.62	6.43	6.33	6.27	6.23	6.18	6.12	6.08	6.02
	.01	16.26	13.27	12.06	11.39	10.97	10.67	10.46	10.29	10.16	10.05	9.72	9.55	9.45	9.38	9.29	9.20	9.13	9.03

F 분포표(계속)

분모의 자유도 (ν_2)	α	분자의 자유도(ν_1)																	
		1	2	3	4	5	6	7	8	9	10	15	20	25	30	40	60	100	1000
6	.10	3.78	3.46	3.29	3.18	3.11	3.05	3.01	2.98	2.96	2.94	2.87	2.84	2.81	2.80	2.78	2.76	2.75	2.72
	.05	5.99	5.14	4.76	4.53	4.39	4.28	4.21	4.15	4.10	4.06	3.94	3.87	3.83	3.81	3.77	3.74	3.71	3.67
	.025	8.81	7.26	6.60	6.23	5.99	5.82	5.70	5.60	5.52	5.46	5.27	5.17	5.11	5.07	5.01	4.96	4.92	4.86
	.01	13.75	10.92	9.78	9.15	8.75	8.47	8.26	8.10	7.98	7.87	7.56	7.40	7.30	7.23	7.14	7.06	6.99	6.89
7	.10	3.59	3.26	3.07	2.96	2.88	2.83	2.78	2.75	2.72	2.70	2.63	2.59	2.57	2.56	2.54	2.51	2.50	2.47
	.05	5.59	4.74	4.35	4.12	3.97	3.87	3.79	3.73	3.68	3.64	3.51	3.44	3.40	3.38	3.34	3.30	3.27	3.23
	.025	8.07	6.54	5.89	5.52	5.29	5.12	4.99	4.90	4.82	4.76	4.57	4.47	4.40	4.36	4.31	4.25	4.21	4.15
	.01	12.25	9.55	8.45	7.85	7.46	7.19	6.99	6.84	6.72	6.62	6.31	6.16	6.06	5.99	5.91	5.82	5.75	5.66
8	.10	3.46	3.11	2.92	2.81	2.73	2.67	2.62	2.59	2.56	2.54	2.46	2.42	2.40	2.38	2.36	2.34	2.32	2.30
	.05	5.32	4.46	4.07	3.84	3.69	3.58	3.50	3.44	3.39	3.35	3.22	3.15	3.11	3.08	3.04	3.01	2.97	2.93
	.025	7.57	6.06	5.42	5.05	4.82	4.65	4.53	4.43	4.36	4.30	4.10	4.00	3.94	3.89	3.84	3.78	3.74	3.68
	.01	11.26	8.65	7.59	7.01	6.63	6.37	6.18	6.03	5.91	5.81	5.52	5.36	5.26	5.20	5.12	5.03	4.96	4.87
9	.10	3.36	3.01	2.81	2.69	2.61	2.55	2.51	2.47	2.44	2.42	2.34	2.30	2.27	2.25	2.23	2.21	2.19	2.16
	.05	5.12	4.26	3.86	3.63	3.48	3.37	3.29	3.23	3.18	3.14	3.01	2.94	2.89	2.86	2.83	2.79	2.76	2.71
	.025	7.21	5.71	5.08	4.72	4.48	4.32	4.20	4.10	4.03	3.96	3.77	3.67	3.60	3.56	3.51	3.45	3.40	3.34
	.01	10.56	8.02	6.99	6.42	6.06	5.80	5.61	5.47	5.35	5.26	4.96	4.81	4.71	4.65	4.57	4.48	4.41	4.32
10	.10	3.29	2.92	2.73	2.61	2.52	2.46	2.41	2.38	2.35	2.32	2.24	2.20	2.17	2.16	2.13	2.11	2.09	2.06
	.05	4.96	4.10	3.71	3.48	3.33	3.22	3.14	3.07	3.02	2.98	2.85	2.77	2.73	2.70	2.66	2.62	2.59	2.54
	.025	6.94	5.46	4.83	4.47	4.24	4.07	3.95	3.85	3.78	3.72	3.52	3.42	3.35	3.31	3.26	3.20	3.15	3.09
	.01	10.04	7.56	6.55	5.99	5.64	5.39	5.20	5.06	4.94	4.85	4.56	4.41	4.31	4.25	4.17	4.08	4.01	3.92
11	.10	3.23	2.86	2.66	2.54	2.45	2.39	2.34	2.30	2.27	2.25	2.17	2.12	2.10	2.08	2.05	2.03	2.01	1.98
	.05	4.84	3.98	3.59	3.36	3.20	3.09	3.01	2.95	2.90	2.85	2.72	2.65	2.60	2.57	2.53	2.49	2.46	2.41
	.025	6.72	5.26	4.63	4.28	4.04	3.88	3.76	3.66	3.59	3.53	3.33	3.23	3.16	3.12	3.06	3.00	2.96	2.89
	.01	9.65	7.21	6.22	5.67	5.32	5.07	4.89	4.74	4.63	4.54	4.25	4.10	4.01	3.94	3.86	3.78	3.71	3.61
12	.10	3.18	2.81	2.61	2.48	2.39	2.33	2.28	2.24	2.21	2.19	2.10	2.06	2.03	2.01	1.99	1.96	1.94	1.91
	.05	4.75	3.89	3.49	3.26	3.11	3.00	2.91	2.85	2.80	2.75	2.62	2.54	2.50	2.47	2.43	2.38	2.35	2.30
	.025	6.55	5.10	4.47	4.12	3.89	3.73	3.61	3.51	3.44	3.37	3.18	3.07	3.01	2.96	2.91	2.85	2.80	2.73
	.01	9.33	6.93	5.95	5.41	5.06	4.82	4.64	4.50	4.39	4.30	4.01	3.86	3.76	3.70	3.62	3.54	3.47	3.37
13	.10	3.14	2.76	2.56	2.43	2.35	2.28	2.23	2.20	2.16	2.14	2.05	2.01	1.98	1.96	1.93	1.90	1.88	1.85
	.05	4.67	3.81	3.41	3.18	3.03	2.92	2.83	2.77	2.71	2.67	2.53	2.46	2.41	2.38	2.34	2.30	2.26	2.21
	.025	6.41	4.97	4.35	4.00	3.77	3.60	3.48	3.39	3.31	3.25	3.05	2.95	2.88	2.84	2.78	2.72	2.67	2.60
	.01	9.07	6.70	5.74	5.21	4.86	4.62	4.44	4.30	4.19	4.10	3.82	3.66	3.57	3.51	3.43	3.34	3.27	3.18
14	.10	3.10	2.73	2.52	2.39	2.31	2.24	2.19	2.15	2.12	2.10	2.01	1.96	1.93	1.99	1.89	1.86	1.83	1.80
	.05	4.60	3.74	3.34	3.11	2.96	2.85	2.76	2.70	2.65	2.60	2.46	2.39	2.34	2.31	2.27	2.22	2.19	2.14
	.025	6.30	4.86	4.24	3.89	3.66	3.50	3.38	3.29	3.21	3.15	2.95	2.84	2.78	2.73	2.67	2.61	2.56	2.50
	.01	8.86	6.51	5.56	5.04	4.69	4.46	4.28	4.14	4.03	3.94	3.66	3.51	3.41	3.35	3.27	3.18	3.11	3.02
15	.10	3.07	2.70	2.49	2.36	2.27	2.21	2.16	2.12	2.09	2.06	1.97	1.92	1.89	1.87	1.85	1.82	1.79	1.76
	.05	4.54	3.68	3.29	3.06	2.90	2.79	2.71	2.64	2.59	2.54	2.40	2.33	2.28	2.25	2.20	2.16	2.12	2.07
	.025	6.20	4.77	4.15	3.80	3.58	3.41	3.29	3.20	3.12	3.06	2.86	2.76	2.69	2.64	2.59	2.52	2.47	2.40
	.01	8.68	6.36	5.42	4.89	4.56	4.32	4.14	4.00	3.89	3.80	3.52	3.37	3.28	3.21	3.13	3.05	2.98	2.88

F분포표(계속)

분모의 자유도 (v_2)	α	분자의 자유도(v_1) 1	2	3	4	5	6	7	8	9	10	15	20	25	30	40	60	100	1000
16	.10	3.05	2.67	2.46	2.33	2.24	2.18	2.13	2.09	2.06	2.03	1.94	1.89	1.86	1.84	1.81	1.78	1.76	1.72
	.05	4.49	3.63	3.24	3.01	2.85	2.74	2.66	2.59	2.54	2.49	2.35	2.28	2.23	2.19	2.15	2.11	2.07	2.02
	.025	6.12	4.69	4.08	3.73	3.50	3.34	3.22	3.12	3.05	2.99	2.79	2.68	2.61	2.57	2.51	2.45	2.40	2.32
	.01	8.53	6.23	5.29	4.77	4.44	4.20	4.03	3.89	3.78	3.69	3.41	3.26	3.16	3.10	3.02	2.93	2.86	2.76
17	.10	3.03	2.64	2.44	2.31	2.22	2.15	2.10	2.06	2.03	2.00	1.91	1.86	1.83	1.81	1.78	1.75	1.73	1.69
	.05	4.45	3.59	3.20	2.96	2.81	2.70	2.61	2.55	2.49	2.45	2.31	2.23	2.18	2.15	2.10	2.06	2.02	1.97
	.025	6.04	4.62	4.01	3.66	3.44	3.28	3.16	3.06	2.98	2.92	2.72	2.62	2.55	2.50	2.44	2.38	2.33	2.26
	.01	8.40	6.11	5.19	4.67	4.34	4.10	3.93	3.79	3.68	3.59	3.31	3.16	3.07	3.00	2.92	2.83	2.76	2.66
18	.10	3.01	2.62	2.42	2.29	2.20	2.13	2.08	2.04	2.00	1.98	1.89	1.84	1.80	1.78	1.75	1.72	1.70	1.66
	.05	4.41	3.55	3.16	2.93	2.77	2.66	2.58	2.51	2.46	2.41	2.27	2.19	2.14	2.11	2.06	2.02	1.98	1.92
	.025	5.98	4.56	3.95	3.61	3.38	3.22	3.10	3.01	2.93	2.87	2.67	2.56	2.49	2.44	2.38	2.32	2.27	2.20
	.01	8.29	6.01	5.09	4.58	4.25	4.01	3.84	3.71	3.60	3.51	3.23	3.08	2.98	2.92	2.84	2.75	2.68	2.58
19	.10	2.99	2.61	2.40	2.27	2.18	2.11	2.06	2.02	1.98	1.96	1.86	1.81	1.78	1.76	1.73	1.70	1.67	1.64
	.05	4.38	3.52	3.13	2.90	2.74	2.63	2.54	2.48	2.42	2.38	2.23	2.16	2.11	2.07	2.03	1.98	1.94	1.88
	.025	5.92	4.51	3.90	3.56	3.33	3.17	3.05	2.96	2.88	2.82	2.62	2.51	2.44	2.39	2.33	2.27	2.22	2.14
	.01	8.18	5.93	5.01	4.50	4.17	3.94	3.77	3.63	3.52	3.43	3.15	3.00	2.91	2.84	2.76	2.67	2.60	2.50
20	.10	2.97	2.59	2.38	2.25	2.16	2.09	2.04	2.00	1.96	1.94	1.84	1.79	1.76	1.74	1.71	1.68	1.65	1.61
	.05	4.35	3.49	3.10	2.87	2.71	2.60	2.51	2.45	2.39	2.35	2.20	2.12	2.07	2.04	1.99	1.95	1.91	1.85
	.025	5.87	4.46	3.86	3.51	3.29	3.13	3.01	2.91	2.84	2.77	2.57	2.46	2.40	2.35	2.29	2.22	2.17	2.09
	.01	8.10	5.85	4.94	4.43	4.10	3.87	3.70	3.56	3.46	3.37	3.09	2.94	2.84	2.78	2.69	2.61	2.54	2.43
21	.10	2.96	2.57	2.36	2.23	2.14	2.08	2.02	1.98	1.95	1.92	1.83	1.78	1.74	1.72	1.69	1.66	1.63	1.59
	.05	4.32	3.47	3.07	2.84	2.68	2.57	2.49	2.42	2.37	2.32	2.18	2.10	2.05	2.01	1.96	1.92	1.88	1.82
	.025	5.83	4.42	3.82	3.48	3.25	3.09	2.97	2.87	2.80	2.73	2.53	2.42	2.36	2.31	2.25	2.18	2.13	2.05
	.01	8.02	5.78	4.87	4.37	4.04	3.81	3.64	3.51	3.40	3.31	3.03	2.88	2.79	2.72	2.64	2.55	2.48	2.37
22	.10	2.95	2.56	2.35	2.22	2.13	2.06	2.01	1.97	1.93	1.90	1.81	1.76	1.73	1.70	1.67	1.64	1.61	1.57
	.05	4.30	3.44	3.05	2.82	2.66	2.55	2.46	2.40	2.34	2.30	2.15	2.07	2.02	1.98	1.94	1.89	1.85	1.79
	.025	5.79	4.38	3.78	3.44	3.22	3.05	2.93	2.84	2.76	2.70	2.50	2.39	2.32	2.27	2.21	2.14	2.09	2.01
	.01	7.95	5.72	4.82	4.31	3.99	3.76	3.59	3.45	3.35	3.26	2.98	2.83	2.73	2.67	2.58	2.50	2.42	2.32
23	.10	2.94	2.55	2.34	2.21	2.11	2.05	1.99	1.95	1.92	1.89	1.80	1.74	1.71	1.69	1.66	1.62	1.59	1.55
	.05	4.28	3.42	3.03	2.80	2.64	2.53	2.44	2.37	2.32	2.27	2.13	2.05	2.00	1.96	1.91	1.86	1.82	1.76
	.025	5.75	4.35	3.75	3.41	3.18	3.02	2.90	2.81	2.73	2.67	2.47	2.36	2.29	2.24	2.18	2.11	2.06	1.98
	.01	7.88	5.66	4.76	4.26	3.94	3.71	3.54	3.41	3.30	3.21	2.93	2.78	2.69	2.62	2.54	2.45	2.37	2.27
24	.10	2.93	2.54	2.33	2.19	2.10	2.04	1.98	1.94	1.91	1.88	1.78	1.73	1.70	1.67	1.64	1.61	1.58	1.54
	.05	4.26	3.40	3.01	2.78	2.62	2.51	2.42	2.36	2.30	2.25	2.11	2.03	1.97	1.94	1.89	1.84	1.80	1.74
	.025	5.72	4.32	3.72	3.38	3.15	2.99	2.87	2.78	2.70	2.64	2.44	2.33	2.26	2.21	2.15	2.08	2.02	1.94
	.01	7.82	5.61	4.72	4.22	3.90	3.67	3.50	3.36	3.26	3.17	2.89	2.74	2.64	2.58	2.49	2.40	2.33	2.22

F분포표(계속)

분모의 자유도 (ν_2)	α	분자의 자유도(ν_1)																	
		1	2	3	4	5	6	7	8	9	10	15	20	25	30	40	60	100	1000
25	.10	2.92	2.53	2.32	2.18	2.09	2.02	1.97	1.93	1.89	1.87	1.77	1.72	1.68	1.66	1.63	1.59	1.56	1.52
	.05	4.24	3.39	2.99	2.76	2.60	2.49	2.40	2.34	2.28	2.24	2.09	2.01	1.96	1.92	1.87	1.82	1.78	1.72
	.025	5.69	4.29	3.69	3.35	3.13	2.97	2.85	2.75	2.68	2.61	2.41	2.30	2.23	2.18	2.12	2.05	2.00	1.91
	.01	7.77	5.57	4.68	4.18	3.85	3.63	3.46	3.32	3.22	3.13	2.85	2.70	2.60	2.54	2.45	2.36	2.29	2.18
26	.10	2.91	2.52	2.31	2.17	2.08	2.01	1.96	1.92	1.88	1.86	1.76	1.71	1.67	1.65	1.61	1.58	1.55	1.51
	.05	4.23	3.37	2.98	2.74	2.59	2.47	2.39	2.32	2.27	2.22	2.07	1.99	1.94	1.90	1.85	1.80	1.76	1.70
	.025	5.66	4.27	3.67	3.33	3.10	2.94	2.82	2.73	2.65	2.59	2.39	2.28	2.21	2.16	2.09	2.03	1.97	1.89
	.01	7.72	5.53	4.64	4.14	3.82	3.59	3.42	3.29	3.18	3.09	2.81	2.66	2.57	2.50	2.42	2.33	2.25	2.14
27	.10	2.90	2.51	2.30	2.17	2.07	2.00	1.95	1.91	1.87	1.85	1.75	1.70	1.66	1.64	1.60	1.57	1.54	1.50
	.05	4.21	3.35	2.96	2.73	2.57	2.46	2.37	2.31	2.25	2.20	2.06	1.97	1.92	1.88	1.84	1.79	1.74	1.68
	.025	5.63	4.24	3.65	3.31	3.08	2.92	2.80	2.71	2.63	2.57	2.36	2.25	2.18	2.13	2.07	2.00	1.94	1.86
	.01	7.68	5.49	4.60	4.11	3.78	3.56	3.39	3.26	3.15	3.06	2.78	2.63	2.54	2.47	2.38	2.29	2.22	2.11
28	.10	2.89	2.50	2.29	2.16	2.06	2.00	1.94	1.90	1.87	1.84	1.74	1.69	1.65	1.63	1.59	1.56	1.53	1.48
	.05	4.20	3.34	2.95	2.71	2.56	2.45	2.36	2.29	2.24	2.19	2.04	1.96	1.91	1.87	1.82	1.77	1.73	1.66
	.025	5.61	4.22	3.63	3.29	3.06	2.90	2.78	2.69	2.61	2.55	2.34	2.23	2.16	2.11	2.05	1.98	1.92	1.84
	.01	7.64	5.45	4.57	4.07	3.75	3.53	3.36	3.23	3.12	3.03	2.75	2.60	2.51	2.44	2.35	2.26	2.19	2.08
29	.10	2.89	2.50	2.28	2.15	2.06	1.99	1.93	1.89	1.86	1.83	1.73	1.68	1.64	1.62	1.58	1.55	1.52	1.47
	.05	4.18	3.33	2.93	2.70	2.55	2.43	2.35	2.28	2.22	2.18	2.03	1.94	1.89	1.85	1.81	1.75	1.71	1.65
	.025	5.59	4.20	3.61	3.27	3.04	2.88	2.76	2.67	2.59	2.53	2.32	2.21	2.14	2.09	2.03	1.96	1.90	1.82
	.01	7.60	5.42	4.54	4.04	3.73	3.50	3.33	3.20	3.09	3.00	2.73	2.57	2.48	2.41	2.33	2.23	2.16	2.05
30	.10	2.88	2.49	2.28	2.14	2.05	1.98	1.93	1.88	1.85	1.82	1.72	1.67	1.63	1.61	1.57	1.54	1.51	1.46
	.05	4.17	3.32	2.92	2.69	2.53	2.42	2.33	2.27	2.21	2.16	2.01	1.93	1.88	1.84	1.79	1.74	1.70	1.63
	.025	5.57	4.18	3.59	3.25	3.03	2.87	2.75	2.65	2.57	2.51	2.31	2.20	2.12	2.07	2.01	1.94	1.88	1.80
	.01	7.56	5.39	4.51	4.02	3.70	3.47	3.30	3.17	3.07	2.98	2.70	2.55	2.45	2.39	2.30	2.21	2.13	2.02
40	.10	2.84	2.44	2.23	2.09	2.00	1.93	1.87	1.83	1.79	1.76	1.66	1.61	1.57	1.54	1.51	1.47	1.43	1.38
	.05	4.08	3.23	2.84	2.61	2.45	2.34	2.25	2.18	2.12	2.08	1.92	1.84	1.78	1.74	1.69	1.64	1.59	1.52
	.025	5.42	4.05	3.46	3.13	2.90	2.74	2.62	2.53	2.45	2.39	2.18	2.07	1.99	1.94	1.88	1.80	1.74	1.65
	.01	7.31	5.18	4.31	3.83	3.51	3.29	3.12	2.99	2.89	2.80	2.52	2.37	2.27	2.20	2.11	2.02	1.94	1.82
60	.10	2.79	2.39	2.18	2.04	1.95	1.87	1.82	1.77	1.74	1.71	1.60	1.54	1.50	1.48	1.44	1.40	1.36	1.30
	.05	4.00	3.15	2.76	2.53	2.37	2.25	2.17	2.10	2.04	1.99	1.84	1.75	1.69	1.65	1.59	1.53	1.48	1.40
	.025	5.29	3.93	3.34	3.01	2.79	2.63	2.51	2.41	2.33	2.27	2.06	1.94	1.87	1.82	1.74	1.67	1.60	1.49
	.01	7.08	4.98	4.13	3.65	3.34	3.12	2.95	2.82	2.72	2.63	2.35	2.20	2.10	2.03	1.94	1.84	1.75	1.62
100	.10	2.76	2.36	2.14	2.00	1.91	1.83	1.78	1.73	1.69	1.66	1.56	1.49	1.45	1.42	1.38	1.34	1.29	1.22
	.05	3.94	3.09	2.70	2.46	2.31	2.19	2.10	2.03	1.97	1.93	1.77	1.68	1.62	1.57	1.52	1.45	1.39	1.30
	.025	5.18	3.83	3.25	2.92	2.70	2.54	2.42	2.32	2.24	2.18	1.97	1.85	1.77	1.71	1.64	1.56	1.48	1.36
	.01	6.90	4.82	3.98	3.51	3.21	2.99	2.82	2.69	2.59	2.50	2.22	2.07	1.97	1.89	1.80	1.69	1.60	1.45
1000	.10	2.71	2.31	2.09	1.95	1.85	1.78	1.72	1.68	1.64	1.61	1.49	1.43	1.38	1.35	1.30	1.25	1.20	1.08
	.05	3.85	3.00	2.61	2.38	2.22	2.11	2.02	1.95	1.89	1.84	1.68	1.58	1.52	1.47	1.41	1.33	1.26	1.11
	.025	5.04	3.70	3.13	2.80	2.58	2.42	2.30	2.20	2.13	2.06	1.85	1.72	1.64	1.58	1.50	1.41	1.32	1.13
	.01	6.66	4.63	3.80	3.34	3.04	2.82	2.66	2.53	2.43	2.34	2.06	1.90	1.79	1.72	1.61	1.50	1.38	1.16

5 스튜던트화한 범위의 백분위수

$q(p, f)$

f (자유도)	$\alpha=.05$ p = 2	3	4	5	6	7	8	9	10	11	12	13	14	15	16	17	18	19	20
1	18.0	27.0	32.8	37.1	40.4	43.1	45.4	47.4	49.1	50.6	52.0	53.2	54.3	55.4	56.3	57.2	58.0	58.8	59.6
2	6.08	8.33	9.80	10.9	11.7	12.4	13.0	13.5	14.0	14.4	14.7	15.1	15.4	15.7	15.9	16.1	16.4	16.6	16.8
3	4.50	5.91	6.82	7.50	8.04	8.48	8.85	9.18	9.46	9.72	9.95	10.2	10.3	10.5	10.7	10.8	11.0	11.1	11.2
4	3.93	5.04	5.76	6.29	6.71	7.05	7.35	7.60	7.83	8.03	8.21	8.37	8.52	8.66	8.79	8.91	9.03	9.13	9.23
5	3.64	4.60	5.22	5.67	6.03	6.33	6.58	6.80	6.99	7.17	7.32	7.47	7.60	7.72	7.83	7.93	8.03	8.12	8.21
6	3.46	4.34	4.90	5.30	5.63	5.90	6.12	6.32	6.49	6.65	6.79	6.92	7.03	7.14	7.24	7.34	7.43	7.51	7.59
7	3.34	4.16	4.68	5.06	5.36	5.61	5.82	6.00	6.16	6.30	6.43	6.55	6.66	6.76	6.85	6.94	7.02	7.10	7.17
8	3.26	4.04	4.53	4.89	5.17	5.40	5.60	5.77	5.92	6.05	6.18	6.29	6.39	6.48	6.57	6.65	6.73	6.80	6.87
9	3.20	3.95	4.41	4.76	5.02	5.24	5.43	5.59	5.74	5.87	5.98	6.09	6.19	6.28	6.36	6.44	6.51	6.58	6.64
10	3.15	3.88	4.33	4.65	4.91	5.12	5.30	5.46	5.60	5.72	5.83	5.93	6.03	6.11	6.19	6.27	6.34	6.40	6.47
11	3.11	3.82	4.26	4.57	4.82	5.03	5.20	5.35	5.49	5.61	5.71	5.81	5.90	5.98	6.06	6.13	6.20	6.27	6.33
12	3.08	3.77	4.20	4.51	4.75	4.95	5.12	5.27	5.39	5.51	5.61	5.71	5.80	5.88	5.95	6.02	6.09	6.15	6.21
13	3.06	3.73	4.15	4.45	4.69	4.88	5.05	5.19	5.32	5.43	5.53	5.63	5.71	5.79	5.86	5.93	5.99	6.05	6.11
14	3.03	3.70	4.11	4.41	4.64	4.83	4.99	5.13	5.25	5.36	5.46	5.55	5.64	5.71	5.79	5.85	5.91	5.97	6.03
15	3.01	3.67	4.08	4.37	4.59	4.78	4.94	5.08	5.20	5.31	5.40	5.49	5.57	5.65	5.72	5.78	5.85	5.90	5.96
16	3.00	3.65	4.05	4.33	4.56	4.74	4.90	5.03	5.15	5.26	5.35	5.44	5.52	5.59	5.66	5.73	5.79	5.84	5.90
17	2.98	3.63	4.02	4.30	4.52	4.70	4.86	4.99	5.11	5.21	5.31	5.39	5.47	5.54	5.61	5.67	5.73	5.79	5.84
18	2.97	3.61	4.00	4.28	4.49	4.67	4.82	4.96	5.07	5.17	5.27	5.35	5.43	5.50	5.57	5.63	5.69	5.74	5.79
19	2.96	3.59	3.98	4.25	4.47	4.65	4.79	4.92	5.04	5.14	5.23	5.31	5.39	5.46	5.53	5.59	5.65	5.70	5.75
20	2.95	3.58	3.96	4.23	4.45	4.62	4.77	4.90	5.01	5.11	5.20	5.28	5.36	5.43	5.49	5.55	5.61	5.66	5.71
24	2.92	3.53	3.90	4.17	4.37	4.54	4.68	4.81	4.92	5.01	5.10	5.18	5.25	5.32	5.38	5.44	5.49	5.55	5.59
30	2.89	3.49	3.85	4.10	4.30	4.46	4.60	4.72	4.82	4.92	5.00	5.08	5.15	5.21	5.27	5.33	5.38	5.43	5.47
40	2.86	3.44	3.79	4.04	4.23	4.39	4.52	4.63	4.73	4.82	4.90	4.98	5.04	5.11	5.16	5.22	5.27	5.31	5.36
60	2.83	3.40	3.74	3.98	4.16	4.31	4.44	4.55	4.65	4.73	4.81	4.88	4.94	5.00	5.06	5.11	5.15	5.20	5.24
120	2.80	3.36	3.68	3.92	4.10	4.24	4.36	4.47	4.56	4.64	4.71	4.78	4.84	4.90	4.95	5.00	5.04	5.09	5.13
∞	2.77	3.31	3.63	3.86	4.03	4.17	4.29	4.39	4.47	4.55	4.62	4.68	4.74	4.80	4.85	4.89	4.93	4.97	5.01

Studentized Range 분포표(계속)

f (자유도)	α=.01 p 2	3	4	5	6	7	8	9	10	11	12	13	14	15	16	17	18	19	20
1	90.0	135.0	164.0	186.0	202.0	216.0	227.0	237.0	246.0	253.0	260.0	266.0	272.0	277.0	282.0	286.0	290.0	294.0	298.0
2	14.0	19.0	22.3	24.7	26.6	28.2	29.5	30.7	31.7	32.6	33.4	34.1	34.8	35.4	36.0	36.5	37.0	37.5	37.9
3	8.26	10.6	12.2	13.3	14.2	15.0	15.6	16.2	16.7	17.1	17.5	17.9	18.2	18.5	18.8	19.1	19.3	19.5	19.8
4	6.51	8.12	9.17	9.96	10.6	11.1	11.5	11.9	12.3	12.6	12.8	13.1	13.3	13.5	13.7	13.9	14.1	14.2	14.4
5	5.70	6.97	7.80	8.42	8.91	9.32	9.67	9.97	10.2	10.5	10.7	10.9	11.1	11.2	11.4	11.6	11.7	11.8	11.9
6	5.24	6.33	7.03	7.56	7.97	8.32	8.61	8.87	9.10	9.30	9.49	9.65	9.81	9.95	10.1	10.2	10.3	10.4	10.5
7	4.95	5.92	6.54	7.01	7.37	7.68	7.94	8.17	8.37	8.55	8.71	8.86	9.00	9.12	9.24	9.35	9.46	9.55	9.65
8	4.74	5.63	6.20	6.63	6.96	7.24	7.47	7.68	7.87	8.03	8.18	8.31	8.44	8.55	8.66	8.76	8.85	8.94	9.03
9	4.60	5.43	5.96	6.35	6.66	6.91	7.13	7.32	7.49	7.65	7.78	7.91	8.03	8.13	8.23	8.32	8.41	8.49	8.57
10	4.48	5.27	5.77	6.14	6.43	6.67	6.87	7.05	7.21	7.36	7.48	7.60	7.71	7.81	7.91	7.99	8.07	8.15	8.22
11	4.39	5.14	5.62	5.97	6.25	6.48	6.67	6.84	6.99	7.13	7.25	7.36	7.46	7.56	7.65	7.73	7.81	7.88	7.95
12	4.32	5.04	5.50	5.84	6.10	6.32	6.51	6.67	6.81	6.94	7.06	7.17	7.26	7.36	7.44	7.52	7.59	7.66	7.73
13	4.26	4.96	5.40	5.73	5.98	6.19	6.37	6.53	6.67	6.79	6.90	7.01	7.10	7.19	7.27	7.34	7.42	7.48	7.55
14	4.21	4.89	5.32	5.63	5.88	6.08	6.26	6.41	6.54	6.66	6.77	6.87	6.96	7.05	7.12	7.20	7.27	7.33	7.39
15	4.17	4.83	5.25	5.56	5.80	5.99	6.16	6.31	6.44	6.55	6.66	6.76	6.84	6.93	7.00	7.07	7.14	7.20	7.26
16	4.13	4.78	5.19	5.49	5.72	5.92	6.08	6.22	6.35	6.46	6.56	6.66	6.74	6.82	6.90	6.97	7.03	7.09	7.15
17	4.10	4.74	5.14	5.43	5.66	5.85	6.01	6.15	6.27	6.38	6.48	6.57	6.66	6.73	6.80	6.87	6.94	7.00	7.05
18	4.07	4.70	5.09	5.38	5.60	5.79	5.94	6.08	6.20	6.31	6.41	6.50	6.58	6.65	6.72	6.79	6.85	6.91	6.96
19	4.05	4.67	5.05	5.33	5.55	5.73	5.89	6.02	6.14	6.25	6.34	6.43	6.51	6.58	6.65	6.72	6.78	6.84	6.89
20	4.02	4.64	5.02	5.29	5.51	5.69	5.84	5.97	6.09	6.19	6.29	6.37	6.45	6.52	6.59	6.65	6.71	6.76	6.82
24	3.96	4.54	4.91	5.17	5.37	5.54	5.69	5.81	5.92	6.02	6.11	6.19	6.26	6.33	6.39	6.45	6.51	6.56	6.61
30	3.89	4.45	4.80	5.05	5.24	5.40	5.54	5.65	5.76	5.85	5.93	6.01	6.08	6.14	6.20	6.26	6.31	6.36	6.41
40	3.82	4.37	4.70	4.93	5.11	5.27	5.39	5.50	5.60	5.69	5.77	5.84	5.90	5.96	6.02	6.07	6.12	6.17	6.21
60	3.76	4.28	4.60	4.82	4.99	5.13	5.25	5.36	5.45	5.53	5.60	5.67	5.73	5.79	5.84	5.89	5.93	5.98	6.02
120	3.70	4.20	4.50	4.71	4.87	5.01	5.12	5.21	5.30	5.38	5.44	5.51	5.56	5.61	5.66	5.71	5.75	5.79	5.83
∞	3.64	4.12	4.40	4.60	4.76	4.88	4.99	5.08	5.16	5.23	5.29	5.35	5.40	5.45	5.49	5.54	5.57	5.61	5.65

참조 표

참고문헌

1. 박동권 (1995). 실험계획법, 자유아카데미.

2. 박동권 (2002). 분산분석과 반복측정자료, 민영사.

3. 박성현 (1993). 품질공학, 민영사

4. 박성현 (1995). 현대실험계획법, 민영사.

5. 박용규, 송혜양 (1991). 반복측정 자료의 분산분석법, 자유아카데미.

6. 백운봉 (1987). SAS 일반선형모형 분석, 자유아카데미.

7. 성내경 (1991). SAS/STAT 분산분석, 자유아카데미.

8. 손중권, 김영훈 (1991). 다중비교 방법론, 자유아카데미.

9. 옥준영 (2001). 등장성 운동시 근전도 중앙주파수 변화에 대한 회귀 직선의 신뢰도 평가, 연세대학교 석사학위논문.

10. 이우선 외 2인 공저 (2014). 실험설계와 분석, 민영사.

11. 임용빈 외 3인 공저 (2008). 실험계획법, 자유아카데미.

12. Bartlett, M.S. and Kendall, D.G. (1946). The Statistical Analysis of Variance-Heterogeneity and the Logarithmic Transformation, Journal of Royal Statistical Society, B, 8, 128-138.

13. Box, G.E.P., and Behnken, D.W. (1960). Some New Three Level Designs for the Study of Quantitative Variables, Technometrics, 2, 455-475.

14. Box, G.E.P., and Hunter, J.S. (1957). Multi-factor Experimental Designs for Exploring Response Surfaces, Annals of Mathematical Statistics, 28, 195-242.

15. Box, G.E.P., and Hunter, J.S. (1961). The 2^{k-p} Fractional Factorial Designs, Technometrics, 3, 311-351 and 449-458.

16. Box, G.E.P., Hunter, W.G. and Hunter, J.S. (1978). Statistics for Experimenters, John Wiely & Sons, New York.

17. Box, G.E.P. and Wilson, K.G. (1951). On the Experimental Attainment of Optimum Conditions, Journal of Royal Statistical Society, B, 13, 1-45.

18. Chen, J. and Wu, C.F.J. (1991). Some Results on s^{n-k} Fractional Factorial Designs with Minimum Aberration or Optimal Moments, Annals of Statistics, 19, 1028-1041.

19. Cochran, W.G. and Cox, G,M. (1957). Experimental Designs, 2nd ed., John Wiely & Sons, New York.

20. Cornfield, J. and Tukey, J.W. (1956). Average Values of Mean Squares in Factorials, Annals of Mathematical Statistics, 27, 907-949.

21. Daniel, C. and Wilcoxon, F. (1966). Factorial 2^{p-q} Plans Robust Against Linear and Quadratic Trends, Technometrics, 8, 259-278.

22. Draper, N.R. and Smith, H. (1998). Applied Regression Analysis, 3rd ed., John Wiely & Sons, New York.

23. Dunn, O,J. (1961). Multiple Comparisons Among Means, Journal of American Statistical Association, 56, 52-64.

24. Fisher, R.A. (1966). The Design of Experiments, 8th ed., Hafner Publishing Company, New York.

25. Fisher, R.A. and Yates, F. (1963). Statistical Tables for Biological, Agricultural and Medical Research, London: Longman.

26. Fries, A. and Hunter, W.G. (1980). Minimum Aberration 2^{k-p} Designs, Technometrics, 22, 601-608.

27. Fujii, Y. (1976). An Upper Bound of Resolution in Symmetrical Fractional Factorial Designs, Annals of Statistics, 4, 662-667.

28. Hochberg, Y and Tamhane, A.C. (1987). Multiple Comparison Procedures, John Wiely & Sons, New York.

29. Graybill, F.A. (1961). An Introduction to Linear Statistical Models, Mcgraw-Hill, New York.

30. Greenhouse, S.W. and Geisser, S. (1959). On Methods in the Analysis of Profile Data, Psychometrika, 24, 95-112.

31. Huynh, H. and Feldt, L.S. (1976). Estimation of the Box Correction for Degrees of Freedom from Sample Data in Randomized Block and Split-plot Designs, Journal of Educational Statistics, 1, 69-82.

32. John, P.W.M. (1971). Statistical Design and Analysis of Experiments, Macmillan, New York.

33. Kiefer, J. (1975). Construction and Optimality of Generalized Youden Designs ; In A Survey of Statistical Designs and Linear Models, 335-353, North Holland, Amsterdam.

34. Mauchly, J.W. (1940). Significance Test for Sphericity of a Normal n-variate Distribution, The Annals of Mathematical Statistics, 11, 204-209.

35. McCullagh, P. and Nelder, J.A. (1989). Generalized Linear Models, 2nd ed., John Wiely & Sons, New York.

36. Montgomery, D.C. (2013). Design and Analysis of Experiments, 8th ed., John Wiely & Sons, New York.

37. Mukerjee, R. and Wu, C.F.J. (1995). On the Existence of Saturated and Nearly Saturated Asymmetrical Orthogonal Arrays, Annals of Statistics, 23, 2102-2115.

38. Myers, R.H. (1971). Response Surface Methodology, Allyn and Bacon, Boston.

39. National Bureau of Standards (1957). Fractional Factorial Experimental Designs for Factors at Two levels, Applied Mathematics Series 48.

40. National Bureau of Standards (1957). Fractional Factorial Experimental Designs for Factors at Three levels, Applied Mathematics Series 54.

41. National Bureau of Standards (1957). Fractional Factorial Experimental Designs for Factors at Two or Three levels, Applied Mathematics Series 58.

42. Neter, J. and Wasserman, W.W. and M.H. Kutner (1990). Applied Linear Statistical Models, 3rd ed., Richard D. Irwin, Illinois.

43. Packard, G.C. and Boardman, T.J. (1988). The Misuse of Ratios, Indices, and Percentages in Ecophysiological Research, Physiolical Zoology, 61(1), 1-9.

44. Plackett, R.L. and Burman, J.P. (1946). The Design of Optimum Multifactorial Experiments, Biometrika, 33, 305-325.

45. Racktoe, B.L. and Hedayat, A. and Federer, W.T. (1981). Factorial Designs, John Wiely & Sons, New York.

46. Scheffe, H. (1959). The Analysis of Variance, John Wiely & Sons, New York.

47. Searle, S.R. (1971). Linear Models, John Wiely & Sons, New York.

48. Steinberg, D.M. and Hunter, W.G. (1984). Experimental Design : Review and Comment, Technometrics, 26, 71-97.

49. Sun, D.X., Wu, C.F.J. and Chen, Y. (1997). Optimal Blocking Scheme for 2^n and 2^{n-p} Designs, Technometrics, 33, 415-427.

50. Taguchi, G. (1987). System of Experimental Design, White Plains : Unipub/Kraus International Publications.

51. Tukey, J.W. (1949). Comparing Individual means in the Analysis of Variance, Biometrics, 5, 99-114.

52. Wu, C.F.J. and Chen, Y. (1992). A Graph-Aided Method for Planning Two-level Experiment When Certain Interactions are Important, Technometrics, 34, 162-175.

53. Wu, C.F.J. and Hamada, M. (2000). Experiments : Planning, Analysis, and Parameter Design Optimization, John Wiley & Sons, New York.

54. Zhang, R. and Park, D.K. (2000). Optimal Blocking of Two-Level Fractional Factorial Designs, Journal of Planning and Inference, 91(1), 107-121.

찾아보기

ㅊ

ㅌ

ㅍ

ㅎ

저자 소개

박동권
연세대학교 응용통계학과 학사
연세대학교 응용통계학과 석사
미국 오하이오 주립 대학원 통계학 박사(실험계획법 전공)
현) 연세대학교 과학기술대학 정보통계학과 교수
E-mail: statpdk@yonsei.ac.kr

SPSS, SAS를 활용한
실험계획법

저 자 박동권
발행인 주정희
발행처 자유아카데미
주 소 경기도 파주시 회동길 37-42
파주출판도시
전 화 031-955-1321
팩 스 031-955-1322
홈페이지 www.freeaca.com
전자우편 main@freeaca.com (대표)
editor@freeaca.com (편집)
crm@freeaca.com (영업)
등 록 제406-2003-017호, 1980. 7. 12
제1판1쇄 2018년 8월 5일 발행
정 가 27,000원

저자와의
협의하에
인지생략

ISBN 979-11-5808-188-1 93310